Theologie in Bewegung

THEOLOGIE – KULTUR – HERMENEUTIK

Herausgegeben von
Stefan Beyerle, Matthias Petzoldt und Michael Roth

Band 16

Timo G. Schmidt

Theologie in Bewegung

Glaube und Skepsis in kritischer Aufnahme von Johann Georg Hamann

EVANGELISCHE VERLAGSANSTALT
Leipzig

Timo G. Schmidt, Dr. theol., Jahrgang 1982, studierte Evangelische Theologie in Bonn und Berlin. Das erste theologische Examen (Pfalz) legte er 2008 ab. 2014 wurde er mit der vorliegenden Arbeit im Fach Systematische Theologie (Dogmatik) an der Universität Bonn promoviert.

Bibliographische Information der Deutschen Nationalbibliothek
Die Deutsche Nationalbibliothek verzeichnet diese Publikation in der Deutschen Nationalbibliographie; detaillierte bibliographische Daten sind im Internet über http://dnb.dnb.de abrufbar.

Printed in Germany · H 7870

Das Buch wurde auf alterungsbeständigem Papier gedruckt.

Cover: Zacharias Bähring, Leipzig
Satz: Timo G. Schmidt, Zweibrücken
Druck und Binden: Hubert & Co., Göttingen

ISBN 978-3-374-04052-0
www.eva-leipzig.de

Für
Jeannine

Vorwort

Das vorliegende Buch ist die geringfügig überarbeitete Fassung meiner Dissertation, die im Wintersemester 2013/14 von der Evangelisch-Theologischen Fakultät der Rheinischen Friedrich-Wilhelms-Universität angenommen wurde. Mit dieser Publikation kommt für mich ein arbeitsintensiver Weg zu einem Abschluss, auf dem mich viele Menschen auf unterschiedliche Weise begleitet und unterstützt haben.
Herzlich danken möchte ich Prof. Dr. Michael Roth, der als mein Doktorvater nicht nur das Werden dieser Arbeit klug und umsichtig gefördert hat. Herrn Prof. Dr. Andreas Pangritz danke ich für die freundliche Übernahme des Zweitgutachtens und seine konstruktiven Anmerkungen.
Für die Aufnahme meiner Arbeit in die Reihe *Theologie – Kultur – Hermeneutik* danke ich den Herausgebern Prof. Dr. Stefan Beyerle, Prof. Dr. Matthias Petzoldt sowie Herrn Prof. Dr. Michael Roth.
Ich danke ferner der Geschwister-Weck-Stiftung, die mir ein großzügiges Stipendium gewährt und dadurch den Abschluss der Arbeit ermöglicht hat.
Auf meinem Weg von den ersten Fragen und Gedankenspielen zum vorliegenden Text haben mich Freunde und Freundinnen begleitet und unterstützt, denen ich an dieser Stelle von Herzen danken will. Sie haben sich immer Zeit genommen, um Texte zu lesen, um mit mir zu diskutieren oder um einfach mit mir in Freundschaft verbunden zu sein. Ganz besonders danke ich Sarah Schaschek und Jeannine Gebauer, sie haben nicht nur meine Texte und Gedanken immer wieder in Bewegung gebracht. Ich danke Barbara Liedtke und Miriam Haseleu für ihre Freundschaft und Unterstützung, die selbst nach Jahren in der Bibliothek nie aufhörte. Marion Gebauer, Matthias und Uta Rahn sowie Karin und Jürgen Schaschek danke ich für ihre Hilfe und Unterstützung jenseits des Schreibtisches. Mein Dank gilt außerdem Peter Brendebach, Sarah Klein, Annika Krahn und Nina Kriebisch sowie meiner Familie.

Zweibrücken, den 5. Januar 2015 — Timo G. Schmidt

Inhalt

I. Wahrheit und Orientierung

»Was ist Wahrheit?« (Joh 18,37). Auf diese Frage des johanneischen Pilatus antwortet der zeitgenössische Dogmatiker Wilfried Härle gemeinsam mit dem Scholastiker Thomas von Aquin (1225–1274): »Veritas est adaequatio rei et intellectus«[1]. Indem sich Härle damit der »Korrespondenztheorie der Wahrheit«[2] anschließt, beansprucht er eine Definition vorliegen zu haben, die nicht nur innerhalb der Theologie, sondern auch in der Philosophie Gültigkeit besitze.[3] Wer mit seiner Aussage über das »Wirkliche«[4] urteilt, »daß es ist«[5], der

---

[1] Thomas von Aquin, Summa theologiae, in: Ders., Opera Omina (Editio Leonina), Bde. 4–12, Rom 1888–1906, I, Q 16, a2. Härle zitiert diese Definition: Härle, Wilfried, Das christliche Verständnis der Wahrheit, in: MJTh 21. Wahrheit, MThSt 107, Leipzig 2009, 64, Fußnote 9, verwendet dann aber eine andere Formulierung, die er »näherungsweise« (64) auch schon bei Thomas findet: »adaequatio intellectus ad rem«, da diese den Sachverhalt, dass sich der intellectus an der res zu orientieren habe, besser zum Ausdruck bringt.

[2] Härle, Das christliche Verständnis der Wahrheit, 64.

[3] Alternativen zur ›Korrespondenztheorie‹ finden sich exemplarisch bei: Baumann, Peter, Erkenntnistheorie. Lehrbuch Philosophie, Stuttgart ²2006. Neben Härle vertritt vor allem Sauter in verschiedenen Beiträgen die ›Korrespondenztheorie‹, wenn er etwa erklärt: »Das Kreuz Jesu Christi gibt uns diese *eine* Wahrheit zu erkennen, [...]. Dies entzieht sich jeder kontextuellen Erklärung, sosehr es sich in zerrissenen Lebenszusammenhängen vollzieht.« (Sauter, Gerhard, Die Wahrheit im Kontext des Redens von Gott. Zum Stellenwert von »Kontexten« in der systematischen Theologie, in: ThGl 86 (1996), 165. Hervorhebung im Original). Vgl. auch: Ders., »Sinn« und »Wahrheit«. Die »Sinnfrage« in religionstheoretischer und theologischer Sicht, in: EvTh 40 (1980), 93–126; Ders., Die Wahrheit ertragen. Von den Wurzeln der Toleranz im Glauben, in: EK 15 (1982), 12-16. Auch Slenzcka verteidigt in seinem Aufsatz »Kontext und Theologie« die ›Korrespondenztheorie der Wahrheit‹ gegen den Versuch Theologie und die in ihr diskutierte Wahrheit als durch den Kontext bestimmt zu denken (Vgl.: Slenczka, Notger, Kontext und Theologie. Ein kritischer Versuch zum Programm einer »kontextuellen Theologie«, NZSTh 35 (1993), 303–331.). Nicht weiter beachtet werden muss die sich anschließende Auseinandersetzung zwischen Leiner, Martin/Grünschloss, Andreas, Kontextuell »verbindliche« Theologie? Überlegungen zu Notwendigkeit und Grenze des Kontextprinzip in Theologie und Kirche, NZSTh 39 (1997), 65–86 und Slenczka, Notger, Schwierigkeiten mit »kontextueller« Theologie. Antwort an Martin Leiner und Andreas Grünschloß, NZSTh 40 (1998), 214–230, da die Kritik von Leiner/Grünschloß, die verkennen, dass es Slenczka nicht darum geht, mittels eines schlichten Verweises auf das Wort Gottes die Kontextuelle Theologie zu

redet, nach dem antiken Philosophen Platon (427–347 v.Chr.), »wahr«[6]. Während das Adjektiv ›wahr‹ damit auf einen gedanklich-sprachlichen Akt bezogen ist, in welchem die Übereinstimmung von ›res‹ und ›intellectus‹ gegeben ist, kann das Sein, welches das Wahr-Sein dieser Aussage garantiert, als Wahrheit bezeichnet werden. Unter diesem Horizont lässt sich somit die Eingangsfrage ›Was ist Wahrheit?‹ verstehen.

Die Frage danach, was Wahrheit sei, legt der Verfasser des *Johannesevangeliums* Pontius Pilatus in den Mund.[7] Als Statthalter der Provinz Judäa soll Pilatus darüber urteilen, ob die vorgebrachten Anklagen gegenüber Jesus gerechtfertigt sind. Urteilen meint dabei, dass Pilatus die verschiedenen Positionen, Konsequenzen und rechtlichen Bedingungen abwägen und prüfen muss »mit dem Ziele, eine zur Meisterung der Situation brauchbare Direktive zu gewinnen.«[8] Damit versucht sich Pilatus denkend zu orientieren. Das Urteil des Pilatus soll, sofern er als Richter auftritt, wahr sein und muss demnach zum Ausdruck bringen, wer Jesus ist, und ob die durch die Juden vorgebrachten Anschuldigungen gerechtfertigt sind. Johannes inszeniert die Vernehmung Jesu als einen Wechsel zwischen »DRAUSSEN«[9], wo Pilatus sich die Anklage der »Juden« anhört, und »DRINNEN«[10], wo er die Befragung Jesu vornimmt. Mit diesem literarischen Mittel der »stage-duality«[11], welches auch als »Zwei-Bühnen-Technik«[12] bezeichnet wird, verbildlicht Johannes, dass sich Pilatus zwischen zwei Aussagen entscheiden muss, indem er herausfindet, in welcher ›res‹ und ›intellectus‹ in Übereinstimmung sind. Die Inszenierung des

---

widerlegen, wenig zur Sachfrage beiträgt. Eine Alternative bieten: Claudy, Tobias/Roth, Michael, Hermeneutik der Gegenwart und Kontextualität der Theologie, in: Ders./ders. (Hrsg.), Freizeit als Thema theologischer Gegenwartsdeutung, Theologie – Kultur – Hermeneutik, Bd. 1, Leipzig 2005, 53–76.

[4] Platon, Sophist, 263 b. Den hier und im Folgenden verwendeten Platon-Texten liegt zugrunde: Platon, Werke in acht Bänden. Griechisch und deutsch, hrsg. und überarb. von Gunther Eigler unter Mitarb. von Heinz Hofmann, Dietrich Kurz, Klaus Schöpsdau, Peter Staudacher und Klaus Widdra, Darmstadt [6]2011.

[5] Ebd.

[6] Ebd.

[7] Zur Frage nach der Verfasserschaft des *Johannesevangeliums*: Schnelle, Udo, Das Evangelium nach Johannes, ThHK, Bd. 4, Leipzig [4]2009, 3ff.

[8] Schmidt, Heinrich, Philosophisches Wörterbuch. Neu bearbeitet von Georgi Schischkoff, Stuttgart [19]1974, 107.

[9] Kowalski, Beate, »Was ist Wahrheit?« (Joh 18,38a). Zur literarischen und theologischen Funktion der Pilatusfrage in der Johannespassion, in: Huber, Konrad/Repschinski, Boris SJ (Hrsg.), Im Geist und in der Wahrheit. Studien zum Johannesevangelium und zur Offenbarung des Johannes sowie andere Beiträge. Festschrift für Martin Hasitschka SJ zum 65. Geburtstag, Münster 2008, 216.

[10] Ebd.

[11] Mlakuzhyil, George, The Christocentric Literary Structure of the Fourth Gospel, Rom 1987, 230.

[12] Haenchen, Ernst, Das Johannesevangelium. Ein Kommentar, Tübingen 1980, 544.

Verhörs verdeutlicht, dass die Frage ›Was ist Wahrheit?‹ als Suche danach verstanden werden kann, woran sich Pilatus mit seinem Urteil orientieren kann.

Dem Leser des *Johannesevangeliums* wurde bereits gesagt, an was oder vielmehr an wem er sich zu orientieren habe. Denn indem der johanneische Jesus erklärt »Ich bin der Weg, die Wahrheit und das Leben« (Joh 14,6), deutet sich jene Denkfigur an, an der sich der Mensch in seinem Leben und Denken zu orientieren habe. Der ›Weg‹ zur ›Wahrheit‹ und damit zum ›Leben‹ geht von und über Jesus Christus. Durch Christus wird dem Menschen jene Wahrheit gegeben, die, nach Johannes, absolute und unbedingte Gültigkeit beanspruchen kann, weswegen sich der Mensch an dieser zu orientieren habe.

Johannes stellt Pilatus zwischen zwei Möglichkeiten, wobei er die eine als wahr, die andere als falsch darstellt. Zwischen ihnen muss Pilatus wählen. Dass Johannes von Christus als der Wahrheit aus denkt, führt dazu, dass das von Pilatus letztlich gefällte Urteil über Jesus als unwahr angesehen werden muss. Durch die auch bei Johannes aufscheinende ›Korrespondenztheorie der Wahrheit‹ wird festgelegt, was wirklich und wahr ist, sodass alles, was diesem Wahr-Sein nicht gemäß ist, als unwahr angesehen werden muss. Der Konfrontation dieses Anspruches, der durch ein unbedingtes Wahr-Sein abgesichert wird, mit einem anderen, davon abweichenden Wahrheitsanspruch, kann nur durch Verneinung und Ablehnung begegnet werden. In dem Versuch, zu erkennen, was ist, bemüht sich Pilatus um Orientierung, um sein Urteilen und Handeln an dem als wahr Erkannten auszurichten. Indem das Ich sagt, was ist und damit den ›intellectus‹ in Übereinstimmung mit der ›res‹ bringt, bestimmt es sein Verhältnis zu dem, was ist. Diese Bestimmung ereignet sich im Urteilen und Sprechen, sodass es bei der Frage nach den Orientierungsmöglichkeiten des Ichs in der Welt auch um das Verhältnis von Sprache und Wirklichkeit geht. Eine Orientierung am Unbedingten erlaubt letztlich nur eine Meinung zu haben, wobei diese als Wissen gedacht werden muss, weil sie durch die unbedingte Wahrheit begründet und bewiesen werden kann.

Die Frage ›Was ist Wahrheit?‹ enthält zwei wesentliche Implikationen, die es zu unterscheiden gilt, auch wenn sie eng miteinander verknüpft sind. Einerseits kann eine definitorische Antwort gesucht werden, mittels derer geklärt wird, was unter Wahrheit zu verstehen ist. Anderseits, und darauf weist die Inszenierung innerhalb des *Johannesevangeliums* hin, stellt sich die Frage, wie sich das Ich in der Welt orientieren kann. Die Klärung, dass Wahrheit in der Übereinstimmung von ›res‹ und ›intellectus‹ bestehe, gibt damit gleichzeitig eine Antwort auf die Frage, wie sich der Mensch in der Welt orientieren kann. Daher gilt es, die in der ›Korrespondenztheorie der Wahrheit‹ implizierte Denkfigur als Möglichkeit, sich in der Welt zu orientieren, herauszuarbeiten.

1. Orientierung und Theologie

Diese Position und die damit vorgegebene Denkfigur erfordern, dass eine Antwort auf die Frage gefunden wird, wie innerhalb der Theologie mit unterschiedlichen Wahrheitsansprüchen umgegangen werden kann. Der Systematiker Ulrich H. J. Körtner entwirft auf diese Problemstellung hin und mit Blick auf andere Religionen seine Theorie des »metakritische[n] oder aufgeklärte[n] Inklusivismus«[13]. Im Anschluss an Joh 1,1–5 erklärt Körtner, dass Gottes Wort hier »prinzipiell«[14] als »Anfang und Grund«[15] der Welt und des Seins gedacht sei. Diese Position aufnehmend schreibt er, »dass Gottes Handeln hinter der gesamten Weltgeschichte [...] geglaubt werden darf.«[16] Dieser Annahme kommt zu, was nach Härle für die Wahrheit zu gelten habe. Denn ›Gottes Handeln hinter der gesamten Weltgeschichte‹ zu glauben, stellt nach Körtner für den Christen eine unbedingte, prinzipielle und daher kontextlose Grundposition dar. In dieser einen Geschichte kommt zu Wort, wie die Welt und der Mensch sind. Andere Wahrheitsansprüche gilt es von dieser einen Geschichte aus zu beurteilen.

Von dieser (Ur-)Geschichte aus leitet Körtner eine »spezifische Form der Toleranz«[17] ab. Wenn Gott allein als Grund der Welt und, wie es in der Rechtfertigungslehre formuliert wird, allein als Grund für das Heil des Menschen zu denken ist, dann erfordert dies, die Wahrheitsansprüche der anderen anzuerkennen.[18] Denn wenn Gott, ohne Anrechnung der Taten, den Menschen allein aus Gnade rechtfertigt, dann sind auch »die dem christlichen Glauben Widersprechenden unter die bedingungslose Gnade Gottes und in seine Geschichte des Heils gestellt«[19]. Dies verlangt nach Körtner, dass die Wahrheitsansprüche der anderen anerkannt werden. Christen kommt es daher zu, die

---

[13] Körtner, Ulrich H.J., Christus allein? Christentum und nichtchristliche Religionen aus evangelischer Sicht, in: ThBeitr 43 (2012), 109.

[14] Körtner, Ulrich H.J., Christus allein? Christusbekenntnis und religiöser Pluralismus aus evangelischer Sicht, in: ThLZ 123 (1998), Sp. 3.

[15] Körtner, Christus allein? (1998), Sp. 3.

[16] Körtner, Christus allein? (2012), 109.

[17] Körtner, Christus allein? (1998), Sp. 15.

[18] Hempelmann macht darauf aufmerksam, dass die Annahme, Gottes Handeln hinter der Weltgeschichte zu glauben, heiße: »das Handeln des christlichen Gottes auch in anderen Religionen am Werk zu sehen.« (Hempelmann, Heinzpeter, Exklusivismus – seltsamerweise die toleranteste Form von Religionstheologie. Vier Kriterien für eine angemessene evangelische Verhältnisbestimmung der Religionen und der metakritische Inklusivismus von Ulrich Körtner, in: ThBeitr 43 (2012), 195.) Damit, so Hempelmann, erfolgt jedoch gerade keine Anerkennung des anderen, sondern hier wird ihnen eine fremde Interpretation aufgedrängt.

[19] Körtner, Christus allein? (1998), Sp. 16.

»Stimme Christi in der Welt der Religionen zu Gehör zu bringen, nicht aber, die Zugehörigkeit zu einer der kirchlichen Gestalten des Christentums zur Bedingung für das Heil zu erklären.«[20]

Die Anerkennung der Widersprüchlichkeit wird vom Christen als ein »Ertragen«[21] erlebt, das als »*Erleiden*«[22] empfunden »eine Gestalt der Nachfolge Christi«[23] sei. Vom Standpunkt einer kontextunabhängigen Wahrheit ausgehend und unter der Prämisse, dass der darin formulierte Gedanke prinzipielle Gültigkeit habe, versucht Körtner eine Erklärung zu finden, wie mit divergierenden Wahrheitsansprüchen umgegangen werden könne.

Das Problem, dem sich Körtner mit seinem ›metakritischen Inklusivismus‹ zu stellen versucht, begegnet dabei nicht nur in der Konfrontation mit anderen Religionen. Denn was grundsätzlich zur Debatte steht, ist die Frage, welche Erklärung jene Geschichte liefert, in welcher der ›intellectus‹ mit der ›res‹ in Übereinstimmung gebracht wird, und zwar dergestalt, dass Welt und Sein letztgültig erfasst sind.[24] Zu Widersprüchen kommt es dabei nicht nur in der Auseinandersetzung mit anderen Religionen, sondern auch innerhalb der christlichen Theologie. Härle besteht daher auf einer Differenzierung von »Explikandum«[25] und »Explikation«[26]. Während ersteres als die eigentliche Wahrheit und als unüberbietbar erscheint, weil es als unbedingt gedacht wird, kann die ›Explikation‹ sehr wohl überboten werden, weil sie an Kontexte gebunden ist. Damit stellt Härle die Behauptung auf, dass die Wahrheit selbst nicht strittig sei, wohl aber die Erklärungen der Wahrheit. Diese Unterscheidung zeigt sich auch, wenn Härle betont, dass es sich bei ›intellectus‹ und ›res‹ »um zwei kategorial verschiedene Sachverhalte«[27] handele.

Diesen Überlegungen entspricht eine spezielle Zeichentheorie, die innerhalb der Theologie unter dem Stichwort Geist-Buchstaben-Dichotomie reflektiert wird.[28] Dabei wird zunächst auf der Ebene des Textes zwischen einem buchstäblichen Sinn und einem allegorischen Sinn unterschieden. Durch die Allegorie soll der Text auf etwas anderes hinweisen, als auf das, was buchstäblich geschrieben steht. Damit spricht er den Leser auf der Ebene des Geistes an. Der bedingte Buchstabe weist dabei auf den unbedingten Geist hin, in dem letztlich die Wahrheit enthalten sei. Unter diesem Horizont stellt sich

---

[20] A. a. O., Sp. 19.

[21] A. a. O., Sp. 16.

[22] Ebd. (Hervorhebung im Original).

[23] Ebd.

[24] Geschichte wird dabei verstanden als Nacherzählung dessen, was ist, im Sinne der adiquatio rei et intellectus.

[25] Härle, Das christliche Verständnis der Wahrheit, 63.

[26] Ebd.

[27] A. a. O., 65.

[28] Vgl. hierzu: Grosse, Sven, Geist und Buchstabe. Varianten eines biblischen Themas in der Theologiegeschichte, in: JBTh, Bd. 24 (2009), 157–178.

dann innerhalb der Theologie die Frage, wie das Unbedingte zur Sprache gebracht werden kann. Körtner hat diesen Gedanken im Rahmen des neuzeitlichen Paradigmenwechsels, in dem der Fokus vom Text auf den Rezipienten verlagert wurde, neu durchdacht. Dabei betont er, dass der Text unterschiedliche Deutungen zulasse, da der »Leser Sinnbezüge zu seiner eigenen Lebenswelt wie auch zu anderen Texten«[29] herstelle, wodurch Interpretationen entstehen, die für den Verfasser der Texte nicht ersichtlich waren. Zusammenfassend erklärt Körtner: »Es sind mancherlei Auslegungen, Deutungen und Anwendungen, aber es ist ein Geist, der da wirkt alles in allen.«[30] Damit wird zwar die Entstehung des Sinns in den Akt des Lesens verlagert, zugleich wird den ›mancherlei‹ Interpretationen jedoch zugesprochen, auf den einen Geist zu verweisen, der letztlich als Grund und Ursache jeder Deutung zu denken sei. Der Buchstabe, und bei Körtner die Auslegungen, sind damit nur Zeichen im Sinne von Wegweisern, die von sich selbst hin auf das Eigentliche, den Geist, der als unbedingter Garant der Wahrheit vorgestellt wird, verweisen.

Damit ist der Weg eines Denkens des Unbedingten vorgezeichnet, das, wie es Johannes dachte, von Christus aus eine Orientierung in der Welt versucht. Dabei deutete sich bereits an, dass diese Denkfigur anderen Wahrheitsansprüchen und fremden Deutungen ablehnend begegnet. Die Versuche Körtners und Härles, die eigentlich einstimmig konzipierte Wahrheitsvorstellung mehrstimmig zu gestalten, indem sie relativierende Momente stark machen, lassen sich theologisch begründen. Johannes schildert beispielsweise durch die Fußwaschung der Jünger (13,1–11), wie Jesus, sich zum Diener machend, auf einen Herrschaftsanspruch verzichtet. Dem Anderen zu dienen, verlangt eine Orientierung, die in der Zuwendung zum Anderen als ein Eingehen auf dessen Ansprüche die eigenen Handlungen bestimmt. Indem das Ich sich auf den Anderen einlässt, realisiert sich die im *Johannesevangelium* geforderte Nächstenliebe als christliche Existenz. Diese Bewegung zum Anderen hin widerspricht einem Denken vom Unbedingten her, weil dieses ein klar umrissenes Konzept von Wirklichkeit und dem, was ist und sein soll vorgibt, welches dazu verleitet, alles Fremde, das als Verunsicherung der im Unbedingten gefundenen Orientierung gedacht wird, als unwahr abzutun. Die Ablehnung und Negierung eines dem eigenen Wahrheitsanspruch fremd erscheinenden Wahrheitsanspruches muss dabei als Moment der Herrschaft gedeutet werden. Bereits bei Körtner wird dies deutlich. Vom Johannesprolog ausgehend meint Körtner, dass Gott als Schöpfer aller Wirklichkeit zu denken und daher Toleranz gegenüber anderen Vorstellungen geboten sei. Die damit von ihm vorgenommene Relativierung der eigenen Weltkonzeption gelingt jedoch nur unter der Prämisse, dass eine für sein eigenes Wahrheitskonzept

---

[29] KÖRTNER, ULRICH, H.J., Geist und Buchstabe. Über Legitimität und Grenzen allegorischer Textinterpretation, in: Zeitenwende 63 (1992), 218.
[30] A. a. O., 219.

fundamentale Einsicht als auch für alle anderen gültig vorgestellt wird. Damit kommt es, statt zu einer Bewegung zum Anderen hin, zu einer Übertragung der eigenen Vorstellungen auf den Anderen. Die geforderte Hinwendung und das Sich-Einlassen auf den Anderen werden damit verfehlt.

Neben diesen theologischen Bedenken deutet sich bei Härle ein weiteres Problem an, das ein Denken vom Unbedingten her als schwierig erscheinen lässt. Härles Hinweis, dass die Wahrheit, als jener unbedingte Garant, der das Wahr-Sein einer Aussage trägt, durch die bedingte Rede des Menschen nicht zu erreichen sei, führt zu der Frage, wie dann eine unbedingte Wahrheit überhaupt gedacht werden kann. Diese Frage wird auch durch den Skeptizismus gestellt, der sich bemüht, ein alternatives Denkmodell zu entwerfen. Der zeitgenössische Skeptiker Odo Marquard meint, dass der Skeptiker nicht keine, sondern »mehrere«[31] Meinungen habe, womit sich andeutet, dass innerhalb dieser Tradition ein Denken versucht wird, das zwischen verschiedenen Positionen sich bewegend, Orientierung zu finden hofft. Daher kommt es statt zu einem Denken vom Unbedingten her zu einem Denken der Bewegung, indem das Verhältnis von Ich und Welt, Sprache und Wirklichkeit anders gedacht wird. Es stellt sich die Aufgabe, einen zur ›Korrespondenztheorie‹ alternativen Wahrheitsbegriff zu finden, weil damit eine Orientierung des Ichs in der Welt als eine Orientierung am Anderen möglich wird. In den Diskussionen der protestantischen Theologie finden sich vor allem zwei Ansätze, das Verhältnis von christlicher Theologie und Skepsis auszuloten.

2. THEOLOGIE UND SKEPSIS

Die Frage nach dem Verhältnis von Glaube und Skepsis und von Theologie und Skeptizismus habe, nach dem Urteil der beiden neuesten Forschungsbeiträge zu dieser Frage, *Protestantismus und Skeptizismus* durch den Systematiker Rochus Leonhard und *Wahrheit – Gewißheit – Zweifel* durch den Dogmatiker Walter Dietz, an Bedeutung eingebüßt. Die wenigen Beiträge seit den 1950er Jahren, die sich mit dem Verhältnis von Glaube und Skepsis beschäftigen, lassen sich in zwei Phasen einteilen. Während die Beiträge von Karl Barth (1886–1968) und Günther Schnurr aus den 50er und 70er Jahren eine kritische, ablehnende Haltung gegenüber der Skepsis einnehmen, bemühen sich die Abhandlungen seit den 90er Jahren von Wilfried Härle sowie Martin Hailer und die bereits genannten Leonhard und Dietz um ein »friendly takeover«[32], indem sie die Skepsis in die Theologie zu integrieren suchen, oder als

---

[31] MARQUARD, ODO, Skepsis in der Moderne. Überlegungen im Blick auf Heinrich Heine, in: Ders., Skepsis in der Moderne. Philosophische Studien, Stuttgart 2007, (Reclams Universal-Bibliothek Nr. 18524), 51f.

[32] LEONHARDT, ROCHUS, Skeptizismus und Protestantismus. Der philosophische Ansatz Odo Marquards als Herausforderung an die evangelische Theologie, Tübingen 2003, 25.

Teil des Glaubens auszuweisen sich bemühen.[33] Beide Phasen werden im Folgenden kurz skizziert, um den Horizont abzustecken, innerhalb dessen die in dieser Arbeit erprobte Alternative zu verorten ist, um deutlich zu machen, worin der Neuansatz dieser Arbeit besteht.[34]

Der wohl wirkungsmächtigste Theologe des zwanzigsten Jahrhunderts, Karl Barth, hat sich im dritten Band seiner *Kirchlichen Dogmatik* mit der Lehre von der Schöpfung beschäftigt und sich dabei implizit auch zur Frage nach dem Verhältnis von Glaube und Skepsis geäußert. Mit Blick auf die beispielsweise durch Emil Brunner (1889–1966) vertretene natürliche Theologie, nach der Gott durch den Menschen aus der Schöpfung erkannt werden könne, insistiert Barth darauf, dass die Lehre von der Schöpfung ein »Glaubensartikel«[35] sei und die Erkenntnis Gottes keine Leistung des Menschen sein könne. Diese Erkenntnis und damit

> »[d]as Faktum Wort Gottes empfängt seine Würde und Geltung in keiner Hinsicht und auch nicht zum noch so geringsten Teil von einer Voraussetzung her, die wir [Menschen] an es herantragen«[36].

Um seine Position gegen die natürliche Theologie zu untermauern, bedient sich Barth, ohne dies explizit zu erklären, einer skeptischen, oder um es präziser zu formulieren, einer negativ dogmatischen Argumentation. Er bestreitet, dass es dem Menschen möglich sei, »unmittelbar um [seine] eigene[...] oder um irgendeine Wirklichkeit [zu] wissen.«[37] Barth zieht daher die Möglichkeit in Betracht, dass alles, was der Mensch zu erkennen meint, nur Schein sein könnte. Damit greift Barth in der *Kirchlichen Dogmatik* die skeptische Frage auf, ob und wie der Mensch zwischen Sein und Schein unterscheiden kann. Vor diesem »Abgrund«[38], nicht entscheiden zu können zwischen dem, was ist und dem, was nur scheinbar ist, kann sich der Mensch aus eige-

---

[33] Bis auf Barth setzten sich die anderen Beiträge alle explizit mit dem Verhältnis von Glaube und Skepsis auseinander.

[34] Daneben ist noch Hans-Martin Barth zu erwähnen, der die Frage nach dem Verhältnis von Glaube und Skepsis in seine *Dogmatik* aufnimmt (BARTH, HANS-MARTIN, Dogmatik. Evangelischer Glaube im Kontext der Weltreligionen. Ein Lehrbuch, Gütersloh 2001). Außerdem hat Hartmut Rosenau verschiedene Studien zum Thema zusammengestellt und auf die fundamentaltheologische Rolle des Verhältnisses von Glaube und Skepsis hingewiesen: ROSENAU, HARTMUT, Ich glaube – hilf meinem Unglauben. Zur theologischen Auseinandersetzung mit der Skepsis, Münster 2005. Harry M. Kuitert hat bereits 1993 die grundsätzliche Einsicht geäußert, dass alle Themen der Theologie auch skeptisch gesehen werden können (KUITERT, HARRY M., Ich habe meine Zweifel. Eine kritische Auslegung des christlichen Glaubens, Gütersloh 1993).

[35] BARTH, KARL, Die Kirchliche Dogmatik. Dritter Band, Die Lehre von der Schöpfung, Erster Teil Zürich [5]1988, 1. Im Folgenden abgekürzt mit: KD, unter Angabe von Band und Teil.

[36] KD I/1, 204.

[37] KD III/1, 395.

[38] A. a. O., 396.

ner Kraft nicht retten. Indem Barth die negativ dogmatische Position, dass durch den Menschen nichts erkannt werden könne, aufgreift und sich diese zu eigen macht, entzieht er der natürlichen Theologie den Boden. Denn wenn jede menschliche Bemühung, Gott durch die Schöpfung erkennen zu wollen, vor dem ›Abgrund‹ steht, nicht befähigt zu sein, »den Kreislauf von Bewusstsein und Sein [...], der möglicherweise der Kreislauf des reinen Scheins sein könnte«[39], zu durchbrechen, dann muss das Anliegen der natürlichen Theologie als obsolet gelten.

Gleichzeitig meint Barth, dass seine eigene theologische Position den ›Abgrund‹ überwinde und damit die Skepsis bezwinge. Denn durch göttliche Offenbarung könne der Mensch Gott erkennen. Indem Gott dem Menschen vorsage: »Ich bin! Kann und darf und muss er [der Mensch] ihm nicht nur das nachsagen: Ja, du bist! Sondern auch das Andere: ich selbst bin, und es ist auch das, was mit mir ist.«[40] Der Barthkommentator Georg Hunsinger fasst Barths Position zusammen mit den Worten: »Die Wahrheit Gottes entzieht sich nicht nur all unseren Bemühungen, den Graben zu überbrücken, sondern sie untergräbt sie, indem sie selbst die Brücke zu uns herüber schlägt.«[41] Indem die Wahrheit den Zugang zu sich selbst schafft, kann der Mensch die Wahrheit erkennen und durch dieses Erkennen der Wahrheit erkennt der Mensch sich selbst und die Welt. Barth hat mit Hilfe der Skepsis die natürliche Theologie überwunden und mit seinen eigenen Überlegungen, dass die Menschen Gott erkennen können, »wenn und indem ihnen dieses Können durch das Wort selbst gegeben wird«[42], die Skepsis.

Eine ebenfalls ablehnende Haltung zur Skepsis nimmt Günther Schnurr in seiner Dissertation *Skeptizismus als Theologisches Problem* ein. Ausgehend von der Annahme, dass der Mensch »nicht ohne die Sinnfrage, und das impliziert die Frage nach dem Absoluten«[43], leben könne, offenbare die Skepsis dem Menschen, dass es nicht in seiner Macht liege, diese Frage zu beantworten. Zeige die Skepsis dem Menschen seine erkenntnistheoretischen Grenzen auf, so lasse sie sich nach Schnurr theologisch »unter dem Gesichtspunkt der Sünde«[44] verstehen. Denn die von den antiken Skeptikern angestrebte Zurückhaltung eines Urteils, die Schnurr als »Rückzug auf sich selbst«[45] deutet, sei der Versuch des Menschen sich selbst absolut zu setzen. »In diesem Rückzug auf sich selbst versucht er [der Mensch], sich auf sich selbst zu gründen, und

---

[39] Ebd.

[40] A. a. O., 400.

[41] HUNSINGER, GEORGE, Karl Barth lesen. Eine Einführung in sein theologisches Denken, Aus dem Amerikanischen übersetzt von Marianne Mühlenberg, Neukirchen 2009, 74.

[42] BARTH, KD I/1, 204.

[43] Vgl. SCHNURR, GÜNTHER, Skeptizismus als theologisches Problem, Göttingen 1964, 33.

[44] A. a. O., 190.

[45] A. a. O., 200.

verabsolutiert sein Ich zum alleinigen Maß und Kriterium«[46], womit der Mensch sich, theologisch gesprochen, versündige. Die Erkenntnis der Wahrheit und damit die Beantwortung der Sinnfrage sei jedoch möglich durch Offenbarung. Daher muss der Glaube, in den die Wahrheit übergeben wird, als »reines Empfangen (iustitia passiva)«[47] gedacht werden. Schnurr denkt Skepsis als Sünde, weil der Mensch sich durch sie in sich selbst verkrümme, ein Zustand, der nur durch die Wahrheit und damit durch Gott gelöst werden könne.

Während Barth und Schnurr den Glauben als Weg zur Überwindung der Skepsis begreifen, wird in neueren Entwürfen versucht, die Skepsis als Moment der Theologie und des Glaubens zu denken. Damit einher geht die Einsicht, dass gerade weil das Unbedingte nur im Bedingten zu Wort kommt, es statt eindeutigen stets nur mehrdeutige Annäherungsversuche an die bedingten Mitteilungen des Unbedingten gibt. Indem die Skepsis als Teil der Theologie oder auch des Glaubens vorgestellt wird, vermeidet man starre dogmatische Positionen und trägt der Erfahrung der Veränderlichkeit und Bewegung innerhalb menschlicher Orientierungskonzepte Rechnung. Dabei zeigt sich jedoch, dass, wie bei Barth und Schnurr, dieser Gedanke von einer unbedingten Größe ausgeht, nämlich von Gott, an welcher sich, wenn auch unter den Veränderungen des Lebens, der Mensch zu orientieren sucht. Diese Tendenz wird exemplarisch bei Härle und Dietz aufgezeigt, bevor mit Leonhardt und Hailer eine Alternative vorgestellt wird, die als ein Denken der Bewegung den Weg dieser Arbeitet andeutet.

Härle hat in seinem Aufsatz »Christlicher Glaube zwischen Gewissheit und Skepsis« aus dem Jahr 1997 zu zeigen versucht, dass die Skepsis neben der Gewissheit ein wesentliches Moment des christlichen Glaubens sei. Der Glaube enthalte Momente des »Entschiedenseins[48]«, genauso wie Momente des »Suche[ns]«[49]. Während der Glaube »frei von Vorbehalten«[50] dem Menschen ›Gewissheit‹ vermittele und ihm auf diese Weise Orientierung schenke, könne er als ›Suche‹ den Wunsch des Menschen nach »Halt und Schutz«[51] ausdrücken. Deshalb meint Härle urteilen zu können, dass »die skeptische Haltung gründlichen Prüfens [...] genau die Haltung [sei], die dem Glauben entspricht«[52]. Damit wird der Glaube nicht mehr verstanden als jene Instanz, durch welche die Skepsis überwunden wird, vielmehr sind »[d]ie sich prüfend umschauende Skepsis und der fragende Zweifel [...] Wegbegleiter des Glau-

---

[46] Ebd.

[47] A. a. O., 236.

[48] Härle, Wilfried, Christlicher Glaube zwischen Gewissheit und Skepsis, in: Marquardt, Manfred (Hrsg.), Theologie in skeptischer Zeit, Stuttgart 1997, 70.

[49] Ebd.

[50] Ebd.

[51] Ebd.

[52] A. a. O., 76.

bens, die verhindern können, dass Glaube zu etwas Starrem, Abgeschlossenem und Abgrenzendem wird.«[53] Indem Härle erklärt, der Glaube bestehe sowohl aus Momenten des ›Entschiedenseins‹ als auch aus Momenten des ›Suchens‹, trägt er dem Umstand Rechnung, dass das Unbedingte nur im Bedingten und damit unter dessen Bedingungen gedacht werden kann, weswegen dem Glauben auch eine gewisse Dynamik zugeschrieben werden müsse. Der Clou von Härles Aufsatz besteht nun darin, dass er den Dualismus von »Gläubige oder Ungläubige«[54] als irreführend entlarvt und die Möglichkeit behauptet, dass diese Differenzierung »im Sinne des simul iustus et peccator als *interne* Unterscheidung auf *jeden* Menschen angewandt«[55] werden müsse. Gerade diese Verortung von Gewissheit und Skepsis und die Interpretation dieses Verhältnisses mit dem reformatorischen Gedanken, der Mensch sei Gerechter und Sünder zugleich, verdeutlicht, dass Härle die Skepsis als Teil des menschlichen Lebens zu begreifen sucht. Jedoch verbindet er die skeptische Suche mit der Vorstellung von Sünde und bestimmt damit diese Bewegung als den Teil des menschlichen Lebens, den es eigentlich zu überwinden gelte. Insofern die ›Suche‹ als Bewegung des Menschen gedacht wird, kommt sie als sündig in den Blick. Härles Vorstellung, die Gewissheit gründe im »Gefunden*werden*«[56] durch Gott, macht hingegen deutlich, dass er weiter vom Unbedingten her versucht zu denken.

In Dietz' Habilitationsschrift *Wahrheit – Gewißheit – Zweifel* findet sich der auch für Härle wichtige Gedanke, dass die Skepsis, nun aber bezüglich der Theologie, vor einem »naiven, unbefangenen Dogmatismus«[57] bewahre. Deshalb sieht Dietz das Ziel seiner umfassenden Studie darin,

> »den Aufweis des Zusammenhangs der philosophischen und theologischen Wahrheitsthematik [zu erbringen] unter gleichzeitiger Herausstellung des Elementarzusammenhangs von Wahrheit und Gewißheit«[58].

Diesem Ziel liegt »die These [zugrunde], daß die Theologie erst mit und in der Herausforderung durch die Skepsis zu der ihr wissenschaftlich angemessenen Gestalt kommt.«[59] Die Skepsis wird daher zum Regulativ und der Zweifel wird als »wichtiges *methodisches Instrument*«[60] vorgestellt, um eine kritische und wissenschaftlich legitime Form von Theologie zu erreichen. Dabei dient Dietz die Skepsis als Mittel, um aufzuzeigen, dass »*die Vernunft nicht allmächtig*

---

[53] A. a. O., 78.
[54] A. a. O., 75.
[55] Ebd.
[56] A. a. O., 79 (Hervorhebung im Original).
[57] Dietz, Walter, Wahrheit – Gewißheit – Zweifel. Theologie und Skepsis, Studien zur theologischen Auseinandersetzung mit der philosophischen Skepsis, Frankfurt am Main 2013, 638.
[58] A. a. O., 34.
[59] A. a. O., 35.
[60] A. a. O., 647 (Hervorhebung im Original).

ist«[61] und die menschlichen Welterklärungen und Selbstbestimmungen nur begrenzt Gültigkeit beanspruchen können. Indem Dietz dem menschlichen Denken seine Grenzen aufzuzeigen versucht, bemüht er sich, auch der Skepsis jenen Raum vorzuschreiben, innerhalb dessen sie legitimer Weise Anwendung finden könne. Der Grund, warum der Mensch dennoch seinem »Denken über Gott vertrauen könne [...], liegt nicht in uns, sondern in der *Wahrhaftigkeit Gottes* begründet«[62], sodass über sie als »*personale* Beziehung zu Gott«[63] Gewissheit vermittelt werde. Wie sich bereits bei Härle beobachten ließ, geht es auch Dietz letztlich darum, ein Denken des Unbedingten zu legitimieren, indem er gleichzeitig das Bedingt-Sein eines solchen Denkens mitreflektiert. In diesem Sinne betont Dietz, dass die Theologie »den *Wahrheitsanspruch* ihres Denkens ernstnehmen«[64] müsse und sich »Wahrheit [...] unteilbar und in ihrer Tiefendimension auf Gott«[65] zu beziehen habe.

Von diesen Ansätzen meint Leonhardt sich in seiner Habilitationsschrift *Skeptizismus und Protestantismus* durch zwei wesentliche Punkte zu unterscheiden. Zum einen zeichne sich seine Auseinandersetzung mit dem Skeptizismus dadurch aus, dass diese sich Odo Marquard, und damit einer konkreten skeptischen Position zuwende, und zum anderen dadurch, dass die Frage von Glaube und Skepsis »auf dem Gebiet der Hermeneutik«[66] diskutiert werde. Durch Marquard motiviert gelangt Leonhardt zu der Einsicht, dass der Polytheismus sinnvoll sei, weil

> »die irreduzible Komplexität der Wirklichkeit [...] durch den Zugriff einer einzigen universalen Theorie nicht unverkürzt erfasst werden kann und deshalb nur durch viele einzelne Geschichten – d.h. polymythisch – angemessen zu bewältigen ist«[67].

Er votiert daher für eine »Entschränkung der christlichen Deutungsperspektive bei der Auslegung der Bibel«[68], sodass statt einer vermeintlich eindeutigen Heiligen Schrift und deren Interpretation verschiedene Deutungen zugelassen werden. Durch diese »Freigabe« hofft Leonhardt, dass sich das »religiöse Identifikationspotential der biblischen Schrift im gegenwärtigen Erfahrungshorizont«[69] neu aktualisieren lasse. Leonhardts Plädoyer für einen »hermeneutischen Pluralismus« führt ihn nicht zu dem oft beschworenen »anything goes«[70], sondern er betont, dass die Heilige Schrift weiterhin so zu denken sei,

---

[61] A. a. O., 651 (Hervorhebung im Original).
[62] A. a. O., 638 (Hervorhebung im Original).
[63] Ebd. (Hervorhebung im Original).
[64] A. a. O., 35 (Hervorhebung im Original).
[65] Ebd.
[66] LEONHARDT, Skeptizismus und Protestantismus, 33.
[67] A. a. O., 118.
[68] A. a. O., 301.
[69] A. a. O., 305.
[70] Dieser »Trivialslogan« (VIELHABER, CARSTEN, Die Präfixe der Postmoderne oder: Wie man mit dem Mikroskop philosophiert, Münster 2001, 6, Fußnote 21) wurde von Feye-

dass sie den Leser in das durch sie Erzählte hineinzieht und der Leser somit durch den Text ein neues »Text-Welt- und Selbstverständnis«[71] empfange, womit für ihn Orientierung und Gewissheit entstünde. Deshalb komme Theologie nicht ohne »*assertio*«[72] aus. Diese deutet Leonhardt jedoch näher als »*skeptische*[...] *assertio*«[73], womit er klarstellt, dass hier ein »Verzicht auf die Rückbindung der eigenen theologischen Überzeugungen an eine vermeintlich potentiell allgemein zugängliche Bedeutung der biblischen Texte«[74] geübt werden müsse. Leonhardt trägt damit der Mehrdeutigkeit des Ichs in der Welt Rechnung, indem er »die ebenso unvermeidbare Kontingenz der je eigenen Schriftrezeption und der davon abhängigen theologischen Urteilsbildung«[75] zugesteht und gleichzeitig nicht auf die durch die Heilige Schrift geschenkte Gewissheit des christlichen Glaubens verzichtet.

Der Gedanke des Unbedingten tritt in Lehonhardts Konzeption ganz zurück. Seine hermeneutischen Überlegungen reflektieren die Möglichkeiten unterschiedlicher Deutungen der Heiligen Schrift und deren Wirkung auf den Leser, wobei die Näherbestimmung der Schrift als heilig sekundär zu sein scheint, da er weder die Bibel als Text von anderen Texten zu unterscheiden sucht, noch mit dem Anspruch auftritt, dass das von ihm Durchdachte nur bezüglich der Heiligen Schrift gelte. Wenn daher jeder Text verändernd auf den Leser einwirken und sich im Gegenüber zum Text Orientierung ereignen kann, weil dieser ein neues Selbst- und Weltbild ermöglicht, dann impliziert dies einen von der ›Korrespondenztheorie‹ abweichenden Wahrheitsbegriff. Dieser wiederum ermöglicht es dann, wie im Laufe der Arbeit deutlich werden wird, einen Glaubensbegriff zu konzipieren, der eine genuin christliche Orientierung in der Welt erlaubt.

Dieses Zurücktreten des Denkens vom Unbedingten her, das sich bei Leonhardt andeutet, begegnet auch in Hailers Aufsatz »Metapher und Symbol, oder: Ist Skepsis in der Theologie unausweichlich?« aus dem Jahre 1999. Hailer geht davon aus, dass religiöse Rede primär metaphorisch sei und eine solche metaphorische Rede »sich bestimmten gängigen Überprüfungsmustern«[76] entziehe. Theologie arbeite »in einem Feld von Metaphern«[77], weswegen »begründungsfundamentalistischen und essentialistischen Ansprüchen de[r]

---

rabend in die Diskussion eingebracht: FEYERABEND, PAUL, Wider den Methodenzwang, Frankfurt am Main [11]1986.

[71] LEONHARDT, Skeptizismus und Protestantismus, 310.

[72] A. a. O., 311 (Hervorhebung im Original).

[73] Ebd. (Hervorhebung im Original).

[74] Ebd.

[75] Ebd.

[76] HAILER, MARTIN, Metapher und Symbol. oder: Ist Skepsis in der Theologie unausweichlich?, in: Bernhardt, Reinhold/Link-Wieczorek, Ulrike (Hrsg.), Metapher und Wirklichkeit. Die Logik der Bildhaftigkeit im Reden von Gott, Mensch und Natur. Dietrich Ritschl zum 70. Geburtstag, Göttingen 1999, 42–53, 44.

[77] Ebd.

Abschied zu geben«[78] sei. Metaphern, so Hailer, lassen sich nicht vom Unbedingten her denken, denn diese bedingen sich, da »Metaphern [...] selten isoliert«[79] auftreten, gegenseitig. Metaphern lassen sich auch nicht beweisen, sondern können nur unter einem bestimmten Horizont Plausibilität gewinnen.

> »Geht die Theologie nun mit solchen Metaphernbündeln um, so könnte man durchaus sagen, dass sie sich auf deren interne Rationalität einlässt und die guten Gründe der von ihnen erzählten Welt darstellen und bewerben möchte.«[80]

Mit anderen Worten, die ›Metaphernbündel‹ geben einen Horizont vor, innerhalb dessen Metaphern als rational betrachtet werden können. Jedoch hängt diese ›Rationalität‹ an dem durch die ›Metaphernbündel‹ vorgezeichneten Horizont und kann nicht über diesen hinaus Geltung beanspruchen. Mit diesem »Zug zur Skepsis«[81] verzichtet die Theologie darauf, vom Unbedingten und damit von einer absoluten Größe aus zu denken. Hailer erörtert stattdessen die Möglichkeit eines Denkens der Bewegung, da die Plausibilität der Metapher von den ›Metaphernbündeln‹ abhänge und die ›Metaphernbündel‹ von den einzelnen Metaphern. Gerade in dieser zirkulären Bewegung wechselseitiger Abhängigkeit, die einen Wandel des durch die Metaphern bedingten Horizontes ermöglicht, deutet sich ein Umgang mit fremden und das heißt dem Horizont andersartig erscheinenden Metaphern an, der statt Ablehnung ein Sich-Einlassen erlaubt.

Die sich bei Leonhardt und Hailer andeutende Denkfigur ermöglicht, über ein Denken der Bewegung einen von der ›Korrespondenztheorie der Wahrheit‹ abweichenden Wahrheitsbegriff zu entwickeln und zu prüfen, wie im Verzicht auf eine Ausrichtung vom Unbedingten her eine christliche Orientierung in der Welt möglich ist.

3. Zwischen Wahr-Sein und Wahr-Werden

Es stehen zwei unterschiedliche Denkfiguren zur Debatte, mittels derer sich das Ich in der Welt orientieren kann. Während sich bei der ersten das Ich am Unbedingten auszurichten versucht, verzichtet die zweite auf ein Unbedingtes und das Ich orientiert sich am Bedingten. Es ist vor allem diese zweite Denkfigur, die im Folgenden als ein Denken der Bewegung ausgearbeitet wird, jedoch nicht ohne jene, die sich am Unbedingten orientiert, immer wieder mitzureflektieren. Auf diese Weise sollen Stärken und Schwächen beider Strategien deutlich werden. Indem die Arbeit einem Denken der Bewegung nachgeht, greift sie auf Überlegungen des französischen Philosophen Jean-

78 Ebd.
79 A. a. O., 50.
80 Ebd.
81 A. a. O., 47.

François Lyotard (1924–1998) zurück. Dieser hat in seiner Monografie *Der Widerstreit* bestritten, dass es eine »universale Urteilsregel«[82] gebe, mit deren Hilfe man einen »Konfliktfall zwischen (wenigstens) zwei Parteien«[83] gerecht entscheiden könne. Dahinter verbirgt sich die Einsicht, dass die Überzeugungen der einen Partei nicht jenen der anderen entsprechen müssen. Stehen sich zwei unterschiedliche Vorstellungen gegenüber, kommt es zu einer Konfrontation zweier Wahrheitsansprüche. Dieser Konflikt kann durch ein Denken vom Unbedingten her nur mittels Negation des gegnerischen Geltungsanspruches überwunden werden. Anders als bei einem »Rechtsstreit«[84], bei dem es eine anerkannte Basis gibt, auf der beide Parteien zu argumentieren suchen, ist der »Widerstreit«[85] jener Fall, in dem der Konflikt dadurch gelöst werden soll, dass im »Idiom«[86] der einen Partei die Lösung gesucht wird, »während das Unrecht, das die andere erleidet, in diesem Idiom nicht figuriert.«[87] Lyotard bestreitet, dass es eine Ebene gebe, auf welcher ein derartiger ›Widerstreit‹ zu einem gerechten Ausgleich geführt werden könne.

Diese, dem Poststrukturalismus zugehörende Einsicht, gibt einen ersten Hinweis darauf, dass ein Denken der Bewegung, was zugleich ein Denken in Bewegung wäre, im Verzicht auf ein absolutes Kriterium den ›Widerstreit‹ zwar nicht zu lösen vermag, wohl aber eine Denkfigur des Sich-Einlassens sein könnte. Denn das Ich, das sich in der Welt ohne absolutes Kriterium zu orientieren versucht, kann auf eine seiner eigenen Position widersprechenden Haltung sowohl mit Ablehnung als auch mit Hinwendung und Aufnahme begegnen. Indem es sich nicht am Unbedingten orientiert, ist es auch nicht gezwungen, fremde Ansichten als fundamental falsch anzusehen, sondern kann diese als Möglichkeiten der Weltdeutung in den Blick nehmen. Die These, die es daher im Folgenden zu erörtern gilt, geht davon aus, dass der christliche Glaube nicht als Orientierungsversuch vom Unbedingten her zu deuten sei, sondern als Bewegung zum Fremden und Anderen hin. In diesem Sich-Einlassen, indem der ›Widerstreit‹ nicht gelöst wird, bewegt sich das Ich auf die andere Position und damit auf den Anderen zu und verwirklicht auf diese Weise eine christliche Existenz.

Ein Denken der Bewegung, wie es im Folgenden erprobt wird, muss sich, wie der Blick auf die bei Härle begegnende Wahrheitskonzeption deutlich macht, am Denken des Unbedingten abarbeiten, um auf diese Weise sowohl Stärken als auch Probleme beider Orientierungsstrategien reflektieren zu können. Zugleich gilt es, einen zur ›Korrespondenztheorie der Wahrheit‹ alternativen Wahrheitsbegriff zu erarbeiten, der sowohl das Verhältnis von

---

[82] Lyotard, Jean-François, Der Widerstreit, München 1987, 9.
[83] Ebd.
[84] A. a. O., 27.
[85] Ebd.
[86] Ebd.
[87] Ebd.

Sprache und Wirklichkeit als auch das von Ich und Welt neu denkt, um eine Orientierung des Ichs am Anderen zu ermöglichen. Durch diese Überlegungen wird der Glaube gedeutet als Geschichten, die davon erzählen, wie es dem Ich gelingt, dass es sich auf Fremdes einlässt und sich dieser fremden Wirklichkeit vertrauend, neu versteht.

Daher gilt es zunächst, drei mögliche Strategien zu erörtern, mittels derer sich das Ich orientieren kann (Kap. II). Hierbei werden sowohl zwei Denkweisen in den Blick genommen, die sich am Unbedingten auszurichten versuchen, als auch ein Denken der Bewegung. Während Parmenides das Denken im Sinne logischen Schließens vorstellt, erprobt er die Möglichkeit, wie sich das Ich an einer als unbedingt gedachten Prämisse orientierend die Welt erschließen kann. Gleichzeitig liefert Parmenides eine Skizze der beiden anderen Orientierungsoptionen, die dann unter der Überschrift ›Suchen und Glauben‹ zu diskutieren sind. Die antiken Skeptiker versuchen sich in der Welt über ein Denken der Bewegung zu orientieren, wobei das Denken als Suchen interpretiert wird. Außerdem diskutieren sie Argumente, mit deren Hilfe sie die Möglichkeit, sich am Unbedingten auszurichten, kritisieren. Dabei werden Probleme offensichtlich, in welche wiederum ein Denken der Bewegung gerät, sodass die Beschäftigung mit den antiken Skeptikern sowohl Möglichkeiten als auch Schwierigkeiten eines Denkens der Bewegung verdeutlicht. Mit Blick auf die christliche Tradition (Kap. III), wobei exemplarisch die Auseinandersetzungen Augustins (Kap. III.1) und Martin Luthers (Kap. III.2) mit der Skepsis erörtert werden, gilt es zu zeigen, wie der Glaube als Weg, sich in der Welt zu orientieren, vorgestellt werden kann. Diese Auseinandersetzung soll verdeutlichen, dass auch der Glaube Momente enthalten kann, die als Orientierung am Unbedingten gedeutet werden können. Gleichzeitig gilt es, neben den Chancen, die ein solches Denken liefert, auch die Probleme, mit welchen eine Orientierung am Unbedingten umzugehen hat, darzulegen.

Der erste Teil der Arbeit stellt Denken (im Sinne logischen Schließens), Suchen und Glauben als Wege vor, mittels derer sich das Ich in der Welt orientieren kann. Der zweite Teil der Arbeit befasst sich mit Johann Georg Hamann und erprobt mit ihm die Möglichkeit eines Denkens der Bewegung (Kap. IV und V). Hamann variiert dabei die Frage nach dem Verhältnis von Ich und Welt, Sprache und Wirklichkeit. Er wandelt durch seine Semiotik das Verhältnis von Ich und Welt in die Frage nach dem Verhältnis von Rezipient und Text. Die Frage, wie sich das Ich in der Welt orientieren kann, die durch die Reflexion über unterschiedliche Wahrheitsbegriffe diskutiert werden soll, kann als Frage gedeutet werden, wie sich das Ich zu den Anderen und zu Anderem verhält, da beide für das Ich die Welt bilden. Dieses in seinem Anders-Sein Fremde versteht Hamann als Zeichen und Text. Hamanns hermeneutische sowie sprachtheoretische Überlegungen nehmen im Besonderen die Situation des Rezipienten und Sprechers und damit des Ichs in den Blick. Mit Hamann soll auf diese Weise erprobt werden, ob sich Welt und Ich, Sprache und Wirklichkeit erst im Akt des Verstehens, der Interpretation, des Redens und Schreibens ereignen. Mit Hamanns Denken in Bewegung soll dabei nicht nur ein Wahrheitsbegriff diskutiert werden, der die Vorstellung des Unbedingten wandelt, sondern auch ein Glaubensbegriff, der als Denken der Bewegung beschrieben werden kann.

Die durch Hamann gewonnenen Einsichten gilt es im dritten Teil der Arbeit in den theologischen Diskurs der Gegenwart zu überführen (Kap. VI und VII). Dabei soll mit Hilfe von Wilhelm Schapp die Frage nach dem Verhältnis von Ich und Welt in die nach dem Verhältnis von Erzähler und Geschichte transformiert werden (Kap. VI.1). Schapps Gedanken zum Verhältnis von Ich und Geschichten und die Möglichkeit, sich im Erzählen die Welt zu erschließen, werden durch die Überlegungen der beiden Theologen Klaas Huizing und Ulrich H.J. Körtner zum Verhältnis von Leser und Text (Kap. VI.2), sowie durch die sprachtheoretischen Einsichten Ludwig Wittgensteins präzisiert (Kap. VI.3). Am Ende soll ein Wahrheitsbegriff entfaltet werden, der einem Denken in Bewegung verpflichtet ist und von dem aus eruiert werden kann, wie sich das Ich in der Welt über Glauben und Skepsis, die beide als ein Denken in Bewegung zu deuten sind, zu orientieren vermag (Kap. VII).

II. Denken und Suchen

Das Erkennen von Wahrheit bietet Orientierung, weil mit dem Wahrheitsbegriff das Verhältnis von Ich und Welt, Sprache und Wirklichkeit mitreflektiert wird. Dieses Verhältnis kann durch ein Unbedingtes getragen sein, das als absolute Wirklichkeit Grund und Ursache von Welt und Wirklichkeit, Ich und Sprache ist. In einem solchen Fall verliefe der Erkennungsprozess linear, weil das Unbedingte zum Ausgangspunkt allen Denkens würde. Von dieser absoluten Prämisse aus erhofft das Ich, Welt und Wirklichkeit zu erkennen. Als Ausgangspunkt bildet das Unbedingte zugleich den Zielpunkt des Erkennens, weil es als absolute Wahrheit jene Größe bildet, durch deren Erkenntnis die Erkenntnis der Wahrheit vollzogen wird. Ob eine Rede wahr oder unwahr ist, entscheidet sich einzig durch das Unbedingte. Neben dieser der ›Korrespondenztheorie der Wahrheit‹ zugrunde liegenden Möglichkeit gibt es eine Alternative, in der das Verhältnis von Ich und Welt, Sprache und Wirklichkeit in einem Verhältnis wechselseitigen Bedingt-Seins gedacht wird. Dabei wird Sprache zur Wirklichkeit und Wirklichkeit zur Sprache, womit die Welt das Ich und das Ich die Welt bedingt. Somit müsste ein Werden angenommen werden, welches in Ermangelung eines absoluten Beginns zirkulär verliefe.

Im Folgenden wird das lineare Modell als ein Denken des Unbedingten und die zirkuläre Alternative als Denken der Bewegung näher charakterisiert. Beide Modelle lassen sich mit dem Lehrgedicht des Vorsokratikers[88] Parmenides (ca. 520 – 460 v. Chr.) näher beschreiben. Parmenides kann als »Begründer der Metaphysik«[89] und als »Entdecker des Logischen«[90] bezeichnet werden. Sein in Fragmenten erhaltenes dreiteiliges Lehrgedicht[91] liefert Anknüpfungs-

---

[88] Die Bezeichnung ›Vorsokratiker‹ verweist auf eine Phase des europäischen Denkens, die zeitlich zwischen dem Auftreten des Thales von Milet (etwa 600 v. Chr.) und dem Todesjahr des Atomisten Demokrit von Abdera (390 v. Chr.) liegt. Zur Begriffsgeschichte: Hühn, Helmut, Art. Vorsokratisch; Vorsokratiker, in: HWP, Bd. 2, Sp. 1222-1226.

[89] Barth, Ulrich, Gott als Projekt der Vernunft, Tübingen 2005, 13.

[90] Ebd.

[91] Das Lehrgedicht des Parmenides ist gegliedert in Proömium, in dem die Grundszenerie entworfen wird, in einen ersten Teil, in dem es um Denken, Wahrheit und Sein geht und einen zweiten und letzten Teil, in dem die falschen Meinungen der Menschen vorgestellt werden. Fleischer spricht davon, dass das Proömium »ganz erhalten« (Fleischer, Margot, Anfänge europäischen Philosophierens. Heraklit – Parmenides –

punkte für drei unterschiedliche Denkfiguren[92], die es herauszuarbeiten gilt. Während sich zwei dieser Denkfiguren dem Denken des Unbedingten zuordnen lassen und von der Vorstellung einer Einheit ausgehen, liefert die dritte Figur mit ihrer Prämisse der Zweiheit ein Denken der Bewegung. Im Verlauf der Arbeit werden diese Denkfiguren immer wieder aufgegriffen und neu reflektiert, sodass in der Auseinandersetzung mit ihnen eine Annäherung an die Frage ›Was ist Wahrheit?‹ versucht werden kann.

Während Parmenides einem Denken des Unbedingten nachgeht, favorisieren die antiken Skeptiker, die ihre Hochzeit in der Phase des Hellenismus[93]

Platons *Timaios*, Würzburg 2001, 50) sei, während von Teil eins »neun Zehntel« (ebd.) und vom zweiten »nur kleine« (ebd.) Fragmente erhalten seien.

[92] Die drei Denkfiguren sind nicht gleichzusetzen mit dem »Drei-Wege-Modell« (Barth, Gott als Projekt der Vernunft, 12) wie es Reinhardt in seiner Arbeit aufzeigt (Reinhardt, Karl, Parmenides und die Geschichte der griechischen Philosophie, Frankfurt a.M. [4]1985.). Wenn in dieser Arbeit von ›Wegen‹ gesprochen wird, meint dies die drei ›Wege‹, die Parmenides benennt und die Fleischer als »Weg der Wahrheit« (Fleischer, Anfänge europäischen Philosophierens, 52), »Weg des Un-Gedankens« (ebd.) und »Weg der Doxa« (ebd.) bezeichnet. Mit dem Begriff der ›Denkfigur‹ sind hingegen die von Parmenides verwendeten Strategien gemeint. Es fallen nur der dritte Weg und die dritte Denkfigur zusammen.

[93] Die Epochenbezeichnung Hellenismus für die Zeitspanne zwischen 323 v. Chr. (dem Todesjahr Alexanders des Großen) und 30 v. Chr. (in dem Ägypten als letzter Diadochenstaat römische Provinz wird), setzt sich mit dem Werk von Johann Gustav Droysen *Geschichte des Hellenismus* durch (Droysen, Joann Gustav, Geschichte des Hellenismus, Darmstadt 2008.). Droysen betont, dass diese Zeit gekennzeichnet sei durch die Vermischung von griechischer und orientalischer Kultur. (Die Thesen Droysens blieben nicht unumstritten. So kommt u.a. Walter Otto zu dem Ergebnis, daß es einen einheitlichen Hellenismus-Begriff niemals – auch im Altertum – gegeben hat und daß es ihn wohl auch niemals geben wird.« Otto, Walter, Antike Kulturgeschichte. Betrachtungen zu Ernst Howalds Kultur der Antike, in: SB der Bayer. AdW Jg 1940, 20. Weitere Kritiker finden sich bei Busche, Jürgen, Art. Hellenismus in: HWP 3, Sp1050–1053). Die Epochenbezeichnung, wie die ungefähren Epochengrenzen übernimmt Malte Hossenfelder für die Philosophiegeschichte. Hossenfelder geht davon aus, dass innerhalb der Philosophiegeschichte von einer Epoche gesprochen werden kann, wenn eine Einheit des Problembewußtseins« vorliege (Hossenfelder, Malte, Die Philosophie der Antike 3. Stoa, Epikureismus und Skepsis. Geschichte der Philosophie Bd. III, München [2]1995, 12). Für die vorherrschenden Schulen jener Zeit Stoizismus, Epikureismus und Skeptizismus gelte, dass sie, bei allen Unterschieden, den Primat der praktischen Vernunft« (14) vertreten und als Ziel aller Philosophie die Eudämonie« (23) ansehen. Durch diese gemeinsame Basis könne die Epochenbezeichnung Hellenismus auch für die Philosophiegeschichte verwendet werden. Angesichts der Tatsache, dass die Geschichte der Philosophie nicht durch markante Daten wie den Tod eines Eroberers« (13) eingegrenzt werde und philosophische Diskurse auch bei der Verschiebung von Schwerpunkten meist nicht abrupt enden, nimmt Hossenfelder eine detailliertere Epocheneinteilung vor. Es ist [...] sinnvoll die nachklassische antike Philosophie in drei Stadien einzuteilen: den Hellenismus (3.–1. Jh. v. Chr.), dann eine etwa zweihun-

hatten, ein Denken der Bewegung. Während Parmenides die Wahrheit denkt und ihr insofern habhaft wird, meinen die Skeptiker das Wahre noch zu suchen.[94] In der Auseinandersetzung mit Sextus Empiricus (160–210 n. Chr.), der das umfangreichste Werk zur antiken Skepsis hinterlassen hat, und in der Beschäftigung mit den akademischen Skeptikern Arkesilaos (316–241 v. Chr.) und Karneades (214–129 v. Chr.) werden Strategien reflektiert, die das Denken in Bewegung halten. Zum einen zeigen die Skeptiker, dass ein Denken des Unbedingten zirkulär verläuft, obwohl es als lineares Modell angelegt ist. Zum anderen wird ersichtlich, welche Hindernisse zu überwinden sind, wenn Orientierung durch ein Denken der Bewegung erlangt werden soll. Damit deutet sich ein zur ›Korrespondenztheorie der Wahrheit‹ alternativer Wahrheitsbegriff an, der im weiteren Verlauf der Arbeit entfaltet wird.

1. DENKEN, DASS IST, WAS IST: PARMENIDES

Parmenides liefert in seinem fragmentarisch erhaltenen Lehrgedicht Anhaltspunkte für drei unterschiedliche Denkfiguren, von denen er letztlich eine favorisiert. Die Auseinandersetzung mit seinen Fragmenten ermöglicht eine Charakterisierung aller drei Modelle, sodass es im Folgenden darum geht, die Grundstrukturen dieser Denkfiguren herauszuarbeiten. Relevant für die Fragestellung dieser Arbeit sind das Proömium und der erste Teil des Lehrgedichts.

1.1 Göttliche Mitteilung

Das Proömium liefert die Grundszene, innerhalb derer Parmenides seine Gedanken entfaltet. Parmenides schreibt, dass ein »junger Mann«[95] berichtet, wie er von »vielverständigen Stuten«[96] gezogen und geleitet von »göttlichen Mäd-

---

dertjährige Übergangszeit, in der Altes und Neues nebeneinander bestehen (1.-2. Jh. n.Chr.) und schließlich den Neuplatonismus.« (13).

[94] Vgl. SEXTUS EMPIRICUS, Grundriß der pyrrhonischen Skepsis. Eingeleitet und übersetzt von Malte Hossenfelder, Frankfurt am Main 1985, I.2. Im Folgenden abgekürzt mit »PH«, gefolgt von Buch- und Satzangabe. Der Griechische Text stammt aus: SEXTUS EMPIRICUS, Opera, ed. Hermann Mutschmann, Jürgen Mau, Karel Janaczek, 4 Bde., Leipzig 1914–1962.

[95] DK 28 B 1. Der griechische Text richtet sich nach: DIELS, HERMANN, Die Fragmente der Vorsokratiker, Griechisch und Deutsch, 3. Bd., mit Nachträgen hrsg. v. Walther Kranz, Berlin [10]1961. Im Folgenden abgekürzt mit: DK. Während 28 auf Parmenides verweist, steht der Buchstabe B für wörtliche Zitate (A: antike Berichte über das Leben des Philosophen; C: unechte Zitate). Die sich daran anschließende Nummer gibt die Stelle des Fragmentes bei DK an. Die Übersetzung ist, außer in Ausnahmefällen, folgender Ausgabe entnommen: MANSFELD, JAAP (Hrsg.), Die Vorsokratiker I & II. Griechisch-deutsch, Auswahl der Fragmente, Übersetzung und Erläuterung von Jaap Mansfeld Stuttgart 1999.

[96] DK 28 B 1.

chen«[97] eine Himmelsfahrt macht. Auf Bitten der ›göttlichen Mädchen‹ gewährt Dike, die Göttin des Rechts, dem jungen Mann Durchlass durch das »Tor der Bahnen von Nacht und Tag«[98]. Dort tritt ihm eine Göttin entgegen und erklärt: »So gehört es sich, dass du alles erfährst«[99]. Das Durchschreiten des Tores und der Übergang von der Nacht in den Tag werden zum Bild für den Schritt vom Dunkel in den Raum des Lichtes und des Sehens. Dieser Übergang gelingt dem jungen Mann nicht aus eigener Kraft, sondern er wird geführt. Dem räumlichen Wechsel folgt ein Übergang auf der Ebene der Erkenntnis. Denn wenn der junge Mann ›alles‹ erfahren soll, wechselt er vom Nicht-Wissen in den Bereich des Wissens. Er tritt vom Dunkel ins Licht und kann alles erkennen. Aber auch dieser Wechsel gelingt ihm nicht aus eigener Kraft, sondern durch göttliche Belehrung. Der junge Mann lernt die Wahrheit durch eine Göttin kennen, der Parmenides die Rolle der »Wissende[n] und Lehrende[n]«[100] zuteilt. Als Göttin kommt ihr eine besondere Autorität zu, mit welcher das von ihr Gesagte legitimiert wird.

Der junge Mann kommt zu Wahrheit, indem er emporgeführt und belehrt wird, wodurch Parmenides den »Widerfahrnischarakter der Erkenntnis der Wahrheit«[101] betont. Die Wahrheit liegt außerhalb des Raumes, in dem der junge Mann lebt, sie ist seiner Welt enthoben und fremd, sie begegnet ihm als unbedingte Größe, weil sie überall und immer Geltung beansprucht. Die Wahrheit muss daher zum Menschen kommen, und indem sie ihm mitgeteilt wird, erkennt er sie. Dies geschieht durch göttliche Vermittlung. Parmenides zeigt damit eine erste Denkfigur auf, durch die die Erkenntnis des Unbedingten gedacht werden kann. Sie ist gekennzeichnet durch die Annahme, dass die Wahrheit eine dem menschlichen Lebensraum unbekannte Größe sei, die der Mensch alleine nicht erlangen kann. Durch göttliche Belehrung kann er diese, seinem Kontext enthobene Wahrheit kennenlernen und gewinnt dadurch Erkenntnis über seine Welt, wie sich im Folgenden zeigen wird.

Die hier bei Parmenides herausgearbeitete erste Denkfigur stellt eine verkürzte Deutung des Proömiums dar, die nur unter der oben angeführten Aufgabenstellung, drei Denkfiguren ausarbeiten zu wollen, legitim erscheint. Denn für Parmenides ist entscheidend, nicht bei der Mitteilung durch die

---

[97] DK 28 B 1. Die Übersetzung stammt von: FLEISCHER, Anfänge europäischen Philosophierens, 50. Fleischer erblickt in den Mädchen die Töchter des Helios. Vgl. auch: LUTHER, WILHELM, Wahrheit, Licht und Erkenntnis in der griechischen Philosophie bis Demokrit, in: Archiv für Begriffsgeschichte 10 (1966), 91. DEICHGRÄBER, KARL, Parmenides Auffahrt zur Göttin des Rechts, Abhandlung der Akademie der Wissenschaften und Literatur in Mainz. Geistes. Und sozialwissen. Kl., Jg. 1958, Wiesbaden 1959, 657. Mansfeld übersetzt: »Jungfrauen« (MANSFELD, Die Vorsokratiker).

[98] DK 28 B 1.

[99] Ebd.

[100] FLEISCHER, Anfänge europäischen Philosophierens, 51.

[101] LUTHER, Wahrheit, Licht und Erkenntnis in der griechischen Philosophie bis Demokrit, 91.

göttliche Instanz stehenzubleiben. Die Wahrheit der göttlichen Aussage gewinnt nach Parmenides ihre Legitimität primär aus ihrer logischen Strenge und nicht durch bloße göttliche Autorität.[102] Mit der Schilderung der Himmelsfahrt knüpft Parmenides an die Himmelsfahrt in der *Theogonie* des Hesiod (vor 700 v. Chr.) an.[103] Hesiods Schilderung vom Ursprung der Götter basiert allein auf der »Gabe der Musen«[104], die ihn befähigt »Wahres zu singen«[105]. Dass Parmenides weiter- und damit über Hesiod hinausgeht, markiert geradezu den Übergang vom »Mythos zum Logos«[106] und damit vom Erzählen zum »logischen Schließen«[107]. Mit dieser Entwicklung deutet sich die zweite Denkfigur an, die im Folgenden ausgearbeitet wird.

1.2 Denken

Die Göttin will dem jungen Mann »das unerschütterliche Herz der wirklich überzeugenden Wahrheit«[108] mitteilen. Sie will erreichen, dass er »die Meinungen der Sterblichen«[109] kennenlernt und erfährt, wie es zu den Meinungen der Menschen kommt und warum diese nur falsche Überzeugungen und keine Wahrheit sind. Dazu zeigt sie ihm zunächst zwei »Wege der Untersuchung«[110] auf und damit zugleich jenen Grundsatz, von dem aus alles andere zu denken ist. Der erste Weg, der sich »nach der Wahrheit richtet«[111], geht von der Prämisse aus, »dass es ist und dass nicht ist, dass es nicht ist«[112]. Parmenides

---

[102] Verdenius erklärt, dass die Göttin »von ihrem Adepten [nicht erwartet], dass er diese Worte passiv hinnimmt, sondern dass er diese beurteilt« (Verdenius, Willem Jacob, Der Logosbegriff bei Heraklit und Parmenides, in: Phronesis II (1967), 99). Anders die Deutung Deichgräbers: Die Himmelsfahrt wird als das von Parmenides favorisierte Denken vorgestellt (Deichgräber, Parmenides' Auffahrt zu Göttin des Rechts, 666ff). Damit wird das Proömium als »allegorisch« (Mansfeld, Jaap, Die Offenbarung des Parmenides und die menschliche Welt, Assen 1964, 222) interpretiert, wogegen Mansfeld zu verdeutlichen versucht, dass man nur, wenn man die Offenbarung buchstäblich nimmt, einen Zusammenhang zwischen dem Proömium und den anderen Teilen des Lehrgedichts herstellen kann« (a. a. O., 223).

[103] Vgl. Schwabl, Hans, Hesiod und Parmenides, in: RMP 106 (1963), 134–142. Schwabl zeigt, dass das Lehrgedicht von Parmenides nicht nur durch die »Technik der Motivführung und Motiventwicklung« (a. a. O., 136), sondern auch durch »inhaltliche Anklänge an Hesiod« (a. a. O., 138) anknüpft.

[104] Schönberger, Otto, Nachwort, in: Hesiod, Theogonie. Griechisch/Deutsch. Übersetzt und herausgegeben von Otto Schönberger, Stuttgart 1999, 150.

[105] Ebd.

[106] Vgl. zu dieser Entwicklung ausführlich: Nestle, Wilhelm, Vom Mythos zum Logos, Aalen ²1969.

[107] Barth, Gott als Projekt der Vernunft, 13.

[108] DK 28 B 1.

[109] Ebd.

[110] DK 28 B 2.

[111] Ebd.

[112] Ebd.

erklärt, »dass das, was ist, nicht nicht-sein kann«[113]. Damit schließt er aus, dass das ›was ist‹ zugleich ›nicht-sein‹ ist. Denn ›was ist‹ muss als »Seiend« (»τὸ ἐόν«[114]) gedacht werden, und zwar als Seiend schlechthin. Dieser Weg ist der »Weg der Wahrheit«[115], weil von diesem Grundsatz aus allein die Wahrheit erkannt wird.

Der zweite Weg, der keine Erkenntnis liefert, behauptet, »dass es nicht ist und dass es sich gehört, dass es nicht ist«[116]. Während also der ›Weg der Wahrheit‹ behauptet, dass ›was ist, nicht nicht-sein kann‹, behauptet der zweite Weg, dass nicht ist, was nicht ist. Dieses Nicht-Sein gilt ebenfalls schlechthin, führt aber nicht zu Erkenntnis. Beide Wege und die damit gegebene Möglichkeit, bzw. Unmöglichkeit, die Wahrheit zu erkennen, behauptet die Göttin zunächst nur. Wie alles, was sie bis dahin gesagt hat, scheinen beide Wege nur durch ihre göttliche Autorität legitimiert zu sein. Um die Unmöglichkeit des zweiten Weges aufzuzeigen, bedient sie sich jedoch erstmals des ›logischen Schließens‹, womit Parmenides die zweite Denkfigur vorstellt. Denn dass der zweite Weg ausgeschlossen ist, ergibt sich aus der logischen Konsequenz, dass das, was nicht ist, auch nicht erkannt werden kann. Über das, was nicht ist, kann auch nichts gesagt werden, weil es nicht ist. Der Gedanke ›es gibt nichts‹ hebt sich selbst auf, weil die Aussage ›es gibt nichts‹ etwas behauptet, was sie selbst nicht einlösen kann. Wenn es nichts gibt, dann kann dies weder erkannt noch ausgesagt werden, da das, was es nicht gibt, auch nicht erkannt oder benannt werden kann. Der Gedanke ›es gibt nichts‹ ist demnach ein »Un-Gedanke[...]«[117], weil er sich selbst aufhebt. Parmenides stellt dem ›Weg der Wahrheit‹ den »Weg des Un-Gedankens«[118] gegenüber. Dazu lässt er die Göttin nicht nur behaupten, sondern auch aus dem Satz selbst ableiten, warum der zweite Weg unmöglich sei. Deshalb wird dieser von Parmenides auch nicht weiter berücksichtigt. Die Unmöglichkeit des zweiten Weges beweist Parmenides mit der gleichen Denkfigur, mittels derer er die Richtigkeit des von ihm präferierten Weges zu rechtfertigen beabsichtigt.

Es bleibt damit als Weg zur Wahrheit nur, ›dass es ist‹. Alles was über Seiend gesagt werden kann, muss von dieser Prämisse aus entfaltet werden. Das richtige Denken braucht demnach die richtige Grundlage, von der aus das Denken alles andere erkennen kann. Parmenides lässt die Göttin erklären,

---

[113] RAPP, CHRISTOF, Vorsokratiker, München 1997, 101.

[114] DK 28 B 6. Für die Übersetzung mit ›Seiend‹: Vgl.: HELD, KLAUS, Heraklit, Parmenides und der Anfang von Philosophie und Wissenschaft. Eine phänomenologische Besinnung, Berlin/New York 1980, 513.

[115] FLEISCHER, Anfänge europäischen Philosophierens, 52.

[116] DK 28 B 2.

[117] FLEISCHER, Anfänge europäischen Philosophierens, 52.

[118] Ebd.

dass es »auf diesem Weg [...] sehr viele Zeichen«[119] gebe, die »als Gedanken, in denen sich das Seiend selbst zeigt«[120], zu deuten seien. Die Göttin legt offen,

> »dass Seiendes nicht hervorgebracht und unzerstörbar ist, einzig, aus einem Glied, unerschütterlich, und nicht zu vervollkommnen; weder war es, noch wird es einmal sein, da es jetzt in seiner Ganzheit beisammen ist, eins, zusammengeschlossen.«[121]

Die Richtigkeit der damit getroffenen Aussagen über das Seiend beweist Parmenides, indem er die Göttin dies Schritt für Schritt begründen lässt. Die Aussagen der Göttin sind demnach »notwendig Gegenstand einer Prüfung«[122] und müssen dieser standhalten, wenn sie als richtig angesehen werden sollen. Aus der Grundprämisse ergeben sich mit »logische[r] Zwangsläufigkeit«[123] die Einsichten über das Seiend.

Zunächst beweist Parmenides durch die Göttin, »dass Seiendes nicht hervorgebracht und unzerstörbar«[124] ist. Denn wenn Seiend ist, kann es weder »aus Nichtseiendem«[125] noch »aus Seiendem«[126] hervorkommen, weil ihm als Seiend jede Form der Bewegung abgeht. »Entweder es ist, oder es ist nicht«[127], deshalb kann es auch nicht ›hervorgebracht‹ worden sein oder vergehen. Würde Seiend ›hervorgebracht‹ werden, dann wäre es nicht, solange bis es ›hervorgebracht‹ wurde. Seiend ist jedoch und kann deshalb nicht Nicht-Sein sein, demgemäß muss es ›unzerstörbar‹ sein. Wenn Seiend werden oder vergehen könnte, würde es nicht mehr der Grundbestimmung, dass Seiend ist, entsprechen. Dass Seiend ›einzig aus einem Glied‹ ist, beweist Parmenides, indem er die Göttin die Unteilbarkeit des Seiend beweisen lässt. Wäre Seiend nicht ganz, würde es Mangel leiden und wäre damit Nicht-Sein. Als Seiend ist es aber, und weil es ist, muss es ganz sein, weil es kein mehr oder weniger sein kann. Schließlich zeigt Parmenides, dass Seiend unerschütterlich und nicht zu vervollkommnen ist, indem er die Unbeweglichkeit von Seiend argumentativ beweist. Seiend ist, und damit muss es als ›unzerstörbar‹ und als ganz gedacht werden, es gibt bei ihm kein mehr oder weniger, kein früher oder später. Damit schließt es Bewegung aus.

Die Erklärungen für das Seiend leiten sich aus der Prämisse »Seiend ist, schlechthin und ohne jedes nicht«[128] ab. Diesen Grundsatz teilt die Göttin dem

---

[119] DK 28 B 8.
[120] FLEISCHER, Anfänge europäischen Philosophierens, 54.
[121] DK 28 B 8.
[122] DEICHGRÄBER, Parmenides' Auffahrt zur Göttin des Rechts, 676.
[123] HEITSCH, ERNST, Gegenwart und Evidenz bei Parmenides, Abhandlungen der Akademie der Wissenschaften und der Literatur in Mainz, Jg. 1970, Wiesbaden 1970, 347.
[124] DK 28 B 8.
[125] Ebd.
[126] Ebd.
[127] Ebd.
[128] FLEISCHER, Anfänge europäischen Philosophierens, 52.

jungen Mann mit. Nun, da er bekannt ist, zeigt sie ihm, wie dieser anzuwenden sei und wie sich aus ihm die Wahrheit erkennen lässt. Parmenides eröffnet noch einen weiteren Gedanken. Er erklärt, »dass man es erkennt, ist dasselbe wie die Erkenntnis, dass es ist«[129]. Damit setzt Parmenides das Denken mit Seiend gleich.[130] Die Gleichsetzung von Seiend und Denken ist notwendig, weil mit dem Denken dem Seiend sonst ein Zweites hinzu gestellt würde. Das Seiend ist aber ganz und insofern einzig. Denn, so erklärt Parmenides, »es gibt sonst nichts und wird auch nichts geben außer dem Seienden«[131]. Das in der Gleichsetzung von Seiend und Denken angesprochene Denken wird von der Philosophin Margot Fleischer als »göttlich-menschliches Denken«[132] beschrieben. Nach ihrer Deutung denkt Seiend dabei selbst und zwar »ohne Differenz von Tun und Täter«[133], womit sich das »Seiend [...] *seiner selbst inne*«[134] ist. ›Göttlich‹ ist dieses Denken, weil es die Grenzen jeder Subjekt-Objekt-Relation durchbricht. Dabei betont Fleischer, es sei nötig, dass es auch als ›menschlich‹ beschrieben werde, weil zumindest die »Möglichkeit«[135] bestehen müsse, dass der Mensch an diesem Denken Anteil haben könne.

Um aufzuzeigen, welcher Denkweg gangbar ist und welcher nicht, verwendet Parmenides die gleiche Denkfigur. Von der Grundeinsicht ›dass es ist und dass nicht ist, dass es nicht ist‹ ausgehend, leitet er die darin enthaltenen Aussagen ab. Er eliminiert jene Aussagen, die mit dem Grundsatz nicht übereinstimmen. Damit liefert er »eine philosophische Denk- und Beweismethode«[136], mit der es gelingen soll, die Wahrheit zu erkennen. Wenn die Prämisse als wahr erkannt ist, kann von ihr aus alles Weitere begriffen werden, sofern man sich der Denkfigur des rationalen Erschließens bedient und außer der als wahr erkannten Prämisse keine weiteren zulässt. Diese zweite Denkfigur erscheint als Möglichkeit, das Unbedingte zu denken.

Die Prädikate, die Parmenides dem Seiend zuspricht, ähneln jenen, die der Theologe Ulrich Barth bei der »Idee des Unbedingten«[137] feststellt. Diese Idee ist gekennzeichnet durch »Unendlichkeit«[138], »Ganzheit«[139], »Zeitentho-

---

[129] DK 28 B 8.
[130] Vgl. HEITSCH, Gegenwart und Evidenz bei Parmenides, 347. Vgl. SCUTO, GIUSEPPE, Parmenides' Weg. Vom Wahr-Scheinenden zum Wahr-Seienden. Mit einer Untersuchung zur Beziehung des parmenideischen zum indischen Denken, Sankt Augustin 2005, 148.
[131] DK 28 B 8.
[132] FLEISCHER, Anfänge europäischen Philosophierens, 61.
[133] Ebd.
[134] Ebd. (Hervorhebung im Original).
[135] A. a. O., 60.
[136] GIGON, OLOF, Der Ursprung der griechischen Philosophie. Von Hesiod bis Parmenides, Basel/Stuttgart ^{2}1968, 250.
[137] BARTH, ULRICH, Was ist Religion?, in: ZThK 93 (1996), 548.
[138] A. a. O., 546.
[139] Ebd.

benheit«[140] und »Notwendigkeit«[141]. Parmenides' Einsichten zu Seiend lassen sich mit diesen Begriffen ebenfalls beschreiben. Wenn Seiend ›unzerstörbar‹ ist und es in ihm kein Werden und Vergehen gibt, muss es als unendlich gelten. Seine Unteilbarkeit und ›Ganzheit‹ wird sogar von Parmenides explizit behauptet. Dass Seiend unveränderlich und bewegungslos ist, bedeutet auch, dass es der Zeit enthoben ist, womit auch der dritte Begriff, der die ›Idee des Unbedingten‹ kennzeichnet, auf Parmenides' Vorstellung vom Seiend übertragen werden kann. »Das Seiend ist einzig«[142], es gibt kein Zweites neben ihm. Damit kann es jedoch nicht als bedingt oder kontingent gelten, weswegen es als notwendig in den Blick kommen muss. Das Seiend bei Parmenides kann aufgrund dieser Ähnlichkeiten als Formulierung der ›Idee des Unbedingten‹ gelten und die von Parmenides vorgestellten Denkfiguren als Möglichkeiten, das Unbedingte zu denken. Mit der ›Idee des Unbedingten‹ soll ein letzter Punkt gegeben sein, durch den alles begründet wird und der »seinerseits keiner Begründung«[143] bedarf. Gerade weil diese Idee unbedingt ist, begründet sie alles andere. Sie gibt und garantiert zugleich den Rahmen des Denkens, an ihr entscheidet sich, was wahr und was falsch ist.

1.3 Bewegung des Denkens

Der Weg zur Wahrheit und zum Seiend ist damit aufgezeigt. Parmenides hat die Göttin versprechen lassen, darüber hinaus zu erklären, wie die Menschen zu Meinungen und falschen Einsichten gelangen. Damit kommt der letzte Weg des sogenannten ›Drei-Wege-Modells‹ in den Blick. Diesen dritten »Weg der Doxa«[144], den Parmenides verwirft, destruiert er ausgehend von seiner Grundeinsicht, dass ›Seiend ist‹. Über diesen Weg gelangen »die nichtwissenden Menschen«[145] zu Meinungen und nicht zur Wahrheit, weil sie »Sein und Nichtsein als dasselbe und auch wieder nicht als dasselbe«[146] denken. Anstatt Seiend als Seiend zu denken, denken sie es auch als Nicht-Seiend, wodurch die Vorstellung von Bewegung entsteht. Mit einem Beispiel lassen sich Parmenides' Überlegungen erklären: Angenommen es wäre licht, dann müsste von einem Licht-Seiend gesprochen werden, das nicht zugleich dunkel wäre. Wäre es dunkel, müsste umgekehrt von einem Dunkel-Seiend die Rede sein, dabei würde dann das Licht-Seiend zu einem Nicht-Licht-Seiend. Betrachtet man nun den Übergang von licht zu dunkel, ergibt sich das Problem, dass licht zugleich Seiend und Nicht-Seiend ist. Seiend, wenn es licht ist und zugleich Nicht-Seiend, wenn es dunkel ist. Damit wäre »Sein und Nichtsein [...]

---

140 A. a. O., 547.
141 Ebd.
142 FLEISCHER, Anfänge europäischen Philosophierens, 56.
143 BARTH, Was ist Religion?, 541.
144 FLEISCHER, Anfänge europäischen Philosophierens, 52.
145 DK 28 B 6.
146 Ebd.

dasselbe«[147]. Den Fehler, der hier gemacht wird, sieht Parmenides in der Setzung einer zweiten Größe. Neben Licht-Sein tritt Dunkel-Sein, aber Seiend ist ›einzig‹. Es kann daneben folglich kein Zweites, kein Anderes geben. Deshalb muss der ›Weg der Doxa‹ scheitern. Mit dem Beweis, dass der ›Weg des Nicht-Seins‹ scheitert, muss auch dieser Weg scheitern, weil hier, wo Sein als Nicht-Sein und Nicht-Sein als Sein gedacht wird, versucht wird, Nicht-Seiendes zu denken. Nicht-Sein lässt sich nicht denken und deshalb kann auch ein zugleich von Sein und Nicht-Sein nicht gedacht werden. Nimmt man den ›Weg der Doxa‹ als Denkfigur, führt dieser nicht zu absoluten Gewissheiten und zu einer durch Unbedingtes abgesicherten Wahrheit. Diese Denkfigur rechnet nicht mit einer einzigen Prämisse, sondern mit mehreren. Das Denken stößt an kein absolutes Ende, in dem sich alles von selbst ergeben würde. Statt im Modus von wahr und unwahr kann nur in Wahrscheinlichkeiten gedacht werden. Was mit dieser Denkfigur erkannt wird, bleibt immer in Bewegung und gelangt nicht zu dem Status unbedingter Wahrheit. Richtiges Denken, so muss man im Anschluss an Parmenides sagen, braucht eine wahre absolute Grundlage, von der aus gedacht wird, während zwei oder mehrere Grundlagen nur zu Meinungen und nicht zur Wahrheit führen. Die Prämisse, von der aus Parmenides diese Denkfigur kritisiert, ist die Annahme, dass Seiend unbedingt sein muss und damit zeitlos, unbeweglich, notwendig und ganz. Damit hat das Denken bei Parmenides in letzter Konsequenz ein Ziel: Es muss das Unbedingte denken, damit sich Seiend selbst denkt und damit zur Ruhe kommt. Nur in dieser Ruhe findet sich Wahrheit und uneingeschränkte Erkenntnis.

Durch die Lektüre von Parmenides' Lehrgedicht konnten drei unterschiedliche Denkfiguren vorgestellt werden. Während die göttliche Mitteilung bei Parmenides als Option lediglich angedeutet wird, arbeitet er das ›logische Schließen‹ als Denkfigur aus. Dennoch deutet sich an, dass beide Wege einem Denken des Unbedingten dienen. Denn die göttliche Mitteilung bringt eine Wahrheit, die außerhalb der Möglichkeit menschlichen Erkennens liegt, und indem sie jenseits des menschlichen Raumes lokalisiert wird, deutet ihre Unabhängigkeit auf ihr Unbedingt-Sein hin und scheint damit wesentlich mit der ›Idee des Unbedingten‹ verknüpft. Gleiches gilt für die Denkfigur des richtigen Denkens, weil hier die Prämisse gelten kann, dass Sein eine Spielart der ›Idee des Unbedingten‹ sei. Damit setzen beide Denkfiguren die Einheit, die für die ›Idee des Unbedingten‹ tragend ist, als Ausgangspunkt des Denkens. Wenn das Denken mit dem Einen und Wahren beginnt, dann führt es zur Erkenntnis. Anders die dritte Denkfigur: Sie setzt eine Zweiheit und damit Mehrdeutigkeit voraus und gerät auf diese Weise in Bewegung. Das Denken in Bewegung ist ein Denken des Bedingten und im Bedingten und begegnet im Verlauf der Arbeit bei den antiken Skeptikern und bei Johann Georg Hamann. Um deutlich zu machen, warum eine Alternative zum Denken des Unbeding-

[147] FLEISCHER, Anfänge europäischen Philosophierens, 53.

ten notwendig erscheint, gilt es zunächst, die Konsequenzen und die sich darin andeutenden Probleme für ein Denken des Unbedingten an Parmenides aufzuzeigen.

1.4 Folgen des Denkens

Die Strenge, mit der Parmenides Seiend denkt, führt dazu, dass Seiend nicht die Welt sein kann, weil diese nicht unbedingt ist. Was ist also Welt bei Parmenides und wie kommt sie zustande? Parmenides sieht den Fehler und zugleich den Grund für die Welt bei den Menschen, die durch die Setzung von Tag und Nacht eine Zweiheit stiften, die es eigentlich nicht gibt. Denn Seiend ist und es ist allein, unbeweglich und unveränderlich. Durch die Setzung von Tag und Nacht, setzt der Mensch ein Zweites und damit die Möglichkeit von Bewegung und Veränderung. Die bedingte Welt ist nur denkbar in der Stiftung der Zweiheit des Menschen. Die Erkenntnis von Seiend bei Parmenides geht einher mit der Einsicht, dass die Welt bloßer Schein ist. Mit anderen Worten: »Welt geht in Parmenides' Philosophie verloren.«[148]

Diese »radikalste aller Philosophien«[149] mit ihrer Welt-Verneinung ist dem Problem des Denkens des Unbedingten geschuldet. Wie von Parmenides im Proömium dargestellt, ist das ›göttlich-menschliche Denken‹ keine Möglichkeit in der Welt. Denn um erkennen zu können, dass Seiend ist und sonst nichts, muss der junge Mann in den Bereich des Göttlich-Geistigen enthoben werden. Damit drängt sich die Frage auf, wie das Unbedingte im Bedingten und damit in der Welt gedacht werden kann. Zwar liefert Parmenides zwei Denkfiguren, mit denen er Seiend zu denken versucht, aber seine Grundszenerie, in welcher das ›göttlich-menschliche Denken‹ verortet wird, weist darauf hin, dass diese Denkfiguren für den Menschen nur bedingt möglich sind. Das Lehrgedicht des Parmenides erhebt mit den Denkfiguren des Unbedingten einen Geltungsanspruch über die konkrete Szene hinaus, kann aber durch sein Bedingt-Sein als Text diesen Anspruch nicht einlösen. Somit gelingt es Parmenides nur, das Unbedingte im Bedingten vorzustellen. Das Problem, das hier begegnet, liegt darin, dass ein Unbedingtes als Grund und Ursache von bedingtem menschlichen Denken vorgestellt werden soll. Auch die beiden Theologen Augustin von Hippo und Martin Luther versuchen, für das Ich eine Orientierung vorzunehmen, indem sie von Gott als dem Unbedingten ausgehend denken. Dabei wird vor allem bei Luther deutlich, dass ein Denken des Unbedingten letztlich an eine Grenze stößt, da das Unbedingte im Bedingten nicht zur Darstellung kommen kann.[150] Die antiken Skeptiker hingegen versuchen eine Orientierung des Ichs in der Welt ohne eine absolute Prämisse, indem sie sich des ›Denkens der Doxa‹ bedienen. Chancen und Grenzen dieser Denkfigur gilt es im Folgenden auszuarbeiten.

---

[148] FLEISCHER, Anfänge europäischen Philosophierens, 71.
[149] REINHARDT, Parmenides und die Geschichte der griechischen Philosophie, 67.
[150] Vgl. Kapitel 3.

2. SUCHEN, WAS WAHR IST: SEXTUS EMPIRICUS

Der Vorsokratiker Parmenides wendet sich in seinem Lehrgedicht primär dem Seiend zu und erörtert, wie dies gedacht werden kann. Für den Hellenismus und den antiken Skeptizismus, der vornehmlich in jene Epoche zu zählen ist, steht hingegen der »Primat der praktischen Vernunft«[151] und die Frage nach dem glücklichen Leben im Mittelpunkt.[152] Glück wird dabei verstanden als Seelenruhe (Ataraxie)[153], die das Ziel aller dem Hellenismus zugehörenden philosophischen Strömungen bildet. Auch die Skeptiker dieser Epoche interessieren sich primär für diese ethische Fragestellung und gelangen darüber zu ihren epistemologischen Einsichten, die von Parmenides ausgehend als ein ›Denken der Doxa‹ bezeichnet werden können. Anstatt von einer absoluten Prämisse auszugehen, durchdenken die Skeptiker die Möglichkeit, dass das Denken in Ermangelung eines unbedingten Kriteriums verschiedene Ausgangspunkte hat und damit zu unterschiedlichen Meinungen führt.

Die antike Skepsis teilt sich dabei in zwei Traditionen, die, obwohl es elementare Gemeinsamkeiten gibt, in Konkurrenz zueinander stehen. Auf der einen Seite stehen die skeptischen Überlegungen von Arkesilaos (316–241 v. Chr.) und Karneades (214–129 v. Chr.), die beide zu der von Platon gegründeten Akademie gehören und deren skeptische Tradition unter dem Titel Akademiker durch Cicero (106–43 v. Chr.)[154] und Augustin (354–430 n. Chr.)[155] aufgegriffen werden. Auf der anderen Seite steht der sogenannte pyrrhonische Skeptizismus, der sich auf Pyrrhon (360–270 v. Chr.) bezieht und in besonderer Weise von Sextus Empiricus (160–210 n. Chr.) durchdacht wird. Beide Traditionen liefern Strategien und Argumente, mittels derer ein Denken des Unbedingten in Frage gestellt werden kann. Als Gegenentwurf entwickeln die antiken Skeptiker ein Denken, welches sie als Denken verschiedener Meinungen entwerfen und was sich als Variation des Denkens der Bewegung charakterisieren lässt.

Die skeptischen Überlegungen beider Traditionen stellen die Möglichkeit eines Denkens des Unbedingten infrage und entwerfen im Gegenzug ein Denkmodell der Bewegung. Obwohl das Ziel der antiken Skepsis die Seelenruhe ist, bewirken ihre Untersuchungen, denn »σκέψις heißt zunächst nichts

---

[151] HOSSENFELDER, Die Philosophie der Antike 3, 15.

[152] Vgl. HOSSENFELDER, Die Philosophie der Antike 3, 23. Hossenfelder erklärt, der »Grundbegriff, von dem die Hellenisten ausgehen, ist die Eudämonie, die wir üblicherweise mit ›Glückseligkeit‹ übersetzen.« (Ebd.).

[153] Vgl. a. a. O., 24: Hossenfelder beschreibt die Seelenruhe als »die vollkommene Ruhe und Ausgeglichenheit des Gemüts, de[n] innere[n] Frieden.« (Ebd.).

[154] Vgl. CICERO, MARCUS TULLIUS, Akademische Abhandlungen. Lucullus. Lateinisch – Deutsch. Text und Übersetzung von Christoph Schäublin, mit einer Einleitung von Andreas Graeser und Christoph Schäublin und Anmerkungen von Andreas Bächli und Andreas Graeser, Hamburg 1995.

[155] Vgl. Kapitel 3.

anderes als ›eingehende Untersuchung‹«[156], eine Dynamisierung des Denkens. Die diesem Versuch zugrunde liegende Denkfigur der Aparallaxie (»Ununterscheidbarkeit«[157]) und die sich daraus ergebenden Konsequenzen werden im Folgenden herausgearbeitet. Dazu gehört auch, dass die Strategien, mittels derer das Denken aus der vorgetäuschten Ruhe gebracht werden soll, erklärt werden. Gleichzeitig werfen die von den Skeptikern entworfenen Vorstellungen fundamentale Fragen auf, weil mit ihrer Philosophie die Möglichkeit des Nicht-Leben-Könnens gegeben ist. Dieser Kritik begegnen die beiden skeptischen Traditionen auf unterschiedliche Weise. Vor allem auf der Ebene der Sprache soll dieses Problem thematisiert werden, weil sich beispielsweise bei Sextus Empiricus schon andeutet, dass sich die Sprache gegen eine Dynamisierung des Denkens zu sträuben scheint.

2.1 So und so

Eine griffige Definition der Skepsis liefert Sextus Empiricus in seinem *Grundriss der pyrrhonischen Skepsis.* Ausgehend von der Annahme, dass sich die Philosophie der Erkenntnis des Wahren verschrieben habe[158], meint Sextus, es gebe drei grundlegende Positionen: Man kann behaupten, (1) »das Wahre gefunden«[159] zu haben, oder, (2) dass es überhaupt nicht gefunden werden kann. Schließlich kann man meinen, (3) dass man das Wahre »noch suchen«[160] würde. Während Sextus die erste Position als »dogmatisch«[161] und die zweite als »akademisch«[162] identifiziert, ordnet er die dritte den Skeptikern zu und erklärt: »Die Skeptiker aber suchen noch.«[163] Allen drei Positionen ist gemeinsam, dass sie nach dem Wahren streben und sich um Ataraxie (Seelenruhe) bemühen. Als Skeptiker behauptet Sextus, dass das Suchen und damit die Bewegung der Gedanken der beste Weg seien, zur Ruhe zu gelangen, während er gleichzeitig der dogmatischen wie der akademischen Lehre unterstellt, zur Un-Ruhe zu führen.

---

[156] Albrecht, Michael, Art. Skepsis; Skeptizismus, in: HWP, Bd. 9, Sp. 938.

[157] Hossenfelder, Die Philosophie der Antike 3, 194.

[158] Darin geht er konform mit Platon, der erklärt, dass die Philosophie stets der Wahrheit nachjage. (Vgl. Platon, Politeia, 490a).

[159] Sextus Empiricus, PH I.2.

[160] Ebd.

[161] A. a. O., I.4.

[162] Ebd. Dass Sextus mit der Behauptung, die Akademiker würden erklären, es könne nichts erkannt werden, diesen nicht gerecht wird, zeigt Diogenes Laertios, der bezüglich Arkesilaos erklärt: »dem Pyrrhon eiferte er nach.« (Diogenes Laertios, Leben und Meinungen berühmter Philosophen. Übersetzt von Otto Apelt, neu herausgegeben von Klaus Reich, Hamburg [3]1990 (PhB 53/54), IV/6/33). Sextus selbst reflektiert ebenfalls präziser als in der Definition das Verhältnis zu den Akademikern und kommt mit Blick auf Arkesilaos zu dem Schluss, »dass seine Schule und unsere beinahe identisch sind.« (Sextus Empiricus, PH I.232).Vgl. dazu: Striker, Gisela, Über den Unterschied zwischen den Pyrrhoneern und den Akademikern, in: Phronesis 26 (1981), 156.

[163] Sextus Empiricus, PH I.3.

Die von Sextus skizzierte akademische Position kann auch als »negativer Dogmatismus«[164] bezeichnet werden, weil behauptet wird, dass Erkenntnis nicht möglich sei, womit letztlich eine dogmatische, weil unerschütterliche Position eingenommen wird. Die dogmatische wie die negativ-dogmatische Position gehen von einer einstelligen Prämisse aus. Exemplarisch begegnet dies bei Parmenides. Dieser müsste nach Sextus' Erklärungen als ›Dogmatiker‹ gelten, weil er behauptet, mit dem Satz, ›dass das, was ist, nicht nichtsein kann‹ die Wahrheit gefunden zu haben. Diese Erkenntnis bildet die eine Prämisse, von der aus alles andere erkannt und beurteilt werden muss. Gleiches gilt für den ›negativen Dogmatismus‹. Dort lautet die eine Grundannahme, dass nichts erkannt werden kann. Von dieser Prämisse her wird die weitere Argumentation bestimmt und alles andere beurteilt.[165] Diese eine Prämisse, sowohl bei den Dogmatikern als auch bei den negativen Dogmatikern, führt nach Sextus zur Unruhe. Denn, so meint Sextus, bei der dogmatischen/negativ-dogmatischen Festlegung auf eine Prämisse wird letztlich der »Besitz«[166] bestimmter »Güter«[167] zum Garanten des Glücks erklärt. Wer diese nicht hat, »jagt nach den Gütern«[168] und wer sie hat, ist in Sorge, »die vermeintlichen Güter [...] zu verlieren«[169]. So oder so, der Mensch bleibt hier »fortwährend beunruhigt«[170], womit durch die dogmatische und die negativ-dogmatische Position das eigentliche Ziel, die Ataraxie, verfehlt wird. Während Sextus seine Bedenken gegenüber den dogmatischen Positionen anhand der Frage nach den Gütern, die nötig sind, um glücklich zu sein, reflektiert, kann dies auch allgemeiner gefasst werden. Denn Ereignisse, die den Menschen aus dem Konzept bringen, sind solche, die ihn beunruhigen, weil sie nicht in das Konzept passen. Das Konzept, die Grundannahme, gibt den Rahmen vor, von dem aus die Erlebnisse und die Erfahrungen des Alltags beurteilt werden. Ereignet sich jedoch etwas, das außerhalb des Gewöhnlichen liegt und das dem Konzept fremd ist, kann dies zur Beunruhigung führen. Diese ungewohnte Erfahrung, die eine Erfahrung des Fremden ist, kann nicht, wie die üblichen Erfahrungen, in das Konzept eingefügt werden. Die Erfahrung muss, weil es nur ein Konzept gibt, in dieses eingeordnet werden. Letztlich führt es zu einer Ablehnung des Fremden, wenn an diesem einen Konzept festgehalten wird und es zu keiner Modifizierung kommt.

---

164 RICKEN, FRIEDO, Antike Skeptiker, München 1994, 73.

165 Von Parmenides kommend ist bereits klar, dass diese Position nicht zu halten ist. Wenn nichts erkannt werden kann, und nichts kann nicht erkannt werden, kann auch dieses nicht erkannt werden. Es handelt sich, in Abwandlung von Fleischers ›Un-Gedanken‹, um eine ›Un-Erkenntnis‹.

166 SEXTUS EMPIRICUS, PH I.27.

167 Ebd.

168 Ebd.

169 Ebd.

170 Ebd.

Die Skeptiker verfahren hier anders und verstehen ihr Verfahren als Therapie[171] von den dogmatischen Positionen. Sie versuchen, diese Situation zu lösen, indem sie statt mit einer Prämisse mindestens mit zwei operieren. Dazu bedienen sie sich des Prinzips der Aparallaxie, welches von Arkesilaos in Abgrenzung zur Stoa entwickelt wurde.[172] Ausgehend von der These, dass die Außenwelt vernünftig geordnet sei und eine dieser Ordnung gemäße Erkenntnis zum Glück führe, entwickelt der Stoiker Zenon (334–262 v. Chr.) seine Lehre, wie es zu einer ›erfassenden Vorstellung‹ kommt, der der menschliche Logos zuzustimmen habe. Für eine solche Vorstellung müssen drei Bedingungen erfüllt sein. Die Vorstellung muss (1) von einem realen Objekt ausgehen, dieses dann (2) dergestalt wiedergeben, wie es in Wirklichkeit ist, und (3) alle Charakteristika des Objektes genau abbilden, damit eine Verwechselung mit einem ähnlich aussehenden Objekt ausgeschlossen werden kann.[173] Die Außenwelt garantiert damit die Wahrheit menschlicher Vorstellungen und gibt vor, wie zu leben sei.[174] Zugang zur Außenwelt hat der Mensch durch die Sinne, sodass die Welt letztlich für den Menschen »nur als *vorgestellte* Welt zugänglich ist«[175].

Gegen diese Position wendet Arkesilaos ein, dass es zu jeder Vorstellung, die als wahr und »ontologisch gehaltvoll[...]«[176] gilt, auch eine Vorstellung ohne

---

[171] Sextus spricht davon, dass der Skeptiker »die Einbildung und Voreiligkeit der Dogmatiker durch Argumentation heilen« (a. a. O., III.280) will. Daher kann u.a. Ricken davon sprechen, dass »[d]ie Technik des Pyrrhoneers [...] eine Therapie« (Ricken, Antike Skeptiker, 106) ist.

[172] Vgl. Görler, Woldemar, Älterer Pyrrhonismus. Jüngere Akademie. Antiochos aus Askalon, in: Flashar, Hellmut (Hrsg.), Die Philosophie der Antike, Band 4,2: Die Hellenistische Philosophie, Basel/Stuttgart 1994, 816.

[173] Eine Definition für eine kataleptische Vorstellung im Sinne der Stoa findet sich bei Sextus Empiricus: »Die erfassungsvermittlende Vorstellung ist eine solche, die von einem Seienden ausgehend, diesem Seienden entsprechend abgeformt und hineingesiegelt ist (nämlich in die Seele des Individuums), wie sie es nicht sein könnte, wenn sie von einem Nicht-Seienden ausginge.« (Sextus Empiricus, PH II 4). Graeser urteilt über die Zuverlässigkeit dieser Erklärung, »[d]ass der Wortlaut des Zeugnisses bei Sextus so für Zenon in Anspruch genommen werden darf, ist durch die Angaben bei Cicero mit hinreichender Sicherheit angezeigt.« (Graeser, Andreas, Zenon von Kition. Positionen und Probleme, Berlin/New York 1975, 39). Zur kataleptischen Vorstellung siehe: Graeser, Zenon von Kition, 39–55.

[174] So erklärt es auch Gabriel, wenn er schreibt: »Die Wahrheit unserer Vorstellungen liegt demnach in den Dingen, zu denen wir als empirische Informationsverarbeiter nur vermittels unserer Sinnlichkeit Zugang haben« (Gabriel, Markus, Zum Außenweltproblem in der Antike. Sextus' Destruktion des Repräsentationalismus und die skeptische Begründung des Idealismus bei Plotin, in: Bochumer Philosophisches Jahrbuch für Antike und Mittelalter 12 (2007), 21).

[175] Gabriel, Markus, Skeptizismus und Idealismus in der Antike, Frankfurt am Main 2009, 37 (Hervorhebung im Original).

[176] A. a. O., 46.

Gehalt geben kann, die »phänomenal ununterscheidbar[...]«[177] von der ›ontologisch gehaltvollen‹ sei. Er kommt zu diesem Schluss, weil er meint, es gäbe kein Kriterium, mittels dessen entschieden werden könne, welche Vorstellung als wahr und welche als falsch zu gelten habe.[178] Gerade weil der Mensch seine Vorstellungen und damit den Bereich des Gedanklichen nicht verlassen kann, da ihm die »Welt nur als *vorgestellte* Welt zugänglich«[179] sei, verfüge er über kein Kriterium. Denn er bräuchte die Perspektive sowohl auf den Gegenstand als auch auf die Vorstellung, um sagen zu können, dass die Vorstellung vom Gegenstand herkommt. Weil er aber seine ›vorgestellte Welt‹ nicht verlassen kann, kann er auch nicht entscheiden, welche Vorstellung von einem Gegenstand komme und welche nicht. Deshalb kann es zu jeder Vorstellung eine Gegenvorstellung geben und anstatt von einer Prämisse, nämlich der erfassenden Vorstellung, auszugehen, geht der Skeptiker von der Möglichkeit aus, dass es mindestens zwei Vorstellungen gebe. Damit, und darin ist dem Bonner Philosophen Markus Gabriel zuzustimmen, wird dem Skeptiker die Außenwelt zum Problem, weil er an seine Vorstellungen gebunden nicht entscheiden kann, welche davon gehaltvoll ist.[180]

Auch für die pyrrhonische Skepsis gilt das ›Prinzip der Aparallaxie‹, wie Sextus betont. Deswegen kann Sextus die Skepsis auch als »Kunst«[181] vorstellen, »auf alle mögliche[n] Weise[n] erscheinende und gedachte Dinge einander entgegenzusetzen«[182]. Sextus betont damit, dass die Skepsis »keine Theorie,

---

[177] Gabriel, Zum Außenweltproblem in der Antike, 23.

[178] Vgl. a. a. O., 32. Gabriel kommt daher zu der Einsicht, dass Arkesilaos das Außenweltproblem schon bekannt war. Ausführlich schildert er seine Argumentation in: Gabriel, Skeptizismus und Idealismus in der Antike, 29–129. Damit wendet er sich gegen die Position Burnyeats, der meint, das Außenweltproblem sei in der Antike noch unbekannt. (Vgl. Burnyeat, Myles, Idealism and Greek Philosophy. What Descartes Saw and Berkeley Missed, in: The Philosophical Review 91 (1982), 3–40).

[179] Gabriel, Skeptizismus und Idealismus in der Antike, 37 (Hervorhebung im Original).

[180] Gabriel spricht hier vom »*Zirkel des Repräsentationalismus*« (a. a. O., 50. Hervorhebung im Original). Und erklärt: »Soll [...] beurteilt werden können, ob ein präsentierter Gehalt unabhängig von seiner Präsentation wahr in dem Sinne ist, dass ein entsprechendes ontologisches Korrelat vorliegt, das die Ursache der Präsentation ist, muss diese Ursache allererst vorgestellt werden, in welchem Akt aber nicht schon ausgemacht sein kann, ob sie besteht oder nicht. Bedient man sich nun einer weiteren Vorstellung zweiter Stufe, die dabei helfen soll, den epistemischen Wert der Vorstellung zweiter Stufe zu evaluieren, indem man etwa eine zweite Person oder eine weitere Vorstellung in der Frage zu Rate zieht, was *hic et nunc* der Fall ist, bedient man sich wiederum einer Vorstellung mit bestimmtem Gehalt, um den epistemischen Wert der Vorstellung erster Stufe zu beurteilen, so dass man sich in einen *circulus vitiosus* verfängt« (a. a. O., 49f. Hervorhebung im Original). Vgl. dazu: Gabriel, Zum Außenweltproblem in der Antike, 26.

[181] Sextus Empiricus, PH I.8.

[182] Ebd.

die wahr oder falsch sein kann, sondern eine Technik«[183] ist, mittels derer man übt, weiterzudenken. Denn die Skeptiker meinen, es fehle ein gültiges Kriterium, mit dem entschieden werden könne, was wahr und falsch sei, weswegen bei ihnen verschiedene Möglichkeiten als denkbar gelten. Der Skeptiker akzeptiert demnach sowohl Erklärungen als auch Erfahrungen, die sein zeitlich und regional bedingtes Weltbild nicht vorgesehen hat, als Möglichkeiten und fügt damit seinem Denken neben der eigenen eine zweite Meinung hinzu. Das skeptische Denken bleibt dergestalt eine Suche, weil zu jeder Meinung eine entgegengesetzte gesucht werden kann und im Suchen wird das skeptische Denken zur Bewegung. Aus dieser Erfahrung heraus bemüht sich der Skeptiker, eine Beurteilung und damit eine Parteinahme für eine der beiden Meinungen zu vermeiden.

Gerade mit dieser Bewegung meint nun Sextus, die angestrebte Ruhe erreichen zu können, oder vielmehr nicht erreichen, sondern zunächst eine Situation schaffen zu können, in welcher ihm die Ruhe widerfahren kann. Denn das Ziel der Seelenruhe ist für Sextus durch den Menschen nicht machbar. Die Skepsis kann sie nicht erzeugen. Die Ataraxie kann sich nur einstellen und ereignen. Deshalb ist das »motivierende Prinzip der Skepsis«[184] auch die »Hoffnung auf Seelenruhe«[185]. Der Mensch kann nur unnötige Beunruhigungen vermeiden, indem er sich von den dogmatischen Wegen abwendet und sich in der Beurteilung von Meinungen und Vorstellungen in »Zurückhaltung«[186] übt. Diese ›Zurückhaltung‹ des Urteils kann »zufällig«[187] zur erhofften ›Seelenruhe‹ führen. So geschah es laut Sextus bei dem Maler Apelles, der versuchte, »beim Malen eines Pferdes dessen Schaum auf dem Gemälde«[188] nachzuahmen, über das Misslingen dieses Bemühens in Wut den Schwamm auf das Bild schleuderte und auf diese Weise ›zufällig‹ das erwünschte Ziel erlangte. Der Skeptiker hat demnach nicht den Weg zur Ataraxie und zur »Ungestörtheit und Meeresstille der Seele«[189] gefunden. Er kann sich nur bezüglich des Urteilens in ›Zurückhaltung‹ üben und hoffen, dass ihm Ruhe zuteil wird.

Das Prinzip der Aparallaxie und die daraus resultierende Zurückhaltung des Urteils skizzieren das Fundament der antiken Skepsis. Die Meinung, dass alles so und so gesehen und gedacht werden kann und dass daher jedem »Ar-

---

[183] Wiesing, Lambert, Über den Umgang des Skeptikers mit dem Problem der Selbstwidersprüchlichkeit. Am Beispiel des Pyrrhonismus und Dadaismus, in: Hüppauf, Bernd/Vieweg, Klaus (Hrsg.), Skepsis und literarische Imagination, München 2003, 97.

[184] Sextus Empiricus, PH I.12.

[185] Ebd.

[186] A .a. O., I.10.

[187] A .a. O., I.29.

[188] A .a. O., I.28.

[189] A .a. O., I.10.

gument ein gleichwertiges entgegensteht«[190], erfordert eine bestimmte »Kunst«[191], durch die zu einer Position die Gegenposition gefunden werden kann. Mit Hilfe der »Tropen«[192] wollen die pyrrhonischen Skeptiker Strategien zur Verfügung stellen, mit deren Hilfe Meinungen und Ansichten relativiert werden können. Die Skeptiker zielen dabei auf »eine Dekonstruktion der Gewißheit mit Hilfe von Vergleichen«[193], um sich von der Unruhe der dogmatischen Positionen zu befreien. Weil die Tropen Wege aufzeigen, wie Denken in Bewegung versetzt werden kann, sollen sie im Folgenden kurz beschrieben werden.

2.2 Suchen: Denken in Bewegung

Die »Tropen«[194] sind Strategien, mit denen die Skeptiker versuchen, das Denken in Bewegung zu versetzen, indem sie zeigen, dass sich zu einer Meinung immer auch eine weitere oder Gegenmeinung findet. Die einzelnen Tropen arbeiten sie dabei nicht zu Systemen aus, sondern tragen diese nur zusammen. Denn ein System würde eine Ordnung bedeuten, in der jedes Argument durch ein leitendes Kriterium seinen Platz erhielte. Damit würden sie suggerieren, beweisen zu können, gerade weil sie ein Argumentationssystem bilden, dass man sich des Urteils zu enthalten habe. Sie würden damit ebenfalls den Anspruch erheben, allgemeingültige Strategien vorzustellen, weil sie im System argumentativ angeordnet wären. Die Tropen der Skeptiker bilden jedoch gerade kein System, sondern Möglichkeiten, deren »Anzahl und Beweiskraft«[195] Sextus nicht zu beweisen beabsichtigt. Er ordnet sie »willkürlich«[196] an und betont damit, dass die Tropen nur möglicherweise helfen könnten, zu einer Meinung eine andere Meinung zu finden. Sextus referiert die zehn Tropen des Ainesidemos[197] und anderer.[198]

---

[190] A .a. O., I.12.

[191] A .a. O., PH I.8. Kunst verwendet Sextus »schlicht im Sinne von ›können‹« (a. a. O., PH I.9).

[192] A .a. O., I.36.

[193] Ricken, Antike Skeptiker, 76.

[194] Sextus erklärt, dass sie auch »Argumente« (Sextus Empiricus, PH, I.36) oder »Figuren« (ebd.) genannt werden können, dabei handelt es sich um »Argumentationsformen« (Ricken, Antike Skeptiker, 69).

[195] Sextus Empiricus, PH I.35.

[196] A .a. O., I.38.

[197] Eine Interpretation der zehn Tropen, die versucht die ursprünglichen Einsichten Ainesidemos, ohne die Deutungen des Sextus, vorzustellen, findet sich bei: Ricken, Antike Skeptiker, 69–85.

[198] So zum Beispiel die fünf Tropen, die Diogenes Laertios Agrippa (Diogenes Laertios, Leben und Meinungen berühmter Philosophen, IX/11/88) zuschreibt. Sextus erhebt nicht den Anspruch, alle Tropen erfasst zu haben (Vgl. Sextus Empiricus, PH I.35).

Sextus beginnt mit den zehn Tropen[199] und liefert zunächst die ausführlichste Zusammenstellung verschiedener Strategien, zu der sich die anderen Tropen-Sammlungen als Ergänzung verstehen.[200] Um die zehn Tropen zu charakterisieren erklärt Sextus, dass diese sich als »Unterarten«[201] begreifen lassen, die drei »Arten«[202] zugeordnet werden können. So lassen sich die zehn Tropen unterteilen in Tropen, die (1) »vom Urteilenden«[203] ausgehen, in solche, die (2) »vom Beurteilten«[204] und solche, die (3) von beidem gleichzeitig ausgehen. Diese Unterteilung kann wiederum dem »Tropus der Relativität«[205] zugeordnet werden. Dieser Tropus, der damit die »oberste Gattung«[206] bildet, ist selbst Teil der zehn Tropen und steht dort an achter Stelle.[207] Er fasst die Einsichten der anderen Tropen zusammen und erklärt, dass »alles relativ ist«[208], womit der Skeptiker meint, »[a]lles erscheint relativ«[209], weil die Aussage gerade nicht absolut gesetzt werden darf, da sie sich selbst widersprechen würde. Wenn dem Skeptiker alles relativ zu sein scheint, dann muss er sich in seinem Urteilen »darüber, was absolut und der Natur nach ist, zurückhalten«[210]. Damit betrachtet Sextus die Einteilung der zehn Tropen und die Tropen selbst als relativ, weil hier das Prinzip der Selbstanwendung gilt.[211]

Eine wichtige Überlegung, die zum ›Tropus der Relativität‹ führt, ist Sextus' Ausführung zum Kriterium. Denn wenn eine Vorstellung beurteilt werden soll, »wird immer anhand eines Kriteriums«[212] geurteilt. Ein Kriterium wird »wahr [...] oder falsch«[213] genannt. In letzterem Fall muss es als »unglaubwürdig«[214] gelten und erfüllt kaum die Aufgabe eines Kriteriums. Es kommt auf jene Kriterien an, die als ›wahr‹ gelten. Diese werden als ›wahr‹ behauptet, »entweder ohne Beweis [...], oder mit Beweis«[215]. Wer ein Kriterium als ›wahr‹ behauptet und dies nicht rechtfertigen kann, indem er die Richtig-

---

199 Vgl. PAPPENHEIM, EUGEN, Erläuterungen zu des Sextus Empiricus Pyrrhonischen Grundzügen, Leipzig 1881, 35ff. Pappenheim stellt die These auf, dass es die »aristotelischen Kategorie waren [...] welchen die Skepsis bei Aufstellung der nicht rein subjectiven Tropen folgte« (35).

200 Vgl. SEXTUS EMPIRICUS, PH I.177.

201 A. a. O., I.39.

202 Ebd.

203 A. a. O., I.38.

204 Ebd.

205 A. a. O., I.39.

206 Ebd.

207 Vgl. A. a. O., I.135–140.

208 A. a. O., I.135.

209 Ebd.

210 Ebd.

211 Vgl. A. a. O., I.15.

212 A. a. O., I.114.

213 A. a. O., I.115.

214 Ebd.

215 Ebd.

keit seines Kriteriums beweist, stellt ein ›unglaubwürdiges‹ Kriterium vor. Wer jedoch in der Lage ist, das von ihm gebrauchte Kriterium argumentativ abzusichern, und beweisen kann, dass es wahr ist, der kann überzeugen. Der Beweis selbst muss demnach »wahr sein«[216] und diese Erklärung, dass der Beweis wahr sei, ist Folge einer »Beurteilung«[217]. Bildet diese nicht das Ergebnis einer ›Beurteilung‹, gilt der Beweis als ›unglaubwürdig‹. Damit der Beweis, durch den das Kriterium als wahr angesehen werden kann, als wahr gelten kann, bedarf es eines Kriteriums, mittels dessen der Beweis als wahr oder falsch beurteilt werden kann. Beweis und Kriterium hängen demnach voneinander ab, und »immer braucht der Beweis ein Kriterium, um gesichert zu werden, und das Kriterium einen Beweis«[218]. In diesem Abhängigkeitsverhältnis, in dem die Glaubwürdigkeit jeweils vom anderen zur Legitimierung der eigenen Glaubwürdigkeit dienen soll, geraten Beweis und Kriterium in die »Diallele, in der sich beide als unglaubwürdig erweisen«[219]. Dieser Zirkel verdeutlicht noch einmal, was mit dem Prinzip der Aparallaxie schon deutlich wurde. Dem Skeptiker wird die Außenwelt zum Problem und damit verliert auch »[a]lle Objektivität unserer Überzeugungen«[220] ihre Rechtfertigung.

Nach Sextus fehlt dem Skeptiker das Kriterium, anhand dessen er das Wahr-Sein einer Aussage beweisen kann, deshalb scheint ihm alles relativ zu sein. In dieser Einsicht bestärken ihn auch die anderen neun Tropen. Die Tropen eins bis vier, die ›vom Beurteilenden‹ ausgehen, zeigen auf, dass die Wahrnehmung und die Beurteilung des Wahrgenommenen relativ zu sein scheint. Denn aufgrund »der Verschiedenheit der Lebewesen«[221] können diese von »denselben Dingen nicht dieselben Vorstellungen«[222] haben. An verschiedenen Beispielen macht Sextus die Plausibilität dieser Ansicht deutlich. Er erklärt: »Das Meerwasser ist für die Menschen unangenehm und giftig, wenn sie es trinken, für die Fische dagegen ist es sehr angenehm und trinkbar.«[223] Wie das ›Meerwasser‹ an sich ist, kann nicht festgestellt werden, weil die Kriterien zur Beurteilung des ›Meerwassers‹ an die Umstände gebunden sind, nach denen gefragt wird. Der Mensch kann nur beschreiben, wie das ›Meerwasser‹ für ihn oder für andere Lebewesen in einer bestimmten Situation ist. Er gewinnt Einsichten über die Dinge immer nur in Relation zu etwas, er gelangt jedoch nicht zu der Erkenntnis, wie die Dinge an sich sind, weil seine Perspektive nicht die Perspektive anderer Lebewesen sein muss.[224] Es besteht,

---

[216] Ebd.
[217] Ebd.
[218] A. a. O., I.116.
[219] A. a. O., I.117.
[220] Gabriel, Antike und moderne Skepsis zur Einführung, Hamburg 2008, 58.
[221] Sextus Empiricus, PH I. 40.
[222] Ebd.
[223] A. a. O., I.55.
[224] Vgl. Ricken, Antike Skeptiker, 78. Dies betont Ricken auch mit Blick auf Ainesidemos und erklärt, dass dieser »nur Aussagen mit zweistelligen Prädikaten« (ebd.)

wie der zweite Tropus erklärt, zudem eine Verschiedenheit zwischen den Menschen, denn »[d]ie Tatsache, [...] dass man sich über Verschiedenes freut, deutet an, dass man von den zugrunde liegenden Gegenständen unterschiedliche Vorstellungen erhält«[225]. Auch hier führt das fehlende Kriterium zu der Einsicht, dass die Dinge immer nur in Relation zu jemandem so oder so erscheinen. Auch die Sinne unterscheiden sich, wie der dritte Tropus feststellt, und ebenso gibt es unterschiedliche Zustände, in denen der Mensch sich befinden kann, wie es im vierten Tropus heißt. All das weist, wie der Skeptiker meint, darauf hin, dass der Mensch die Dinge nicht an sich erkennt, sondern immer nur relativ zu erfassen vermag.

Obwohl die Wahrnehmung und die Beurteilung der Dinge an die jeweils konkrete Situation des Urteilenden gebunden sind, enthalten die zehn Tropen auch zwei Tropen, die jeweils ›vom Beurteilten‹ ausgehen, nämlich den siebten und zehnten Tropus. Zum einen ist es die »Quantität und Zurichtung der Gegenstände«[226], wobei Letzteres die »Zusammensetzung«[227] der Gegenstände meint. Denn so erscheinen »Silberspäne [...] für sich allein schwarz; im ganzen Stück aber kommen sie uns weißlich vor«[228], wie Sextus erklärt. Das bedeutet, je nachdem wie die Dinge zusammengesetzt sind, können sie dem Menschen anders erscheinen, und die Frage, ob Silber nun schwarz oder weiß sei, lässt sich wiederum nur bedingt klären. Neben diesem siebten Tropus steht der zehnte, der davon ausgeht, dass die »Lebensformen«[229] unterschiedlich seien. Beispielsweise »tätowieren [die Äthiopier] ihre Kinder, wir dagegen nicht«[230], sodass sich zeigt, was für die eine ›Lebensform‹ als notwendiger Akt erscheint, ist für die andere unüblich. Nicht von sich aus sind »Sitten, [...] Gesetze[...], mythische[r] Glaube[...]«[231] wahr, sondern sie sind mit bestimmten Situationen und Gepflogenheiten verbunden, die sich in der Lebensform ausdrücken.

Die Tropen fünf, sechs und neun basieren alle auf der Beziehung von Subjekt und Objekt. Sextus weist darauf hin, dass das Urteil über ein Objekt immer auch durch die »Stellung«[232] und die Entfernung zwischen Subjekt und Objekt bedingt sei. Dabei zeigt sich zum wiederholten Mal, dass Sextus bei aller gedanklichen Strenge seine Überlegungen mit Beispielen aus der Lebenswirklichkeit unterlegt und sich nicht, wie Parmenides, allein auf theoretische Reflexionen verlässt. Aus der Nähe betrachtet mag ein Turm viereckig

---

zulässt. Weswegen man »von x immer nur sagen [kann], was es in Bezug auf y ist, niemals jedoch, was es unabhängig von jeder Beziehung an sich selbst ist.« (ebd.).

[225] Sextus Empiricus, PH I.80.

[226] A. a. O., I.129.

[227] Ebd.

[228] Ebd.

[229] A. a. O., I.145.

[230] A. a. O., I.148.

[231] A. a. O., I.145.

[232] A. a. O., I.118.

sein, mit Distanz erscheint er hingegen rund.[233] Darüber hinaus können die Dinge nicht an sich angeschaut werden, weil sie »immer zusammen mit etwas«[234] gesehen werden, was die Wahrnehmung beeinflusst. Und schließlich kann die Häufigkeit des Auftretens das Urteil verändern. Alle zehn Tropen zielen darauf, die Relativität der Wahrnehmung und des Urteils über das Wahrgenommene zu plausibilisieren. Sextus liefert keine Beweise, nur Erklärungen, die darauf zielen, dass man sich in der Zurückhaltung des Urteils übt.[235]

Die Einsicht, dass alles relativ zu sein scheint und daher immer auf die Situation des Beobachtenden und des beobachteten Gegenstands zu achten ist, deutet einen besonderen Sprachgebrauch bei Sextus an. Er versucht, stets zu betonen, dass es ihm so oder so scheine. Die Formulierung ›Es scheint, dass ...‹, die in der Erklärung »vielmehr sagen wir auch hierin nur, was uns erscheint«[236] steckt und auch an anderen Stellen vorkommt[237], verdeutlicht, dass Sextus keine allgemeingültigen Erklärungen abzugeben beabsichtigt. Die Rückbindung seiner Erklärungen an diese und ähnliche Formulierungen führt zu deren Relativierung. Deshalb sucht Sextus nach Redewendungen und Begriffen, welche die Kontextgebundenheit und das Bedingt-Sein seiner Aussagen verdeutlichen. Indem er diese anwendet, eröffnet er durch seinen Text auch die Möglichkeit, eine andere Perspektive zu suchen und einzunehmen. Die Einsicht, dass alles relativ zu sein scheint, bis hin zu der Einsicht, dass diese Einsicht relativ zu sein scheint, führt dazu, dass der Skeptiker sich eines Urteils enthält. Die Urteilsenthaltung führt zu einer fundamentalen Frage, der sich der Skeptizismus ausgesetzt sieht: Wie kann der leben, der kein Urteil fällt?

2.3 Assertorische Momente des Suchens

Wer sich seines Urteils enthalten möchte, gerät im Alltag in eine schier ausweglose Situation, weil er ohne Urteil und Entscheidungen handlungsunfähig wird.[238] Statt die Frage des Menschen nach Orientierung zu lösen, scheint der Skeptizismus diese noch zu steigern, indem er scheinbar dazu führt, dass nicht mehr gehandelt werden kann. Diskutiert wird dieses Dilemma in der

---

[233] Vgl. ebd.
[234] A. a. O., I.124.
[235] Die anderen Tropen-Sammlungen dienen dem gleichen Zweck und werden im Folgenden nicht referiert, weil mit den vorgestellten zehn Tropen, die Strategien, mit der die Skeptiker das Denken in Bewegung versetzen, bereits hinreichend deutlich wurden. Ausführlich werden sie von Ricken behandelt: RICKEN, Antike Skeptiker, 69–85 und 86–94.
[236] SEXTUS EMPIRICUS, PH I.191.
[237] Beim Tropus der Relativität erklärt Sextus, dass ›ist‹ bei den Skeptikern eher im Sinne von ›erscheint‹ gebraucht wird (Vgl. SEXTUS EMPIRICUS, PH I.135).
[238] Vgl. CICERO, Akademische Abhandlungen, 33. Hossenfelder erklärt: »[A]bsolutes Nichthandeln [ist] unmöglich.« HOSSENFELDER, Die Philosophie der Antike 3, 167.

Forschung unter den Stichworten »rustikaler und urbaner Skeptizismus«[239]. Der rustikale Skeptiker lebt einen konsequenten Skeptizismus und versucht, seine Einsichten und die Urteilsenthaltung auch im Alltag anzuwenden. Der urbane Skeptiker, der gleichsam Zivilisiertere von beiden, bleibt mit seinen Einsichten im Theoretischen und hält sich im Alltag an übliche Gepflogenheiten.[240] Gabriel hat mit seiner Habilitationsschrift *Skeptizismus und Idealismus* in der Antike luzide dargestellt, dass es Sextus Empiricus nicht um eine Destruktion des Alltags geht, sondern dass er »unsere theoretischen Einstellungen zu erschüttern [sucht], um zu zeigen, dass wir nicht primär als theoretische Wesen«[241] leben. Die Einsicht voraussetzend, dass der Mensch »vorgegebenen Handlungsmustern«[242] folgt, die ihm »prinzipiell nicht vollständig epistemisch zugänglich sind«[243], wird im Folgenden zunächst das Problem von Skepsis und Alltag durch Reflexion der Anekdoten über Pyrrhon näher beschrieben, bevor mit den Akademikern die Möglichkeiten wahrscheinlichen Wissens durchdacht werden. Damit ist die Möglichkeit der Orientierung gegeben, jedoch nicht am Absoluten, sondern am Relativen. Schließlich wird mit Sextus deutlich, dass dem Skeptiker dieses Problem auch auf der Ebene der Sprache begegnet.

Die Probleme, mit denen sich ein Skeptiker konfrontiert sieht, der sich seines Urteils enthalten will, werden besonders deutlich bei Pyrrhon, auf den sich die skeptische Tradition als Gründungsvater beruft. Pyrrhon hat nichts Schriftliches hinterlassen, es finden sich jedoch bei Diogenes Laertios Geschichten, die zeigen, wie Pyrrhon im Alltag versuchte, sich eines Urteils zu enthalten. Diogenes berichtet darüber, wie Pyrrhon seinen Sinnen nicht trauend und sich eines Urteils enthaltend an seinem Freund Anaxarch, der in

---

[239] Gabriel, Skeptizismus und Idealismus in der Antike, 136.

[240] Die Frage, wie Sextus Empiricus zu diesen Alternativen steht, wurde zuletzt ausführlich von Gabriel diskutiert. Die urbane Lesart, erklärt Gabriel, kann für sich geltend machen, dass die Mehrzahl der Textstellen für sie spricht (Die wichtigsten Stellen sind: PH 1.23, 102; 2. 246, 254; 3.2, 235–237; M 1,178f, 209, 214, 232; 8.129, 157f., 356; 9.49; 11.165). Wollte man im Anschluss daran eine urbane Lesart vertreten, würde man allerdings in Widerstreit mit anderen Textstellen geraten. Denn auch das Leben und der Alltag verstricken sich in Widersprüche, wenn sie z.B. Aussagen über die Bewegung machen (PH 3.65; M 10.4.). Den Alltag kann man demgemäß auch nicht völlig vom Dogmatismus frei sprechen. Von da aus auf einen rustikalen Skeptizismus zu schließen wäre verfrüht, weil man so in Widerspruch zur praktischen Dimension der pyrrhonischen Skepsis gelangt. Daraus folgt, dass der philologische Befund weder eine urbane noch eine rustikale Lesart rechtfertigt. (Vgl. Gabriel, Skeptizismus und Idealismus in der Antike, 137f.) Gabriel zeigt auf, dass die Alternative für Sextus zu kurz greift und es ihm darum geht, zwar den Alltagsdogmatismus, nicht jedoch den Alltag aufzuheben. (Vgl. Gabriel, Skeptizismus und Idealismus in der Antike, 136–183).

[241] A. a. O., 53.

[242] Ebd.

[243] Ebd.

einen Sumpf gefallen war, vorbei lief.[244] Mit Sextus muss gesagt werden: Ihm fehlte das Kriterium, mittels dessen er hätte sicher entscheiden können, ob sein Freund wirklich im Sumpf liegt, oder ob es sich nur um eine Täuschung handelt. Neben solchen sonderbaren Ereignissen steckt in dem von Pyrrhon gelebten Skeptizismus ein kritisches Potenzial. Denn gerade weil er sich jedes Urteils zu enthalten sucht, gelten für ihn die gesellschaftlichen Konventionen und Rollenvorstellungen nicht mehr. Deshalb kann er auch »das ganze Geschäft der Reinigung des Hauses unterschiedslos auf sich«[245] nehmen und damit die traditionellen Rollenmuster in Frage stellen. Die Geschichten machen darüber hinaus eines besonders deutlich: Pyrrhon kann sich eines Urteils im strengen Sinn nicht enthalten. Er mag am Freund vorbeilaufen, aber auch dieses Tun gründet letztlich auf einem Urteil. Er muss geurteilt haben, sonst wäre er nicht losgelaufen und hätte nicht entschieden, dass die Beobachtung, die er gemacht hat, gleichgültig zu behandeln sei. Das gleiche gilt für den Hausputz. Er mag sich an keine Rollenbilder halten, aber irgendwie muss er zu dem Urteil gekommen sein, dass das Haus geputzt werden könnte. Die Reflexionen über Pyrrhon zeigen, dass die Position des rustikalen Skeptikers, gerade weil er sich immer – und damit prinzipiell – eines Urteils enthält, eine Form des negativen Dogmatismus darstellt. Der Skeptiker kann sich nicht prinzipiell eines Urteils enthalten, weil er handeln muss.

Den antiken Skeptikern war dieses Problem bewusst und beide Traditionen, sowohl die Akademiker als auch die Pyrrhoniker, entwickelten unterschiedliche Strategien, mit diesem Dilemma umzugehen. Mit Sextus wurde schon aufgezeigt, dass die Skeptiker meinen, es gebe kein sicheres Kriterium, anhand dessen eine Aussage definitiv entschieden werden könne. Diese Meinung vertreten auch die Akademiker Arkesilaos und Karneades. Selbst wenn es kein Kriterium gibt, mithilfe dessen entschieden werden kann, wie die Dinge an sich sind, so gibt es das »Wohlbegründete« (»εὔλογον«)[246], an dem sich der Handelnde orientieren kann. Diesen Ansatz entwickelt Karneades zur Lehre vom ›Wahrscheinlichen‹. Ausgehend von der Annahme, dass jede Vorstellung das Ergebnis eines Vorgestellten sei, erklärt Karneades, dass der Mensch zwar nicht beurteilen könne, wie das Ding sei, von dem die Vorstellung komme, wohl aber, wie ihm die Dinge scheinen. Der Mensch kann demnach kein Urteil bezüglich der Dinge fällen, aber er kann sehr wohl entscheiden, ob die Vorstellung, die er hat, wahrscheinlich oder unwahrscheinlich ist. Eine Vorstellung gilt Karneades als wahrscheinlich, wenn sie nicht im Widerspruch zu anderen Vorstellungen steht und wenn sie einer gründlichen Prüfung standhält.[247] Erfüllt sie beide Bedingungen, gilt sie ihm am wahrschein-

---

[244] DIOGENES LAERTIOS, Leben und Meinungen berühmter Philosophen, IX/11/63.
[245] A. a. O., IX/11/66.
[246] SEXTUS EMPIRICUS, M VII 158.
[247] Ein Beispiel für eine gründliche Prüfung liefert SEXTUS EMPIRICUS, PH I 227f.

lichsten.[248] Damit hat der Mensch zwar kein absolutes, aber ein »Kriterium zweiten Ranges«[249], an dem er sich und seine Handlungen orientieren kann. Die Skeptiker behaupten damit, dass Orientierung möglich sei, auch wenn diese nicht an einem absoluten Kriterium festzumachen ist. Die Orientierung, die der Mensch zum Leben braucht, ist damit relativ.

Dieses Problem zeigt sich dem Skeptiker nicht nur im Alltag, sondern auch und in zugespitzter Form beim Äußern seiner Einsichten. Gerade weil der Skeptiker »jede Form von Objektivität für unbegründbar«[250] hält, wird ihm, wie der Jenaer Professor Lambert Wiesing in seinem Aufsatz »Über den Umgang des Skeptikers mit dem Problem der Selbstwidersprüchlichkeit« darstellt, die Frage, »wie«[251] er seine Einsichten »vertreten und darstellen kann«[252], zum Problem. Muss der Skeptiker im Alltag eine Entscheidung treffen, um leben zu können, so stellt die Äußerung und Darstellung eines Gedankens eine Festsetzung dar, die einer Entscheidung und Parteinahme gleichkommt. Die Setzungen, die er durch die Mitteilung vornimmt, scheinen, weil diese als mündliche oder schriftliche Äußerung ihr Bedingt-Sein verbergen, der Behauptung, alles scheine relativ zu sein, zuwiderzulaufen. Verborgen scheint das Bedingt-Sein von Texten und Aussprüchen, weil sie aus dem Kontext, in dem sie geäußert wurden, entnommen werden können. Damit entsteht der Anschein, als könne der Text oder die Aussage unabhängig von seinem Bedingt-Sein etwas bedeuten. Deutlich wird dies an der Nähe und Distanz zwischen der skeptischen und akademischen Philosophie, wie sie von Sextus zu Beginn seines *Grundrisses* vorgestellt wird. Die Behauptung, die Wahrheit ›lasse sich nicht erkennen‹, ist deshalb eine dogmatische Aussage, weil sie über die Situation hinaus beansprucht, richtig zu sein. Gegen eine solche Verallgemeinerung und der mit ihr einhergehenden Loslösung der Aussage von der konkreten Situation setzt der Skeptiker die Haltung, dass er die Wahrheit noch sucht. Damit der Text diese Suchbewegung auch kommuniziert, muss der Skeptiker bestimmte Strategien verwenden. Denn Sprache scheint zunächst einmal assertorisch zu sein, weil durch sie Aussagen gesetzt werden, die – vom ursprünglichen Kontext losgelöst – scheinbar dauerhaft festgeschrieben über den Kontext hinaus Geltung beanspruchen können.

Dieser Statik des geschriebenen Wortes, die durch die scheinbare Kontextentbundenheit der Worte begründet wird, versucht Sextus zu entfliehen. Wiesing weist darauf hin, dass Sextus seinen Texten »den literarischen Status einer Erzählung«[253] gibt. Denn, wie Sextus gleich zu Beginn erklärt, beabsich-

[248] Vgl. Görler, Älterer Pyrrhonismus, 866ff.
[249] A. a. O., 860. Vgl. auch: Cicero, Akademische Abhandlungen, 99.
[250] Wiesing, Über den Umgang des Skeptikers mit dem Problem der Selbstwidersprüchlichkeit, 95.
[251] A. a. O., 96.
[252] Ebd.
[253] A. a. O., 97.

tigt er, »über jedes einzelne nur nach dem, was mir jetzt erscheint erzählend [zu] berichte[n]«[254]. Die Skepsis ist, wie bereits gesehen, keine Theorie, sondern eine ›Kunst‹, weswegen Sextus auch von einem »skeptischen Zustand«[255] spricht, den »wir an uns erleben«[256]. Wenn Sextus nun eine ›Erzählung‹ liefert, die »von privaten Vorkommnissen«[257] berichtet, stellt sich für Wiesing bezüglich des Textes die Wahrheitsfrage. Denn die skeptischen »Erlebnisse«[258] sichern nach Wiesing die »Wahrheit«[259] des Textes. Entspricht dem Bericht keine »*Erfahrung*«[260], handelt es sich bei dem Text um eine »literarische[...] Imagination«[261], die den »Status einer Fiktion«[262] hat. Dann sei der Text nur wahr, wenn »diese literarische Konstruktion die Gesetze der Logik beachte[...]«[263]. Demnach müsse Sextus' Text entweder seinen ›Erlebnissen‹ entsprechen, oder den ›Gesetzen der Logik‹ folgen, um als wahr gelten zu können. Wiesing unterstellt Sextus, dass er in einen ›performativen Widerspruch‹ gerate und erklärt, »wer so stringent wie Sextus argumentiert, dem nimmt man kaum ab, im Zustand einer universellen Gleichgültigkeit zu sein«[264].

Das Problem, dem Wiesing auf der Spur ist, besteht darin, dass Sextus' Text Aussagen asseriert und damit eine Meinung vertritt, der gegenüber Sextus sich eigentlich gleichgültig verhalten wollte. Dabei scheint es, anders als Wiesing meint, irrelevant zu sein, ob Sextus die in seinem Text berichteten Erlebnisse auch widerfahren sind. Denn der Text setzt sie als erlebt und damit nicht nur als Möglichkeit, sondern als tatsächlich und als wahr. Dies tut er, indem er sein Bedingt-Sein verwischt und statt von einem singulären Erlebnis zu erzählen, eine allgemeingültige Behauptung aufstellt. Gegen diese Tendenz, das Situative aufzuheben und ins Allgemeine zu driften, setzt Sextus die »Schlagworte«[265] der Skeptiker. Diese Tendenz und der wiederholte Hinweis, dass es sich um die »Mitteilung eines menschlichen Erlebnisses«[266] handele und er ›erzählend berichten‹ wolle von seinem ›skeptischen Zustand‹,

---

[254] SEXTUS EMPIRICUS, PH I.1.
[255] A. a. O., I.18.
[256] Ebd.
[257] WIESING, Über den Umgang des Skeptikers mit dem Problem der Selbstwidersprüchlichkeit, 97.
[258] A. a. O., 101.
[259] Ebd.
[260] HOSSENFELDER, MALTE, Einleitung, in: Sextus Empiricus, Grundriß der pyrrhonischen Skepsis. Eingeleitet und übersetzt von Malte Hossenfelder, Frankfurt am Main 1985, 53 (Hervorhebung im Original).
[261] WIESING, Über den Umgang des Skeptikers mit dem Problem der Selbstwidersprüchlichkeit, 101.
[262] Ebd.
[263] Ebd.
[264] A. a. O., 104f.
[265] SEXTUS EMPIRICUS, PH I.18.
[266] A. a. O., I.27.

sind literarische Strategien, um die Relativität der gemachten Aussagen zu betonen. Dabei folgt seine ›Erzählung‹ der Logik, weil, und darin ist Wiesing zuzustimmen, »Skeptiker [...] parasitär«[267] sind. Der Skeptiker ist mit seinem Verfahren immer auf die Dogmatiker angewiesen. Diese geben vor, woran der Skeptiker sich abarbeitet und liefern mit ihrer Logik den Rahmen, innerhalb dessen die Aussagen des Skeptikers erst ihren Sinn entfalten können.[268]

Diesen Rahmen kann Sextus nicht verlassen. Die Frage, die sich jedoch aufdrängt, ist, ob er ihn verändern kann. Die Sprache scheint der Assertio nicht entkommen zu können, so wenig, wie Sextus in seiner Argumentation der Logik entkommen kann. Deshalb versucht Sextus seinen Text so zu gestalten, dass die Sprache im Assertorischen und damit in der Tendenz zur Allgemeinheit Momente des Situativen und des Nicht-Assertorischen trägt. Gegen die assertorische Tendenz zur Eindeutigkeit setzt er literarische Stilmittel, die Mehrdeutigkeit suggerieren. Indem er seine Aussagen mit Formulierungen wie ›vielleicht‹ und ›es scheint mir‹ durchsetzt, stört er den assertorischen Charakter seines Textes und eröffnet durch den Hinweis auf das Bedingt-Sein seiner Behauptung weitere Deutungsmöglichkeiten.

Das Verhältnis von Sprache zu Wirklichkeit scheint durch den assertorischen Charakter der Sprache einem Wahr-Sein zu entsprechen, bei dem die Wirklichkeit durch die Sprache zu Wort kommt. Bedeutung, so muss Sprache dabei gedacht werden, erlangt sie durch das, was ist. Wie aber müsste das Sich-Ereignen von Bedeutung in Sprache gedacht werden, wenn sie Teil eines Denkens der Bewegung sein soll? Während die erste Position zur Zeit des Sextus durch die Stoiker vertreten wurde, liefert Sextus die Gegenmeinung.

Sextus referiert in *Gegen die Wissenschaftler* eine Erklärung, wie Wörter Bedeutung erlangen: Worte hätten »von Natur aus«[269] ihr Genus, sodass die Sprache mit den Dingen der Welt korrespondiere.[270] Gegen diese Annahme argumentiert Sextus und erklärt, dass jeder »entsprechend der Konvention«[271] spreche. Um seine These zu stützen, erklärt Sextus, dass die Natur alle Menschen in gleicher Weise »affiziert«[272] haben müsste, wenn »Namen von Natur aus wären«[273], was dazu führen würde, dass »alle Menschen einander verstehen«[274] müssten. Dem ist nicht so, weil dieselben Namen »für diese maskulin, für jene feminin oder neutrum«[275] seien und »Griechen die Nicht-Griechen«[276]

---

[267] WIESING, Über den Umgang des Skeptikers mit dem Problem der Selbstwidersprüchlichkeit, 98.
[268] Vgl. SEXTUS EMPIRICUS, PH I.9 und II.1–2.
[269] SEXTUS EMPIRICUS, M I.142.
[270] Vgl. a. a. O., I.142–155.
[271] A. a. O., I.149.
[272] A. a. O., I.147.
[273] A. a. O., I.145.
[274] Ebd.
[275] A. a. O., I.148.
[276] A. a. O., I.145.

nicht verstünden. Demnach können die Dinge die Bedeutung der Worte nicht garantieren. Die Bedeutung der Worte wird nach Sextus durch Vereinbarungen geregelt und damit durch den Gebrauch der Worte.[277]

Gemäß Sextus' Anweisung, seine Ausführungen stets als Gegenmeinung zu einer dogmatischen Position zu lesen, muss sie, wenn sie ernst genommen wird, zu dem Schluss führen, dass Sextus sich eines Urteils, welcher der beiden Erklärungen zuzustimmen sei, enthält. Sextus würde beide einander gegenüberstehen lassen, weil jeder Meinung eine Gegenmeinung entspricht, und am Ende könnte nicht festgestellt werden, wie die Wörter nach Sextus zu ihrer Bedeutung kommen.

Ausgehend von der Frage, ob und wie der Skeptiker mit seiner Urteilsenthaltung leben kann, wurde herausgearbeitet, dass sich der akademische Skeptiker an dem Wahrscheinlichen zu orientieren sucht. Die Frage wiederholte sich auf der Ebene des Textes, wodurch deutlich wurde, dass die skeptische ›Kunst‹, obwohl sie auf Vorgaben angewiesen ist, zu Veränderung neigt, da sie gegen Verallgemeinerungstendenzen der Sprache das Bedingt-Sein festzuschreiben sucht. Damit deutet sich ein Wechsel von Assertio und Nicht-Assertio, von Wahr-Sein und Wahr-Werden an, den es im Folgenden weiter zu reflektieren gilt.

---

[277] So erklärt es Sextus auch im *Grundriss der pyrrhonischen Skepsis*: »Da nun die Worte durch Setzung Bedeutung haben und nicht von Natur« (SEXTUS EMPIRICUS, PH II.214).

III. Glauben

Das Anliegen der antiken Skepsis besteht darin, zu verdeutlichen, dass dem Ich, um sich in der Welt zu orientieren, ein absolutes Kriterium fehle. Statt einer singulären Prämisse anzuhängen, die, so die Skeptiker, nicht bewiesen werden könne, erproben sie jenen Weg, den Parmenides als Denken der Doxa abzutun versuchte und der, variierende Prämissen voraussetzend, ein Denken des Bedingten ist. Die Theologen der Alten Kirche und im Besonderen Augustin von Hippo (354–430) reagieren auf diese skeptischen Überlegungen und versuchen, sie zu überwinden. Dabei greifen die Theologen auf die in Parmenides' Lehrgedicht als erste Denkfigur bezeichnete Möglichkeit zurück und formulieren diese, unter dem Horizont des christlichen Glaubens, neu. Damit eröffnet sich in der folgenden Auseinandersetzung mit dem Kirchenvater Augustin und dem Reformator Martin Luther (1483–1546) eine für die christliche Theologie typische Denkfigur, bei der versucht wird, die ›Idee des Unbedingten‹ durch Gott personifiziert zu denken.

Exemplarisch entfaltet Augustin diesen Gedanken in seiner ersten erhaltenen Schrift *Contra academicos*. Der Text, den Augustin auf dem Landgut Cassiciacum in der Zeit zwischen seiner Bekehrung und seiner Taufe (386 bis 387) verfasste, gehört mit *De beata utia* und *De ordine* zu den frühesten Schriften Augustins.[278] In seinen *Confessiones* schildert er, vor seiner Bekehrung selbst eine Zeit lang die Meinung vertreten zu haben, »die sogenannten Akademiker seien die klügsten unter den Philosophen«[279], weswegen er für sich eine entscheidende Aufgabe darin erblickte, den Skeptizismus zu widerlegen. Dies versucht er pointiert in *Contra academicos*, wobei er, geprägt von Marcus Tullius Ciceros (106–43 v. Chr.) *Academici libri*, den akademischen Skeptizismus mit den beiden Behauptungen zusammenfasst: »daß nichts er-

[278] Löhrer weißt darauf hin, dass es Augustin in diesen führen Texten darum gehe, dass »Philosophie und Glaube durch eine weitgehende Indentifizierung ihrer Gegenstände bestimmt« (Löhrer, Magnus (OSB), Der Glaubensbegriff des Hl. Augustinus in seinen ersten Schriften bis zu den Confessiones, Einsiedeln u.a. 1955, 63) seien, da alle drei »Schriften von Cassiciacum zeigen« (65) wie »die beiden Wege der auctoritas und der ratio näher abzugrenzen« (ebd.) sind.

[279] Augustinus, Aurelius, Confessiones. Bekenntnisse. Lateinisch/Deutsch. Übersetzt, herausgegeben und kommentiert von Kurt Flasch und Burkhard Mojsisch. Mit einer Einleitung von Kurt Flasch, Stuttgart 2009, V, X, 19.

faßt werden könne und daß man keiner Sache zustimmen dürfe«[280]. Augustin versucht, den damit behaupteten negativen Dogmatismus der Skeptiker zu widerlegen und deutet zugleich jene Denkfigur an, die für die Theologie prägend das Erkennen der Wahrheit ermöglichen soll. Als Prämisse setzt er dabei, dass sich durch göttliche Offenbarung das Unbedingte, vorgestellt als Gott, dem Menschen in der Welt mitteilt. Indem sich Gott dem Menschen offenbart, kommt dieser in Kontakt mit dem Unbedingten und der Wahrheit, von der aus er sich in der Welt orientieren kann. Die durch Augustin vorgenommene Verhältnisbestimmung von Glaube und Skepsis setzt auf die Möglichkeit, das Unbedingte denken zu können.

Nach der Beschäftigung mit Augustin rückt die Debatte Martin Luthers mit Erasmus von Rotterdam (1466–1536) in den Fokus. Da es hier ebenfalls um das Verhältnis von Glaube und Skepsis geht. Luther, darin mit Augustin übereinstimmend, geht davon aus, dass dem Menschen durch Selbstoffenbarung Gottes der Weg zur Wahrheit eröffnet werde, weswegen er »Gefallen« (»delectari«)[281] an assertorischer Rede finde. Dieses ›Gefallen‹ basiert, so erklärt es Luther in seiner Schrift *De servo arbitrio* gegen Erasmus, auf der Eindeutigkeit der göttlichen Mitteilung durch die Heilige Schrift. Luther setzt damit die bei Augustin vorgefundene Denkfigur voraus und transformiert sie auf die Ebene des Heiligen Textes und seines eigenen Redens und Aussagens. Luther zeigt auf, dass Erasmus, der mit den Skeptikern sympathisiert, dieser Wirkung der Sprache und des Textes nicht entkommen kann, auch wenn Erasmus keinen ›Gefallen‹ an Behauptungen habe, die über die konkrete Situation hinaus etwas bedeuten. Im Gegenzug kann Luther nachgewiesen werden, dass seine assertorische Rede als bedingt zu verstehen ist und in ihrem Bedingt-Sein mehrdeutig ist. Die Annahme, dass das Reden des Glaubenden durch Gott begründet sei und damit eine exklusive Eindeutigkeit annähme, widerlegt sich, da das Bedingt-Sein der Rede immer als durch unterschiedliches Bedingt-Sein vorgestellt werden kann. Von dieser Einsicht aus öffnet sich der Weg, um über das Denken des Scheins eine neue Möglichkeit theologischen Denkens zu erproben.

---

[280] AUGUSTINUS, AURELIUS, Gegen die Akademiker. (Contra Academicos). Eingeleitet, übersetzt und erläutert von Bernd Reiner Voss, in: Augustinus, Aurelius, Philosophische Frühdialoge. Gegen die Akademiker, Über das Glück, Über die Ordnung. Eingeleitet, übersetzt und erläutert von Bernd Voss, Ingeborg Schwarz-Kirchenbauer, Willy Schwarz, Ekkehard Mühlenberg. Herausgegeben von Carl Andresen, Zürich, 1972, III, 10, 22.

[281] LUTHER, MARTIN, De servo arbitrio. 1525, in: WA, Bd. 18, 603. Die Übersetzung stammt aus: LUTHER, MARTIN, De servo arbitrio/Vom unfreien Willensvermögen (1525). Übersetzung: Athina Lexutt, in: Härle, Wilfried, u.a. (Hrsg.), Martin Luther. Lateinisch-Deutsche Studienausgabe, Bd. 1. Der Mensch vor Gott, Leipzig 2006, 219–661.

1. Von Gott kommend zur Wahrheit: Augustinus von Hippo

Die Frage, wie sich das Ich in der Welt orientiert, begegnet bei Augustins Schriften, die zwischen der Bekehrung und seiner Taufe entstanden, in der Frage, wie das Ich glücklich werde. Damit greift Augustin auf den Hellenismus zurück, der primär die Möglichkeiten eines glücklichen Lebens im Diesseits reflektiert.[282] Diese Aufnahme der hellenistischen Fragestellung führt Augustin zu einem vom Hellenismus abweichenden Lösungsansatz, indem er den Tendenzen seiner Epoche gemäß die Lösung der Frage durch das Wissen um die intelligible Welt zu finden meint. Darin zeigt sich Augustin als ein vom Neuplatonismus und damit von Platon und Plotin (204–270 n. Chr.) geprägter Denker. Die Differenz zwischen Neuplatonismus und Hellenistischer Philosophie liegt in der unterschiedlichen Ausrichtung. Während die Neuplatoniker tendenziell jenseitsorientiert denken, weil sie dort die Ideen und damit die Wahrheit erwarten, legt man im Hellenismus den Fokus auf das Diesseits und hofft, wie beispielsweise der Stoiker Zenon, durch die Erkenntnis der Ordnung der Welt, ein glückliches, weil der Weltordnung entsprechendes Leben führen zu können.[283] Augustin greift den platonischen Impuls, die Wahrheit sei in der

---

[282] Über die Epoche der Alten Kirche, der Augustin zuzurechnen ist, urteilt Wickert: »Die alte Kirche ist die alte Welt: diese Formulierung nimmt mit Schärfe das Ergebnis der historisch-kritischen Forschung auf und trägt der Tatsache Rechnung, dass es sich beim Christentum der ersten Jahrhunderte um Hellenisierung, Lateinisierung und was man möchte – Gnostisierung des Kerygma handelt« (Wickert, Ulrich, Glauben und Denken bei Tertullian und Origenes, in: ZThK 62/2 (1965), 153). Vgl. auch: Hadot, Pierre, Philosophie als Lebensform. Geistige Übungen in der Antike. Aus dem Französischen von Ilsetraut Hadot und Christiane Marsch, Berlin 1991, 48–65, der vor allem an Hand des Begriffs der ›Wachsamkeit‹ die Verbindung zwischen der Theologie der Kirchenväter und der Stoa und Epikureismus aufzeigt; sowie Kobusch, Theo, Christliche Philosophie: Das Christentum als Vollendung der antiken Philosophie, in: Ders./Erler, Michael (Hrsg.), Metaphysik und Religion. Zur Signatur des spätantiken Denkens. Akten des internationalen Kongresses vom 13.–17. März 2001 in Würzburg, München 2002, 239–259. Die Frage nach der Hellenisierung des Christentums erörtert zuletzt Markschies, der nicht nur einen Überblick über den Begriff und die damit verbundenen Deutungsmöglichkeiten der Verbindung von Hellenismus und Christentum gibt, sondern auch einen eigenständigen Vorschlag zum Umgang mit dem Begriff und zur Deutung der Epoche (Vgl. Markschies, Christoph, Hellenisierung des Christentums. Sinn und Unsinn einer historischen Deutungskategorie, (Forum Theologische Literaturzeitung) Leipzig 2012).

[283] Vgl. Erler, Michael, Hellenistische Philosophie als ›praeparatio platonica‹ in der Spätantike (am Beispiel von Boethius' consoltatio philosophiae), in: Fuhrer, Therese/Ders. (Hrsg.), Zur Rezeption der hellenistischen Philosophie in der Spätantike. Akten der 1. Tagung der Karl-und-Gertrud-Abel-Stiftung vom 22.–25. September 1997 in Trier, Philosophie der Antike 9, Stuttgart 1999, 107. Augustin charakterisiert Zenon: »Er erkläre, sie [die Seele] sei sterblich und es gebe nichts als diese sinnliche

intelligiblen Welt zu finden, auf und versucht, wie Plotins Neuplatonismus, den hellenistischen Skeptizismus zu überwinden.[284] Das Erkennen und Haben der Wahrheit ist, nach Augustin, die Bedingung für ein glückliches Leben, weswegen er in *Contra academicos* auszuloten versucht, woran der akademische Skeptizismus scheitere und wie die Wahrheit zu erkennen sei. Ziel dieser augustinischen Schrift ist es daher, die zum negativen Dogmatismus zugespitzte Position der Akademiker zu widerlegen, um den Weg zur Erkenntnis der Wahrheit aufzeigen zu können.

Die Augustin-Forscherin Therese Fuhrer, die sich in besonderer Weise mit Augustins frühen Schriften beschäftigt, konnte herausarbeiten, dass Augustin Zenons Erkenntnistheorie aufgreift und modifiziert.[285] Das Ziel, die Wahrheit zu erkennen, erreicht Augustin, indem er Zenons Überlegungen mit der bei Parmenides begegnenden Denkfigur verbindet, dass die entscheidende Erkenntnis durch einen göttlichen Akt offenbar wird, und beides unter dem Horizont der christlichen Tradition neu formuliert. Augustin liefert damit in seinem Frühwerk *Contra academicos* eine Widerlegung der negativdogmatischen Behauptung, die Wahrheit könne nicht erkannt werden. Außerdem liefert er damit eine Denkfigur und eine Verhältnisbestimmung von Glauben und Wissen, über die die christliche Theologie typischerweise zu eruieren versucht, wie sich das Ich in der Welt orientieren könne. Bei Augustin kann exemplarisch aufgezeigt werden, wie Orientierung im christlichen Sinne als eine unbedingte und eindeutige Wahrheit erfolgen kann, die durch Selbstmitteilung Gottes in die bedingte Welt gelangt.

1.1 Im Monolog zur Wahrheit

Augustin durchlebte, wie er in seinen *Confessiones* berichtet, eine »Periode zweifelnder Ungewissheit« (»tempore dubitationis«)[286], in welcher er von Ciceros Werk über die akademische Skepsis, *Academica*, beeinflusst »schwankte, zwischen allen Ansichten«[287]. Nach seinem Bekehrungserlebnis im Jahre 386 bemüht er sich, die zuvor erprobten Strategien und Argumente der Skeptiker zu widerlegen, weil die durch sie erzeugten Zweifel, ob die

---

Welt; alles in ihr werde durch Körperhaftes bewirkt« Augustin, Contra academicus, III, 17, 38.

[284] Vgl. dazu: Gabriel, Skeptizismus und Idealismus.

[285] Ihre Einsicht zusammenfassend erklärt Fuhrer: »Augustins Konzept der Verinnerlichung ist nicht zuletzt aus seiner Auseinandersetzung mit den erkenntnistheoretischen Thesen der skeptischen Akademie und der Stoa hervorgegangen, insbesondere aus seiner Beschäftigung mit der in der antiken Schulphilosophie vieldiskutierten Frage, ob der Mensch Wissen und Gewissheit erlangen könne." (Fuhrer, Therese, Skeptizismus und Subjektivität. Augustins antiskeptische Argumentation und das Konzept der Verinnerlichung, in: Fetz, Luzius u.a. (Hrsg.), Geschichte und Vorgeschichte der modernen Subjektivität, Bd. 1, Berlin/New York 1998, 319–320.)

[286] Augustinus, Confessiones, V, XIV 25.

[287] Ebd.

Wahrheit überhaupt erkannt werden könne, überwunden werden sollen.[288] Augustins erstes überliefertes Werk *Contra academicos*, das er nach der Bekehrung verfasste, wendet sich daher der Überwindung des akademischen Skeptizismus zu.[289] In zwei Gesprächen, die über drei Bücher verteilt sind, bemüht sich Augustin zu beweisen, dass die Wahrheit erkannt werden könne. Vor allem das zweite und dritte Buch gehen gegen die skeptische Behauptung vor, »daß nichts erfaßt werden könne und daß man keiner Sache zustimmen dürfe«[290]. Diese von Cicero übernommene Charakterisierung des akademischen Skeptizismus ist ein negativer Dogmatismus, da hier die Behauptung vertreten wird, dass die Wahrheit nicht erkannt werden könne. Demgemäß widerlegt Augustin eine dogmatische Denkfigur, die von einer negativen Prämisse ausgeht.

Bevor das augustinische Argument gegen den negativen Dogmatismus reflektiert wird, lohnt es, die literarische Gestaltung von *Contra Academicos* zu vergegenwärtigen, da diese Augustins erkenntnistheoretische Einsichten szenisch umsetzt. Im ersten Buch diskutieren Licentius und Trygetius, zwei seiner Schüler, darüber, ob Glück in der Suche oder dem Besitz der Wahrheit bestehe. Schon in der Einleitung hatte Augustin erklärt, dass derjenige glücklich sei, der die Wahrheit habe. Dennoch endet das Gespräch ohne Ergebnis und ohne die skeptische Annahme widerlegt zu haben, die Wahrheit könne nicht gefunden, sondern nur gesucht werden.[291] Der Dialog zwischen Licentius, der letztlich die akademische Position zu vertreten sucht, und Trygetius, der dagegen argumentiert, spiegelt jene Denkfigur wider, die bei Parmenides als Denken der Doxa und bei den Antiken Skeptikern als Denken der zwei Meinungen begegnet. In Person der Schüler stehen sich die beiden Positionen exemplarisch gegenüber. Ihre Auseinandersetzung endet ohne Ergebnis, weil

---

[288] Auch Fuhrer führt »die Intention seiner Schrift auf seine eigenen Erfahrungen mit dem Skeptizismus zurück« (FUHRER, THERESE, Augustin. Contra Academicos. (Vel de Academicis). Bücher 2 und 3. Einleitung und Kommentar, Berlin/New York 1997, 29).

[289] So erklärt auch Löhrer: »Contra Academicus hat die Aufgabe, die Hindernisse zu beseitigen, die von der Beschäftigung mit der Philosophie abhalten könnten.« (LÖHRER, Der Glaubensbegriff des heiligen Augustinus, 58.) Kahnert erklärt, dass Augustin in *Contra academicus* zeigt, »[d]aß die Wahrheit gewußt werden kann« (KAHNERT, KLAUS, Augustin und die Skepsis. Wahrheit und Falschheit in den *Soliloquia*, in: Bochumer Philosophisches Jahrbuch für Antike und Mittelalter 12 (2007), 50. Hervorhebung im Original), während er in den *Soliloquia* das »*was* ›Wahrheit‹ sein könnte« (ebd. Hervorhebung im Original) eruiert.

[290] AUGUSTINUS, Contra academicos, III, 10, 22.

[291] Augustin leitet ein, indem er Romanianus direkt anspricht. Diesen möchte er für die Philosophie gewinnen, welche er anpreist und erklärt, dass man durch sie glücklich werde, weil sie ›die Wahrheit‹ lehre, sodass für den Leser die von Augustin angestrebte Antwort schon bekannt sei (a. a. O., I, 2, 3 und 4.) Das Gespräch zwischen Licentius und Trygetius endet, indem Augustin den Verlauf zusammen fasst und Lösungswege andeutet, die hier jedoch noch nicht diskutiert wurden. (a. a. O., I, 8, 24f). Daher bleibt zunächst offen, wie die Philosophie den Weg zur Wahrheit lehren kann.

beiden Gesprächspartnern ein gemeinsames Kriterium fehlt, mittels dessen sie ihre unterschiedlichen Argumente gemeinsam beurteilen können. Am Ende fasst Augustin die Diskussion lediglich zusammen und begnügt sich mit Andeutungen, wo und wie der Verlauf der Argumentationen anders hätte aussehen können.

Die Konstellation, dass zwei Positionen einander gegenüberstehen, vermeidet Augustin für die Widerlegung des negativen Dogmatismus im zweiten und dritten Buch. Augustin beginnt die Darstellung seiner Argumentation durch die Schilderung eines Dialoges zwischen Alypius, der den Skeptikern zugeneigt ist, und sich selbst. Nachdem Alypius erklärt, dass man den Meeresgott Proteus nicht hätte fassen können, »ohne daß irgendeine Gottheit einen Hinweis gegeben hätte«[292], formuliert Augustin daraus die Einsicht, dass »[n]ur irgendeine Gottheit [...] dem Menschen zeigen [könne], was die Wahrheit ist«[293]. Dem stimmt Alypius zu, sodass mit dieser Aussage eine Prämisse gefunden ist, mittels derer alle Argumente beurteilt werden können. Deswegen zieht sich Alypius aus der Diskussion zurück und Augustin beginnt zu monologisieren. Der von Augustin beschriebene Gesprächsverlauf entspricht seinen erkenntnistheoretischen Einsichten, denen zufolge die durch göttliche Autorität offenbarte Wahrheit jedermann zugänglich sei und durch die Philosophie durchdacht werden müsse. Indem sich Alypius und Augustin darauf verständigen, dass sie von Gott aus denken müssen, kann Augustin sich ganz der Widerlegung des negativen Dogmatismus zuwenden. In *Contra academicos* meint Augustin, dass die Glaubenswahrheiten identisch seien mit den philosophischen Wahrheiten und dass diese intelligibel seien. Die sinnliche Offenbarung der Wahrheit durch Gott in Christus habe deshalb nur eine »vorbereitende-didaktische«[294] Funktion. Durch die göttliche »Autorität«[295] und die Verlagerung der Wahrheit in den göttlichen Bereich, der als solcher unbedingt und intelligibel vorgestellt wird, werden die philosophisch zu durchdringenden Einsichten den Einwänden der Skeptiker entzogen.

Die sich andeutende Erkenntnistheorie Augustins kann weiter präzisiert werden: Augustin liefert eine Denkfigur, die als Denken von Gott aus ein Denken des Unbedingten zu sein versucht. Bevor diese weiter differenziert werden kann, wird zunächst Augustins Argumentation zur Überwindung des negativen Dogmatismus nachgezeichnet, weil damit jene Argumentation vorgegeben ist, durch welche René Descartes und Christian Wolff ein Denken des Allgemeinen zu rechtfertigen suchen, das wiederum eine Variation des Denkens des Unbedingten ist.

---

[292] A. a. O., III, 5, 11.
[293] A. a. O., III, 6, 13.
[294] Flasch, Kurt, Augustin. Einführung in sein Denken, Stuttgart 3. bibliographisch ergänzte Auflage 2003, 55.
[295] Augustin, Contra academicus, III, 20, 43.

Augustin fokussiert die Auseinandersetzung mit Alypius auf die Frage, ob der Weise »ein Wissen von der Weisheit hat«[296], und konfrontiert diese mit der Erklärung der Akademiker, dass »der Mensch [...] weise sein«[297] könne. Indem die Skeptiker eingestehen, dass es den Weisen gibt, muss nach Augustin auch eingestanden werden, dass der Weise erkennen könne, was Weisheit sei. Darin deutet sich Augustins Hauptargument gegen die Meinung an, dass nichts erkannt werden könne. Dieses formuliert er am prägnantesten in *De civitate dei*: »Si enim fallor, sum«[298] (Wenn ich zweifle, bin ich). Das sogenannte »Cogito-Argument«[299] macht deutlich, dass wer zweifelt oder denkt, damit zwar nicht notwendigerweise Gewissheit über die von ihm gedachten Dinge gewinnt, wohl aber darüber, dass er ist. Der akademischen These, Nichts könne gewusst werden, widerspricht die Einsicht, dass die akademische Position nur deshalb zur Diskussion stehe, weil es jemanden gebe, der sie vertrete. Die Erklärung ›Nichts kann gewusst werden‹ führt damit zu dem Wissen, dass jener, der dies erklärt, sein muss. Mit dieser Argumentation verlagert Augustin das, was sicher erkannt werden kann, in den Bereich des Kognitiven und Intelligiblen.[300] Diese »Verinnerlichung«[301] betont Augustin auch, wenn er in *Contra academicos* erklärt, dass »die geistige Welt [jene sei], in der die Wahrheit ihren Sitz hat«[302]. Folglich erkennt Augustin an, dass die Sinne täuschen können. Der Verortung der Wahrheit in einer »nur dem Geist zugänglichen Welt«[303] führt zu der Frage, wie der Mensch dann die Wahrheit erkennen kön-

---

[296] A. a. O., III, 4, 9.

[297] A. a. O., III, 4, 10.

[298] AUGUSTINUS, AURELIUS, De civitate dei/Der Gottesstaat. Lateinisch und deutsch, 2 Bde., Aurelius Augustinus Werke Bd. 1, übersetzt und hg. von Carl Johann Perl, Paderborn 1979, XI 26.

[299] Zum Verhältnis zwischen Cogito bei Augustin und Descartes vgl. ausführlich: FUCHS, MARKO J., Sum und Cogito. Grundfiguren endlichen Selbstseins bei Augustin und Descartes, Paderborn u.a. 2010. Eine pointierte Gegenüberstellung der Unterschiede findet sich auch bei: FUHRER, THERESE, Die akademische Skepsis, in: Drecoll, Volker Henning (Hrsg.), Augustin Handbuch, Tübingen 2007, 65.

[300] Kann betont: »Keine auf die Außenwelt bezogene Erkenntnis, keine über das eigene Innere hinausweisende Erkenntnis erreicht die Gewissheit von Existenz, Leben und Denken des Zweifeln. Das Argument des Augustinus dient jeweils der Wendung nach innen, zu sich selbst um dort zu unhintergehbarer Gewissheit zu gelangen« (KANN, CHRISTOPH, Grenzen des Zweifels. Skeptizismuskritik bei Augustinus, Heinrich von Gent und Descartes, in: PhJ 110 (2003), 230).

[301] FUHRER, Skeptizismus und Subjektivität, 319. Horn spricht von einer »Immaterialität des im Denken erfassten Ich«, (HORN, CHRISTOPH, Welche Bedeutung hat das Augustinische Cogito? (Buch XI 26), in: Ders. (Hrsg.), Augustinus, De civitate dei, Berlin 1997, 122).

[302] AUGUSTIN, Contra academicus, III, 17, 37.

[303] A. a. O., III, 19, 42.

ne. Zumal »selbst die subtilste Vernunft die Seele [...] niemals zurückrufen«[304] könne in jenen Bereich der Wahrheit.

1.2 Denken: Von Gott kommend

Augustin entwirft seine Erkenntnistheorie in den frühen Texten, wie Fuhrer zeigt, indem er die epistemischen Überlegungen des Stoikers Zenon aufnimmt und derart umformuliert, dass der Erkenntnisprozess als durch Gott bedingt vorgestellt wird. Bei Augustin begegnet ein Denken, dass von Gott kommend versucht, ein Denken des Unbedingten zu entwerfen und zu eruieren, wie sich der Mensch als von Gott bedingt verstehen muss. Die Verlagerung der Wahrheit in den Bereich des rein Geistigen, dem der unbedingt vorgestellte Gott angehört, bestimmt das Materielle als sekundäre Größe, in welchem der Mensch zwar lebt; seine Bestimmung erfährt dieser jedoch auf der geistigen Ebene, die damit der eigentliche Ort seines »Vaterlandes«[305] sei. Dieser Wechsel in den Bereich des Immateriellen führt auch zu Augustins Umwandlung der stoischen Erkenntnistheorie.[306] Ziel der folgenden Erörterung ist es, jene Denkfigur herauszuarbeiten, die als theologische Variante eines Denkens des Unbedingten erscheint.

In ihrem Aufsatz »Zum erkenntnistheoretischen Hintergrund von Augustins Glaubensbegriff« hat Fuhrer aufgezeigt, dass Augustin mit seinen erkenntnistheoretischen Überlegungen auf Zenons Theorie zurückgreift und sowohl die Gemeinsamkeiten, als auch die Unterschiede deutlich macht. Diese These Fuhrers voraussetzend soll im Folgenden Augustins epistemischer Entwurf in *Contra academicos* als Umformulierung von Zenons Gedanken nachgezeichnet werden. Damit kann deutlich gemacht werden, wie Augustin gegen die negativ-dogmatische Meinung, dass nichts gewusst werden könne, meint, eine Erkenntnistheorie etablieren zu können, die eine Erkenntnis der Wahrheit als unbedingte Größe ermöglicht.

Augustin geht auf Zenons Erkenntnistheorie in *Contra academicos* an unterschiedlichen Stellen ein und weist darauf hin, dass die Skeptiker ihre negativ-dogmatische Position in Reaktion auf die stoisch-zenonische Lehre entwickelt hätten.[307] Zenons Gedanke einer ›kataleptischen Vorstellung‹ sei, erklärt Augustin, ein »Sinneseindruck, [...] der auf solche Weise in Erscheinung trete, wie Falsches nicht erscheinen könne.«[308] Demnach geht es Zenon darum, dass der Mensch die Welt erkennen müsse, wie sie sei, weil die in ihr

---

[304] A. a. O., III, 19, 42.

[305] A. a. O., III, 19, 42.

[306] Zu den Gemeinsamkeiten und Differenzen zwischen Zenon und Augustin siehe: Fuhrer, Therese, Zum erkenntnistheoretischen Hintergrund von Augustins Glaubensbegriff, in: Dies./Erler, Michael (Hrsg.), Zur Rezeption der hellenistischen Philosophie in der Spätantike. Akten der 1. Tagung der Karl-und-Gertrud-Abel-Stiftung vom 22.–25. September 1997 in Trier, Philosophie der Antike 9, Stuttgart 1999, 200.

[307] Augustin, Contra academicus, II, 5, 11; III, 9, 18ff; III, 17, 38.

[308] A. a. O., III, 9, 21.

gegebene Ordnung vorgibt, wie der Mensch zu leben habe. Wenn »das Wahre [...] vermittels solcher Zeichen zu erfassen [sei], wie sie das Falsche nicht haben kann«[309], müssen die Skeptiker, so Augustin, zu beweisen versuchen, »daß sich so etwas überhaupt nicht finden lasse«[310], um zu der Aussage gelangen zu können, dass nichts erkannt werden könne. Augustin erklärt, dass die Akademiker »[den] Widersprüche[n] unter den Philosophen, [den] Sinnestäuschungen, Träume[n] und Wahnvorstellungen [...] eine beherrschende Stellung«[311] in ihren Überlegungen einräumen, um aufzuzeigen, dass nichts auf die von Zenon vorgegebene Weise erfasst werden könne. Indem sie von Zenon die Vorstellung übernehmen, »nichts sei schimpflicher als zu ›meinen‹«[312], gelangten die Akademiker zu der Einsicht, »dass der Weise, wenn nichts erfaßt werden könne und Meinen etwas schimpfliches sei, niemals etwas erkenne.«[313] Zwischen dem Stoiker Zenon und den Akademikern steht zur Disposition, ob und wie der Mensch jene Dinge und Ordnungen erkennen könne, durch deren Nachdenken er Wahrheit erkennt.

Augustin brachte gegen die Akademiker das ›Cogito-Argument‹ vor, um deutlich zu machen, dass eine negativ-dogmatische Position in einen Widerspruch führt. Dies geschieht dadurch, dass die gemachte Aussage aufgehoben wird, indem durch sie die Erkenntnis gewonnen wird, dass jener ist, der zweifelt. Hat Augustin damit die Unmöglichkeit des negativen Dogmatismus bewiesen, versucht er darüber hinaus zu klären, wie der Mensch jene Einsichten gewinnt, die nach Zenon durch die kataleptische Vorstellung vermittelt werden, und in deren Nachdenken der Mensch die Wahrheit erkennt und zu erfassen vermag. Die Wahrheit verlagert Augustin in eine »nur dem Geist zugängliche Welt«[314], um den skeptischen Argumenten, die die Gewissheit sinnlicher Wahrnehmungen infrage stellen, keine Angriffsfläche zu bieten. Zugang zu dieser Welt erlangt der Mensch durch einen »Gnadenakt«[315] Gottes. Zwar stimmen die Inhalte der »wahre[n] Philosophie«[316] und des Christentums überein, jedoch deutet Augustin schon in dieser frühen Schrift an, dass die Erkenntnis der Wahrheit durch die Selbstmitteilung Gottes allein zugänglich wird.[317] Denn Gott musste seinen »göttlichen Geist [...] sich zum menschlichen

[309] A. a. O., II, 5, 11.
[310] Ebd.
[311] A. a. O., II, 4, 10.
[312] A. a. O., II, 5, 11.
[313] Ebd.
[314] A. a. O., III, 19, 42.
[315] Ebd.
[316] Ebd.
[317] Von einer Selbstmitteilung Gottes als Offenbarung der Wahrheit kann gesprochen werden, weil »Augustin als Christ ›glaubt‹, dass die erstrebte Wahrheit mit Christus bzw. Gott identisch ist«. (FUHRER, Die akademische Skepsis, 64).

Leibe herabbeugen und hinuntersteigen lassen«[318], damit »das Volk«[319] die Wahrheit empfange, über die die Philosophie nachzudenken habe.[320]

Der Glaube, so zeigt es Fuhrer, übernimmt bei Augustin die Funktion der ›kataleptischen‹ Vorstellung. Der Augustinforscher Alfred Schöpf hat herausgearbeitet, wie es nach Augustin im Zusammenspiel von Glaube und Vernunft zur Erkenntnis kommt, jedoch ohne, wie Fuhrer bemerkt, die Nähe von Augustins Epistemologie zu Zenon reflektiert zu haben.[321] Dennoch liefert er mit seiner Monografie *Wahrheit und Wissen* eine Beschreibung des Glaubens für das Erkennen. Erkenntnis nach Augustin setze, so Schöpf, einen Willen und ein bestimmtes Vorwissen voraus.[322] Der Wille ist relevant, weil er bestimmt, worauf die Aufmerksamkeit gerichtet wird. Damit sich der Wille auf die Wahrheit ausrichtet, muss er sich auf das Innere und Geistige fokussieren, weil dort, wie Augustin meint, die Wahrheit liege. [323] Zur Innerlichkeit und damit zum Bereich der Wahrheit »verhilft ihm [dem Menschen] nichts anderes

---

[318] Augustin, Contra academicus, III, 19, 42. Mit dieser Bemerkung liefert Augustin »den einzigen Bezug auf die Inkarnation Gottes in *Contra Academicus*« (Fuhrer, Augustin, 460.) Zur Spannung christlicher Inkarnationsvorstellung und platonischer Philosophie bei Augustin siehe ausführlich: Fuhrer, Augustin, 460–465.

[319] Augustin, Contra academicus, III, 19, 42.

[320] Gott wird daher im Christentum sowohl »verehrt« (Augustinus, Aurelius, De vera religione. Über die wahre Religion. Lateinisch/Deutsch. Übersetzung und Anmerkungen von Wilhelm Thimme. Nachwort von Kurt Flasch, Stuttgart 2006, I.1.1) als auch »erkannt« (ebd.). Dass »religio« (V.8.26) und »philosophia« (ebd.) bei Augustin »nicht voneinander verschieden« (ebd.) gedacht werden und inwiefern er dies in seinen frühen Texten literarisch umsetzt, zeigt: Fuhrer, Therese, Augustins Frühdialoge als Inszenierung der Einheit von religiöser Praxis und philosophischem Dialog, in: Kobusch, Theo/Erler, Michael (Hrsg.), Metaphysik und Religion. Zur Signatur des spätantiken Denkens. Akten des internationalen Kongresses vom 13.–17. März 2001 in Würzburg, München 2002, 309–322.

[321] Vgl. Fuhrer, Zum erkenntnistheoretischen Hintergrund von Augustins Glaubensbegriff, 192, Fußnote 5.

[322] Zum Willen schreibt Schöpf: »Offenbar liegt als tragender Grund dieser cogitatio ein Wille zugrunde, der sich in zweifacher Weise äußern muss. Einmal muss er sich in der Form manifestieren, dass hier überhaupt gedacht werden soll mit der besonderen Absicht zu Wissen zu gelangen. Ferner soll ja ein ganz bestimmter Gedanke realisiert werden.« (Schöpf, Alfred, Wahrheit und Wissen. Die Begründung der Erkenntnis bei Augustin, München 1965, 35.) Zum Verhältnis Wissen und Wille vgl. ausführlich: A. a. O., 35–50. Bezüglich des Vorwissens erklärt Schöpf: »Der Gang unserer Untersuchung hat gezeigt, dass sich eine Willensinitiative für einen Erkenntnisvorgang, der ein bestimmtes Wissen zum Ziel hat, gar nicht denken lässt, ohne dass dieser Wille seinerseits schon von einer bestimmten Vorstellung über Art, Fortgang und Ziel des Unternehmens begleitet ist.« (51).

[323] »Gehe nicht nach außen. Kehr in dich zurück. Im inneren Menschen wohnt die Wahrheit [...]« Augustin, De vera religione 39, 72.

als zuerst der Glaube.«[324] Durch ihn öffnet sich dem Menschen der Blick dafür, dass er in der sinnlichen Welt keine Wahrheit und deshalb auch kein Glück findet. Die Rolle des Glaubens besteht deshalb beim Erkenntnisprozess darin, »dass er ein Ziel vorgibt, das ansonsten gar nicht konzipiert worden wäre: er weist dem Erkennen eine bestimmte Richtung, in der es sich einmal versuchen soll.«[325] Neben den Willen tritt das Vorwissen, das für die Erkenntnis relevant ist, denn das Wissen kann nicht aus nichts anheben.[326] In diesem Vorwissen müssen »Wissen und Nichtwissen vereinigt [sein], also in einer Hinsicht schon ein Wissen darstell[en], in anderer jedoch wieder nicht.«[327] Ein Wissen einerseits, weil von ihm ausgehend Weiteres erst erkannt werden kann, und ein Nichtwissen andererseits, weil es sonst selbst ein Wissen wäre. Der Glaube, so interpretiert Schöpf Augustin, vereinigt sich in Momenten des Wissens und des Nichtwissens. Der Glaube gibt demnach den Willen, damit sich der Mensch auf die Wahrheit ausrichtet, und gibt das Vorwissen, auf dem aufbauend die Wahrheit erkannt wird. Nach Augustin ist es deshalb »das doppelte Gewicht von Autorität und Vernunft«[328], das ihn überzeugt, dass der Mensch die Wahrheit erkennen könne. Denn die »Autorität Christi«[329] sichert die Wahrheit, die dem Menschen im Glauben gegeben wird. Diese Wahrheit will Augustin »nicht nur durch den Glauben, sondern auch durch Erkennen zu erfassen«[330] suchen, sodass sie sowohl durch die ›Autorität Christi‹ als auch die »Vernunft«[331] begründet wird.[332]

Indem Augustin der »christlichen Philosophie«[333] die Aufgabe zuspricht, »die rationale Erklärung der Glaubenswahrheiten«[334] zu liefern, entwirft er ein Modell, nach dem sich der Mensch an der von Gott kommenden Wahrheit

---

[324] Augustinus, Aurelius, Soliloquia. De immortalitate animae/Selbstgespräche über Gott und die Unsterblichkeit der Seele. Lateinisch und deutsch, übersetzt und erläutert von Hanspeter Müller, Zürich 1954, I/6, 12.

[325] Schöpf, Wahrheit und Wissen, 48.

[326] Vgl. a. a. O., 37.

[327] A. a. O., 51.

[328] Augustin, Contra academicus, III, 20, 43.

[329] Ebd.

[330] Ebd.

[331] Ebd.

[332] So auch Grabmann: »Besonders betont aber Augustinus die Tätigkeit des Intellekts nach dem Glauben, die intellektuelle Erfassung und Durchdringung der im Glauben ergriffenen Offenbarungswahrheit, die Wissenschaft von den Glaubensinhalten.« (Grabmann, Martin, Mittelalterliches Geistesleben. Abhandlungen zur Geschichte der Scholastik und Mystik. Band II, München 1936, 39f). Dieser arbeitet besonders deutlich die fundamentale Bedeutung Augustins für die scholastische Theologie heraus.

[333] Voss, Bernd, Einleitung, in: Augustinus, Aurelius, Philosophische Frühdialoge. Gegen die Akademiker, Über das Glück, Über die Ordnung. Eingeleitet, übersetzt und erläutert von Bernd Voss, Ingeborg Schwarz-Kirchenbauer, Willy Schwarz, Ekkehard Mühlenberg. Herausgegeben von Carl Andresen, Zürich, 1972, 37.

[334] Ebd.

orientieren solle, die dieser »durch Gebote und nicht weniger durch die Taten«[335] seines göttlichen Geistes allen Menschen zugänglich gemacht hat. Augustin denkt von Gott aus. Dieser verschafft dem Ich Zugang zur Wahrheit, die einer geistigen Welt angehört und durch die das Ich erkennt, wer es ist und wie es sich in der Welt zu orientieren habe. Inwiefern auch diese Denkfigur zirkulär verläuft, obwohl sie linear angelegt ist, wird im Folgenden an Luther deutlich.

2. ASSERTIO: MARTIN LUTHER

Augustin erprobt eine Denkfigur, in der das Unbedingte, als Gott vorgestellt, die Wahrheit selbst ist und sich durch Offenbarung dem Menschen mitteilt. Wer der Mensch sei und wie er sich in der Welt orientieren könne, beantwortet Augustin, indem er die Antworten als von Gott kommend denkt. Dabei versucht er eine Alternative anzubieten, welche die Kritik der skeptischen Figur eines Denkens verschiedener Meinungen zu überwinden sucht und statt mehrerer Prämissen nur eine voraussetzt. Augustin stellt das Unbedingte als zu Wort kommende Größe vor, auf deren Autorität sich der Mensch verlassen kann, um von dort die Glaubenswahrheiten nach zu denken. Damit meint er eine Denkfigur gefunden zu haben, die von einer einstelligen Prämisse ausgehend erlaubt, das Unbedingte zu denken. Mit Sextus kann Augustins Position als ›dogmatisch‹ bezeichnet werden. Zwar meint Augustin nicht, dass er die Wahrheit gefunden habe, sondern, dass er vielmehr von der Wahrheit gefunden worden sei, jedoch meint er sich damit im Besitz der Wahrheit, wie seine Erklärung, glücklich sei nur der, der die Wahrheit erfasst habe, zeigt. Darüber hinaus weist Augustin dem negativen Dogmatismus nach, dass dieser sich in einem Selbstwiderspruch verfängt und scheitert.

Diese dogmatische Denkfigur aufgreifend erklärt Martin Luther in seiner Schrift *De servo arbitrio* (1525) explizit, sowohl im Gegensatz zu Sextus Empiricus, als auch konkret gegen Erasmus von Rotterdam, dass er Gefallen an assertorischer Rede habe.[336] Seine Schrift und das von ihm darin Erklärte erheben den Anspruch, über die konkrete Situation hinaus in Geltung zu sein, weil seine Rede durch Gott bedingt sei. Deshalb erklärt Luther auch am Ende seines Textes, dass er nicht Meinungen zusammentrage (»NON CONTULI«[337])

---

[335] AUGUSTIN, Contra academicus, III, 19, 42.

[336] Vgl. LUTHER, WA 18, 603.

[337] A. a. O., 787 (Hervorhebung im Original). Luther spielt damit auf die Erklärung des Erasmus an, der *De libero arbitrio* beschließt mit der Erklärung: »CONTULI, pens alios esto iudicium« (Ich habe die Frage erörtert, anderen steht das Urteil zu«. ERASMUS, DESIDERIUS, De libero arbitrio διατριβή sive collatio. Gespräch oder Unterredung über den freien Willen, übersetzt, eingeleitet und mit Anmerkungen versehen von Winfried Lesowsky, in: Ders., Ausgewählte Schriften. Acht Bände, lateinisch und deutsch, herausgegeben von Werner Welzig, Bd. 4, Darmstadt 1995, 194–195.

und austauschen wolle, sondern Behauptungen aufstelle (»SED ASSERUI«[338]), denen gegenüber man »Gehorsam [...] leisten«[339] solle. Das Denken von Gott ausgehend ermöglicht, so Luther, ein Reden, das über die Umstände der Rede hinaus Geltung beanspruchen könne.

Um Luthers Neigung zur assertorischen Rede und das hier zugrunde liegende Denkmodell verstehen zu können, soll Luthers Argumentation skizziert werden. Dabei wird deutlich, dass für die Frage nach der assertorischen Rede das Verhältnis zwischen Gott und Mensch und die Möglichkeiten dieses Verhältnis zu gestalten, fundamental sind, weswegen mitzureflektieren ist, wie der Mensch und sein Verhältnis zu Gott bei Luther gedacht werden. Damit wird exemplarisch aufgezeigt, wie ein Denken von Gott zu assertorischer Rede führt, die beansprucht, über das Situative hinaus Geltung zu haben. Mit dem Wissen um das Scheitern des negativ-dogmatischen Weges, wie es bei Augustin deutlich wird, gilt es herauszuarbeiten, dass auch der dogmatische Weg dem Zirkelschluss des negativ-dogmatischen nicht entkommt, weswegen anschließend mit Hamann die Denkfigur eines Denkens der Bewegung erprobt wird.

2.1 Von Gott zur Assertio

Luthers Freude an assertorischer Rede rührt daher, dass er seine Rede nicht als durch ihn selbst, sondern als durch die Bibel bedingt denkt. In ihr begegnet Luther »die Dreieinigkeit Gottes, die Menschheit Christi und die unvergebbare Sünde«[340], durch die alles andere zu beurteilen sei, sodass sie als das Kriterium gilt. Luther nimmt an, dass die Bibel eindeutig sei, sodass er mit ihr eine einstellige Prämisse vorliegen hat. Die Bibel als Schrift wird zur Heiligen Schrift, weil Gott als ihr Verfasser gilt. Dass man sich an der Heiligen Schrift zu orientieren habe, darin konnten Luther auch andere Theologen seiner Zeit zustimmen. Zur Debatte stand, wem die Autorität zukomme, die Schrift rechtmäßig auszulegen, und weil die Schrift das entscheidende Kriterium bildet, meint dies, sie schriftgemäß zu deuten. Denn die Antwort entscheidet darüber, ob Luthers Forderungen für eine Reform der Kirche, wie er sie exemplarisch in den Thesen für die Heidelberger Disputation von 1518 ausformuliert hatte, schriftgemäß und damit notwendig und bindend für die Kirche seien, oder ob darin nur die Ansichten eines Wittenberger Professors wiedergegeben würden.

Die Frage, wem die Autorität zukäme, die Heilige Schrift schriftgemäß zu interpretieren, greift der Theologe und Luther-Widersacher Johannes Eck (1486–1543) auf. Nach der Leipziger Disputatio im Juli 1519 hatte Eck in Briefen an Luthers Landesfürsten, Kurfürst Friedrich den Weisen, erklärt: »Das laut ubel bei den Christen, daß einer sich vermißt aus seiner Verständ-

338 A. a. O., 787 (Hervorhebung im Original).
339 Ebd.
340 A. a. O., 609.

nuß baß zu wissen den Sinn der heiligen Geschrift, dann die heilig Väter mit einander.«[341] Eck kritisiert nicht, dass Luther die Bibel als letzte Instanz und alles entscheidendes Kriterium versteht, sondern dass dieser sich anmaßt die Schrift besser zu verstehen als die Kirchenväter und die kirchliche Tradition. Eck meint, Luther handele mit seinen Auslegungen der Schrift eigensinnig, und erklärt: »Jst der Text klar, wie? haben denn die göttlichen Lehrer ihn nicht verstanden? [...] Jch glaub viel mehr den lieben Heiligen, dann meinem groben Verstand.«[342] Damit weist Eck zum einen darauf hin, dass die Deutung der Heiligen Schrift innerhalb einer bestimmten Tradition und insofern innerhalb eines vorgebenden Kontextes stattfindet, auf den man sich verlassen könne. Zum anderen verbindet sich bei Eck diese Einsicht mit der Vorstellung von Autorität, welche der Auslegetradition erlaubt, am Ende über die neu zu verantwortende Deutung zu entscheiden. Zunächst erlaubt das Angewiesen-Sein auf Vorgaben auch, kritisch oder kreativ mit ihnen umzugehen, sodass auch eine Lesart, welche sich gegen die Tradition wendet, ihr Recht haben könnte. Der Hinweis auf die Autorität verdeutlicht jedoch, dass dieser Freiraum des Deutens für Eck letztlich eng begrenzt ist. Zudem muss mit Luther gegen Eck angeführt werden, dass er mit dem Verweis auf die Tradition neben die Heilige Schrift eine zweite Autorität setzt und damit den Geltungsanspruch der Heiligen Schrift untergräbt.

Ecks Kritik und die Bannandrohungsbulle *Exsurge Domine* vom 15. Juli 1520, in welcher man 41 Sätze Luthers verurteilte, nötigten den Wittenberger Reformator dazu seine Position zu verteidigen, wozu er 1520 die Schrift *Assertio omnium articulorum per bullam Leonis X. novissimam damnatorum* verfasste. Dies bildet die historische Situation, in der Erasmus auf Luthers These, der freie Wille sei »BLOSSER NAME«, mit seiner Schrift *De libero arbitrio* διατριβή *sive collatio* reagierte, was wiederum die Ursache dafür war, dass Luther seine Freude an assertorischer Rede betonte und die Unfreiheit des Willens in *De servo arbitrio* zu erweisen suchte. Damit deutet sich bereits an, dass die Frage nach assertorischer Rede und nach der Auslegung der Schrift an die Frage nach den Möglichkeiten des menschlichen Willens gebunden ist. Mit dem freien Willen steht zur Debatte, ob der Mensch, seine Beziehung zu Gott eigenmächtig heil-voll zu gestalten vermag. Für die Auslegung der Heiligen Schrift bedeutet dies, dass gefragt wird, ob der Mensch diese eigenmächtig schriftgemäß interpretieren könne. Bezüglich der assertorischen Rede gilt es zu klären, ob der Mensch eigenmächtig Behauptungen aufstellen kann, welche über die jeweilige Situation hinaus Bedeutung beanspruchen können.

Erasmus hatte, darin mit Eck einig, Luther für seine Auslegepraxis kritisiert und darauf hingewiesen, dass die Deutung eines Textes immer auch an den Begleitumständen des Interpreten hinge, weswegen man sich mit allge-

[341] ECK, JOHANNES, An Kurfürst Friedrich den Weisen (22. Juli 1519), in: WA.B, Bd. 1, Nr. 192, 460.
[342] A. a. O., 482 (8. November 1519).

meingültigen Aussagen besser zurückhalte.[343] Die damit gemachte Behauptung, dass die »Bibel mehrdeutig«[344] sei, versuchte Erasmus durch die »Auslegungsgeschichte«[345] zu verifizieren. Diese Einsicht in die Mehrdeutigkeit der Schrift verleitet Erasmus zu der Erklärung, er »habe [...] wenig Freude an festen Behauptungen« (»non delector assertionibus«)[346], weswegen seine Überlegungen nur als »debattierende Meinung«[347] zu verstehen sind. Dass Erasmus sein Nichtgefallen an assertorischer Rede auch durch die Form seiner Schrift zu realisieren sucht, zeigt der Aufbau dieser und die Verwendung der Diatribe, weil durch sie »nach ciceronischem Muster eine Diskussionsfrage (propositum) auf die Weise der deliberativen Redekunst«[348] erörtert werden kann. Der Herausgeber der kritischen Ausgabe Johannes von Walters gliedert *De libero arbitrio* in vier Hauptpunkte, durch welche Erasmus' Wunsch nach Dialog und Vermittlung deutlich werden. Zwei Vorreden bilden (1) die Einleitung, woraufhin (2) Argumente und Beweise, die für den freien Willen sprechen, zusammengestellt werden. Darauf sammelt Erasmus (3) jene Bibelstellen und Belege, die gegen die Willensfreiheit zu sprechen scheinen, bevor er (4) die im zweiten und dritten Abschnitt aufgeführten Argumente abzuwägen »und die im Vergleich fixierten Widersprüche zu einem Ausgleich zu bringen«[349] versucht. Denn, so meint Erasmus, die unterschiedlichen Bibelstellen können sich nicht widersprechen, da Gott als ihr Verfasser gilt. Sein Abwägen führt ihn zu der Billigung jener Meinung, »die dem freien Willen einiges zuschreib[t], aber der Gnade [Gottes] das meiste.«[350] Diese Mittelposition, die weder alles von Gott noch alles vom Menschen erwartet, begründet Erasmus mit der ethisch-didaktischen Einsicht, dass »alle bekannten Gebote Christi sinnlos [wären], wenn dem menschlichen Willen keine Wirksamkeit zugetraut«[351] würde. Indem Erasmus dem menschlichen Willen ›einiges‹ zutraut, sind in der Ausrichtung, den Handlungen und Reden des Menschen Momente

343 So erklärt er: »Daß übrigens aus derselben Schrift die einen diese, die anderen jene Meinung herauslasen, hatte seine Ursache darin, daß der eine hierhin, der andere dorthin sein Augenmerk richtet und ein jeder nach seiner Absicht auslege, was er las.« Erasmus, De libero arbitrio, 156F/157f.

344 Neuer, Peter/Schröger, Friedrich, Luthers These von der Klarheit der Schrift, in: ThGl 74 (1984), 41.

345 Ebd.

346 Erasmus, De libero arbitrio, 6–7.

347 Neuner/Schröger, Luthers These von der Klarheit der Schrift, 41.

348 Hoffmann, Manfred, Erasmus im Streit mit Luther, in: Pesch, Hermann Otto (Hrsg.), Humanismus und Reformation – Martin Luther und Erasmus von Rotterdam in den Konflikten ihrer Zeit, München/Zürich 1985, 107. Hoffmann weist daraufhin, dass Erasmus ursprünglich plante, seine Schrift als Dialog und damit als Gegen- und Miteinander von Rede und Gegenrede zu gestalten.

349 Reinhuber, Thomas, Kämpfender Glaube. Studien zu Luthers Bekenntnis am Ende von De servo arbitrio, Berlin/New York 2000, 6.

350 Erasmus, De libero arbitrio, 188–189.

351 A. a. O., 74–75.

des Situativen und Besonderen mitzudenken. Für das Äußern fester Behauptungen hat dies zur Folge, dass berücksichtigt werden muss, dass die Begleitumstände, welche den Menschen zu einer Behauptung führen, je nach Beurteilung derselben statt einer einstimmigen eine mehrdeutige Aussage bedingen können. Die assertorische Behauptung suggeriert in ihrem Anspruch, über den Moment der Äußerung hinaus in Geltung zu sein, Eindeutigkeit. Denn was in dieser Situation gesagt ist, soll auch in einer anderen gelten, sodass das Gesagte in der jeweiligen Situationen gleich bleiben sollte, weshalb die Behauptung hier und dort auf eines hin deuten müsste. Indem Erasmus dem Willen des Menschen ›einiges‹ zutraut und daher Momente des Bedingt-Seins im Behaupten mitzudenken sind, kann diese Eindeutigkeit mehrdeutig sein, weil die Rede durch Begleitumstände (Plural!) bedingt ist.

Luther bemüht sich daraufhin, seine Interpretationspraxis zu begründen und damit gleichzeitig aufzuzeigen, warum er assertorisch reden möchte. Dies versucht er, indem er auf die auch für seine Rechtfertigungslehre fundamentale Frage nach den Möglichkeiten des menschlichen Willens eingeht. Indem Luther klärt, was der Mensch vermag, begründet er seine Freude an assertorischer Rede. Er bemüht sich, den hermeneutischen Vorwurf zu entkräften, er lege den Text nur nach seinem eigenen Gutdünken aus und zeigt, dass im Text, wie in der Auslegung des Textes, Gott selbst zu Wort kommt. Bringt die Heilige Schrift eindeutig Gottes Wort zur Sprache, dann, meint Luther, sei es geboten, assertorisch zu reden, weil die Rede des Menschen durch Gottes Zu-Wort-Kommen begründet sei.

Diese Einsichten sind für Luther mit der Frage nach der Willensfreiheit verbunden, die wiederum an die Frage nach dem Heil des Menschen gebunden ist. Die Frage nach dem menschlichen Heil, die hinter der Frage nach dem Willen steht, ist, als Frage nach dem Verhältnis von Gott und Mensch und der Gestaltungsmöglichkeit dieser Beziehung, auch die Frage nach der Auslegung der Heiligen Schrift. Zwischen Erasmus und Luther steht zur Debatte, wer der Mensch sei und damit die Frage, wie sich der Mensch in der Welt orientieren kann. Erasmus' Votum, dem menschlichen Willen könne ›einiges‹ zugetraut werden, stellt Luther die These entgegen, dass der Wille des Menschen nicht frei sei. Wird der Wille als unfrei gedacht, muss der Mensch alles für das Heil Notwendige und damit die Orientierung im Leben von Gott erhoffen, sogar die Hoffnung und die Erkenntnis, dass er alles von Gott zu erhoffen habe. Gerade diese Einsicht in das »vollständige Angewiesensein auf Gottes allein im Glauben gewisse Gnade war das zentrale Merkmal seines Selbstverständnisses«[352] und seiner Theologie, wie der Reformationsforscher Thomas Kaufmann urteilt.

Wer der Mensch sei, kann nur in der Beziehung zu Gott und durch dessen Offenbarung verstanden werden. Die Lage, in der sich der Mensch befindet, ist diesem unklar, solange ihm Gott nicht offenlegt, was ist, wer er ist und wie er zu Gott und damit zum Grund allen Seins steht. Anthropologisch entscheidend

---

[352] KAUFMANN, THOMAS, Martin Luther, München 2006, 16.

ist dabei die Einsicht, dass der Mensch durch die Ausrichtung und im Umgang mit Anderen zu sich selbst findet. Dies verdeutlicht Melanie Beiner in ihrer Dissertation *Intentionalität und Geschöpflichkeit,* in der sie zeigt, dass Intentionalität in Luthers Anthropologie eine wesentliche Rolle spielt. Denn in der Ausrichtung des Menschen auf Andere hin entscheidet sich, wer der Mensch ist. Weil »der Mensch keinen freien Willen besitzt, deshalb kann er sich auch hinsichtlich der Heilszusprechung nicht selbstständig in Bewegung setzen«[353]. Damit weist Beiner darauf hin, dass dem Menschen nach Luther die Möglichkeit, sich auf Gott auszurichten und damit jenes Verhältnis herzustellen, das Heil bedeuten würde, nicht gegeben ist. Die Hinwendung des Willens und damit zusammenhängend die Bestimmung des Menschen müssen durch Gott selbst bedingt werden. Luther denkt den Menschen von Gott ausgehend, indem er deutlich macht, dass dieser das »Zugtier« (»iumentum«)[354] Mensch reiten muss, wenn der Mensch mit Gott in jenes Verhältnis kommen soll, in dem er Heil empfängt.

Die Wirklichkeit dieser Offenbarung denkt Luther als Ereignis. Denn die »promissones, Zusagen«[355], die Luther in der Bibel entdeckt, deutet er als »Verhältnis«[356] schaffende Sprachhandlungen, in denen ein »Sachverhalt«[357] konstituiert und nicht einfach nur konstatiert wird. In Gottes Zuspruch realisiert sich der Inhalt der göttlichen Rede am Menschen. In dieser »Sprachhandlung«[358] wandelt sich die Wirklichkeit des Menschen. Denn die Rede Gottes übermittelt dem Menschen eine Botschaft, die der menschlichen Wirklichkeit ohne die göttliche Rede fremd ist, und in dieser Begegnung und unter dem Eindruck des Neuen in der fremden Rede wandelt sich die Wirklichkeit des Angesprochenen. Sätze wie »Siehe, ich bin bei euch alle Tage bis an der Welt Ende« (Mt 28,20), so Bayer, sind solche Zusagen, durch die Gott ein Verhältnis zwischen sich selbst und dem Menschen schafft, indem dem Menschen offenbar wird, wer er ist und wie er von der Gnade Gottes leben kann.

Dadurch wird der Wahrheitsbegriff erweitert, denn es geht nicht mehr nur darum, sagen zu können, was ist, sondern dieses, was ist, wird als das Sein des Erkennenden bestimmendes Ereignis gedacht, durch welches sich der Mensch neu und anders als zuvor versteht. Der Promisso-Charakter, den Luther der Wahrheit zuspricht, verdeutlicht, dass Wahrheit nicht nur eine den Menschen bestimmende, sondern ihn begleitende Größe ist. Dies drückt sich darin aus, dass Gott dem Menschen im Bedingten, der Schöpfer also in der

---

[353] BEINER, MELANIE, Intentionalität und Geschöpflichkeit. die Bedeutung von Martin Luthers Schrift »Vom unfreien Willen« für die theologische Anthropologie, Marburg 2000, 43.

[354] LUTHER, WA 18, 635.

[355] BAYER, OSWALD, Martin Luthers Theologie. Eine Vergegenwärtigung, Tübingen 2003, 46.

[356] A. a. O., 47.

[357] A. a. O., 46.

[358] A. a. O., 47.

Schöpfung dem Geschöpf Mensch begegnet und sich das Wahr-Sein für den Menschen in der Begegnung ereignet. Gott steht dem Menschen nicht als abstrakte ›Idee des Unbedingten‹ gegenüber, sondern als ihn bedingender und ihn tragender Teil seines Lebens. Dass das Stiften und Offenlegen dieser Beziehung zwischen Gott und Mensch durch Gott geschieht, zeigt an, dass es nicht der Mensch ist, der dieses Verhältnis schafft. Von außen wird es an ihn herangetragen und zugleich ihn verwandelnd verwirklicht.

Diese Einsicht zur Rechtfertigung und Anthropologie überträgt Luther auch auf seine Gedanken zur Auslegung der Heiligen Schrift. Um nicht selbst als aktiver Interpret der Heiligen Schrift gelten zu müssen, kommt Luther zu der Überzeugung: »Doppelt ist die Klarheit der Schrift« (»Duplex est claritas scripturae«)[359]. Durch diese Klarheit legt sich die Schrift selbst aus und bekennt »die Dreieinigkeit Gottes, die Menschheit Christi und die unvergebbare Sünde«[360], sodass dem Menschen durch die Schrift alles bekannt werde, was er für sein Heil zu wissen habe. Die interpretatorische Auslegung der Heiligen Schrift durch den Leser sei deswegen nicht notwendig, weil der Text durch die doppelte Klarheit eindeutig sei. Damit versucht Luther, einer Verfälschung der Botschaft durch den Menschen entgegenzuwirken. Der Text spricht für sich und dies eindeutig, sodass er der Auslegung durch den Menschen nicht bedarf.

Die »äußerliche« (»externa«)[361] Klarheit bezieht sich auf den Textbestand, die Quellenlage und Sprachkenntnis und zielt auf das »Christuszeugnis«[362], das der Text ablegt. Denn durch Christus, sei

> »ganz und gar nichts Dunkles oder Zweideutiges übrig. Vielmehr ist alles durch das Wort ans ganz und gar sichere Licht gebracht, und der ganzen Welt ist erklärt, was immer in der Schrift ist.«[363]

Die »innere[...] Klarheit« (»interna clarita[s]«)[364] ist Tat Gottes und führt zur »[p]ersönliche[n] Betroffenheit«[365], in der sich die ›promisso‹ konstituiert. Durch ihre Eindeutigkeit tritt nach Luther jegliches menschliche interpretatorische Vorgehen zurück und die Schrift legt sich selbst aus und offenbart, was Christus vollbringt. Diese Klarheit kann mit dem Systematiker Notger Slenczka näher im Sinne von Bayers ›Promisso‹-Gedanken erklärt werden. Klarheit meine, dass sich die Schrift nach Luther auf ein Zentrum hin eröffne, wobei es dabei nicht nur um ein intellektuelles Erfassen dieses Zentrums

---

359 LUTHER, WA 18, 609.
360 Ebd.
361 Ebd.
362 LOHSE, BERNHARD, Luthers Theologie in ihrer historischen Entwicklung und in ihrem Systematischen Zusammenhang, Göttingen 1995, 183.
363 LUTHER, WA 18, 609.
364 Ebd.
365 NEUNER/SCHRÖGER, Luthers These von der Klarheit der Schrift, 49.

gehe, sondern »der Text selbst [...] zum Medium dieses Inhalts«[366] werde. Indem der Text sich dem Leser auf sein Zentrum hin öffnet, zieht er den Leser in ein Geschehen. Wer, so meint Slenczka, wie Luther begreift, was Gerechtigkeit Gottes bedeutet, der hat nicht nur »den semantischen Gehalt dieses Begriffes [verstanden], sondern an ihm vollzieht sich das in diesem Begriff Bezeichnete.«[367]

Diese Eindeutigkeit meint Luther in seine Behauptungen übertragen zu können, weswegen er Gefallen an der assertorischen Wirkung seiner Rede hat. Dass das, was er sagt, über die konkrete Situation hinaus Gültigkeit und Wahrheit beanspruchen darf, demgegenüber ›Gehorsam‹ zu leisten sei, begründet Luther damit, dass sich in seiner Rede die Rede der Heiligen Schrift spiegele. Weil Erasmus dem Willen des Menschen ›einiges‹ zutraut, kam er zu dem Ergebnis, dass es besser sei, sich mit assertorischen Behauptungen zurückzuhalten, weil im menschlichen Reden und Auslegen der Heiligen Schrift immer auch die Begleitumstände mitspielten und dadurch die Botschaft mehrdeutig würde. Luther hingegen meint, gerade weil der menschliche Wille nichts vermag und alles von Gott zu erhoffen sei, dass er durch den ihm klar und eindeutig gegenübertretenden heiligen Text befähigt werde, assertorisch zu reden.

Wiederum Bayers Interpretation der ›Sprachhandlung‹ variierend erklärt die Systematikerin Gunda Schneider-Flume, dass mit assertorischer Rede nicht ein subjektives Fürwahrhalten zum Ausdruck komme. Assertorische Behauptungen hätten »die praktische Glaubenserkenntnis im Blick, die die Glaubenden im Akt des Glaubens existentiell verändert, weil sie sie mit dem Gegenüber des Glaubens verwickelt.«[368] Thema der ›assertio‹ sei daher nicht ein theoretisches Wissen, sondern »die eine gewißmachenden Beziehung zu Christus.«[369] Weil die ›assertio‹ Gott und Mensch in Beziehung setzt, kommt ihr Heilsbedeutung zu. Die Kraft, dank derer die ›assertio‹ diese Beziehung stiftet, erhält sie »allein aufgrund des Heiligen Geistes.«[370] Wie der Bibelleser, indem sich ihm das Zentrum der Schrift mitteilt und sich der Inhalt dieses Zentrums an ihm vollzieht, so erlebt auch der Sprecher der ›assertio‹, dass er als sündiger Mensch durch den rechtfertigenden Gott in ein gerechtes Verhältnis zu Gott gebracht wird.

---

[366] SLENCZKA, NOTGAR, Der Tod Gottes und das Leben des Menschen, Göttingen 2003, 56.

[367] A. a. O., 56.

[368] SCHNEIDER-FLUME, GUNDA, Gewissheit und Skepsis. Überlegungen an den exemplarischen Streit zwischen Luther und Erasmus, in: ThBeitr 24 (1993), 298.

[369] A. a. O., 299.

[370] A. a. O., 298.

2.2 Assertio in Bewegung

Erasmus, so lautet eine Einsicht des ehemaliger Bonner Systematikers Günter Bader in seiner Habilitationsschrift *Assertio*, entkomme der ›assertio‹ nicht.[371] Denn wenn Erasmus erklärt, dass er keinen Gefallen an ›assertio‹ habe, setzt er mit dieser Rede eine ›assertio‹. Obwohl er gerade keine Aussage treffen wollte, die sich vom Kontext löst, löst sich dieser Kernsatz seiner Überlegungen insofern vom Kontext, als er beansprucht, ein dauerhaftes und damit vom Konkreten losgelöstes Missfallen des Erasmus auszudrücken. Mit diesem Problem setzte sich auch Sextus auseinander. Denn Sprache scheint tendenziell assertorisch zu sein, insofern sie die Situation, in der sie angewendet wird, überdauern kann. Die bedingte Aussage kann als Rede oder Text auch in einer Situation interpretiert werden, in der die ursprünglichen Bedingungen nicht mehr gelten. Die Sprache erhebt scheinbar den Anspruch, über den konkreten Ort ihrer Anwendung hinaus Gültigkeit fordern zu können. Rede und Text beanspruchen daher ein Mehr. Sie sagen mehr als der Autor beabsichtigte, auch, weil die sie bedingende Situation für die Rezeption keine Rolle spielen muss. Bei Erasmus bahnt sich, wie Bader zeigt, das Allgemeine seinen Weg gegen seine Äußerungen. Aber auch bei Luther bahnt sich das Situative gegen seine Freude am Assertorischen einen Weg. Luther verfasst *De servo arbitrio* in Aufnahme von Erasmus' Schrift. Denn er erklärt, dass er »nicht mit meinen Worten [...], sondern mit deinen Worten«[372] seine Argumentation entfalten wolle. Dies führt dazu, dass Luthers Schrift sich an Erasmus' *De libero arbitrio* entlang bewegt und jedes lutherische Statement durch den erasmischen Text bedingt scheint.

Augustin hat mit seinem Cogito-Argument deutlich gemacht, wie die negativ-dogmatische Einsicht, dass nichts erkannt werden könne, zu der Erkenntnis führt, dass jener, der sich in allem irrt, zumindest darin sicher sein kann, dass er ist. Die einstellige negative Prämisse wurde so durch sich selbst aufgehoben. Luther entwirft, von Augustin kommend, eine lineare dogmatische Argumentation. Gott komme in der Heiligen Schrift klar und eindeutig zu Wort, wodurch der von Gott angesprochene und dadurch gewandelte Christ assertorisch reden dürfe. Luther meint, seine Behauptungen seien begründet durch den Heiligen Text, deshalb könne er mit Freude etwas sagen, das über die Begleitumstände hinaus Gültigkeit beanspruchen kann. Genauso wie die negativ-dogmatische Position, führt auch diese dogmatische Position in einen Zirkel. Erasmus kritisierte an Luther, dass dieser assertorische Behauptungen aufstelle, worauf Luther reagierte und die Lehre von der Klarheit der Schrift entfaltete.[373] Dass Luther sich mit seinen Überlegungen und damit auch mit

---

[371] Vgl.: BADER, GÜNTER, Assertio. Drei fortlaufende Lektüren zu Skepsis, Narrheit und Sünde bei Erasmus und Luther, Tübingen 1985.

[372] LUTHER, WA 18, 610.

[373] Daher urteilt auch Ortmann: »In der Auseinandersetzung mit der römischen Kirche, [...] sowie in der Debatte mit Erasmus über ›De servo arbitrio‹ formuliert Luther sein

der Begründung seiner assertorischen Aussagen an Erasmus abarbeitet, legt Luther in seinem Text selbst offen, und seine Kernaussage, dass der freie Wille bloß dem Namen nach frei sei, ist nur eine Wiederholung.[374] Gerade die Rückbindung von *De servo arbitrio* an *De libero arbitrio*, macht Luthers Text auch zu einer Apologie seiner assertorischen Rede, womit Luthers ›assertio‹ die Lehre von der Klarheit der Schrift zu bedingen scheint. Luthers Aussage, die Klarheit der Schrift bedinge seine assertorische Rede, wird durch die Textstruktur ergänzt mit der Einsicht, dass Luthers assertorische Rede die Lehre von der Klarheit der Schrift bedinge. Verkürzt kann daher gesagt werden, die ›assertio‹ trägt die Schrift und die Schrift trägt die ›assertio‹. Damit jedoch schwenkt die linear vorgestellte Argumentation in eine zirkuläre Bewegung über und das Denken vom Unbedingten aus verfängt sich im Bedingt-Sein.

Luthers Annahme, dass der Schöpfer im von ihm Geschaffenen zu Wort kommt, dass sich das Unbedingte durch und im Bedingten denken lässt, stößt an eine Grenze, welche die eigentlich linear verlaufende Argumentationsstruktur auf sich selbst zurückverweist, sodass ihre Zirkularität aufscheint. Daher gilt es im Folgenden mit Hamann eine Denkfigur zu suchen, welche sich gegen ein Denken des Unbedingten wendet und einem Denken der Bewegung nachgeht. Dabei soll berücksichtigt werden, dass das Ich in der Ausrichtung auf Andere seine Bestimmung erfährt. Denn dies weist darauf hin, dass der Mensch auf Andere und damit auf Vorgegebenes angewiesen ist. Dieser Einsicht entspricht, dass Glaube einen bestimmten Umgang mit diesem vom Ich unterschiedenen Dingen und Texten meint. Das Bedingt-Sein des Menschen und das Bestimmt-Sein des Menschen durch die Art und Weise wie dieses Bedingt-Sein gestaltet ist, entscheidet, wer der Mensch ist. Deshalb soll über ein Denken der Bewegung der Möglichkeit nachgegangen werden, wie durch den Glauben das Ich sich in der Welt orientieren und Wahrheit finden kann.

›Schriftprinzip‹ aus« (Ortmann, Volkmar, Die Schrift als erkenntnisleitendes Prinzip. Die Vaterunserauslegung als hermeneutisches Paradigma, in: Lexutt, Athina/Matz, Wolfgang (Hrsg.), Relationen. Studien zum Übergang vom Spätmittelalter zur Reformation. Festschrift zu Ehren von Prof. Dr. Karl-Heinz zur Mühlen, Münster/Hamburg/London 2000, 146).

[374] Vgl. vor allem: Luther, Martin, Disputatio Heidelbergae habita (1518), in: WA Bd. 1, 359 und Ders., Assertio omnium articulorum Martini Lutheri per Bullam Leonis X. novissimam damnatorum (1520), in: WA, Bd. 7, 142.

IV. Mehrdeutigkeit und Verstehen: Johann Georg Hamann

Gott als Verkörperung der ›Idee des Unbedingten‹ drängt auf ein theologisches Konzept, welches linear von Gott kommend die Erkenntnis der Wahrheit als Akt der Wahrheit selbst zu begreifen sucht. Wesentliches Moment theologischen Denkens ist daher die Reflexion der Passivität innerhalb der Wahrheitserkenntnis. Die im vorigen Abschnitt diskutierten Theologen betonten daher auch je auf ihre Weise, dass sie durch Gott ins Licht gesetzt wurden und Gott durch sich selbst eine Beziehung zwischen sich und ihnen herstellte. Luther betonte, eben weil Gott ihm die Wahrheit offenbarte, habe er Freude an assertorischer Rede und damit an festen, aber auch klaren Aussagen. Eindeutigkeit und Gewissheit bilden Paradigmen, die innerhalb des theologischen Denkens immer wieder betont und zu begründen versucht werden. Jedoch wurde an Luthers assertio wie auch bei Augustin deutlich, dass sie trotz der Bemühung um eine lineare Argumentationsstruktur in einen Wechsel von Angewiesen-Sein und Schaffen geraten und damit zirkulär mit ihren Erklärungen auf ihre zuvor gemachten Darlegungen zurückgreifen müssen. Die angestrebte Eindeutigkeit wurde dadurch getrübt.

Johann Georg Hamann gilt als »dunkel«[375], weil seine Texte voll von Anspielungen, Zitatfetzen und Assoziationen als äußerst unverständlich und unzugänglich gelten. Das von Hamann betriebene Spiel mit Texten und Begriffen, das Anspielen von Gedanken und anderen Denkern, wird »Cento-Stil«[376] genannt. Dieses Spiel mit Sprache und Gedanken wurde zwar schon von

---

[375] Hamann selbst spricht von »Dunkelheit« (Hamann, Johann Georg, Sämtliche Werke. Herausgegeben von Josef Nadler, Wien 1949–1957, III, 187, 20; im Folgenden abgekürzt mit: N, Angabe des Bandes, der Seite und Zeile) bezüglich seines Stils. Schon Hegel klagt, in seiner Rezension der ersten Hamann Gesamtausgabe durch Friedrich Roth, über das »Dunkel« (Hegel, Georg Wilhelm Friedrich, Hamanns Schriften, in: Ders., Sämtliche Werke Band XI. Berliner Schriften. Hamburg 1956, 276) und »Rätselhafte« (ebd.) in Hamanns Schriften.

[376] Ausführlich dazu: Baeumer, Max L., Hamanns Verwendungstechnik von Centonen und Conzetti aus der antiken, jüdischen und christlichen Literatur, in: Gajek, Bernhard (Hrsg.), Johann Georg Hamann. Acta des Internationalen Hamann-Colloquiums in Lüneburg 1976, Frankfurt am Main 1979, 117–132.

Goethe bewundert, jedoch auch seit Hegel kritisiert.[377] Dieser betont, dass Hamann die Fähigkeit zur Objektivierung fehle, weswegen seine Gedanken im »Partikularen«[378] und Unvollendeten stecken blieben.[379] Diesem negativen Urteil folgen auch die Herausgeber der Reihe *Johann Georg Hamanns Hauptschriften erklärt*, denn Ziel dieser Kommentare ist es, Hamann zugänglich zu machen, das Unwegsame durch Interpretation zu beseitigen und damit den eigentlichen Gedanken frei zu legen.[380] Diesem Projekt ist auch der Luther-Experte und Hamann-Forscher Oswald Bayer verpflichtet, der in philologischer Kleinarbeit dezidierte Kommentare zu einzelnen Hamann-Schriften herausgegeben hat.[381] Eckhard Schumacher wies im Jahr 2000 darauf hin, dass die Unverständlichkeit der hamannschen Texte möglicherweise nicht einem Unvermögen geschuldet, sondern konsequent als bewusste Inszenierung zu deuten sei.[382]

Wenn Hamann die Dunkelheit inszeniert und damit die Mehrdeutigkeit seiner Texte potenziert oder auch nur bewusst zu machen sucht, dann deutet sich damit an, dass hier der Versuch unternommen ist, gegen ein Denken des Unbedingten ein Denken der Bewegung zu entfalten. Die Auseinandersetzung mit Hamann bietet sich daher aus verschiedenen Gründen an. Zum Einen diskutiert Hamann kritisch die Möglichkeit, das Unbedingte zu denken und erprobt mit seinen Schriften eine Alternative, die als Denken der Bewegung bezeichnet werden kann. Zum Anderen greift er positiv den Gedanken der Passivität auf, der für das theologische Denken fundamental ist, und eröffnet durch seine Modifizierung die Möglichkeit einer neuen Perspektive auf die Geschichten und Einsichten der christlichen Tradition. Weil Hamann darüber hinaus die bei Luther gewonnene Einsicht, dass sich die Wirklichkeit in der

---

[377] Goethe dachte sogar daran, die Werke dieses »tiefdenkenden gründlichen Mann[s]« herauszugeben. (Goethe, Johann Wolfgang von, Aus meinem Leben. Dichtung und Wahrheit, in: Ders., Goethes Werke. Hamburger Ausgabe in 14 Bänden. Band 9. Hamburg [10]1974, 508.)

[378] Hegel, Hamanns Schriften, 280.

[379] Vgl. ebd.

[380] Blanke erklärt in der Einführung zur Reihe: »Dabei war es ihm versagt, seine Erkenntnisse zu fertigen Lehrsätze auszuformen. Lediglich einen Funkenregen von Einsichten und Einfällen schüttete er aus. Diese planmäßig, nach ihrem inneren Grundriß, zu gruppieren, ist das Hauptgeschäft, das der Hamannforschung gestellt ist.« (Blanke, Fritz, Einführung. In J.G. Hamanns Hauptschriften erklärt, in: Ders./Schreiner, Lothar (Hrsg.), Johann Georg Hamanns Hauptschriften erklärt. Die Hamann-Forschung, Bd. 1, Gütersloh 1956, 5).

[381] Vgl. Bayer, Oswald, Vernunft ist Sprache. Hamanns Metakritik Kants, Stuttgart/Bad Cannstadt 2002 und Bayer, Oswald/Knudsen, Christian, Kreuz und Kritik. Johann Georg Hamanns Letztes Blatt. Text und Interpretation, BhTh 66, Tübingen 1983.

[382] Vgl. Schumacher, Eckhard, Die Ironie der Unverständlichkeit. Johann Georg Hamann, Friedrich Schlege, Jacques Derrida, Paul de Man, Frankfurt am Main 2000, 89–156. Zum Grundanliegen seiner Arbeit: 12–85.

Sprachhandlung ereigne, aufgreift, kann durch seine Texte ein Wahrheitsbegriff entfaltet werden, der das Wahr-Sein auflöst und den dies bestimmenden Gedanken transformiert, sodass das Wahr-Werden im Horizont von Sein und Werden neu gedacht werden kann.

Die Aufgabe, die damit gegeben ist, besteht darin, das Verhältnis von Ich und Welt und von Sprache und Wirklichkeit als Wechselbeziehung zu denken. Dem dadurch gewonnen Wahrheitsbegriff, so die These, entspricht eine fundamentale Einsicht der christlichen Tradition, die darin besteht, dass das Fremde nicht auszuschließen sei, sondern der Mensch sich auf dieses vertrauend einlassen kann. Statt Abwehr dessen, was die Verunsicherung des eigenen Konzeptes bewirkt, wäre mit dem christlichen Glaubensbegriff die Hinwendung und Aufnahme und damit die Veränderung des eigenen Konzeptes im Angesicht des Fremden zu versuchen.

Dazu wird in vier Kapiteln eine Auseinandersetzung mit Hamanns Textverständnis, Hermeneutik und Glaubensbegriff gesucht. Zunächst geht es darum, zu klären, wie Hamann Texte denkt und wie es zu einem Verstehen der Texte kommt. Dies geschieht durch eine genaue Lektüre des zu Hamanns Lebzeiten unveröffentlichten Textes *Über Descartes* und eines Briefes Hamanns an seinen Freund Johann Gotthelf Lindner (1729–1776). Die drei folgenden Kapitel sind der Lektüre der *Sokratischen Denkwürdigkeiten* gewidmet. Dabei wird Hamanns Hermeneutik genauer zu erfassen sein. Auch soll sein Zeichenbegriff entwickelt werden, weil darüber eine Bestimmung des Verhältnisses von Ich und Welt vorgenommen werden kann, in dem Sprache und Wirklichkeit zusammenfallen und damit ein Denken der Bewegung ermöglichen.[383] Außerdem wird Hamanns Glaubensbegriff herausgearbeitet, um den besonderen Umgang des Christentums mit der Wirklichkeit schildern zu können.

1. MEHRDEUTIGKEIT UND VERSTEHEN

Luther, der sein Denken von Gott ausgehend entwickelt und insofern ein Denken des Unbedingten vertritt, findet Gefallen an assertorischer Rede, wie zuvor gezeigt wurde. Sprache, ob mündlich oder schriftlich, kann vom Kontext ihrer Anwendung gelöst werden und scheint daher über die konkrete Situation hinaus Geltung beanspruchen zu können. Gegen diese Tendenz der Verallgemeinerung wendet sich Hamann mit seinen Überlegungen zum Text und Verstehen.

Mit diesem Versuch Hamanns ergibt sich die Chance, Wahrheit als kontextgebundene Größe innerhalb der Theologie zu denken. Dazu wird zunächst Hamanns Lesestrategie, die als dezidiert skeptisch anzusehen ist, in seinem

---

[383] Speziell zu Hamanns Sprachvorstellungen: BAUDLER, GEORG, ›Im Worte sehen‹. Das Sprachdenken Johann Georg Hamanns, Bonn 1970.

Text *Über Descartes* interpretiert. Dort setzt sich Hamann mit René Descartes und dessen Behauptung, er habe ein allgemeingültiges Fundament gefunden, von dem aus sicher die Wahrheit erkannt werden könne, kritisch auseinander. Hamann geht es darum, das Bedingt-Sein sowohl des cartesischen als auch seines eigenen Textes durch seine Lektüre und seine Textgestaltung aufzuzeigen. Hamanns besondere Art, Texte dunkel und mehrdeutig zu inszenieren, führt dazu, dass die Ironie als literarische Strategie der Verdopplung eines scheinbar eindeutigen Textes in den Blick genommen wird. Da Hamann primär die Ironie anwendet und nur wenig durchdenkt, sollen durch die Beschäftigung mit Quintilianus (35– ca. 96 n. Chr.) und Aristophanes (446–386 v. Chr.) Grundzüge der Ironie, wie sie schon in der Antike diskutiert und angewendet wurden, vorgestellt werden.

Hamanns Lesestrategie, die er exemplarisch an Descartes durchführt, kann durch eine Auseinandersetzung mit Hamanns hermeneutischen Überlegungen vertieft werden, wie er sie in einem Brief an Lindner entwirft. Dabei wird deutlich, dass nicht nur das Verfassen des Textes und damit die Anwendung von Sprache in eine konkrete Situation gehört, sondern auch die Aufnahme und Interpretation des Textes. Die Kontextgebundenheit der Lektüre macht deutlich, dass der Versuch, das Unbedingte zu denken, an der Unentrinnbarkeit des Situativen scheitert. Um Hamanns Position deutlich hervortreten zu lassen, soll dies in kritischer Abgrenzung zu Johann Martin Chladenius (1710–1759) geschehen, gegen den sich Hamann in seinem Brief wendet.

Diese erste Auseinandersetzung mit Hamann stellt nicht nur eine Hermeneutik des Situativen vor und weist damit den Weg eines Denkens der Bewegung, der Brief an Lindner enthält darüber hinaus auch eine erste Andeutung, wie Wahrheit als ein Werden gedacht werden kann. Dabei wird deutlich, dass dieses Werden nicht ohne Momente des Seins zu denken ist. Jedoch die ›Idee des Unbedingten‹ auflösend zeigt sich, dass der Wechsel von Wahr-Werden und Wahr-Sein ein Wahr-Sein meint, das selbst bedingt und gleichsam ein erstarrtes oder zur Ruhe gekommenes Wahr-Werden ist.

1.1 Über Descartes zur Mehrdeutigkeit

Der antike Skeptizismus sah sein Hauptbeweisprinzip in der Annahme, ›dass jedem Argument ein gleichwertiges entgegensteht‹. Sextus Empiricus wies deshalb darauf hin, dass die Behauptungen der Skeptiker immer als Gegenentwurf zu den dogmatisch vorgebrachten Argumenten zu verstehen seien. Bei der Lektüre eines Skeptikers soll die in seinem Text entfaltete Argumentationsstruktur als Negativfolie zu einer durch einen Dogmatiker entworfenen Beweisführung gelesen werden. Dies versucht der Skeptiker zu erreichen, indem er mit den skeptischen Schlagwörtern die zeitliche Bedingtheit seiner Aussagen zu betonen sucht. Der Hinweis auf die Situation, in der der Skeptiker seine Überlegungen entwirft, ist immer auch der Hinweis auf bestehende Positionen, die den Kontext bilden und an denen er sich ›parasitär‹ abarbeitet. Die Interpretation eines skeptischen Textes erfordert demnach nicht nur die

Deutung des vorliegenden Textes, sondern auch, dass diese Interpretation auf die in der Lektüre eines dogmatischen Textes gewonnene Interpretation bezogen wird, um auf diese Weise beide Texte in einem Dialog zu lesen. Der Rezipient muss nicht nur den skeptischen Text interpretieren, sondern auch eruieren, gegen welche dogmatische Argumentation er zu lesen sei, und dabei die unterschiedlichen Argumente aufeinander beziehen. Folglich kann das skeptische Argument seine Wirkung nur entfalten, wenn es im Kontext eines dogmatischen gelesen wird. Nur wenn es dem Rezipienten gelingt, die skeptische Behauptung ihrer dogmatischen Gegenbehauptung zuzuordnen, kann die dogmatische Behauptung und zugleich auch die skeptische Gegenbehauptung aufgehoben und die Relativität der Argumente ersichtlich werden. Letztlich soll der Rezipient seine Interpretation aus der Lektüre eines Dogmatikers mit jener aus der Lektüre eines Skeptikers kritisch in ein wechselseitiges Gespräch bringen, um dem Anliegen der Skeptiker gerecht werden zu können. Der Text des Skeptikers muss daher bestimmte Strategien aufweisen, die über ihn selbst hinaus und hin zu den dogmatischen Positionen weisen, an welchen er sich abarbeitet.

Diese Überlegungen drängen die Frage auf, wie der Rezipient durch die Lektüre erkennt, gegen welche dogmatische Position die skeptisch vorgetragene Behauptung zu deuten sei. Darüber hinaus kann ein skeptisch entworfener Text als Reaktion auf einen anderen Text zum Gegeneinander von Argument und Gegenargument führen. Hamanns unvollendeter »Briefessay«[384] *Über Descartes* liefert eine Alternative zu der angedeuteten Konsequenz. Hier entwirft Hamann eine Lesestrategie, welche in Descartes' Text eine Doppeldeutigkeit herausstellt, die das Gegeneinander von Argument und Gegenargument in einen Text verlegt, sodass am Ende *Über Descartes* ein doppeltes Descartes-Bild enthält, welches zwischen dem cartesianischen Anspruch auf Allgemeinheit und der hamannschen Betonung des Situativen-Bedingt-Seins changiert.[385] Hamann entwickelt auf diese Weise eine skeptische, das meint hier: eine Mehrdeutigkeit schaffende Lesestrategie. Die damit einhergehenden Einsichten zur hamannschen Hermeneutik werden anschließend durch die Lektüre der *Sokratischen Denkwürdigkeiten* und eines Briefes Hamanns an Lindner genauer bestimmt. Die Auseinandersetzung mit Hamann und dessen hermeneutischen Überlegungen eröffnet den Weg für eine Vorstellung von Glauben, der durch ein Denken des Bedingten und der Bewegung begründet

---

[384] Nadler Josef, Johann Georg Hamann. Der Zeuge des Corpus myticum, Salzburg 1949, 61.

[385] Dass Hamann auch in seiner Auseinandersetzung mit Kant immer wieder die »zeitlich-räumlichen Bezüge« (Hempelmann, Heinzpeter, »... keine ewigen Wahrheiten, als unaufhörlich Zeitliche ...«. Hamanns Kontroverse mit Kant über Sprache und Vernunft, Theologische Beiträge 18 (1987), 11) hervorhebt und sich damit für ein Denken des Situativen und Besonderen, statt des Allgemeinen stark macht, betont Hempelmann (a. a. O.).

wird. Es findet sich demnach bei Hamann ein Glaubensbegriff, der christlich zu nennen wäre und der zugleich dem situationsbedingten Schreiben und der damit implizierten Systemkritik Luthers Rechnung trägt.

1.1.1 Skeptisches Lesen: konkret und doppeldeutig

Der Text *Über Descartes* entstand zwischen 1753 und 1756, während Hamann als Hofmeister tätig war. Dieses Manuskript bezeichnet der Herausgeber des Gesamtwerkes von Hamanns Schriften Josef Nadler (1884–1963) als »sehr rohen und wild durchstrichenen Entwurf«[386], bei dem er, der besseren Verständlichkeit wegen, Hamanns Streichungen rückgängig machte. Hamann setzt sich in diesem unabgeschlossenen und daher damals unveröffentlichten Entwurf kritisch mit Descartes' *Discours de la méthode* (1637) auseinander. Descartes hatte durch diesen »in biographischer Manier«[387] verfassten Text erstmals der Öffentlichkeit seine philosophischen Überlegungen präsentiert. Dabei formulierte er den ihn berühmt machenden Gedanken des »ich denke, also bin ich« (»je pense, donc je suis«)[388] als grundlegenden Baustein seiner Philosophie, welchen er als jenes Fundament ansah, auf dem sichere Erkenntnis möglich sei. Descartes reiht sich mit seiner Einsicht in die Tradition eines Denkens des Unbedingten ein. Denn mit seinem Cogito-Argument meint er eine allgemeingültige, alle Erkenntnis absichernde Grundlage gefunden zu haben, welche un-bedingt im Akt des Cogito unabhängig von äußeren Umständen Gültigkeit beansprucht.[389]

Hamann leitet seine Auseinandersetzung mit Descartes ein, indem er sich zunächst an den Empfänger seines Textes wendet und sich verwundert zeigt, warum dieser sein »Urteil über des Descartes Schrift«[390] wissen möchte. Damit verdeutlicht bereits der erste Satz zu *Über Descartes,* dass der Text nicht als zeitlose und allgemeine Abhandlung zu verstehen ist, sondern als Teil eines

---

[386] NADLER, Johann Georg Hamann, 61.

[387] BROSE, THOMAS, Johann Georg Hamann und David Hume. Metaphysikkritik und Glaube im Spannungsfeld der Aufklärung Bd. 1 & 2, Frankfurt am Main u.a. 2006, Bd. 1, 90.

[388] DESCARTES, RENÉ, Von der Methode des richtigen Vernunftgebrauchs und der wissenschaftlichen Forschung. Übersetzt und herausgegeben von Lüder Gäbe. Durchgesehen und mit neuem Register sowie einer Bibliographie von George Heffernan. Französisch-Deutsch, Hamburg, ^{2}1997, IV. 1.

[389] Auf theologischer Seite macht Eberhard Jüngel darauf aufmerksam, dass der Akt des Zweifelns durch »das *Sein* eines Seienden als unbezweifelbar evident wird« (JÜNGEL, EBERHARD, Gott als Geheimnis der Welt. Zur Begründung der Theologie des Gekreuzigten im Streit zwischen Theismus und Atheismus. 7. Auflage um ein Vorwort ergänzt, Tübingen 2001, 151. Hervorhebung im Original), und von daher »Gewissheit der Erkenntnis« (148) möglich wird, die der Zeit unterliegt. Insofern, als »dass der Mensch jeweils auf den Nullpunkt des cogito me cogitare zurückgeworfen wird« (152). Das Argument bleibt allgemein gültig, muss aber immer wieder bemüht werden, um die gewünschte ›Gewissheit der Erkenntnis‹ absichern zu können.

[390] N IV, 221, 1f. (Über Descartes).

Kommunikationsgeschehens. Indem der Text eine konkrete Situation skizziert, wird die folgende Descartes-Interpretation in Abhängigkeit eines bestimmten Kontextes gesehen und insofern relativiert.[391] Statt eine von allen Einflüssen befreite Position liefern zu wollen, verortet Hamann seinen Text in einer Gesprächssituation, und indem er auf diese Weise die Zeit- und Ortsgebundenheit seiner Überlegungen andeutet, betont er das Bedingt-Sein seiner Schrift.[392]

Die einleitende Passage entfaltet diese Gesprächssituation weiter und suggeriert, dass Hamann mit dem Adressaten in regelmäßigem schriftlichem Gedankenaustausch stehe.[393] Der Grund für die folgende Beschäftigung mit Descartes' *Discours de la méthode* wird dabei ganz der »Neugierde«[394] des Freundes zugeschrieben, die Hamann im Text nicht weiter begründet, weil sie ihm unerklärlich scheint. *Über Descartes* behauptet, dass es keinen plausiblen oder vernünftigen Grund gebe, Descartes zu lesen. Nur der von Hamann durchgestrichene Text lässt als mögliche Erklärung für die Lektüre des Freundes »Verzweiflung«[395] zu, aber auch diese Rechtfertigung lässt Hamann letztlich durch das Entfernen dieser Überlegung nicht gelten. Damit muss allein die unbegründbare Neugierde des Brieffreundes verantworten, dass Hamann sich hier mit Descartes auseinandersetzt. Der Text findet kein Argument, warum der Freund Descartes liest, und damit gibt es auch für Hamann keinen anderen Grund als die Bitte des Freundes, sich auf Descartes einzulassen. Damit setzt der Text bereits eine erste Spitze gegen Descartes. Denn indem Hamann erklärt, dass er keinen Grund nennen kann, sich mit Descartes zu beschäftigen, wendet er sich gegen Descartes' Anliegen. Er kann die Lektüre nicht rechtfertigen und sie erscheint damit nicht notwendig, um Wahrheit erkennen zu können. Denn Descartes erklärt: »Um die Wahrheit zu finden, muss einmal im Leben an allem, soweit es möglich ist, gezweifelt werden.«[396]

---

[391] Schon 1871 hatte Disselhoff herausgearbeitet, dass Hamann sich gegen alle »Abstractionen« (DISSELHOFF, JULIUS, Wegweiser zu Johann Georg Hamann. Dem Magus im Norden, Kaiserswerth 1871, 51) wendet und für das konkrete Leben eintritt. Diesen Gegensatz erklärt Disselhoff gar zum Zentralthema von Hamanns Schriften, reflektiert dies jedoch nicht auf der Ebene der hamannschen Hermeneutik. Vgl. a. a. O., 51ff.

[392] So betont auch Baudler, dass Hamann mit seinen hermeneutischen Überlegungen »in eine Richtung tendiert, welche die Abhängigkeit des Denkens vom Vorgegebenen betont und dieses Vorgegebene positiv als Bedingung der Möglichkeit des Verstehens deutet« (BAUDLER, ›Im Worte sehen‹, 6).

[393] Ob es sich bei Hamanns Gesprächspartner um ein reales Gegenüber handelt oder nur um eine literarische Fiktion, lässt sich aus den Quellen nicht erschließen. Unabhängig davon entwirft der Text jedoch ein Szenario, in dem ein Gegenüber gesetzt wird und auf die damit vorgenommene Verortung (ob sie nun historisch oder fiktiv sei) kommt es im Folgenden an.

[394] N IV, 221, 1. (Über Descartes).

[395] A. a. O., 221, 12f.

[396] DESCARTES, RENÉ: Die Prinzipien der Philosophie. Lateinisch – Deutsch. Übersetzt und herausgegeben von Christian Wohlers, Hamburg 2005, 11.

Die Lektüre von Descartes' Schriften scheint notwendig, weil sie das Zweifeln exemplarisch vorführen und dergestalt den Weg zum Fundament der Wahrheitserkenntnis weisen wollen. Die Beschäftigung scheint rational geboten, will man Wahrheit finden. Indem *Über Descartes* keinen Grund für die Lektüre cartesianischer Texte nennt, bestreitet der hamannsche Text diese Notwendigkeit.

Die hinführenden Sätze in *Über Descartes* machen deutlich, dass der Text, da er sein zeitliches Bedingt-Sein thematisiert, in eine konkrete Situation hineingehört und es kaum erklärbar scheint, warum Descartes überhaupt gelesen werden sollte. Darüber hinaus öffnen die ersten Sätze eine besondere Spannung, unter der Descartes' Text steht und an der auch Hamanns eigener Text teilhat. Auf der einen Seite steht die »Ernsthaftigkeit und gelehrte Schwermuth«[397], mit welcher Hamann den Text begonnen haben will. Auf der anderen Seite »leih[t]«[398] er sich eine »grüne[...] Grille«[399], von welcher er sich »gute Dienste«[400] verspricht. Der Begriff ›Grille‹ kann in seiner Bedeutung als ›Laune‹ gedeutet werden und meint »seltsame, wunderliche einfälle«[401]. Damit produziert der Text einen Kontrast zur ›gelehrten Schwermuth‹. Zwischen diesen beiden Gegenpolen platziert Hamann eine Bemerkung, welche die Spannung weiter verdeutlicht: Wenn Hamann üblicherweise an seinen Freund schreibt, beschäftigt er sich gleichsam aus Gründen der Inspiration mit Texten von Christian Fürchtegott Gellert (1715–1769) oder Jean-Baptiste-Louis Gresset (1709–1777). Gellerts *Fabeln und Erzählungen* (1746–48), die als »praktisches Erziehungsprogramm für alle Stände«[402] galten, wie auch die Komödie *Le Méchant* (1747) von Gresset arbeiten mit komischen und heiteren Elementen. Betont daher Hamann ausdrücklich, dass er »jetzt den Descartes vor [s]ich legen«[403] muss, so erscheint der *Discours de la méthode* als ernster Widerpart zu den sonst heiteren Gellert- und Gresset-Texten, die sein Schreiben inspirierten. *Über Descartes* balanciert demgemäß zwischen der rationalen Ernsthaftigkeit Descartes' und den vergnüglichen Erzählungen Gellerts.

Die ›grüne Grille‹, von der Hamann spricht, mag daher auch von Gellerts Fabel *Das Heupferd, oder der Grashüpfer* entliehen sein. Die Geschichte erzählt von einem Heuwagen, welcher »[z]u hoch gebäumt, und schlecht bespannt«, von den »matten Pferden / [n]icht weiter fortgezogen werden«[404] kann. Auch das Schimpfen und Schwingen der Peitsche durch den Fuhrmann ändert

[397] N IV, 221, 14. (Über Descartes).
[398] A. a. O., 221, 20.
[399] Ebd.
[400] A. a. O., 221, 21.
[401] GRIMM, Deutsches Wörterbuch Bd. IV, Sp. 320.
[402] GELLERT, CHRISTIAN, Fürchtegott, Fabeln und Erzählungen, in: Gellert, Christian, Fürchtegott, Gesammelte Schriften. Kritische, kommentierte Ausgabe Band 1, hrsg. v. Ulrike Bardt und Bernd Witte, Berlin/New York 2000, 247.
[403] N IV, 221, 16f. (Über Descartes).
[404] GELLERT, Fabeln und Erzählungen, 91.

nichts an der Situation. Der Grashüpfer jedoch kann durch einen Sprung vom Heuwagen diesen so sehr entlasten, dass die Pferde, nun ohne die Last des Grashüpfers, den Karren wieder ziehen können. Eine kleine Änderung vermag die ganze Situation neu zu ordnen, und so scheint Hamanns Descartes-Lektüre mithilfe eines wunderlichen Einfalls eine ganz andere Perspektive auf diesen Text eröffnen zu wollen. Diese kleine Änderung, die *Über Descartes* vornimmt, besteht darin, dem Ernst und der Notwendigkeit der Descartes-Lektüre Heiterkeit und ›grüne Grillen‹ entgegenzustellen. Kann von Descartes' Schriften kommend gesagt werden, es sei notwendig, sich mit ihnen zu beschäftigen, ›um die Wahrheit zu finden‹, so stellt *Über Descartes* diesem Anspruch die Grundlosigkeit einer Beschäftigung mit Descartes gegenüber. Damit legt Hamann in *Über Descartes* für Descartes' Texte eine Deutung und zugleich eine Gegendeutung vor. Denn zu betonen, es sei nicht zu rechtfertigen, sich mit Descartes zu beschäftigen, setzt voraus, dass dies zuerst behauptet wird.

1.1.2 Skeptisches Lesen: Bewegung im Deuten

Die gemachte Beobachtung führt zu der These, dass *Über Descartes* ein doppeltes Descartes-Bild entwirft. Das gilt es im Folgenden durch die Lektüre von Hamanns Text zu erläutern und zu präzisieren. Auf der einen Seite ereilt Descartes' Weltweisheit das gleiche Schicksal, »was Gellert uns in seiner Erzählung vom Hute lehrt«[405], nämlich, »[d]as Außenwerk ward neu, er selbst, der Hut, blieb alt«[406]. An Descartes' Weltweisheit ist allein das ›Außenwerk‹ neu. Und doch gehört Descartes »zu den größten Geistern in dieser Wissenschaft«[407]. Diese Ambivalenz wird auch deutlich, wenn Hamann Descartes die Ehre zuspricht, »als ein Großvater der neueren Philosophien angesehen zu werden«[408]. Anders als Thomas Reid (1710–1796), der 1764 Descartes erstmals mit dem Titel »the father of the new philosophy«[409] versah, schwingen bei dem scheinbaren Ehrentitel ›Großvater‹ verschiedene Assoziationen mit.[410] Diese changieren zwischen der Vorstellung, der Vater des Vaters der neueren Philosophie und daher der eigentliche Keim dieser Entwicklung zu sein und dem Bild des gemütlichen, alten Großvaters, der Märchen erzählt und dessen Anekdoten Kinder unterhalten, wobei die vorgetragenen Inhalte längst überholt sind.

---

[405] N IV, 221, 22f. (Über Descartes).

[406] GELLERT, Fabeln und Erzählungen, 63.

[407] N IV, 221, 24. (Über Descartes).

[408] A. a. O., 221, 25f.

[409] REID, THOMAS, Inquiry Into the Human Mind (1764), in: Philosophical Works I/II, hg. Von Sir. William Hamilton, 2. Nachdruckauflage der 8. Auflage Edinburgh1895, 202. Vgl. dazu ausführlich: SCHUTT, HANS-PETER, Die Adoption des ›Vaters der modernen Philosophie‹. Studien zu einem Gemeinplatz der Ideengeschichte, Frankfurt am Main 1998, 100.

[410] Dass auch Reids Titulierung nicht nur Ausdruck von Bewunderung sei, betont auch Schutt (a. a. O., 100f).

Von dieser doppelten Perspektive aus erschließt sich sodann der Satz: »Sie [Descartes' Schrift] ist gleichsam eine Geschichte seiner Vernunft.«[411] Denn zunächst erscheint diese Aussage nur als eine mögliche Interpretation von Descartes' Text. Erst auf dem Hintergrund, dass Descartes nicht nur als Geschichtenerzähler, sondern auch als Vater des Vaters der neueren Philosophie gedacht werden kann, eröffnet sich, dass Hamanns Interpretation auch eine Kritik ist. Descartes' Text so zu deuten, dass er als Geschichte von Descartes' Vernunft erscheint, negiert eine Descartes-Interpretation, die behauptet, dass Descartes hier eine über seine individuellen Erfahrungen hinausreichende Anleitung für den Vernunftgebrauch geliefert hat.[412] Anmerkungen wie die, dass der *Discours* eine »Schutzschrift seiner Philosophie«[413] sei, lassen sich in der gleichen Weise lesen. Diese Deutung gewinnt ihr kritisches Potenzial erst, wenn man sie gegen eine Interpretation liest, die behauptet, Descartes' Schrift sei das Fundament seiner philosophischen Überlegungen und nicht ein nachträglicher Versuch, diese zu schützen und zu rechtfertigen.

Über Descartes fordert eine zweifache Lektüre. Neben die erste Deutung des Textes soll eine zweite gestellt werden, von der aus erstere ihr kritisches Moment erhält. Die Frage, die sich aufdrängt, lautet: Wie kommt es zu dieser Doppelbödigkeit des Textes und zu der Möglichkeit, eine Interpretation mit einer zweiten verbinden zu können? Dieser Frage wird im Folgenden nachzugehen sein. Die ersten Textpassagen sensibilisieren dafür, dass *Über Descartes* kritisch mit Descartes' *Discours de la méthode* umgeht und dass hier eine bestimmte Interpretation abgelehnt, während eine andere präferiert wird. Bestimmte Aussagen erschaffen daher nicht nur die von *Über Descartes* favorisierte Interpretation, sondern suggerieren eine zweite, nur undeutlich umrissene Interpretation, die mitschwingt und an welcher sich *Über Descartes* kritisch abarbeitet.

Diese doppelte Perspektive auf Descartes' *Discours de la méthode* ergibt sich aus Hamanns besonderer Lesestrategie. Stefan Majetschak hat in seinem Aufsatz »Der Stil als Grenze der Methode. Über Hamanns Descartes-›Lektüre‹« herausgearbeitet, dass Hamann Descartes »von der Form her«[414] liest. Indem *Über Descartes* »die Form und den rhetorischen Gestus des ›*Discours*‹«[415] zitiert, wendet er die Form des *Discours de la méthode* »gegen dessen expliziten Inhalt«[416]. Die Frage, was eigentlich der explizite Inhalt eines Textes sei und wie sich das Explizierte zum Implizierten verhalte und ob Hamanns Deutung

---

[411] N IV, 221, 27f. (Über Descartes).

[412] Vgl. BROSE, Johann Georg Hamann und David Hume, Bd. 1, 90f.

[413] N IV, 221, 30. (Über Descartes).

[414] MAJETSCHAK, STEFAN, Der Stil als Grenze der Methode. Über Hamanns Descartes-Lektüre, in: Johann Georg Hamann und die Krise der Aufklärung. Acta des fünften Internationalen Hamann Kolloquiums in Münster i.W., hrsg. v. Bernhard Gajek und Albert Meier, Frankfurt am Main/Bern/New York/Paris 1990, 228.

[415] Ebd.

[416] Ebd.

überhaupt legitim sei, wenn sie dem expliziten Inhalt des Textes widerspricht, bleibt dabei unklar. Die Rede von einem expliziten Inhalt scheint anzunehmen, dass es eine allgemeingültige Descartes-Interpretation gebe. Dass jedoch die Descartes-Rezeption nicht einen expliziten Inhalt kommuniziert, sondern unterschiedliche Interpretationen zulässt, zeigt ein Blick in die Geschichte der Descartes-Rezeption.[417] Es bleibt daher weiter zu fragen, wie es zu jenem kritischen Moment in der Lektüre von *Über Descartes* kommt, in der sich der Text als Text gegen Descartes eröffnet. Statt wie Majetschak von einem »expliziten Inhalt«[418] zu sprechen, wird im Folgenden ausschließlich von Interpretationen die Rede sein. Daraus folgt, dass *Über Descartes* durch die Lektüre des *Discours de la méthode* eine Interpretation gewinnt, die einer anderen Interpretation entgegensteht. Damit wird hier eine Interpretation in einen kritischen Austausch mit einer anderen Interpretation gebracht. Aber wo findet sich jene Interpretation, gegen die sich die Interpretation in *Über Descartes* wendet?

Anhand von Sextus Empiricus wurde deutlich, wie die Lektüre eines Skeptikers vorgenommen werden solle. Durch Hamanns *Über Descartes* wird jetzt ersichtlich, wie eine skeptische Lektüre funktionieren kann. Denn hier wird einer Interpretation eine weitere zur Seite gestellt, sodass sich in der Folge beide Interpretationen aneinander abarbeiten und versuchen, sich gegenseitig zu destruieren. Dem skeptischen Hauptbeweisprinzip, dass zu jedem Argument ein Gegenargument gefunden werden kann, entspricht Hamanns Praxis, zu einer Interpretation eine gegenläufige zu entwerfen. Das Doppelbild, welches *Über Descartes* von Descartes entwirft, liest sich vor diesem Hintergrund als zwei Descartes-Deutungen, welche beide in *Über Descartes* begegnen und in einem kritischen Dialog geführt werden. Der Text *Über Descartes* ist es, der eine doppelte Perspektive eröffnet und der verlangt, dass aus ihm zwei mögliche Deutungen herausgelesen werden, die dann als im Widerstreit zu deuten sind. Dieses Verfahren einer skeptischen Lektüre soll im Folgenden am Text von *Über Descartes* weiter aufgezeigt werden, weil sich darin ein Denken der Bewegung andeutet. Abschließend wird die von Hamanns Text gewonnene skeptische Lesestrategie mittels der Ironie näher bestimmt, die als Inszenierung von Mehrdeutigkeit Ausdruck eines Denkens der Bewegung ist.

Über Descartes erklärt, dass Descartes seine Methode »mit vielen scharfsinnigen Betrachtungen, die einem Erfinder einer ganz neuen Weltweisheit, und ihm insbesondere, zustatten kommen«[419], einführe. Die Beobachtungen Descartes' scheinen demnach dessen Eitelkeit als »Erfinder einer ganz neuen

---

[417] Vgl. Schutt, Die Adoption des ›Vaters der modernen Philosophie‹; Thern, Tanja, Descartes im Licht der französischen Aufklärung. Studien zum Descartes-Bild Frankreichs im 18. Jahrhundert, Heidelberg 2003.

[418] Majetschak, Der Stil als Grenze der Methode, 228.

[419] N IV, 222, 8f. (Über Descartes).

Weltweisheit«[420] zu dienen. Auch diese Lesart gewinnt ihre kritische Ausrichtung erst, wenn man die Deutung entgegenhält, dass Descartes' Text nicht seinem Ansehen in der Öffentlichkeit, sondern dem richtigen Vernunftgebrauch dient. Hamanns Deutung wendet sich vor allem gegen eine Lesart, die ein Descartes-Bild entwirft, in welchem behauptet wird, der Text argumentiere rein vernunftgemäß und erfülle nur die Funktion, zu klären, wie ein rationaler Gebrauch der Vernunft aussehen könne. Hamanns Interpretation versucht dagegen, herauszuarbeiten, dass der Text der persönlichen Eitelkeit des Verfassers schmeicheln soll. Hamann er-liest im *Discours de la méthode* ein »Gemälde«[421] von Descartes, mit welchem er sich derart selbst »geschmeichelt hat [...], dass man niemand in der Geschichte finden wird, der zur Weltweisheit und Geschichte einem Weltweisen ähnlicher gewesen ist«[422] als Descartes. Auch dieser Passus gewinnt sein Descartes-kritisches Gepräge erst, wenn man eine *Discours*-Interpretation mitliest, die herausstellt, dass der Text rational darlegt, wie die Vernunftkräfte »gesund zu gebrauchen«[423] sind.

Hamann attackiert Descartes' *Discours de la méthode* jedoch nicht nur von dessen Form her, sondern er stellt Descartes' methodischen Zweifel mit einer eigenen Überlegung grundlegend in Frage. Dazu reichen Hamann ein paar Andeutungen; diese formulieren jedoch eine fundamentale Kritik an Descartes' Ansatz. Descartes wollte alles »als völlig falsch verwerfen, wofür ich mir nur den geringsten Zweifel ausdenken könnte«[424]. Hamann deutet die Durchführung dieses radikalen Zweifels als ein Experiment, durch welches Descartes »seine Seele von allen Begriffen bloß zu machen«[425] versuchte, weil ihm diese für eine klare Erkenntnis hinderlich erschienen. *Über Descartes* liefert zwei Deutungsmöglichkeiten für diese Methode. Die eine verfährt auf dem zuvor eingeführten Weg und entwirft von der Form her den bereits bekannten Vorbehalt, dass der Text Descartes' Eitelkeit diene. Von dem anderen Weg, der eine neue Perspektive eröffnet, rät der Text in gewisser Weise ab. »Sie müssen ihn nicht, mein Herr, hierinn dem Knaben mit dem Fern Glas in einer gewissen Fabel vergleichen.«[426] Da der hier angedeutete Vergleich jedoch nicht zwingend erscheint, lohnt es, die darin enthaltene alternative Deutung zu entfalten. Die zitierte Passage weist erneut auf Gellerts *Fabeln und Erzählungen*. Dort findet sich die Fabel *Der Knabe*[427] über einen Jungen, der mittels eines Fernrohrs die Sterne betrachten möchte, wie er dies bei seinem Vater beobachten konnte. Am Ende hält sich der Junge die Augen zu und hofft, da-

---

420 Ebd.

421 A. a. O., 221, 45.

422 A. a. O., 221, 46 – 222, 1f.

423 DESCARTES, Discours de la méthode, 5 (I, 1).

424 A. a. O., 53 (IV, 1).

425 N IV, 222, 22. (Über Descartes).

426 A. a. O., 222, 24f.

427 GELLERT, Fabeln und Erzählungen, 182.

durch besser durch das Fernrohr die Sterne sehen zu können. Indem *Über Descartes* auf die gellertsche Fabel anspielt, wird ersichtlich, dass der *Discours de la méthode* nicht nur auf die Eitelkeit des Verfassers hin gelesen werden kann, auch wenn das in der hier vorgelegten Deutung von *Über Descartes* in den Vordergrund gestellt wurde, sondern dass der Versuch, sich von allen Begriffen und damit von der Sprache zu befreien, dem Sterneschauen mit verschlossenen Augen gleicht.[428]

Hamanns Lektüretechnik konnte als eine skeptische Lese- und Interpretationspraxis charakterisiert werden, insofern Hamanns Text mehrere Interpretationen generiert, wobei diese sich aneinander abarbeiten. *Über Descartes* vermehrt dementsprechend die Perspektive auf Descartes' *Discours de la méthode* und öffnet den Blick für die Mehrdeutigkeit von Texten. *Über Descartes* wies darauf hin, dass sowohl Descartes' Text als auch der Text *Über Descartes* selbst Situationen entstammen, welche ihre Form und ihren Inhalt mitbedingen. Damit wird auch die Allgemeingültigkeit des cartesianischen Cogito-Arguments in Frage gestellt. Dieses Denken des Bedingten wird näher diskutiert und weiter entfaltet durch die Lektüre der *Sokratischen Denkwürdigkeiten*.

1.2 Mit Ironie zur Skepsis

Skepsis im Sinne des Sextus Empiricus zeichnet sich durch Suchen aus und damit durch Bewegung. Diese Bewegung kann durch den Skeptiker erzeugt werden, indem er einer Meinung eine zweite, der ersten widersprechend, entgegenstellt. In der Auseinandersetzung mit Hamanns *Über Descartes* zeigte sich eine Lesestrategie, die ebenfalls Bewegung auszulösen versucht, indem sie einer Deutung eine zweite entgegenstellt. Vorläufig wurde sie, weil sich hier ein Gegeneinander von Interpretationen zeigte, als skeptische Lesestrategie tituliert. Das Entgegenstellen von Meinungen wie auch von Deutungen verursacht Bewegung. Das Initiieren eines dynamischen Prozesses gelingt auch mittels der Ironie. Die damit behauptete Nähe zwischen Skepsis und Ironie muss im Folgenden weiter aufgezeigt werden. Dazu bedarf es zunächst einer Klärung dessen, was Ironie ist. Führt auch sie zur Bewegung durch das Wechselspiel zweier Meinungen oder Interpretationen, so würde sich die zunächst als skeptisch bestimmte Lesestrategie Hamanns als ironisches Verfahren näher charakterisieren lassen. Diese Charakterisierung scheint auch des-

---

[428] Hamann weist hier auf die Abhängigkeit des Denkens von der Sprache hin. Dieser Zusammenhang und die daraus resultierenden Konsequenzen entfaltet Hamann auch in seiner *Metakritik*, die sich gegen Kants *Kritik der reinen Vernunft* wendet. Darauf wies schon Nadler hin: »Was hier gegen Descartes gesagt wird, wurde zuletzt mit den gleichen Einwänden gegen Kant geschrieben.« (NADLER, Johann Georg Hamann, 61). Aufgrund der Vielzahl von Arbeiten zu Hamanns *Metakritik* sei an dieser Stelle nur verwiesen auf die umfangreiche und fundierte Monografie von Bayer: BAYER, Vernunft ist Sprache.

halb sinnvoll, weil Ironie in Hamanns Schriften immer wieder zur Anwendung kommt und eine Nähe zwischen Ironie und Skepsis zumindest eine Affinität Hamanns zur Skepsis nahelegen würde.[429] Die Überlegungen zur Theorie der Ironie, wie sie bei dem antiken Rhetoriklehrer Quintilianus (35– ca. 96 n.Chr.) und ihrer Inszenierung in den Komödien des Aristophanes (446–386 v. Chr) zu finden ist, ermöglichen die Grundstruktur der Ironie zu erkennen. Dadurch kann Hamanns Spiel mit der Mehrdeutigkeit näher erläutert werden. Die Ironie kommt dabei als Strategie in den Blick, durch die Hamann die Offenheit seiner Texte zu potenzieren sucht.

Eine Erklärung, was Ironie sei, liefert Quintilianus in seinem Hauptwerk *Institutionis oratoriae*, wobei sich seine Überlegungen speziell auf die Rede und den Redner beziehen. Bei der Ironie gehe es darum, »das Gegenteil von dem zu verstehen, was ausgesprochen wird«[430]. Damit liefert Quintilianus den »klassischen [...] Typ«[431] der Ironie, nach der sich die Ironie als eine »Technik rhetorischer *dissimulatio* [bezeichnen lässt], das heißt als jene Art der Verstellung [...], bei der die Worte das Gegenteil des Gemeinten ausdrücken«[432]. Es muss unterschieden werden zwischen dem, was der Redner sagt und dem, was er meint. Damit wird eine doppelte Botschaft vermittelt. Denn das Gesagte als Gesagtes bleibt, jedoch muss es umgedeutet werden, und zu dem Gesagten muss noch das Gemeinte hinzugedacht werden. Dabei setzt der Sprecher darauf, dass er durch bestimmte Signale seinen Zuhörern deutlich machen kann, dass sie seine Aussage erst umdeuten müssen, um zu wissen, was er eigentlich mitteilen will. Damit kann der Redner durch die Ironie die Hörer in einen Dialog verwickeln, weil diese durch die Aufforderung zur Umdeutung aktiv an der Rede beteiligt werden. Sie müssen das Gesagte verstehen und ihm das Gemeinte hinzufügen und abwägen.

Dass die Ironie mit zwei Meinungen oder Positionen spielt, wird auch in der Bühnenform der Ironie deutlich. Marika Müller zeigt in ihrer Monografie *Die Ironie* (1995), wie Ironie in der antiken Theaterwelt eingesetzt wurde. Ausgangspunkt bildet dabei die »geschlossene Ästhetik«[433], wie sie bei Aristoteles' Überlegungen zur Tragödie begegnet. Das geschlossene Kunstwerk soll als autonome Größe gedacht werden, bei dem die »Fiktionsharmonie«[434] durch nichts gestört wird. Das bedeutet, dass es keinerlei Hinweise auf die »artifizielle ›Gemachtheit'«[435] des Werkes geben darf. Damit stellt sich die

---

[429] Ausführlich: Schumacher, Die Ironie der Unverständlichkeit, 89–156. Daneben verleiht Kocziszky Hamann gar den Titel eines »Meisters der Ironie« (Kocziszky, Èva, Hamanns Kritik der Moderne, Freiburg/München 2003, 7).

[430] Quintilianus, Ausbildung des Redners, 289 (Buch IX, 44).

[431] Behler, Ernst, Ironie und literarische Moderne, Paderborn 1997, 21.

[432] Ebd. (Hervorhebung im Original).

[433] Müller, Marika, Die Ironie. Kulturgeschichte und Textgestalt, Würzburg 1995, 13.

[434] Ebd.

[435] Ebd.

»fiktive Wirklichkeit«[436] des Kunstwerks als »objektivierend und eingesetzlich dar«[437]. Die Funktion des Zuschauers wird dabei beschränkt auf jene des Beobachtens; er bleibt unbeteiligt, weil seine Rolle durch das Kunstwerk nicht thematisiert wird. Indem die aristotelische Tragödie jeden Hinweis auf ihr Gemacht-Sein zu vermeiden sucht, tritt sie dem Zuschauer als abgeschlossenes Werk entgegen und versucht ihr Bedingt-Sein zu verbergen. Der Rezipient sieht nur zu, und das Stück vermeidet es, diesen selbst in das Geschehen hineinzuziehen. Das Schauspiel präsentiert und der Zuschauer konsumiert. Dadurch werden, so Müller, die »ethisch-moralischen Grundwerte«[438] stabilisiert, weil dem Publikum vor Augen geführt wird, worin korrektes Handeln besteht und welche Konsequenzen ein moralisches Fehlverhalten haben kann.

Die Komödie hingegen plädiere im Gegensatz zur Tragödie gerade für eine »offene Ästhetik«[439]. Durch sie wird es dem Zuschauer unmöglich gemacht, »die Fiktionen der Bühnenwelt als autonome Wirklichkeit zu akzeptieren«[440]. Die Welt der Bühne und jene des Rezipienten sind verbunden und doch tritt neben die Welt des Rezipienten jene der Bühne. Diese Verdopplung erlaubt »Distanz«[441], die dann wiederum »Kritik«[442] zulässt. Indem beide Welten miteinander verbunden sind, kann es zu einem Dialog kommen, weil die Meinung(en) der Bühne mit jenen der Zuschauer in Austausch treten können, gerade weil beide Welten miteinander verknüpft sind. Indem eindeutige Botschaften vermieden werden und man Paradoxien aufzeigt, leiten die Komödien dazu an, die vorgegebene Ordnung differenziert zu betrachten. Exemplarisch kann das Programm der ›offenen Ästhetik‹ an Aristophanes' Komödie *Die Wolken* verdeutlicht werden.

Aristophanes lässt, um die Illusion des Kunstwerkes aufzubrechen, die Chorführerin zur Rampe der Bühne treten und dem Publikum in einem veränderten Rhythmus verkünden:

> »Aber jetzt, ihr Damen und Herrn, werde ich mit Freimut euch / Wahrheit sagen, helf mir der Gott, der mir stets zur Seite steht. / So gewiss ich diesmal den Sieg wünsche und des Könners Ruhm, / Hielt ich für ein Publikum euch, das zu schätzen weiß, was gut / Glaubt auch, dass kein besseres Stück je als dies ich hätt gemacht.«[443]

Das Publikum wird hier direkt angesprochen und damit wird die fiktive Wirklichkeit durchbrochen. Gleichzeitig thematisiert sich der Autor selbst und

---

[436] A. a. O., 12.
[437] Ebd.
[438] A. a. O., 15.
[439] A. a. O., 14.
[440] Ebd.
[441] A. a. O., 15.
[442] Ebd.
[443] ARISTOPHANES, Die Wolken. Komödie. Übersetzung, Nachwort und Anmerkung von Otto Seel, Stuttgart 2008, Verse 518–522.

führt seine Absicht vor Augen, mit diesem Stück einen Preis gewinnen zu wollen. Neben die Geschichte des Stücks tritt so der Wunsch des Künstlers. Der Zuschauer ist nicht mehr nur Beobachter, sondern auch Preisrichter. Denn das Publikum ist angesprochen, aus seiner Rolle als unbeteiligter Betrachter herausgerissen, zum aktiven Zuhörer geworden und damit selbst Teil des Stückes.

Indem Aristophanes die Chorführerin aus der Handlung heraustreten lässt, sowohl durch den Akt des Heraustretens an den Bühnenrand selbst als auch durch das Gesagte, bedient er sich des Kunstgriffes der »Parabase«[444], und sein Werk erscheint in der Form ›offener Ästhetik‹. Denn durch die Parabase kommt es zu einer »Bewusstseinsverdopplung«[445] der Zuschauer. Die Fiktion des Werkes wird als Fiktion entlarvt, und indem sich der Autor selbst thematisiert, erhält das Stück neben dem fiktionalen auch einen realen Charakter. Neben das Thema des Stücks – die Idee, durch Sophisterei könne man die Fähigkeit erlernen, »das Recht zu verdrehen / und den Gläubigern glatt zu entschlüpfen«[446] – tritt der Künstler, der durch sein Stück den »Sieg wünsche und des Könners Ruhm«[447] zu erlangen hofft. Bei Müller wird jedoch nicht deutlich, dass die unterschiedlichen Themen sich auch miteinander verweben. Behandelt das Stück die Möglichkeit durch sophistisches Redetraining »ein doppelschneidig Maulwerk«[448] zu bekommen und so Recht in Unrecht umzureden, um nur den eigenen Vorteil aus jeder Sache zu ziehen, so tritt hier der Künstler selbst mit bedachten Worten auf und umschmeichelt die »Meister der Kritik«[449], die, wenn sie an seinen Ideen »herzlich Vergnügen«[450] haben, »für jetzt und immer«[451] als »feine Köpfe«[452] gelten werden. Der Zuschauer ist gewarnt, der Sophist kann Recht in Unrecht um-reden und wird durch die Parabase genötigt sich zu fragen, ob der Künstler hier vielleicht ein mittelmäßiges Stück in ein gutes umredet. Das Theaterstück kann daher nicht mehr nur als fiktive Wirklichkeit genossen werden, sondern gewinnt durch die Parabase der Chorführerin eine zweite Perspektive, die sich nicht mehr zurücknehmen lässt. Der Rezipient wird aus seiner passiven Haltung heraus in einen dialogischen Prozess mit dem Kunstwerk versetzt, da das Stück selbst seine Rolle als Juror bewusst macht und auf diese Weise mit der Möglichkeit spielt, dass auch er durch das Stück Opfer der Redekunst wird.

---

[444] MÜLLER, Die Ironie, 16. Müller erklärt Parabase als »danebentreten, sich außerhalb der Handlung begeben« (ebd.).
[445] A. a. O., 18.
[446] ARISTOPHANES, Die Wolken, Vers 434.
[447] A. a. O., Vers 520.
[448] A. a. O., Vers 1108.
[449] A. a. O., Vers 533.
[450] A. a. O., Vers 561.
[451] A. a. O., Vers 562.
[452] A. a. O., Vers 562.

Die Ironie, wie sie bei Quintilian und durch die Ausführungen von Müller auch bei Aristophanes begegnet, zeigt, dass mehrere, mindestens zwei Meinungen oder Perspektiven provoziert werden, die den Rezipienten in den Dialog mit dem Redner oder dem Theaterstück bringen wollen. Die »moderne oder romantische Ironie«[453] greift diese antiken Impulse auf und verlagert die Ironie stärker in das »literarische[...] Verhältnis zwischen Autor und Leser«[454]. Bestimmend bleibt auch hier der Gedanke der ›offenen Ästhetik‹, und diese lässt sich näher charakterisieren durch Gedanken des italienischen Philosophen Umberto Eco zum ›offenen Kunstwerk‹, wodurch deutlich wird, in welch fundamentaler Weise Offenheit Bewegung provoziert.

Mit Eco erscheint die Ironie als Strategie die Offenheit zu befördern, denn sie spielt mit der Offenheit des Kunstwerkes.[455] Durch die Ironie wird das Kunstwerk bewusst offen inszeniert und »bietet dem Interpretierenden ein zu vollendendes Werk«[456] an. Das Werk selbst wird so gestaltet, dass es sich jeder »letzten Definition«[457], jedem Versuch es endgültig zu begreifen, entzieht. Das Kunstwerk wird auch nicht in der durch die Interpretation vollzogenen Realisation abgeschlossen, sondern bleibt offen und kann daher verstanden werden als »Kunstwerk in Bewegung«[458]. Die zwischen Werk und Interpretation ablaufende Dialektik ist demnach selbst offen.

Die Ironie inszeniert die Offenheit des Kunstwerkes bewusst und legt verschiedene Perspektiven auf das Kunstwerk offen. Sie mutet dem Rezipienten zu, dass er die Mehrdeutigkeit erkennt, rezipiert und die verschiedenen möglichen Deutungen gegeneinander abwägt. Der Betrachter des aristophanischen Stücks *Die Wolken* muss sowohl die im Stück vorgeführten Gefahren der Sophistik verstehen, als auch erkennen, dass Aristophanes ebenfalls mittels der

---

[453] BEHLER, Ironie und literarische Moderne, 22.

[454] Ebd.

[455] Eco erklärt, dass jedes Kunstwerk grundsätzlich offen sei. Ein Kunstwerk gilt nur insofern als geschlossen, als es sich verstehen lässt als ein »Gewebe von kommunikativen Wirkungen« (ECO, UMBERTO, Das offene Kunstwerk. Übersetzt von Günter Memmert, Frankfurt am Main 1977, 29), die der Künstler durch die Form des Werkes gestaltet hat. Aber der Rezipient nimmt diese vorgeformte Botschaft nicht einfach nur auf, sondern bringt für seine Interpretation eine »bestimmte Bildung« (30) mit, und nimmt das Kunstwerk demnach von einer »bestimmten individuellen Perspektive« (ebd.) aus auf, so dass das Kunstwerk durch den Moment der Rezeption als offen gelten kann. Damit ist jede Interpretation auch zugleich eine Realisation des Werkes, weil es erst im Akt des Interpretierens einen konkreten und momentan gültigen Abschluss erfährt, ohne jedoch vollendet zu werden. »[J]ede Ausführung erläutert, aber erschöpft es nicht, jede Ausführung realisiert das Werk, aber alle zusammen sind komplementär zueinander, jede Ausführung schließlich gibt uns das Werk ganz und befriedigend und gleichzeitig unvollständig, weil sie uns nicht die Gesamtheit der Formen gibt, die das Werk annehmen könnte.« (49) Daher sei das Kunstwerk grundsätzlich offen.

[456] A. a. O., 55.

[457] A. a. O., 49.

[458] A. a. O., 57.

Sprache versucht, ihn zu überzeugen. Er muss diese beiden Perspektiven, die ihm das Stück anbietet, in ein Wechselspiel bringen und darüber eine eigene Position zum Thema Sophistik und Überredungskunst finden. Wird durch die Ironie die Offenheit des Kunstwerks inszeniert, so entsteht durch sie Bewegung. Insofern die Ironie durch die Thematisierung der Mehrdeutigkeit von Kunstwerken eine Suchbewegung generiert und einer Perspektive eine zweite entgegen- oder hinzustellt, ist sie mit der Skepsis verwandt. Der Skeptiker kann sich daher der Ironie als Strategie bedienen, mittels derer er die Überzeugung, zu jeder Meinung gebe es eine Gegenmeinung, in Szene setzen kann. Wer sich der Ironie bedient, ist deshalb nicht zwingend ein Skeptiker, aber die Ironie kann von der Skepsis dazu genutzt werden, um jene Bewegung auszulösen, welche für sie nach Sextus Empiricus charakteristisch ist.

Hamanns Text *Über Descartes* erscheint daher in seinem Spiel mit verschiedenen Deutungen des cartesianischen Textes als ironische Inszenierung, mittels derer eine Bewegung ausgelöst werden soll. Hamann tut dies, indem er die Form des Briefes wählt und die Entstehung seines Textes thematisiert. Er sucht einen Grund für die Beschäftigung mit Descartes, und obgleich er keinen vernünftigen Grund zu benennen weiß, wird mit der Suche nach dem Anlass für den Brief das Bedingt-Sein von *Über Descartes* verdeutlicht. Wenn Hamanns Text die Situation aufzeigt, die sein Entstehen bedingt, dann verweist er auf den Kontext, in dem der Text geschrieben wurde und deutet an, dass dieser für den Text wichtig ist. Darüber hinaus weisen die Anspielungen auf Gellert und Gresset darauf hin, dass Hamanns Descartes-Lektüre ebenfalls in einem bestimmten Horizont geschieht. Die Hinweise auf das Bedingt-Sein seines Textes führen jedoch nicht dazu, dass Hamann die Fiktionalität seines Textes durchbrechen würde. Er wahrt die Form des ›Brief-Essays‹. Aber *Über Descartes* bemüht sich, die Fiktionalität von Descartes' Text offenzulegen. Hamanns Lektüre betont stärker die erzählenden Elemente, sodass jene Textpassagen, die streng rational konzipiert sind und für sich Allgemeingültigkeit beanspruchen, einem bestimmten Kontext angehören. Das Cogito-Argument, das von jedem und überall angewendet werden kann, um einen sicheren Fixpunkt zu erlangen, von dem aus allgemein die Wahrheit erschlossen werden kann, beansprucht, gerade wegen seiner behaupteten Allgemeingültigkeit, unbedingt zu sein. Hamann überführt Descartes' Text und legt dessen Bedingt-Sein offen, womit er auch die Relativität der cartesianischen Überlegungen aufzeigt.

2. ÜBER AUGUSTIN ZUM VERSTEHEN

Durch die Beschäftigung mit dem Briefessay *Über Descartes* konnte Hamanns spezielle Lektürestrategie vor Augen geführt werden. Dabei wurde deutlich, dass Hamann Descartes dergestalt liest, dass er seine Descartes-Interpretation gegenüber einer anderen Interpretation, die ebenfalls im Text und damit in Hamanns eigener Deutung mitschwingt, entfaltet. Die in *Über Descartes* erprobte Lesestrategie eröffnet demgemäß nicht eine, sondern mehrere sich widersprechende Perspektiven auf Descartes' *Discours de la méthode.* Das Verhältnis zwischen Leser und Text, welches bei der Beschäftigung mit Hamanns Text präsent war, muss im Folgenden präziser betrachtet werden, um sowohl Hamanns Vorstellung von Texten als auch seinen Einsichten zum Verstehen näher zu kommen. Durch die Auseinandersetzung mit Hamanns Hermeneutik wird deutlich, dass die Interpretation des Textes situativ bedingt ist und diese Kontextgebundenheit nicht hintergangen werden kann. Diese Hermeneutik des Situativen erweist sich im weiteren Verlauf als ein Denken der Bewegung.

Hamann entwickelt seine Vorstellungen, wie ein Text gestaltet sein soll und was Verstehen meint, in einem Brief an Johann Gotthelf Lindner vom 1. Juni 1759.[459] Die im Brief entworfene Textstrategie lässt sich dabei auch als »Hermeneutik in nuce«[460] charakterisieren, da Hamann seine Gedanken über die Gestalt des Textes durch Überlegungen zur Rolle und Funktion des Textes für den Leser gewinnt. Seine Position über die Gestalt des Textes erarbeitet Hamann in Abgrenzung zur Hermeneutik von Johann Martin Chladenius und in produktiver Aufnahme von Augustins Gedanken aus dem XII. Buch seiner *Confessiones.*

2.1 Klarheit und Verstehen: Johann Martin Chladenius

Johann Martin Chladenius hatte mit seinem Werk *Einleitung zur richtigen Auslegung vernünftiger Reden und Schriften* (1742) die wesentlichen Grundzüge seiner Hermeneutik skizziert.[461] Diese gilt es im Folgenden darzustellen, da durch sie jene Position benannt ist, gegen die sich Hamann wendet, und zwar sowohl mit seiner Hermeneutik als auch mit seinen Überlegungen zur Sprache, wie sie besonders in den folgenden Kapiteln zu den *Sokratischen Denkwürdigkeiten* begegnen werden. Ziel von Chladenius' Überlegungen ist es, die »natürliche Auslege-Kunst«[462], auf die man bis dato angewiesen war, durch eine wissenschaftlich begründete ›Auslege-Kunst‹ zu ersetzen. Dieser Schritt sei erforderlich, da die ›natürliche Auslege-Kunst‹ unzulänglich sei, insofern sie weder vor Irrtümern bewahre, noch bei schweren Fällen helfe. Aufgrund dessen könne die ›natürliche Auslege-Kunst‹ auch keinen »ungehinderten

---

[459] Eine kurze Notiz zur biografischen Situation in der Zeit der Abfassung des Briefes findet sich bei Brose, Johann Georg Hamann und David Hume, Bd. 1, 158ff.

[460] Hoffmann, Volker, Johann Georg Hamanns Philologie. Hamanns Philologie zwischen enzyklopädischer Mikrologie und Hermeneutik, Stuttgart 1972, 154.

[461] Zu Biographie von Chladenius: Müller, Hans, Johann Martin Chladenius (1710–1759). Ein Beitrag zur Geschichte der Geisteswissenschaften, besonders der historischen Methodik, Berlin 1917, 7–26.

[462] Chladenius, Johann Martin, Einleitung zur richtigen Auslegung vernünftiger Reden und Schriften. Mit einer Einleitung von Lutz Geldsetzer, Düsseldorf 1969, a3 (Vorrede).

Fortgang in Erkenntnis der Wahrheit«[463] gewähren. Deswegen, so folgert Chladenius, sei eine wissenschaftliche und damit vernünftig begründete und nach Maßstab der Ratio regulierte ›Auslege-Kunst‹ notwendig. Motiviert sind die Bestrebungen Chladenius' durch die »Absicht [...] mich selbst zu unterrichten«[464], um mittels der erarbeiteten Regeln zur Auslegung sowohl andere Deutungen beurteilen zu können als auch selbst befähigt zu sein, korrekt zu deuten. Damit erhält das Werk Chladenius' eine autodidaktische Komponente. Aber nicht nur in dieser Hinsicht spielt der Bereich der Pädagogik eine Rolle für die Komposition der *Einleitung*, sondern das Auslegungsproblem selbst kann als »pädagogisches und didaktisches Problem«[465] aufgefasst werden. Denn »Auslegen ist also nichts anders, als iemanden die Begriffe beybringen, welche nöthig sind eine Rede oder Schrifft vollkommen zu verstehen, oder verstehen zu lernen«[466]. Lässt sich Chladenius' Konzeption im Horizont didaktisch-pädagogischer Überlegungen verorten, so gilt es im Folgenden, weiterhin die wesentlichen Grundzüge seiner Hermeneutik herauszuarbeiten.

Chladenius' Überlegungen gehen davon aus, dass Reden die beste Möglichkeit darstelle, »Gedanken aus[zu]drücken und anderen bekannt«[467] zu machen. Dabei hebt er hervor, dass Reden als ›Handlung‹ angesehen werden müsse, »da wir unsere Gedanken durch Worte, [...] anderen zu erkennen geben«[468]. Durch diese Zweckbestimmung der Rede als Medium des Gedankentransports folgt die Erklärung, dass von ›verstehen‹ dann gesprochen werden könne, »wenn wir aus seinen [des Redners] Worten erkennen, was er gedacht hat«[469]. Das Ziel der Auslegung besteht demzufolge darin, die Meinung des Vortragenden so zu verstehen, wie der Vortragende seine Auffassung selbst verstand.[470] Der Redner, oder, wie auch allgemeiner gesagt werden könnte, der

---

[463] A. a. O., a4 (Vorrede).

[464] Ebd.

[465] GELDSETZER, LUTZ, Vorwort zum Neudruck, in: Chladenius, Johann Martin, Einleitung zur richtigen Auslegung vernünftiger Reden und Schriften. Mit einer Einleitung von Lutz Geldsetzer, Düsseldorf 1969, VI. Vgl. auch: Friederich, Christoph, Sprache und Geschichte. Untersuchungen zur Hermeneutik von Johann Martin Chladenius, Meisenheim am Glan 1978, 102.

[466] CHLADENIUS, Einleitung zur richtigen Auslegung vernünftiger Reden und Schriften, 93.

[467] A. a. O., 1.

[468] A. a. O., 2.

[469] Ebd.

[470] Damit folgt Chladenius der Zeichentheorie Wolffs, denn dieser hatte erklärt, dass »Wörter nichts als Zeichen der Gedancken« seien. (WOLFF, CHRISTIAN, Vernünftige Gedanken von Gott, der Welt und der Seele des Menschen, auch allen Dingen überhaupt. Mit einer Einleitung und einem kritischen Apparat von Charles A. Corr, Hildesheim u.a. 1983, 160 – abgekürzt mit: Deutsche Metaphysik) Weswegen zum Verstehen nichts weiter nötig sei, »als daß wir uns bey dem Nahmen auch die Sache, und bey der Sache zugleich den Nahmen vorstellen können, und uns besinnen, daß dieser der Nahme der Sache sey.« (164). Deshalb legt Chladenius, wie sich im Folgenden zeigt,

Sender der Information wird damit zum Ausgangs- und Zielpunkt aller hermeneutischen Bemühungen. Der Sender kann als Ausgangspunkt bezeichnet werden, da die Hermeneutik des Chladenius ihn als jenen in den Blick nimmt, der seine Gedanken mit der Rede einkleidet und auf diese Weise seine Einsichten transportiert. Gleichzeitig ist er auch Zielpunkt von Chladenius' Hermeneutik. Denn die Regeln der ›Auslege-Kunst‹ sollen dazu dienen, den Empfänger zu befähigen, den Sender in Gänze zu verstehen. Damit gerät der Rezipient nur in den Blick, insofern er sich um das Verstehen des Senders zu bemühen hat.

Aus der Prämisse, dass die Funktion der Rede für den Redenden darin bestehe, seine Gedanken mitzuteilen, leitet Chladenius Merkmale ab, nach denen eine Rede beurteilt werden könne. Eine Rede lässt sich als »ernstlich«[471] charakterisieren, wenn der Sprecher durch die Rede »seine Meinung über gewisse Dinge«[472] eröffnen möchte. Stimmt die Rede auch mit der Meinung des Senders überein, »so redet man wahr«[473], bzw. wenn Meinung und Rede nicht übereinstimmen »so redet man unwahr«[474]. Wird die wahre Rede dergestalt formuliert, dass »der andere nichts anderes, als was wir sagen wollen, darbey gedenken kann, so reden wir deutlich«[475]. Das steht im Gegensatz zu Formulierungen, die auch anderes zu verstehen geben als das, was gemeint war. Diese Rede gilt als »zweydeutig«[476]. Die damit formulierten Kriterien zur Beurteilung einer Rede teilt Chladenius schließlich noch in zwei Gruppen ein. Jeweils vorausgesetzt, dass ernstlich gesprochen wird, klassifiziert Chladenius eine wahre und deutliche Rede als »aufrichtig«[477] , während eine mit »Fleiß zweydeutig«[478] vorgetragene Rede als »betrüglich«[479] gilt. Durch diese Einteilung erfolgt eine Bewertung, mittels derer Chladenius andeutet, welche Redegestaltung seiner Meinung nach erstrebenswert sei. Die deutliche Rede als ›aufrichtig‹ und insofern als ehrenhaft zu verstehen und im Gegensatz dazu die zweideutige Rede als ›betrüglich‹ und als ehrlos zu beurteilen, zeigt an, dass die ›aufrichtige‹ Redeweise nach Chladenius den Vorzug verdient. Die in Chladenius' Sinne ideale Rede ist dementsprechend durch Ernsthaftigkeit, Wahrheit, Deutlichkeit und Aufrichtigkeit gekennzeichnet.

---

auch großen Wert darauf, dass eine klare Sprache gewählt wird, damit ein eindeutiges Rückschließen zum ursprünglichen Gedanken des Sprechers möglich wird.

[471] Chladenius, Einleitung zur richtigen Auslegung vernünftiger Reden und Schriften, 7.

[472] Ebd.

[473] Ebd.

[474] Ebd.

[475] A. a. O., 8.

[476] Ebd.

[477] Ebd.

[478] Ebd.

[479] Ebd.

Von Schriften spricht Chladenius, wenn »deren Inhalt keine Rede gewesen ist«[480]. Reden und Schriften dienen laut Chladenius gleichermaßen der »Absicht, dass der Leser oder der Zuhörer die Rede oder Schrift vollkommen verstehen solle«[481]. Gemäß der Einsicht, dass verstehen meint zu »erkennen, was er [der Redner oder Schreiber] gedacht hat«[482], ergibt sich als Bedingung für ein ›vollkommenes Verstehen‹ die Forderung, all das zu bedenken, »was die Worte nach der Vernunfft und deren Regeln unserer Seele in uns vor Gedanken erwecken können«[483]. Die Kunst des Auslegens zielt, wie bereits mehrfach deutlich wurde, darauf zu erkennen, was der Redner oder Schreiber dachte. Die Auslegung wird notwendig, weil »Worte, Reden und Schrifften etwas bedeuten [können], was sie [die Redner oder Schriftsteller] selbst nicht willens gewesen zu reden oder zu schreiben«[484]. Deshalb kann es auch zweierlei sein, den Verfasser oder die Rede bzw. Schrift vollkommen zu verstehen. Eine Rede oder Schrift ist demzufolge ›deutlich‹, wie auch schon für die Rede von Chladenius erklärt wurde, wenn »nach den psychologischen Regeln«[485] die Meinung des Verfassers vollständig verstanden werden kann.

Der Sender muss bestrebt sein, seine Worte, in welche er seine Meinung fasst, so zu wählen, dass der Empfänger eindeutig und klar die Meinung des Senders daraus verstehen kann. Das bedeutet, dass man sich als Rezipient mühelos ›alle Sachen‹ vorstellen kann, »die sich bey den Worten nach den Regeln der Psychologie gedenken lassen«[486]. »Dunkel«[487] ist eine Stelle hingegen dann, wenn ihr »Verstand ungewiß oder unbekannt ist«[488], was es für den Sender zu verhindern gilt. Die Aufgabe des Auslegers in seiner Funktion als Lehrer ist es, dem Schüler all jene Begriffe an die Hand zu geben, mittels derer er befähigt wird, die Rede oder Schrift, aber vor allem die Meinung des Absenders vollkommen zu verstehen.

2.2 Empfindung und Verstehen

Hamann hatte zwar alle Schriften des Chladenius »durchblättert«[489], die er besorgen konnte, aber, wie er an Linder schreibt, nur »aus Vorwitz«[490], womit

---

[480] A. a. O., 17.
[481] A. a. O., 82.
[482] A. a. O., 2.
[483] A. a. O., 86.
[484] A. a. O., 87.
[485] Ebd.
[486] A. a. O., 88.
[487] Vgl. ausführlich zum Begriff der Dunkelheit bei Chladenius: FRIEDRICH, Sprache und Geschichte, 115ff.
[488] CHLADENIUS, Einleitung zur richtigen Auslegung vernünftiger Reden und Schriften, 90.
[489] HAMANN, An Lindner, 1.6.1759, in: Hamann, Johann Georg, Briefwechsel. Bände 1 bis 3 herausgegeben von Walther Ziesemer und Arthur Henkel, Bände 4 bis 7 heraus-

er einräumt, dass ihm die Lektüre des Chladenius als Akt leichtsinniger Neugierde erscheint. Einiges unter den Schriften des Chladenius kann Hamann zwar als »anständig«[491] beurteilen, doch Vieles wirkt auf ihn auch »gewaltig scholastisch«[492]. Speziell in Richtung der *Einleitung zur richtigen Auslegung vernünftiger Reden und Schriften* spricht er von »ekel«[493], der durch die Methode erzeugt sei. In seinem Brief an Lindner kann er den Überlegungen zur Hermeneutik und Textgestaltung des Chladenius demnach wenig abgewinnen. »[N]eugierig«[494] macht ihn allein eine Sammlung von Aufsätzen, in denen sich Chladenius u.a. kritisch mit Augustins Gedanken zur »Schreibart des Moses und der heil. Schrift überhaupt«[495] auseinandersetzt. Hamann nimmt diesen Aufsatz zum Anlass, sich in seinem Brief mit Augustins Überlegungen aus dem XII. Buch seiner *Confessiones* zu beschäftigen und geht dabei, wenn auch indirekt, vor allem ablehnend auf Chladenius' Augustin-Interpretation ein. In der Beschäftigung mit Augustin gelingt es Hamann, Erkenntnisse über Hermeneutik und damit ferner über eine für ihn erstrebenswerte Textgestalt zu gewinnen, die dem Modell des Chladenius entgegengesetzt ist.

2.2.1 Mit Herz zur existenziellen Texterschließung

Mit Blick auf Augustins *Confessiones* erklärt Hamann, dass man »diesen Kirchenlehrer [...] durch Empfindung verstehen muss«[496]. Diese Behauptung schreibt Hamann gegen die wissenschaftlich-regulierte ›Auslege-Kunst‹ des Chladenius, da er diesem bescheinigt, dass er mit seiner Methode »noch lange nicht auf den Grund desjenigen gekommen [sei] was Augustin hat sagen wollen«[497]. Statt Kommentierung und Zergliederung des Textes, statt einer rationalen und regelgeleiteten Interpretationsmethode setzt Hamann auf die ›Empfindung‹ als Mittel zur Texterschließung.[498] Damit greift Hamann die für

gegeben von Arthur Henkel, Frankfurt am Main 1955–1979, I, 334, 3. Im Folgenden abgekürzt mit: ZH.

490 Ebd.

491 A. a. O., 334, 5.

492 A. a. O., 334, 6.

493 A. a. O., 334, 7.

494 A. a. O., 334, 17.

495 A. a. O., 334, 19.

496 A. a. O., 334, 21.

497 A. a. O., 334, 33ff.

498 Mit dem Wortfeld ›Empfindsamkeit/Empfindung‹ wird »in stärkerem Maße Gefühlsmäßiges als Intellektuell-Moralisches« (Sauder, Gerhard, Empfindsamkeit. Band 1. Voraussetzungen und Elemente, Stuttgart 1974, 4) gemeint. Diese Einsicht scheint kein Beleg für die These, Hamann würde dem Irrationalismus angehören, wie sie von Berlin vertreten wird. Berlins These tritt bereits im Untertitel seiner Monografie hervor: »J.G. Hamann und der Ursprung des modernen Irrationalismus« (Berlin, Isaiah, Der Magus in Norden. J. G. Hamann und der Ursprung des modernen Irrationalismus, Hamburg 1995, Einband). Gegen Berlins These spricht, dass es der Empfindsamkeit darum gehe, dass »Verstand und Herz [...] in gleichem Maße entwickelt werden«.

Augustins *Confessiones* bedeutende Metapher »Herz«/»cor«[499] auf und setzt mit dem Begriff ›Empfindung‹ einen synonym verwendbaren Ausdruck.[500] Während Augustin jedoch seine Überlegungen in Bezug auf die Heilige Schrift formuliert, wendet sich Hamann mit Augustins Text schlicht einer Schrift zu. Im Folgenden soll zunächst knapp auf das ›Herz‹ in Augustins *Confessiones* eingegangen werden, bevor von dort ausgehend Hamanns Gedanke besprochen wird.

In den *Confessiones* ist das Herz »unruhig [...], bis es ruht«[501] in Gott. Zugleich hat es viel zu denken, »wenn es von den Worten deiner Heiligen Schrift getroffen wird«[502], und es soll Gottes Worten »Einlass [...] gewähren«[503]. Das Herz wird daher auch bei der Bekehrung Augustins zu jenem Ort, an dem sich der Sinn der gelesenen Bibelstelle ereignet und wo der Text Bedeutung für Augustins Leben gewinnt. Denn Augustin schildert, wie er auf eine Knabenstimme hörend nach der Heiligen Schrift griff und Röm 13,13–14 las und, um nun die in dieser Lektüre erfolgte Bekehrung zu beschreiben, erklärt, dass sein »Herz das Licht der Gewissheit«[504] durchströmte. Für Augustin ist das Herz der Ort, an dem sich der Sinn und die Bedeutung der biblischen Worte ereignen. Es scheint daher lohnend, die im Text verwendeten Metaphern ›anklopfen‹/›getroffen werden‹ (lat.: pulsare) und ›Eingang gewähren‹ (lat.: viam praebere) genauer zu betrachten. Auf der einen Seite deutet das Verb »anklopfen« an, dass der Text dem Rezipienten etwas vermittelt, was diesem zunächst fremd ist. Insofern der Text bzw. die Worte Gottes beim Leser ›anklopfen‹, muss dieser im Akt des Verstehens als passiv, als empfangend verstanden werden. Das Verb ›gewähren‹ auf der anderen Seite macht darauf aufmerksam, dass der Rezipient der Schrift sehr wohl aktiv begegnen muss, um diese

---

(Sauder, Empfindsamkeit, 4). Hamanns Hermeneutik der Empfindung bemüht sich demnach um ein Gleichgewicht zwischen rationalem Verstehen und emotionalem Erleben des Textes. Anders als Chladenius, dem es ausschließlich um ein rationales Verstehen geht, bemüht sich Hamann um ein Verstehen, das den ganzen Menschen angeht.

499 Augustinus, Confessiones, I.1. Dort heißt es: »unruhig ist unser Herz [cor], bis es ruht in dir.«

500 Auch Weigand verwendet die Begriffe »herzlich. Herzig.« Und »herzlich. Innig, Herzinnig« als Synonyme für »wahre innere[...] Empfindung« (Weigand, Friedrich, Ludwig, Karl, Wörterbuch der Deutschen Synonymen. Bd. 2., H-R, Mainz/Kupferberg 1842, 80f.)

501 Augustinus, Confessiones, I 1,1.

502 A. a. O., , XII 1,1. Augustin verwendet hier das Verb »pulsatum« (von pulso), wodurch auch die Übersetzung »anklopfen« möglich ist, wie dies Wilhelm Thimme in seiner Übersetzung der *Confessiones* tut (Augustinus, Aurelius, Bekenntnisse. Aus dem Lateinischen übertragen und mit einer Einführung von Wilhelm Thimme, München [10]2003, 332).

503 Augustinus, Confessiones, XII, 16,23. Im lateinischen Original heißt es: »viam praebeant«.

504 A. a. O., VIII 12,29.

zu verstehen. Damit entsteht jedoch eine gewisse Spannung zum Moment der Passivität, welche sich im Verb ›anklopfen‹ andeutete. Diese Spannung, die konstitutiv für Augustins und Hamanns Konzeptionen ist, wird im Fortgang der Arbeit erneut aufgegriffen, um die Dynamik im Verhältnis Text-Leser näher beschreiben zu können. Zunächst soll deutlich werden, dass es Augustin nicht primär darum geht, zu verstehen, was Paulus meinte, sondern zu erleben, dass diese Textstelle für sein eigenes Leben Bedeutung hat. Diese »produktive Aneignung«[505] des Textes im Herzen verdeutlicht, dass es Augustin um eine existenzielle Texterschließung geht, die ihn nicht nur den Text verstehen lässt, sondern den Sinn des Textes für ihn selbst eröffnet und zugleich Bedeutung für sein Leben erhält.

So wie Augustin in den *Confessiones* die Heilige Schrift mit dem Herzen verstand, fordert Hamann, dass man Augustins Text »durch Empfindung verstehen muss«[506]. Die im XII. Buch der *Confessiones* angedeutete Hermeneutik des Augustin war primär mit Blick auf die Heilige Schrift verfasst. Hamann knüpft an Augustin an, erweitert jedoch den Geltungsbereich von dessen hermeneutischen Überlegungen insofern, als er diese nicht nur auf die Bibel, sondern auch auf Augustins profanen Text anwendet.[507] Statt einer wissenschaftlichen ›Auslege-Kunst‹ favorisiert Hamann demnach eine existenzielle Interpretationsmethode, welche nicht an »einer Rekonstruktion des Sinns des alten Textes [...], sondern der Affirmation seines eigenen Verständnisses«[508] interessiert ist. Geht es Chladenius in erster Linie darum, dass der Rezipient versteht, was der Sender kommunizieren wollte, so geht es Augustin und Hamann darum, dass die Worte im Herzen und durch Empfindung verstanden werden und Bedeutung für die Existenz des Lesers gewinnen. Dabei ruft vor allem die Metapher ›Herz‹ zumindest im Deutschen die Assoziation ›Herzstück‹, ›Zentrum‹ hervor, wodurch sich andeutet, dass Verstehen hier nicht nur die Ratio, sondern den ganzen Menschen betrifft. Eine Lektüre soll aus diesem Grund den Rezipienten nicht nur über die Meinung des Verfassers informieren, sondern vor allem eine Veränderung bewirken. Diese Änderung soll sich nicht in einer Wissenserweiterung des Rezipienten erschöpfen, sondern meint eine Änderung, welche die Existenz des Lesers wandelt und einen neuen und anderen Blick auf sich selbst ermöglicht.[509] Damit verlagert sich der

---

[505] BROSE, Johann Georg Hamann und David Hume, Bd. 1. 163.

[506] HAMANN, An Lindner, 1.6.1759, ZH I, 334 / 21.

[507] Jørgensen versucht diese Beobachtung als Grundzug für Hamanns gesamtes hermeneutisches Denken zu beweisen (JØRGENSEN, SVEN-AAGE, Hamanns hermeneutische Grundsätze, in: Toellner, Richard (Hrsg.), Aufklärung und Humanismus, Heidelberg 1980, 228).

[508] SCHNURR, HARALD, Schleiermachers Hermeneutik und ihre Vorgeschichte im 18. Jahrhundert. Studien zur Bibelauslegung, zu Hamann, Herder und F. Schlegel, Stuttgart/Weimar 1994, 86.

[509] Bereits Jørgensen hatte mit Blick auf Hamanns Geschichtsverständnis darauf hin gewiesen, »Dass [für Hamann] die biblische und außerbiblische Geschichte ihren Sinn

Fokus von der Frage, was die Meinung des Senders war, hin zu der Frage, was mit dem Leser durch den Text geschieht und wie der Rezipient es schafft, dass der Text Bedeutung für sein Leben gewinnt. Dass sich dieser Prozess der Veränderung in der Spannung von Auslegen und Ausgelegt-Werden ereignet, deutete sich bereits in der Beschäftigung mit den Verben ›anklopfen‹ und ›gewähren‹ an. Die Auseinandersetzung mit diesem Wechselverhältnis führt dazu, dass das Verhältnis von Sprache und Wirklichkeit nicht länger als ein Gegenüber, sondern als Akt gegenseitigen Setzens gedacht wird. Mit dieser Neubestimmung des Verhältnisses von Sprache und Wirklichkeit gelingt es, einen Wahrheitsbegriff zu entfalten, der sich an einem Denken der Bewegung orientiert.

2.2.2 Mit Mehrdeutigkeit zum Verstehen

Augustin fragt im XII. Buch der *Confessiones*, welche literarischen Fähigkeiten er erbeten hätte, wäre ihm die Aufgabe, die Genesis zu schreiben, übertragen worden. Augustin entfaltet diese von ihm erwünschte »Redegabe und Ausdruckskunst«[510] als Begabung, doppel- bzw. mehrsinnig zu schreiben. Denn die Worte hätte er so wählen wollen,

> »dass die, die noch nicht begreifen können, wie Gott schafft, das Gesagte nicht als ihre Kräfte übersteigend von sich gewiesen hätten, dass aber die, die dazu schon in der Lage sind, die wahre Ansicht, zu welcher auch immer sie durch Nachdenken gelangt wären, in den wenigen Worten deines Dieners deutlich wiedergefunden hätten«[511].

Diese vielsinnige Schreibart verdeutlicht Augustin durch einen Vergleich. Eine Quelle, welche in »mehrere Bäche«[512] geteilt sei, könne größere Flächen bewässern, als eine, die sich nur in einen einzelnen Bach ergieße. Ähnlich könne auch die Text-Quelle unterschiedliche Rezipienten ansprechen, indem sie variierende Anknüpfungsmöglichkeiten liefert.

> »[D]araus kann dann ein jeder für sich das Wahre, soweit er es in Bezug auf diese Inhalte vermag, entnehmen, der eine dies, der andere das, und es in immer mehr ausufernder Weitschweifigkeit ausbreiten.«[513]

Augustins Suche nach einer erstrebenswerten Schreibart eröffnet eine doppelte Perspektive auf den Akt des Lesens. Wie es schon die Verben ›anklopfen‹ und ›gewähren‹ andeuteten, wird dies nun durch das Bild von der Quelle und

---

nicht in der Mitteilung etwas tatsächlich Geschehenen erschöpft, sondern ihren Sinn in einer solchen, vom Betroffenen vorgenommenen applizierenden Deutung, erhält« (Jørgensen, Hamanns hermeneutische Grundsätze, 222).

510 Augustinus, Confessiones, XII 26, 36.

511 Ebd.

512 A. a. O., XII 27, 37.

513 Ebd.

der Tätigkeit des Schöpfens verstärkt. Wie die Quelle Land mit Wasser versorge, welches sonst trocken daliegt, so transportiere auf der einen Seite der Text etwas Wahres, trägt etwas an den Leser heran, was diesem fremd war. Auf der anderen Seite wird die aktive Rolle des Lesers betont, für den der Text nur dann bedeutsam wird, wenn er sich diesen aktiv aneignet, was Augustin mit dem Bild Aus-der-Quelle-Schöpfen, erklärt. Die Wahrheit soll demnach durch einen vielsinnigen Text in einen produktiven Aneignungsprozess überführt werden, welcher viele und unterschiedliche Deutungen ermöglicht.[514]

Hamann greift diesen Gedanken der vielstimmigen Schreibweise auf, was der Hamann-Forscher Thomas Brose zu Recht als »Konzept der Einkleidung«[515] betitelt, und reflektiert darüber, »die Klarheit in einen unbestimmten vieldeutigen Sinn«[516] zu wandeln. Statt nur die mannigfaltigen Möglichkeiten der Textinterpretation, die eine solche Schreibart mit sich bringt, zu bedenken, benennt Hamann auch die Möglichkeit des Nicht-Verstehens. Er meint, ein »ehrlicher Mann«[517] wolle doch lieber »gar nicht als unrecht verstanden werden«[518]. Anstelle einer klaren und deutlichen Textgestaltung zieht Hamann die Möglichkeit in Betracht, den Text nicht nur bewusst offen, sondern auch als un-verstehbar anzulegen. Damit widerspricht er »den ersten Grundgesetzen, die wir von einer guten Schreibart anzunehmen gewohnt sind«[519], und vor allem auch dem Ideal des Chladenius. Statt sich um »deutliche«[520] Stellen im Text zu bemühen, meint Hamann, man müsse hauptsächlich unverständliche und »dunkele«[521] Stellen in den Text hineinschreiben. Durch das Verdunkeln des Textes werden mannigfaltige Interpretationen möglich, bis hin zu der Erfahrung, dass man mit dem Text nichts anzufangen weiß. Wenn Hamann meint, dass der Text so weit verdunkelt werden könne, dass »Ich [...] gar nicht [...] verstanden werde[...]«[522], stellt sich die Frage, ob er nicht doch mittels des Textes seine Meinung zu vermitteln sucht. Müsste diese Frage bejaht werden, ohne dass sich in Hamanns Brief auch eine gegenläufige Tendenz erkennen lässt, so würde dies bedeuten, dass Hamanns Intention in die gleiche Richtung laufen würde, wie sie bei Chladenius herausgearbeitet wurde. Hamanns Überlegungen, und dieses soll im Folgenden deutlich werden, lassen sich jedoch in der gleichen Spannung nachzeichnen, wie dies für Augustins Gedanken aus dem XII. Buch seiner *Confessiones* gilt.

---

[514] Vgl. auch: Hoffmann, Johann Georg Hamanns Philologie, 156.
[515] Brose, Johann Georg Hamann und David Hume, Bd. 1, 167.
[516] Hamann, An Lindner, 1.6.1759, ZH I, 336, 10f.
[517] A. a. O., 335, 6.
[518] A. a. O., ZH I, 335, 8.
[519] A. a. O., ZH I, 335, 9ff.
[520] Chladenius, Einleitung zur richtigen Auslegung vernünftiger Reden und Schriften, 90.
[521] Ebd.
[522] Hamann, An Lindner, 1.6.1759, ZH I, 335, 8.

Augustin deutend erklärt Hamann, dieser nehme an, »dass die Wahrheit bestehen könne mit der größten Mannigfaltigkeit der Meinungen«[523]. Auf die angestrebte Textgestalt angewendet bedeutet dies, dass der Text trotz unterschiedlicher Deutungsmöglichkeiten, welche er durch seine dunklen Textstellen eröffnet, ›Wahrheit‹ transportiert. Als ›wahr‹ gilt bei Chladenius eine Rede, wenn Meinung und Rede des Senders übereinstimmen. Wahrheit im klassischen Sinne meint eine ›adaequatio intellectus et rei‹. Sollte Hamann sich diesem Wahrheitsbegriff anschließen, so ginge es auch ihm primär um die Frage, was der Sender sagen wollte. Hamann fasst seine Vorstellung, die er im Anschluss an Augustin gewinnt, zusammen und erklärt:

> »Die Wahrheit ist also einem Saamenkorn gleich, dem der Mensch einen Leib giebt wie er will; und dieser Leib der Wahrheit bekommt wiederum durch den Ausdruck ein Kleid nach eines jeden Geschmack, oder nach den Gesetzen der Mode.«[524]

Hamanns Erläuterung kann auf der einen Seite so gedeutet werden, dass der ›Leib‹ gleichsam als Frucht vom Menschen um den Samen gelegt wird. Wahrheit wäre damit im ›Leib‹ verborgen und zugleich diesem fremd, insofern der Mensch den Leib gibt, ›wie er will‹, ohne Verbindung mit der Wahrheit. Diese Trennung von Wahrheit und ›Leib‹ hätte zur Folge, dass den Wandlungen des ›Leibes‹ zum Trotz die Wahrheit stets gleich bleiben würde. Dies würde aber auch bedeuten, dass die Wahrheit nicht darstellbar wäre, weil ›Leib‹ und Wahrheit sich fremd blieben. Auf der anderen Seite lässt Hamanns Erklärung aber auch eine Interpretation zu, in der das ›Saamenkorn‹ als Ursprung und Ausgangspunkt eines Prozesses gedacht wird. Die Wahrheit wäre demnach insofern begrifflich nicht fassbar, als sie ganz im ›Leib‹ aufgehen würde, wie der Same in der Pflanze. Alles, was sich begrifflich fassen lässt, wären der ›Leib‹ und das ›Kleid‹, welche beide der Mensch ›giebt wie er will‹ und ›nach eines jeden Geschmack, oder nach den Gesetzen der Mode‹. Die Wahrheit wäre demnach einem Prozess unterworfen, in welchem sie sich wandele, und da sie immer schon im ›Leib‹ aufginge, wäre nur ein »mediales Verständnis«[525] von Wahrheit möglich.

Hamanns Text entscheidet sich nicht für eine, sondern lässt beide Interpretationen zu. Wahrheit kann demnach als wesentliches, gleichbleibendes Element und als Prozess zugleich gedacht werden. Dieses ›zugleich‹ korrigiert auch die beiden Einzeldeutungen. Denn die Trennung von Wahrheit und ›Leib‹ lässt sich damit nicht mehr so radikal denken wie zuvor. Die gleichbleibende Wahrheit muss auch als Teil des Prozesses der Änderung gedacht werden.

---

[523] A. a. O., 335, 11f.

[524] A .a. O., 335, 22ff.

[525] Frey, Christiane, Geist und Buchstabe. Ideologeme der Darstellbarkeit bei Hamann, Mendelssohn und Kleist, in: Albes, Claudia / Dies. (Hrsg.), Darstellbarkeit. Zu einem ästhetisch-philosophischen Problem um 1800, Würzburg 2003, 147.

Diese Änderung kann nun nicht mehr vorgestellt werden als Wandel bis zum absoluten Gegenteil, da auch etwas Kontinuierliches mitgedacht werden muss. Führt man Hamanns Vergleich von Wahrheit und ›Saamenkorn‹ gedanklich weiter aus, lässt sich dies wie folgt formulieren: Der Samen geht in der Pflanze auf und wandelt sich insofern ganz. Jedoch trägt auch diese neue Pflanze Samen, die mit dem Alten nicht identisch und doch diesem ähnlich sind. Auf diese Weise wird auch deutlich, dass sich die Wahrheit nur medial, in Sprache ereignen kann. Für einen Text bedeutet dieser Wahrheitsbegriff, dass er als ›Leib‹ oder ›Kleid‹ gedeutet werden kann, der um die Wahrheit gelegt wird. Zugleich ist er selbst das Produkt des ›Saamenkorns‹, der nur durch einen Akt des Lesers, der den ›Leib‹ um den Samen ›giebt wie er will‹, wahr wird. Wahrheit ereignet und aktualisiert sich im Akt des Lesens. Nur wenn der Leser dem Text Bedeutung für sein Leben geben kann, wird dieser für ihn wahr.

Der Text trägt demnach etwas an den Leser heran, was dieser sich selbst nicht sagen kann, und indem der Text eine neue Perspektive eröffnet, kann sich der Rezipient selbst neu vor dem Text verstehen. Insofern der Text eine Perspektive eröffnet, welche dem Rezipienten zuvor fremd war, lässt sich dies auch als »vom Text ausgelegt werden«[526] charakterisieren. Neben diese Erfahrung des Ausgelegt-Werdens, tritt nun die Notwendigkeit, diese ›Wahrheit‹ in eigene Begriffe zu wandeln, um den Text erst als ›wahr‹ zu produzieren. Damit betont Hamann den aktiven Part des Auslegens, ohne den der Text für den Rezipienten keine Bedeutung gewinnen kann. Der Text kann demzufolge etwas mitführen, was dem Leser zunächst fremd und neu ist. Dieses Fremde wird nach Hamann nur bedeutsam und wahr, wenn der Rezipient aktiv dies für sich fruchtbar machen kann. Diese doppelte Perspektive des Auslegens und Ausgelegt-Werdens hat, wie sich zeigte, Konsequenzen für Hamanns Wahrheitsbegriff. Denn durch die Notwendigkeit, den Text zu aktualisieren, ist »die konkrete Verkörperung der Wahrheit [...] nicht zu trennen von der jeweiligen persönlichen Situation des Sprechers«[527].

Hamanns ›Hermeneutik in nuce‹ und die von ihm erstrebte Textgestalt dienen dazu, dass das Ich des Lesers sich vor dem Text neu versteht[528], insofern als der Text dem Leser etwas gibt, was diesem zuvor fremd war. Sie eröffnen somit eine Perspektive, die der Leser zuvor nicht hatte. Diese existenzielle Lesart spricht dem Text eine gewisse Eigenmächtigkeit zu, insofern hier der auszulegende Text dem Ausleger die Möglichkeit gibt, sich selbst neu auszulegen bzw. mit Bayer gesprochen diesen auslegt. In Hamanns Brief wird deutlich, dass das Ereignis des Ausgelegt-Werdens und damit der Gedanke,

---

[526] Bayer, Oswald, Autorität und Kritik. Zu Hermeneutik und Wissenschaftstheorie, Tübingen 1994, 6.

[527] Hoffmann, Johann Georg Hamanns Philologie, 158

[528] Vgl. Ricœur, Paul, Philosophische und theologische Hermeneutik, in: Ders./Jüngel, Eberhard (Hrsg.), Metapher. Zur Hermeneutik religiöser Sprache, Sonderheft Evangelische Theologie, München 1974, 33f.

dass der Text den Interpreten interpretiert, bedeutet, dass diesem Sinn bzw. Wahrheit eigen ist. Damit ist die passive Seite, das Fremde und Neue, was an den Leser herangetragen wird, benannt. Gleichzeitig, betont Hamann, muss die Entfaltung und das Fruchtbar-Machen von Sinn aber auch als Aufgabe des Rezipienten gedacht werden. Damit wird die aktive Rolle des Lesers berücksichtigt. Auf diese Weise wird zugleich gesagt, dass der vom Verfasser in den Text gelegte Sinn nicht gleich dem Sinn ist, welchen der Leser verstehend produziert. Hamanns Lösung dieses hermeneutischen Problems zeichnet sich nun gerade dadurch aus, dass er diese produktive Spannung aufrechterhält und diese doppelte Perspektive von Auslegen und Ausgelegt-Werden bewahrt. Diese Überlegungen führen zur Forderung nach einer besonderen Schreibweise. Denn ein Text im Sinne der Überlegungen von Hamanns Brief an Linder wäre ein Text, welcher ›verschleiert‹ und dunkel konzipiert wäre, um möglichst verschiedenartige Deutungen zuzulassen. Gerade durch diese Mehrdeutigkeit sollte der Rezipient zur aktiven Aneignung des Textes genötigt werden. Erst in dieser Aneignung kann der Text Bedeutung für den Leser erhalten und insofern Wahr-Werden.

Während also *Über Descartes* zeigt, dass auch der vermeintlich eindeutige Text mehrdeutig ist und der Allgemeinheitsanspruch des cartesianischen Textes einer Hermeneutik des Situativen nicht standhält, deutet der Brief an Lindner an, dass die Mehrdeutigkeit des Textes Chance des Verstehens und der produktiven Aneignung ist.

V. Sokratische Denkwürdigkeiten: Johann Georg Hamann

Den *Sokratischen Denkwürdigkeiten* kommt zu, dass sie die erste Schrift ist, die Hamann veröffentlichte. Dort setzt er sich mit Sokrates auseinander, einem Philosophen, der eine entscheidende Rolle für das Selbstverständnis der Aufklärung spielt. Hamann beschäftigt sich mit Sokrates, um mit ihm gegen ein aufklärerisches Denken vorzugehen, das zum Allgemeinen und Abstrakten tendiert. Hinter einer solchen Position, die Hamann kritisiert, verbirgt sich ein Denken des Unbedingten. Dieses Denken findet sich bei Christian Wolff und damit bei jenem Denker, der auf die Aufklärung in Deutschland grundlegend einwirkte. Wolff liefert eine Denkfigur, die versucht, über das Allgemeingültige und damit über ein sicheres Fundament zur Wahrheit zu gelangen. Die Grundlinien von Wolffs Position werden nachgezeichnet, um diese Denkfigur, die sich schon bei Descartes andeutete und die Parmenides als logisches Denken einführte, besser verstehen und gleichzeitig Hamanns Kritik und Gegenentwurf klarer charakterisieren zu können.

Wie bei Parmenides, so handelt es sich auch bei Wolff um eine einstellige Prämisse, von der sein Denken ausgehend einer linearen Struktur der Erkenntnis folgt. Gegen diese Position betont Hamann das Situative und wendet sich damit gegen die Denkmöglichkeit eines abstrakt-allgemeingültigen Prinzips. Hamann macht deutlich, dass Denken und Erkennen nicht von einer allgemeinen Prämisse, sondern immer von einer konkreten und davon variierenden Situation ausgehen. Dem Konkreten unterstellt Hamann eine Mehrdeutigkeit, dergegenüber er die Vorstellung einer einzigen überall und immer gültigen Grundlage als unerlaubte Verkürzung interpretiert. Indem er das der Veränderung unterliegende Konkrete zur mehrdeutigen Ausgangslage seines Denkens macht, versucht Hamann, ein Denken der Bewegung zu skizzieren.

Die Betonung des Situativen als Moment allen Denkens führt Hamann zu seiner Hermeneutik. Mit ihr entfaltet er den Gedanken, dass der Text an sich nichts aussagt, sondern nur durch die aktive Deutungsarbeit des Rezipienten Bedeutung gewinnen kann. Mit dieser Bewegung zum Verstehen und seiner Hermeneutik des Konkreten hin deutet Hamann an, dass trotz des assertorischen Moments der Sprache und obwohl Texte Informationen und Einsichten an den Rezipienten herantragen können, die dieser sich selbst nicht sagen kann, Sprache, Zeichen und Texte keine die konkrete Situation übersteigende Bedeutung haben. Denn erst in der Deutung und damit in der aktiven Aneignung des Texts kommt es zur Bedeutung. Diese Aneignung wird mit Hamann als Einschreibung des zu deutenden Textes in bereits vorhandene Texte dargestellt, womit durch Hamann eine Möglichkeit des Denkens der Bewegung vorgeben wird, das in seinem Wechsel von Text zu Text letztlich zirkulär verläuft, was sich auch am Gesamtaufbau der *Sokratischen Denkwürdigkeiten* erkennen lässt. Denn Hamann greift verschiedene Fragekomplexe immer wieder auf, spielt auf neue Kontexte an und schafft so eine weitere Annäherung an den Gedanken, ohne diesen – eben weil er auf ein vermeintlich allgemeingültiges Kriterium verzichtet – beweisen zu wollen.

Hamann wendet seine Einsichten zur Rolle der Situation für das Denken deshalb nicht nur auf seine Hermeneutik an, sondern reflektiert diese auch auf der Ebene von Sprache und Zeichen. Gewinnt ein Text nur in der Interpretation Bedeutung, können Zeichen ebenfalls keine Bedeutung an sich haben. Hamanns Gedanken zur Sprache bilden das Gerüst, von dem aus ein Denken der Bewegung möglich wird und die darin enthaltene Kritik wendet sich gegen jegliches Denken des Unbedingten. In diesem Kapitel deutet sich die von Hamann in den *Sokratischen Denkwürdigkeiten* vertretene Semiotik nur an und kann durch die Aufnahme von Bayers Deutung diskutiert werden.[529] Die von Bayer vorgestellte Lesart, die als Theo-Semiotik gedeutet werden kann, erweist sich durch die *Sokratischen Denkwürdigkeiten* angeregt, kann aber auch durch diese kritisiert werden. Erst im Verlauf der weiteren Lektüre wird die hamannsche Semiotik, die gerade nicht darin aufgeht, eine von Gott kommende Semiotik zu sein, weiter entfaltet.

Durch die Lektüre der *Sokratischen Denkwürdigkeiten* entfaltet sich eine Position, die das Situative betont und dies in den Bereich von Semiotik und Hermeneutik überträgt, um so zu zeigen, dass ein Denken des Unbedingten scheitert. Hamann zeigt darüber hinaus einen Weg auf, wie ein Denken der Bewegung funktionieren kann. Für die Frage nach dem Verhältnis von Ich und Welt und wie das Ich sich in der Welt orientieren kann, eröffnet die Auseinandersetzung mit Hamann daher die Möglichkeit, dieses Verhältnis in einem Denken der Bewegung und ohne die ›Idee des Unbedingten‹ zu denken.

---

[529] Damit wird indirekt die These von Weiss kritisiert, der meint, dass die *Sokratischen Denkwürdigkeiten* »sprachphilosophisch nur punktuell ergiebig« (WEISS, HELMUT, Johann Georg Hamanns Ansichten zur Sprache. Versuch einer Rekonstruktion aus dem Frühwerk, Münster 1990, 10) seien. Denn die hier vorgeschlagene Lesart der *Sokratischen Denkwürdigkeiten* zeigt auf, dass Hamanns Einsichten zur Hermeneutik, zum Glauben und zur Sprache auf das Engste miteinander verwoben sind und jede Auseinandersetzung Hamanns mit einem dieser Themenfelder zugleich als Beschäftigung auch mit den anderen betrachtet werden kann.

1. Das Besondere am Leser

Die Anrede der ersten Zuschrift beginnt mit den Worten: »An das Publicum, oder Niemand, den Kundbaren«[530]. Hamann formuliert hier bereits in der Überschrift den Gedankengang der ersten »Zuschrift«[531]. Das Publikum wird direkt angesprochen und es ist deutlich, dass sich die folgenden Überlegungen an das Publikum und damit an alle Leser dieser Schrift richten. Der Text setzt ›das Publikum‹ als positive Größe durch die Anrede ein. Aber indem ›das Publikum‹ auch als ›Niemand‹ bezeichnet wird, negiert der Text gleichzeitig ›das Publikum‹ als positive Instanz. Nachdem also zunächst die gesamte Leserschaft – und insofern eine unkonkrete Öffentlichkeit – angesprochen wurde, wird durch die Präzisierung des Publikums als ›Niemanden‹ der Adressatenkreis auf null reduziert. Zugleich wird dieser ›Niemand‹ durch die *Sokratischen Denkwürdigkeiten* näher bestimmt, denn dieser ist bekannt.[532] Damit setzt der Text, da ›Niemand‹ keine Eigenschaften hat, wieder ›jemanden‹ ein.

Die Vorstellung ›Publikum‹ erfährt hier eine Transformation, denn ›das Publikum‹ zu Beginn der Anrede ist nicht jene Größe, die Hamann am Ende anspricht. Hamann thematisiert, wie auch in der zweiten Zuschrift, sein hermeneutisches Konzept. Denn Publikum meint hier Leserschaft und Hamann setzt sich, wie sich bereits andeutete, in dieser ersten Anrede kritisch mit einer bestimmten Vorstellung von ›Publikum‹ und damit mit einer bestimmten hermeneutischen Position auseinander.[533] Wie in seinem Brief an Lindner

---

[530] N II, 59, 1ff. (Sokratische Denkwürdigkeiten).

[531] N II 57. Hamann kündigt auf dem Titelblatt an, dass die *Sokratischen Denkwürdigkeiten* mit zwei »Zuschriften« versehen sind. Blanke deutet diese zu Recht als »Widmung« (Hamann, Johann Georg, Johann Georg Hamanns Hauptschriften erklärt, hrsg. von Fritz Blanke und Lothar Schreiner, ab 1956 von Fritz Blanke und Karlfried Gründer, Güthersloh 1956ff. Bd. 2: Sokratische Denkwürdigkeiten. Erklärt von Fritz Blanke Gütersloh 1959 62 – im Folgenden abgekürzt mit: Blanke, Hamann erklärt). Zur Interpretation des Titelblattes siehe: Blanke, Hamann erklärt, 51–61.

[532] Hamann leitet ›Der Kundbare‹ vom Adjektiv ›kundbar‹ ab. Zur Bedeutung von kundbar: Grimm, Wörterbuch Bd 11, Sp. 2619ff.

[533] Dass Hamann hier eine bestimmte Vorstellung von Publikum negiert, bemerkt schon Disselhoff. Jedoch deutet er die Näherbestimmung des Niemanden als Kundbaren als Hinweis darauf, dass das Publikum »trunken« (Disselhoff, Wegweiser zu Johann Georg Hamann, 145) gemacht werde wie ein »Taumelkelch« (145) und so »von der Erkenntnis der Wahrheit ferngehalten« (145) werde. Die Meinung nach der Mode der Zeit, für die das Publikum dabei steht, muss gebrochen werden. Disselhoff sieht Hamann ganz als »Fremdling« (4), in einer Welt, die sich nicht auf Gott, sondern auf sich selbst verlässt, innerhalb derer Hamann »Leben und Wahrheit zu verbreiten« (145) hat. Die Lesart Disselhoffs gründet dabei auf der Annahme, dass die Textgestalt der *Sokratischen Denkwürdigkeiten* zwar danach strebe, die Paradigmen der Aufklärung zu durchbrechen, nicht jedoch danach, durch den Text den christlichen Glauben neu zu denken.

vom 1. Juni 1759 lassen sich als Hintergrund für Hamanns Überlegungen zum einen die Gedanken des Chladenius und zum anderen die Vorstellungen von Christian Wolff erkennen. Deshalb wird zunächst die aufklärerische Forderung des Selbstdenkens vorgestellt, welche bei Hamann, Chladenius und Wolff thematisiert wird, und die Umsetzung dieses Paradigmas in der Konzeption Christian Wolffs reflektiert. In der Auseinandersetzung mit Wolff können die Grundlinien eines Denkens benannt werden, das über die Erkenntnis eines allgemeingültigen Gedankens ein unbedingtes Fundament zu erstreben sucht, um damit das Unbedingte zu denken. Die Position Wolffs bildet die Gegenfolie zu Hamanns Konzept des Konkreten, sodass in der Gegenüberstellung die hamannschen Gedanken deutlicher erkennbar werden. Anschließend können durch die weitere Lektüre der ersten Zuschrift Hamanns Kritik und seine eigenen hermeneutischen Vorstellungen entfaltet werden.

1.1 »An das Publikum«: Christian Wolff

Chladenius verfolgt in seiner *Einleitung zur richtigen Auslegung vernünftiger Reden und Schriften* die Absicht, sich »selbst zu unterrichten.«[534] In der damit einhergehenden Ausarbeitung hermeneutischer Einsichten sollen neben ihm auch andere von seinen Überlegungen zur ›Auslege-Kunst‹ profitieren. Seine Schrift soll demnach ihn selbst wie auch andere mit Regeln und Begriffen ausstatten, die es ermöglichen, eine vernünftige Rede vollkommen zu verstehen oder die Auslegung eines anderen beurteilen zu können. Mit diesem Ziel, sich und Andere zu befähigen, eigenständig richtig auszulegen, erweist sich Chladenius dem Ideal des Selbstdenkens verpflichtet, welches spätestens seit John Lockes Schrift *Of the Conduct of the Understanding* (1706) zu den wesentlichen Anliegen der Aufklärung gehört. In dieser Tradition stehend, erklärt auch Kant in seinem viel rezipierten Aufsatz *Beantwortung der Frage: Was ist Aufklärung?* aus dem Jahr 1783: »Sapere aude! Habe Mut dich deines eigenen Verstandes zu bedienen! ist also der Wahlspruch der Aufklärung.«[535] Aufklärung zielt demnach darauf, den Menschen zu befähigen, »sich seines Verstandes ohne Leitung eines anderen zu bedienen.«[536] Mit der Forderung, selbst zu denken, wenden sich die Aufklärer gegen ein Wissen, das bloß auf Autorität

[534] CHLADENIUS, Einleitung zur richtigen Auslegung vernünftiger Reden und Schriften, a4 (Vorrede).

[535] KANT, IMMANUEL, Beantwortung der Frage: Was ist Aufklärung? in: Bahr, Erhard (Hrsg.), Was ist Aufklärung?, Stuttgart 1974, 9.

[536] Ebd. Zum Verhältnis von Kant und Hamann: BAYER, Vernunft ist Sprache; KREUZER, JOHANN, Irreduzible Zeichen. Über die Vorgeschichte von Hamanns Metakritik der reinen Vernunft in der mittelalterlichen Philosophie, in: NZSTh 46 (2004), 56–71; LEISS, ELISABETH, »Die Vernunft ist ein Wetterhahn«. Johann Georg Hamanns Sprachtheorie und die Dialektik der Aufklärung, Zeitschrift für germanistische Linguistik. Deutsche Sprache in Gegenwart und Geschichte, (1991) 19, 259–273; ROSENKRANZ KARL, Kant und Hamann. Eine Parallele, in Ders. Neue Studien. Band 2. Studien zur Literaturgeschichte, Leipzig 1875, 72–101; u.a.

und Gehorsam beruht. Sie klagen ein, dass jeder Einzelne entscheiden und urteilen muss, was wahr ist. Gegen das bloße Übernehmen autoritär vorgegebener Meinungen steht nun die Aufgabe, im Selbstdenken zu erschließen, was richtig und was falsch ist. Damit geht die Forderung einher, über die Meinung, die man annimmt und vertritt, Rechenschaft ablegen zu können. Wer selbst denkt, wird zwar von bloß vorgegebenen Meinungen, denen gegenüber er Gehorsam üben muss, befreit, gleichzeitig übernimmt er die Verantwortung, die Meinung, die er für richtig hält, erläutern und begründen zu können.

Ausgehend von dieser Forderung erklärt sich, dass Chladenius den Gelehrten zwei Aufgaben zuteilt. Diese sollen durch die Vermittlung von Regeln »richtig denken«[537] und »richtig auslegen«[538] lehren. Zwar solle jeder selbst denken und selbst auslegen, zum richtigen Denken und Auslegen jedoch gehören von Gelehrten ausgearbeitete Methoden, die anzuwenden seien. Seine eigene Schrift, meint er, sei nun gerade deswegen notwendig, weil die ›Auslege-Kunst‹, durch welche das richtige Auslegen gelehrt werde, noch nicht hinreichend vermittelt sei. Die »Vernunft-Lehre«[539] hingegen, und damit die Methode zum ›richtigen denken‹, sei »allzudeutlich erklärt.«[540] Damit deutet Chladenius wie auch schon im Titel seiner Schrift mit der Formulierung ›vernünftige Reden und Schriften‹ auf Christian Wolff hin, von dessen Philosophie kommend seine eigenen Überlegungen herrühren.[541] Chladenius und Wolff teilen die Vorstellung, mithilfe allgemeingültiger Regeln beziehungsweise mit vernünftigen Methoden gelinge es jedem, in seiner je individuellen Situation eine Rede oder Schrift richtig zu verstehen oder auch selbst richtig zu denken. Der Vergleich mit Wolff drängt sich geradezu auf und soll im Folgenden vorgenommen werden. Damit zeigt sich, dass sich Hamanns Kritik nicht nur an Chladenius richtet, sondern ein entscheidendes Paradigma der Aufklärung angeht, wie es für die deutsche Aufklärung wirkungsvoll von Wolffs Philosophie vertreten wurde.[542] Außerdem liefert Wolffs Philosophie ein Modell, in

---

537 Chladenius, Einleitung zur richtigen Auslegung vernünftiger Reden und Schriften, a3 (Vorrede).

538 Ebd.

539 Ebd.

540 Ebd.

541 Friederich, Sprache und Geschichte, 32.

542 Zur Bedeutung von Wolffs Philosophie für die Aufklärung: Stolzenberg, Jürgen, Einleitung. Christian Wolff und die Europäische Aufklärung, in: Stolzenberg, Jürgen/Rudolph, Oliver-Pierre (Hrsg.), Wolffiana II.1. Christian Wolff und die europäische Aufklärung. Akten des 1. Internationalen Christian-Wolff-Kongresses, Halle (Saale), 4.–8. April 2004, Hildesheim u.a. 2007, 15–19, 15ff. Hinske, Norbert, Wolffs Stellung in der deutschen Aufklärung, in: Schneiders, Werner (Hrsg.), Christian Wolff 1679–1754. Interpretationen zu seiner Philosophie und deren Wirkung. Mit einer Bibliographie der Wolff-Literatur, Hamburg 1983, 306. Eine detailreiche Skizze über den Einfluss Wolffs und des Wolffianismus auf die Epoche der Aufklärung zeichnet Johannes Bronisch in seiner Dissertation nach. Dort kommt er, nachdem er deutlich macht, auf

dem das Verhältnis von Ich und Welt durch die Vorstellung eines unbedingten, allgemeingültigen Fundamentes getragen wird, von dem aus alles zu erkennen sei. Damit kann mit Wolff auch die Möglichkeit eines Denkens des Unbedingten erprobt werden.

Im Jahr 1713 brachte Wolff den ersten Band seiner *Vernünftigen Gedanken* heraus, die *von den Kräften des menschlichen Verstandes und ihrem richtigen Gebrauche in Erkenntnis der Wahrheit* handeln. Der *Deutschen Logik*, wie dieses Werk üblicherweise genannt wird, folgten die *Vernünftigen Gedanken von Gott, der Welt und der Seele des Menschen, auch allen Dingen überhaupt*, meistens als *Deutsche Metaphysik* bezeichnet. Die Tatsache, dass Wolff hier, wie Möller bemerkt, sogar »als erster akademischer Lehrer seines Faches«[543] auf Deutsch schreibt, zeigt, dass Wolff mit seinem Werk nicht nur die Gelehrten, sondern ein möglichst breites Lesepublikum ansprechen wollte. Das Anliegen der Aufklärer, der Mensch solle selbst denken, war keine Forderung, welche sich nur auf die intellektuelle Elite beziehen sollte, sondern auf eine möglichst breite Öffentlichkeit. Dieses Bestreben, das Publikum zum Selbstdenken zu animieren, baut auf den dem Verstand zugesprochenen Fähigkeiten auf. Wolff beginnt seine *Vernünftigen Gedanken* deshalb mit der Erklärung: »Der Mensch hat nichts vortreflicheres von GOtt empfangen, als seinen Verstand.«[544] Daher ist es der menschliche Verstand, dem Wolff – unter Anwendung der richtigen Methoden und ausgehend von der wahren Prämisse – die Erkenntnis der Wahrheit, so weit wie für den Menschen als endliches Wesen möglich, zutraut. Demgemäß will Wolff mit seinen Überlegungen zeigen, wie der Verstand gebraucht werden müsse, damit er selbst und auch andere »die Wahrheit gründlich und mit Gewissheit zu erkennen«[545] lernten. Dabei betont er, dass trotz der Allgemeinheit der Regeln jeder durch Übung diese sich selbst aneignen müsse.[546]

---

welchen Wegen die Philosophie Wolffs in die öffentliche Debatte vordrang, zu dem Schluss: »Wolff und seine Anhänger waren ein bedeutender, ja ausschlaggebender Teil der Aufklärung ihrer Zeit« (Bronisch, Johannes, Der Mäzen der Aufklärung. Ernst Christoph von Manteuffel und das Netzwerk des Wolffianismus, Berlin/New York 2010, 382).

[543] Möller, Horst, Vernunft und Kritik. Deutsche Aufklärung im 17. Und 18. Jahrhundert, Frankfurt am Main 1986, 23.

[544] Wolff, Christian, Vernünftige Gedanken von der Kräften des menschlichen Verstandes und ihrem richtigen Gebrauche in Erkenntnis der Wahrheit. Herausgegeben und bearbeitet von Hans Werner Arndt, Hildesheim u.a. 1965 (Gesammelte Werke 1. Abteilung Deutsche Schriften Bd.1), 105. (Vorwort zur ersten Auflage). Im Folgenden: Wolff, Deutsche Logik.

[545] A. a. O., 111. (Vorwort zur dritten Auflage).

[546] Diese Notwendigkeit, dass sich jeder im Denken üben muss, wird durch die in der fünften Auflage seiner *Deutschen Logik* eingefügten Erweiterung noch deutlicher. Denn dort wird im 16. Kapitel erläutert, »Wie man eine Fertigkeit in Ausübung der Logick erhalten soll« (a. a. O., 244).

Bereits in der *Deutschen Logik* findet sich die Auffassung, dass jeder in seiner individuellen Situation lernen müsse, die allgemeingültigen Regeln anzuwenden. Auch die *Deutsche Metaphysik* geht davon aus, dass wahre vernünftige Gedanken, die mit dem übereinstimmen, was ist, und dies differenziert Wolff in Gott, Mensch und Welt, ausschließlich durch das Befolgen von bestimmten Regeln möglich seien.[547] Dazu braucht es ein sicheres Fundament, das an jedem Ort und zu jeder Zeit den Ausgangspunkt für sichere Erkenntnis bildet. Ähnlich wie Descartes, der durch sein Cogito-Argument ein das Wissen absicherndes Verfahren vorzulegen beabsichtigt, geht es auch Wolff darum

---

[547] Diese Regeln meint Wolff in der mathematischen Methode entdeckt zu haben. In seinem *Kurzen Unterricht von der Mathematischen Lehrart* (1710), den er seiner Schrift *Anfangsgründe aller Mathematischen Wissenschaften* voranstellt, erklärt Wolff: »Die Lehrart der Mathematicorum, das ist, die Ordnung, deren sie sich in ihrem Vortrage bedienen, fänget an von den Erklärungen, gehet fort zu den Grundsätzen, und hiervon weiter zu den Lehrsätzen und Aufgaben.« (WOLFF, CHRISTIAN, Kurzer Unterricht von der Mathematischen Lehrart, in: Ders., Anfangs-Gründe aller Mathematischen Wissenschaften I. Frankfurt und Leipzig 1750. 2. Reprint, Herausgegeben und bearbeitet von J. E. Hofmann, Hildesheim 1999, § 1, 5.) Gerade, »[w]eil man nun in der Mathematick nichts zu Gründen annehmen lässt, als was entweder in den vorhergesetzten Erklärungen, oder daher geleiteten Grund- und Lehr-Sätzen enthalten« (§43, 25) ist, führt diese zu sicherer Erkenntnis. In seinen *Ausführlichen Nachrichten* (1726) betont Wolff, dass die Übertragung der mathematischen Regeln in die Philosophie kein künstlicher Prozess sei. Denn mit Blick auf seine deutschen Schriften erklärt er: »[D]emnach kann ich mit einem Worte sagen, ich habe mich beflissen nach der mathematischen Lehr-Art meine Sache vorzutragen. [...]; so kann ich auch sagen ich habe mit angelegen seyn lassen alles so vorzutragen, wie es sich auf eine natürliche Art gedencken lässet.« (WOLFF, CHRISTIAN, Ausführliche Nachricht von seinen eigenen Schriften die er in deutscher Sprache von den verschiedenen Theilen der Welt-Weißheit herausgegeben, auf Verlangen ans Licht gestellet. 2. Aufl. Frankfurt/Main 1733. 2. Reprint, Herausgegeben und mit einer Einleitung versehen von H.W. Arndt, Hildesheim 1996, § 22, 53). Wolff behauptet hier, wie auch bereits in seiner Schrift *Kurzer Unterricht von der Mathematischen Methoden* (WOLFF, Kurzer Unterricht, § 52, 31), dass die Regeln der Mathematik und die des vernünftigen Denkens und der Logik identisch seien. (Vgl. GOUBET, JEAN-FRANÇOIS, Das Verhältnis zwischen mathematischer Methode und Logik, in: Stolzenberg, Jürgen/Rudolph, Oliver-Pierre (Hrsg.), Christian Wolff und die Europäische Aufklärung. Akten des 1. Internationalen Christian-Wolff-Kongresses, Halle (Saale), 4.–8. April 2004. Band 2. Hildesheim 2007, 142–145). Diese Identität der Regeln sieht Wolff im Verstand begründet. Denn der Grund der Regel liegt in »der Natur des Verstandes.« (WOLFF, Ausführliche Nachricht, § 25, 63). Gerade weil dem Verstand diese Regeln angehören, deshalb müssen sie überall dort angewendet werden, wo man sich um sichere Erkenntnis bemüht. (Zur weiteren Begründung dieser Identität siehe: TUTOR, JUAN, IGNACIO, GOMEZ, Die wissenschaftliche Methode bei Christian Wolff, in: Stolzenberg, Jürgen/Rudolph, Oliver-Pierre (Hrsg.), Christian Wolff und die europäische Aufklärung. Wolffiana II.2 (Christian Wolff, Gesammelte Werke, Bd. 102), Hildesheim/Zürich/New York 2007, 114–116. Philosophie, im Sinne Wolffs muss sich, wenn sie sichere Erkenntnis erlangen will, deshalb an der mathematischen Methode orientieren.

aufzuzeigen, nach welchen Regeln und von welcher Grundeinsicht ausgehend Gewissheit erlangt werden kann.[548]

Wolff sucht daher zunächst in der *Deutschen Metaphysik* eine Grundlage, auf welcher er seine weitere Erkenntnis aufbauen kann. Der erste Paragraf der *Deutschen Metaphysik* beginnt mit der Aussage: »Wir sind uns unserer und anderen Dinge bewusst«[549] und endet mit der daraus gefolgerten Feststellung: »[W]ir sind.«[550] Diese ersten Sätze der wolffschen Metaphysik sollen wie Descartes' Cogito-Argument ein »inconcussum fundamentum veritatis«[551] bilden, auf welchem aufbauend sich die folgenden philosophischen Überlegungen als notwendig und wahr ergeben müssen. Oliver-Pierre Rudolph erklärt daher zu Recht, dass »Wolffs System der Philosophie [...] als Grundsatz- oder Fundamentalphilosophie angesehen werden«[552] muss. Die Grundlage des richtigen Denkens muss eine allgemeingültige und für jedermann als zwingend zu denkende Einsicht bilden, auf deren Boden sich dann mit Sicherheit die Wahrheit erkennen lässt.[553] Wolffs einleitender Gedankengang soll dieses Fundament bilden. Dort leitet er die grundlegende Erkenntnis der Existenz des Menschen aus der Wahrheit der Aussage ab, dass sich der Mensch seiner

---

[548] Wolff erscheint damit als der klassische Vertreter des Rationalismus. Zuletzt wurde jedoch diese Einteilung der Philosophen der Aufklärung in Empiristen und Rationalisten ausführlich durch Engfer diskutiert und kritisiert (ENGFER, HANS-JÜRGEN, Empirismus versus Rationalismus?. Kritik eines philosophiegeschichtlichen Schemas, Paderborn u.a. 1996; speziell zu Wolff: 268–283). Die Einsicht, dass die Erfahrung und die Wahrnehmung für Wolffs Philosophie grundlegend sind erklärt auch: KREIMENDAHL, LOTHAR, Empirische Elemente im Denken Christian Wolffs, in: Stolzenberg, Jürgen/Rudolph, Oliver-Pierre (Hrsg.): Wolffiana II.1. Christian Wolff und die europäische Aufklärung. Akten des 1. Internationalen Christian-Wolff-Kongresses, Halle (Saale), 4.–8. April 2004, Hildesheim/Zürich/New York 2007, 95–112. ARNDT, HANS WERNER, Rationalismus und Empirismus in der Erkenntnislehre von Christian Wolff, in: Schneiders, Werner (Hrsg.), Christian Wolff 1679–1754. Interpretationen zu seiner Philosophie und deren Wirkung. Mit einer Bibliographie der Wolff-Literatur, Hamburg 1983, 31–47.

[549] WOLFF, Deutsche Metaphysik, 1.

[550] A. a. O., 2.

[551] JÜNGEL, Gott als Geheimnis der Welt, 148.

[552] RUDOLPH, OLIVER-PIERRE, Das Fundament des Wolffschen Systems der Philosophie, in: Stolzenberg, Jürgen/Rudolph, Oliver-Pierre (Hrsg.), Christian Wolff und die Europäische Aufklärung. Akten des 1. Internationalen Christian-Wolff-Kongresses, Halle (Saale), 4.–8. April 2004. Band 2. Hildesheim 2007, 15.

[553] Auch Härle bedient sich in seiner *Dogmatik* dieses Verfahrens. Er beginnt seine Überlegungen mit den Worten: »Alles Lebendige braucht den Austausch mit seiner Umgebung.« (HÄRLE, WILFRIED, Dogmatik, Berlin/New York ³2007, 3), also mit einem Satz, bei dem er dank der Allgemeingültigkeit der Aussage mit Zustimmung rechnen kann. Dieser Satz als Prämisse gesetzt dient ihm dann dazu, die Aufgabe und Funktion der Theologie und Dogmatik herleiten zu können, ohne, und darin unterscheidet er sich wesentlich von Wolff, zu versuchen, die Allgemeingültigkeit seiner Prämisse zu beweisen.

selbst und anderer Dinge bewusst sei. Die Wahrheit dieser These sieht Wolff durch zwei Argumente begründet. Zum einen bestätigen für Wolff die Sinne und damit die Erfahrung, dass sich der Mensch seiner selbst und anderer Dinge bewusst sei. Er stellt damit die Verlässlichkeit der menschlichen Sinne nicht grundsätzlich in Frage. Wolff sucht zwar hier, wie zuvor bereits Descartes, ein unerschütterliches Fundament, traut aber, ganz im Gegensatz zu Descartes, den Sinnen. Mit dem Wolff-Forscher Hans Werner Arndt lässt sich sagen, dass für Wolff alle Erkenntnis »auf äußere und innere Wahrnehmung zurück«[554] geht. Wolff erweist sich infolgedessen nicht nur als in der Tradition von Descartes' Philosophie stehend, sondern auch als von Lockes Empirismus beeinflusster Denker, dem es um die »Verbindung von Vernunft und Erfahrung«[555] geht. Zum anderen führt Wolff aus, dass jeder, der behauptet, sich selbst und anderer Dinge nicht bewusst zu sein, sich zwingend in einen Selbstwiderspruch verstricken würde. Grundlage dieses Argumentes ist die Einsicht, dass, wer an etwas zweifelt oder es gar leugnet, ein Bewusstsein haben muss und zwar von dem, was er bezweifelt, und von sich selbst. Die entscheidende Folgerung daraus lautet, dass »derselbige ist«[556], nämlich der, dem bewusst ist, »was er leugnet, oder in Zweifel ziehet.«[557]

Von besonderer Bedeutung ist dabei ein von Jürgen Stolzenberg benanntes Detail. Dieser erklärt,

> »ohne das Bewusstsein des Unterschiedes von uns selbst und dem intentionalen Korrelat unseres Leugnens oder Zweifelns ist das Bewusstsein dessen, was wir leugnen oder bezweifeln gar nicht möglich.«[558]

Wolff hat nicht nur danach gestrebt, die Existenz des zweifelnden Ichs zu beweisen, sondern gleichzeitig aufzuzeigen versucht, dass die Außenwelt als zur gesicherten Erkenntnis dazugehörend zu denken sei. Descartes' Cogito-Argument brachte als Fundament die Erkenntnis ›sum‹. Um jedoch die Außenwelt beweisen zu können, musste Descartes den Weg über die Vorstellung angeborener (»innatus«[559]) Ideen wählen.[560] Wolff kann auf die Annahme

---

[554] Arndt, Rationalismus und Empirismus, 31.

[555] Ebd.

[556] Wolff, Deutsche Metaphysik, 2.

[557] Ebd.

[558] Stolzenberg, Jürgen, »Wie wir erkennen, dass wir sind«. Überlegungen zu Wolffs Beweis des Satzes ›Ich bin‹ im ersten Kapitel der Deutschen Metaphysik, in: Madonna, Luigi Cataldi (Hrsg.), Macht und Bescheidenheit der Vernunft. Beiträge zur Philosophie Christian Wolffs, Gedenkband für Hans Werner Arndt, Hildesheim (u.a.) 2005, 125.

[559] Descartes, René, Meditationen über die Grundlagen der Philosophie. Auf Grund der Ausgaben von Artur Buchenau neu herausgeben von Lüdger Gäbe. Durchgesehen von Hans Günter Zekl. Mit neuem Register und Auswahlbibliographie versehen von George Heffernan. Lateinisch – deutsch, Hamburg 1992, III, 7; 11 und 37.

[560] Zur Rolle der angeborenen Ideen: Perler, Dominik, Repräsentation bei Descartes, Frankfurt am Main 1996, 161ff.

angeborener Ideen verzichten. Sein sicheres Fundament lautet nicht ›sum‹, sondern »wir sind«[561] und schließt die Außenwelt ein, deren Existenz durch das Bewusstsein des Unterschieds von Ich und Welt gesichert ist.

Anschließend legt Wolff die Gründe dar, warum er »erst beweise, dass wir sind«[562]. Er will aufzeigen, inwiefern seine Metaphysik rational sei und warum der von ihm gewählte Weg als notwendig betrachtet werden müsse. Bereits in der *Deutschen Logik* hatte Wolff in seinem »Vorbericht von der Weltweisheit«[563] erklärt, dass »ein Welt-Weiser nicht allein wissen [muss], dass etwas möglich sey, sondern auch den Grund anzeigen können [muss], warum es seyn kan.«[564] Demgemäß erklärt Wolff in der *Deutschen Metaphysik*, dass auch bei einer Gewissheit wie jener über die menschliche Existenz zu zeigen sei, worin sie begründet ist. Indem Wolff sich verpflichtet, den Grund für die Gewissheit des ›wir sind‹ zu erarbeiten, gelangt er zu einer für seine Philosophie entscheidenden Einsicht. Denn wenn er den Grund für diese Gewissheit erkannt hat, »so ist mir bekannt, wie etwas müsse beschaffen sein, damit ich es so gewiss erkenne, als das ich bin.«[565] Auf diese Weise wird deutlich, welche Rolle die Erkenntnis des ›wir sind‹ für das Denken übernimmt. Denn hier zeigt sich, wie erkannt und gedacht werden muss, damit die gemachte Erkenntnis gewiss sei. Wolffs Weg, das Unbedingte zu denken, kann daher nur erschlossen werden, wenn im Folgenden herausgearbeitet wird, wie erkannt wird, dass ›wir sind‹. Denn damit ist vorgegeben, wie zu denken ist, um richtig zu denken.

Den Ausgangspunkt für die Erkenntnis bildet nach Wolff die als »unwidersprechlich«[566] zu nennende Erfahrung, »dass wir uns unserer und anderer Dinge selbst bewusst sind.«[567] Es zeigte sich zu Beginn von Wolffs Ausführungen, dass er den Sinnen und insofern der Erfahrung traut und, anders als Descartes, keinen Grund sieht, an diesen zu zweifeln. Neben diese Erfahrung, ›dass wir uns unserer und andere Dinge selbst bewusst sind‹, tritt die unbestreitbare Überzeugung, »dass derjenige ist, der sich seiner und anderer Dinge bewusst ist.«[568] Dies führt zu jener dritten und entscheidenden Gewissheit, »dass wir sind.«[569] Wolff versucht, die der sicheren Erkenntnis zu Grunde lie-

---

561 WOLFF, Deutsche Metaphysik, 2.

562 Ebd.

563 Zum Begriff ›Weltweisheit‹ bei Wolff, vgl. ARNDT, HANS WERNER, Christian Wolff – Philosophie der Weltweisheit, in: Stolzenberg, Jürgen/Rudolph, Oliver-Pierre (Hrsg.): Wolffiana II.1. Christian Wolff und die europäische Aufklärung. Akten des 1. Internationalen Christian-Wolff-Kongresses, Halle (Saale), 4.–8. April 2004, Hildesheim u.a. 2007, 41ff.

564 WOLFF, Deutsche Logik, 115. (Vorbericht von der Welt-Weisheit).

565 WOLFF, Deutsche Metaphysik, 3.

566 A. a. O., 4.

567 Ebd.

568 Ebd.

569 Ebd.

gende Denkfigur zu bestimmen, weil durch diese auch anderes sicher erkannt werden kann. Er behauptet damit, dass das Ich diese Denkfigur, wie auch das von ihm benannte Fundament braucht, um sich in der Welt orientieren zu können.

Wolff erklärt, dass diesem Gedankengang folgender Syllogismus zugrunde liege, der die Grundlage für die Gewissheit des ›wir sind‹ bilde: »Wer sich seiner und anderer Dinge bewusst ist, der ist. Wir sind uns unserer und anderer Dinge bewusst. Also sind wir.«[570] Zunächst erläutert Wolff den Untersatz ›Wir sind uns unserer und andere Dinge bewusst‹, und erklärt, dass dieser Satz Ausdruck einer »ungezweifelte[n] Erfahrung«[571] sei. Damit meint er den Untersatz hinreichend abgesichert zu haben und wendet sich dem »Obersatz«[572] zu, den er als »Grundsatz«[573] ausgibt. Den Gedanken des ›Grundsatzes‹ führte Wolff bereits in der *Deutschen Logik* ein. Dort bestimmte er, dass dann von einem ›Grundsatz‹ gesprochen werden könne, wenn dieser aus sich selbst klar und verständlich sei.[574] Dementsprechend bedarf der ›Grundsatz‹ keines weiteren Beweises. Die Klarheit und Verständlichkeit des Obersatzes, welche es erlaubt, ihn als ›Grundsatz‹ zu bezeichnen und damit die Notwendigkeit einer weiteren Begründung überflüssig werden lässt, sieht Wolff in der Frage legitimiert: »[W]er wolte zweiffeln, dass ein Ding sey, von dem wir erkennen, dass es auf eine gewisse Art und Weise ist?«[575] Stolzenberg identifiziert in dieser Erklärung das von Wolff »gesuchte Prinzip«[576], welches die Gewissheit des ›wir sind‹ garantiert. Denn damit sei erklärt, »dass die Erkenntnis, dass etwas auf eine bestimmte Weise beschaffen ist, die ›Existenz‹ dieses Dinges impliziert.«[577] Dahinter erkennt Stolzenberg den in Wolffs lateinischer Logik ausformulierten Gedanken der »durchgängigen Determination«[578] (›omnimodo determinatio‹). Demnach ist es möglich, dasjenige, was durchgängig bestimmt ist und insofern nichts Unbestimmtes aufweist, »mit Bezug auf jedes beliebige Prädikat, das einen möglichen Begriff bezeichnet«[579], entweder zu bejahen oder zu verneinen. Derart determiniert kann jedoch nur dann etwas sein, wenn es existiert. Ein Beispiel kann diesen Gedanken deutlich machen: Nur in Bezug auf einen existierenden Schneehasen kann mit Gewissheit gesagt werden, dass er weiß sei, während für einen bloß gedachten Schneehasen auch die Möglichkeit, dass er braun sein könnte, zu berücksichtigen ist. Damit, so

---

[570] Ebd.
[571] Ebd.
[572] Ebd.
[573] Ebd.
[574] Wolff, Deutsche Logik, 190.
[575] Wolff, Deutsche Metaphysik, 4f.
[576] Stolzenberg, »Wie wir erkennen, dass wir sind«, 127.
[577] Ebd.
[578] A. a. O., 128.
[579] Stolzenberg, »Wie wir erkennen, dass wir sind«, 128.

folgert Stolzenberg, sei nun begründet, warum es gewiss sei, dass derjenige, der sich seiner und anderer Dinge bewusst ist, auch tatsächlich sein muss.

Wolff nennt das hier aufgezeigte Verfahren »Demonstration«[580] und erklärt, dass alles, was auf diese Weise demonstriert werde, als genauso gewiss betrachtet werden müsse, wie die Erkenntnis, ›dass wir sind‹. Damit meint Wolff, für die Philosophie jene Regeln erarbeitet zu haben, durch welche die Richtigkeit ihrer Gedankengänge garantiert werde. Wolff setzt voraus, dass das von ihm hergeleitete Verfahren und die damit zusammenhängenden Regeln für die Gewissheit der gemachten Erkenntnis bürgen. Auch in den individuellen Situationen seiner Leser sei durch diese Regeln der sichere Weg der Erkenntnis gewährleistet. Insofern die wolffschen Regeln allgemein und damit ort- und zeitlos sind, scheinen sie der individuellen und partikularen Lebenswirklichkeit ihrer Rezipienten enthoben. Damit entsteht eine gewisse Distanz zwischen dem allgemeinen Fundament, welches eingenommen werden sollte, und dem subjektiven Standpunkt des Lesers. Diese Distanz ist durchaus gewollt, da die entwickelten Regeln letztlich für alle Leser gelten sollen. Gerade auf diese Weise wendet sich Wolffs Text, um mit Hamann zu sprechen, ›[a]n das Publikum‹, weil die darin erörterten Überlegungen für jedermann gelten sollen.

Zunächst bei Chladenius, dann vor allem bei Wolff, in dessen Tradition Chladenius steht, wurde deutlich, dass beide mit ihren Texten darauf abzielen, sich selbst, aber auch andere zu befähigen, einen sicheren, das heißt: einen geregelten rationalen Weg der Erkenntnis gehen zu können. Weil die von ihnen erarbeiteten Regeln kontextunabhängig gelten, erheben sie den Anspruch, allgemeingültig zu sein. Damit bilden sie ein festes Fundament und sind als solches unbedingt, weil sie unabhängig von der konkreten Situation und frei von Veränderungen Gültigkeit beanspruchen. Das Ich orientiert sich nach Wolff in der Welt durch die Anwendung allgemeingültiger Regeln. In dieser Position begegnet ein Denken des Unbedingten. Diesem Anliegen entspricht auch, dass die Texte von Wolff und Chladenius ort- und zeitlos erscheinen, um ihre über das Konkrete hinausgehende Gültigkeit hervorzuheben. Die Texte beanspruchen demnach, allen sagen zu können, wie sie zu denken haben. Gerade weil damit jeder angesprochen wird, wendet sich der Text an die abstrakte Größe ›Publikum‹. Und genau gegen diese linear verlaufende Denkfigur des Unbedingten und den darin enthaltenen Anspruch wendet sich Hamann.

1.2 »Niemand, der Kundbare«

Durch die Anrede ›An das Publikum‹ setzt Hamanns Text das Publikum als jene Instanz, an die er sich mit seiner Schrift wendet. Durch das ›Niemand‹ hebt der Text die gerade selbst gesetzte Größe auf und entlarvt sie als nichtig. Anschließend wird dieser ›Niemand‹ näher charakterisiert und durch diese

---

[580] WOLFF, Deutsche Metaphysik, 5.

Näherbestimmung als ›kundbar‹ bezeichnet, wodurch der Text das Publikum wieder einsetzt. Diese Setzung erfolgt nicht als Wiederholung der ersten Setzung, vielmehr hat ein Wandel stattgefunden in dem, was unter Publikum gemeint ist. Hamann erklärt, dass es die abstrakte Größe des Publikums nicht gibt, und doch bleibt ihm bewusst, dass die Leser seiner Schrift Publikum sind. Damit einhergehend wendet sich Hamann dem Konkreten zu. Indem er das Bedingte und Situative und zugleich das Besondere gegen das Allgemeine als für das Denken entscheidende Größen setzt, wendet er sich gegen Positionen, wie sie durch Wolff vertreten wurden. Indem das Situative nicht als starr gedacht wird, geht Hamann einem Denken der Bewegung nach und übt damit fundamentale Kritik an einem Denken des Unbedingten.[581] Daher gilt es deutlich zu machen, was Hamann unter Publikum versteht.

Descartes und Wolff waren überzeugt, dass sie ein sicheres Fundament für ihre Philosophie gefunden hatten. Denn die Interpretation zeigte, dass sie die Meinung vertraten, jeder könne den Weg zu diesem Fundament nachgehen und würde dann ebenfalls auf dieser Basis sichere Erkenntnis gewinnen können. Dabei setzten sie voraus, dass alle Erkenntnis vernünftig sei und dass sich alles, was wahr sei, rational erkennen und begründen lasse. In der Folge bedeutet dies, dass das, was nicht über eine rationale Argumentation als wahr aufgezeigt werden kann, nicht ist. Damit jedoch der rationale Gedankengang auch tatsächlich überzeugt, bedarf er eines festen und allgemeingültigen Fundamentes, von dem aus jeder, der die Regeln beherrscht, alles begründen muss. Insofern wenden sich die Texte von Descartes und Wolff an jeden Menschen. Descartes empfiehlt sogar explizit, dass jeder einmal in seinem Leben an allem gezweifelt haben sollte, um seine Erkenntnis auf dem von Descartes genannten Ausgangspunkt aufbauen zu können.[582] Jeder kann und muss, wenn er die Wahrheit erkennen will, auf diesem Grund beginnen. Damit sind alle angesprochen. Durch die erarbeiteten Regeln allein kann eine sichere Erkenntnis der Wahrheit überhaupt nur erreicht werden.

Insofern das Publikum als ›alle‹ oder ›jeder‹ angesprochen wird, kann Hamann erklären, dass es einen »Namen«[583] führt. Aber das Publikum braucht »keinen Beweis [s]eines Daseyns.«[584] Obwohl nach dem Paradigma der Aufklärung nur das gelten könne, dessen Existenz bewiesen sei, scheint man beim Publikum darauf zu verzichten. In der Aufklärung galt das Ideal, dass alles rational zu begründen sei und alle Überzeugung auf vernünftiger Erkenntnis zu basieren habe, das Publikum jedoch wird nicht erkannt, sondern ge-

[581] Diese Einsicht findet sich auch bei Büchsel, wenn sie erklärt, dass Hamann »die Vernunft [...] als geschichtlich geworden« (Büchsel, Elfriede, Paulinische Denkfiguren in Hamanns Aufklärungskritik. Hermeneutische Beobachtungen zu exemplarischen Texten und Problemstellungen, in: NZSTh 30 (1988), 270) deute.

[582] Vgl. Descartes, Die Prinzipien der Philosophie, 10.

[583] N II, 59, 6. (Sokratische Denkwürdigkeiten).

[584] A. a. O., 59, 6f.

glaubt.[585] Dem Publikum kommt damit die Rolle eines Götzen zu. »Wir wissen, daß es keinen Götzen in der Welt giebt«[586], schreibt Hamann. Der Text spielt zum einen, wie Blanke zu Recht betont, auf Paulus an, aus dessen erstem Brief an die Korinther (1 Kor 8,4) jene Stelle entnommen ist. Zum anderen erschöpft sich diese Anmerkung nicht in diesem paulinischen Gedanken, sondern spielt auch auf Hamanns eigene Epoche an. Denn ein Anliegen der Aufklärer bestand darin, sich und ihre Zeit von unbegründeten Dogmen und den dahinter stehenden ›Götzen‹ zu befreien. Daher ist es nur konsequent, wenn Hamann diese Vergötzung des Publikums als Vergötterung durch den »Aberglaube[n]«[587] karikiert.

Der Text spricht dem Publikum zwar Augen und Ohren zu, diese seien jedoch blind und taub. »Du musst alles wissen, und lernst nichts; Du must alles richten, und verstehst nichts; lernst immerdar, und kannst nimmer zur Erkenntnis der Wahrheit kommen«[588], schreibt Hamann. Durch diese Sätze wird deutlich, dass der ›Niemand‹ und die damit einhergehende Negierung des Publikums, wie sie bis hierher beschrieben wurden, nicht das Ende von Hamanns Gedankengang bilden. Vielmehr wird ersichtlich, dass es sehr wohl ein Publikum gibt, dem zugemutet wird, alles zu wissen, alles zu richten und immerdar zu lernen. Die *Sokratischen Denkwürdigkeiten* gehen davon aus, dass es die Leser und damit ein Publikum gibt. Jedoch wendet Hamann ein, wenn dieser Öffentlichkeit zugemutet wird, alles wissen zu müssen, so können sie nichts lernen und auch nichts verstehen. Alles wissen und richten zu müssen, führt nicht zur Wahrheit, weil dieses Wissen nicht verstanden wird, das heißt, es wird für den Leser nicht konkret und kann von ihm nicht in seine konkrete Situation hineingebracht werden. Hamann bringt daher mit den *Sokratischen Denkwürdigkeiten* diesem Götzen-Publikum eine Gabe, die wie »Küchlein«[589] ist, »von denen ein Gott [...] einst barst.«[590] Wenn aber die Vorstellung überwunden werden muss, an jeden zu schreiben und allen Regeln liefern zu können, die kontextunabhängig Gültigkeit haben, so kann sich der Text der *Sokratischen Denkwürdigkeiten* nur an ein »Paar«[591] Leser wenden. Damit macht Hamann deutlich, dass er sich mit seinem Text an konkrete, in bestimmten Kontexten stehende Leser zu wenden gedenkt und diese von einer falschen Vorstellung von Publikum zu befreien sucht. Seinen eigenen Text als ›Küchlein‹ zu bezeichnen und ihnen eine explosive Wirkung zu unterstellen, deutet an, dass Hamanns Stil sich von der von Chladenius geforderten Klarheit distanziert. Hamann sucht nach einer Darstellung, die den

---

585 Hamann formuliert: »Du findest Glauben« A. a. O., 59, 7.
586 A. a. O., 59, 9f.
587 A. a. O., 59, 11.
588 A. a. O., 59, 14ff.
589 A. a. O., 59, 25.
590 Ebd.
591 A. a. O., 59, 26.

Leser in einen Prozess versetzt, in dem ihm sein eigenes Bedingt-Sein durch die Situation bewusst werden kann.

In der zweiten Zuschrift erläutert Hamann, wer mit den »Zween«[592] gemeint sei. In einem Brief an Johann Georg Jacobi (1740–1814) vom 7. Januar 1785 hatte Hamann erklärt, dass hier Kant und Johann Christoph Berens angesprochen würden.[593] Konsequent geht daher auch die Hamann-Forschung davon aus, dass von Kant und Berens die Rede sei, und richtet ihre Deutungen danach aus.[594] So erblickt beispielsweise der Germanist und Hamann-Forscher Sven-Aage Jørgensen in den *Sokratischen Denkwürdigkeiten* »eine Verteidigungsschrift, die Verteidigung einer sokratischen Existenz am Rande der bürgerlichen Gesellschaft«[595]. Nötig wurde diese Verteidigung durch die Versuche von Berens und Kant, Hamann nach dessen Londoner Bekehrungserlebnis zum Christentum aus dem Jahre 1758 wieder für die Aufklärung zu gewinnen. Brose macht darüber hinausgehend deutlich, dass die *Sokratischen Denkwürdigkeiten* »zwar adressatenbezogen«[596] seien, um dann auch von »primären Adressaten«[597] zu sprechen, aber betont gleichzeitig, dass dieses Werk über »die individuelle Konstellation hinaus«[598] gehe. Bei Hamanns Umschreibung der ›Zween‹ geht es dementsprechend, wie es sich exemplarisch bei Blankes Kommentar findet, darum, zu identifizieren und zu erklären, wie hier auf Kant und Berens angespielt wird. Eine solche Vorgehensweise entspricht zwar auf der einen Seite ganz der hier herausgearbeiteten Deutungsmöglichkeit der *Sokratischen Denkwürdigkeiten,* da, wie etwa bei Blanke, der Text selbst in einem konkreten Kontext verortet wird. Jedoch muss auf der anderen Seite diese historisch begründete Interpretation auch als Verengung der vom

---

592 A. a. O., 61, 1.

593 An Jacobi, 7.1.1785, H V, 315, 21–25.

594 Schon Hegel erklärt, dass die Schrift gegen Kant und Berens gerichtet sei. Vgl. Hegel, Hamanns Schriften, 299f. So kommentiert dann auch Jørgensen, Hamann sehe sich »als Sokrates, die Aufklärer Berens und Kant sind Sophisten« (Hamann, Johann, Georg, Sokratische Denkwürdigkeiten. Aesthetica in nuce, mit einem Kommentar herausgegeben von Sven-Aage Jørgensen, Stuttgart 1968, 12.). Blanke sieht den Hauptgrund, warum Hamann sich mit Sokrates beschäftigt, darin, dass dieser »den Magister Kant und den Kaufmann Berens von dem Banne des Aufklärungsdenkens losmachen« soll. (Blanke, Fritz, J.G. Hamann und Sokrates. Ein Beitrag zur Geschichte der Sokrates-Deutung, in: Festschrift zur Feier des 350jährigen Bestehens des Heinrich-Suso Gymnasiums Konstanz, Konstanz 1954, 312) Diese Stoßrichtung der *Sokratischen Denkwürdigkeiten* ergibt sich jedoch hauptsächlich durch Hamanns Brief an Jacobi. Da dieser Brief erst Jahre später verfasst wurde und Hamanns Zeitgenossen unbekannt war, muss der Text auch eine andere Deutung zulassen, da er sonst, ohne Hamanns briefliche Erklärung, unverständlich bliebe.

595 Jørgensen, Sven-Aage, Johann Georg Hamann, Stuttgart 1976, 39.

596 Brose, Johann Georg Hamann und David Hume Bd. II, 383.

597 A. a. O., 396.

598 A. a. O., 383.

Text angebotenen Interpretationsmöglichkeiten wahrgenommen werden.[599] Die Textstelle auf die Auseinandersetzung mit Kant und Berens zu begrenzen, schafft zwischen Leser und Text wiederum eine Distanz, da die Interpretation letztlich zu zeigen scheint, dass primär nur diese beiden angesprochen sind. Aber diese Textstelle muss auch gelesen werden können, wenn die persönliche Situation Hamanns den Lesern nicht bekannt ist. Öffnet man daher die Deutung, indem man die Fokussierung auf Kant und Berens zwar mitdenkt, aber nicht als einzige Interpretation zulässt, ergibt sich ein differenzierteres Bild von Hamanns Vorstellung von ›Publikum‹.

Wenn die Auseinandersetzung mit Kant und Berens zwar als historisch zutreffender Kontext angesehen wird, jedoch nicht als einzige Möglichkeit in den Blick geraten soll, muss ein anderer Kontext gegeben werden, in welchem die Interpretation ihren Sinn erhält. Dieser andere Kontext und die damit verbundene Interpretationsmöglichkeit können sich an der Deutung des ersten Teils der ersten Zuschrift orientieren. Hamann meint nicht, eine unkonkrete Masse ansprechen zu können, sondern skizziert zwei Prototypen. So findet sich einerseits der Typ des aufgeklärten Kaufmanns, der symbolisch dafür steht, dass mit vernünftig geregelten Handlungen das Allgemeinwohl der Gesellschaft gesteigert werden könne. Auf der anderen Seite findet sich die Skizze eines aufgeklärten Philosophen, wie er bereits exemplarisch in Wolff begegnete. Hamann nennt in den *Sokratischen Denkwürdigkeiten* zwar nicht die Namen Berens und Kant, dennoch liefert er eine Präzisierung des Adressatenkreises, ohne diesen definitorisch festzulegen. So kann der Text durch seine konkretisierende Offenheit auf jeden hin gelesen werden, der sich in den skizzierten Eigenschaften wiederfindet. Hamanns Text bewahrt in seiner Konkretisierung ein Moment des Unkonkreten. Durch die Beschreibung wird zwar eine Lebenssituation und Weltauffassung verdeutlicht, gleichzeitig wird dieser angedeutete Kontext nicht auf eine bestimmte Konstellation begrenzt. Man kann daher Berens und Kant dahinter erkennen, wenn man das nötige Wissen um Hamanns Lebenssituation mitbringt, man kann darin aber auch jeden anderen erlesen, insofern dieser beispielsweise davon ausgeht, dass das Allgemeinwohl durch allgemeine Regeln zu befördern sei.[600]

---

[599] Der Schritt, die in der Forschung vorgenommene Fokussierung auf Kant und Berens zu durchbrechen, kann als von Hamann motiviert betrachtet werden. Koczisky hat darauf aufmerksam gemacht, dass Hamann überzeugt sei, dass der »Sinn eines Textes nicht nur sein historischer Kontext, sondern in erster Linie ›seine Zukunft‹ – sein zukünftiges Verständnis – bestimmt.« (KOCZISZKY, ÈVA, Hamanns Sokratisches Philosophieren, in: Poetica. Zeitschrift für Sprach- und Literaturwissenschaft, Bd. 33 (2001), 102). Hamanns Text muss demnach auch außerhalb des vermeintlich historischen Kontextes interpretiert werden können.

[600] Wilhelm Koepp hatte in seiner Monografie *Der Magier unter Masken* zu zeigen versucht, dass sich Hamann mit »Verkleidungen und Masken« (KOEPP, WILHELM, Der Magier unter Masken. Versuch eines neuen Hamannbildes, Göttingen 1965 (Kirche im Osten Bd. 5), 31) verberge, um »hinter die Maske zu weisen und die Wahrheit desto

Bei Wolff zeigte sich, dass er mit seinen Texten danach strebt, ein Fundament zu liefern, das durch seine Allgemeinheit und Gewissheit von jedem als Ausgangspunkt verwendet werden kann. Darüber hinaus müssen seine Texte sogar von jedem als Basis genutzt werden, wenn sichere Erkenntnis gewonnen werden soll. Damit fordert er von seinen Lesern, sich aus ihren Kontexten und ihren konkreten Lebenssituationen zu lösen und sich auf die von ihm benannte allgemeine Einsicht als Basis des Denkens zu stellen. Dieser Loslösung aus einem bestimmten Bezugsrahmen liegt die Intention zugrunde, sich an jeden zu wenden und jeden auf einen allgemeinen Ausgangspunkt zu führen. Indem auf diese Weise jeder angesprochen wird, tritt der Text an keine konkrete Person heran. Hamann kritisiert dieses Vorgehen und wendet sich mit seinem Text an Individuen. Er umschreibt die von ihm angesprochenen Adressaten und lässt offen, wen genau er meint, obwohl er die Kontexte, in welche seine Leser verstrickt sind, andeutet. Gleichzeitig nötigt Hamann diese durch die Skizzierung der Bezugsrahmen, in welchen sich seine Leser bewegen, dazu, seinen Text auf ihre eigenen Kontexte und damit auf ihre Lebenswelt zu beziehen.

Mit Hamanns Überlegungen zum Situativen können das Verhältnis von Ich und Welt und die Frage, wie sich das Ich in der Welt orientieren kann, neu reflektiert werden. Gegen die Annahme Wolffs, das Ich könne von einem allgemeingültigen Fundament aus das Wahr-Sein erkennen, setzt Hamann das Besondere als das Ich und sein Denken bestimmende Größe. Sich im Konkreten zu orientieren bedeutet, keine letzte, wohl aber eine relative Gewissheit für das Leben in der Welt zu erlangen. Gerade weil Hamann mit den *Sokratischen Denkwürdigkeiten* ein Denken der Bewegung erprobt, kann er seine Position nicht mit logischer Strenge beweisen und kann auch ein solches Verfahren nicht zur Verfügung stellen. Er kann nur versuchen seine Einsichten zu plausibilisieren, indem er den Primat des Besonderen immer wieder neu thematisiert und dies damit von verschiedenen Kontexten kom-

---

lichtvoller zu erfassen.« (ebd.). Dieser Gedanke impliziert die These, dass Hamanns Text eine eindeutige und klare Bedeutung habe, die, wenn der richtige Zugang gefunden sei, sich dem Leser um so deutlicher erschließe. Gegen Koepp muss eingewandt werden, dass Hamanns Text durch den Stil des Andeutens und Hinweisens in eine Maskerade verstrickt wird, deren Demaskierung nur durch die Einbettung des Textes in einen bestimmten Kontext gelingen kann. Dieser Kontext kann jedoch nicht als per se vorherbestimmt betrachtet werden. Auch Elfriede Büchsel meint, dass Hamann »mit den Worten der Bibel [...] die biblische Botschaft« (Büchsel, Elfriede, Biblisches Zeugnis und Sprachgestalt bei J. G. Hamann. Untersuchungen zur Struktur von Hamanns Schriften auf dem Hintergrund der Bibel, Gießen/Basel 1988, 250) zu bezeugen sucht. Obwohl Büchsel herausarbeitet, dass Hamann immer wieder Anspielungen auf die Bibel in seinen Texten macht und dass die »erstaunlich verschiedenen Ansätze« (134) zur Deutung der *Sokratischen Denkwürdigkeiten* in deren »Struktur« (ebd.) begründet seien, scheint sie, wie Koepp, davon auszugehen, dass die Mehrdeutigkeit dieses Texte keine Auswirkung auf den Inhalt habe.

mend reflektiert. Deshalb wird im Folgenden auf Hamanns Hermeneutik und seinen Stil eingegangen, weil sich im Verhältnis Leser-Text Hamanns Vorstellung vom Verhältnis Ich-Welt spiegelt und weil Hamann dieses Verhältnis in der Frage nach dem Verstehen immer wieder von neuen Kontexten aus betrachtet. Hamann betont hier, dass der Text nichts an sich, sondern nur in der Situation und damit in einem konkreten Kontext, innerhalb dessen die Interpretation erfolgt, etwas bedeutet. Anschließend deutet sich seine Einsicht zur Rolle der Situation auch in seinen Gedanken zur Semiotik an, wobei das Verhältnis Sprache-Wirklichkeit behandelt wird. Hamann kommt auf die Hermeneutik und Semiotik im weiteren Verlauf seiner *Sokratischen Denkwürdigkeiten* immer wieder zurück.

1.3 Inseln und neue Perspektiven

1.3.1 Schwimmend zu Sokrates

Die erste Zuschrift kritisiert, dass es eine abstrakte Größe wie das Publikum nicht gibt und es demnach auch wenig überzeugen kann, allgemeine Regeln zu formulieren. Vielmehr sollte ein Text die Möglichkeit bieten, dass einzelne Leser in ihren jeweiligen konkreten Kontexten am Text anknüpfen können. Hamann formuliert diesbezüglich den Gedanken des Unkonkreten im Konkreten, weil auf diese Weise dem Leser verschiedene Anknüpfungsmöglichkeiten angeboten werden können. Hamanns Votum für das Situative begründet zum einen seine hermeneutischen Überlegungen und wird zum anderen von seinen hermeneutischen Überlegungen begründet. Hamanns Einsichten bedingen sich wechselseitig, wodurch sie sich als ein Denken der Bewegung auszeichnen. Damit soll erneut auf Hamanns Hermeneutik eingegangen werden, weil mit Hilfe der *Sokratischen Denkwürdigkeiten* deutlich gemacht werden kann, dass der Text an sich und damit über den Moment der Rezeption hinaus nichts sagt. Die von Hamann verlangte aktive Deutungsarbeit durch den Leser bedeutet dabei nicht, dass der Text dem Leser nichts Neues zu sagen hat. Gerade dieses Wechselverhältnis von aktiver Aufnahme und Angewiesen-Sein auf den Text bildet die Grundlage für Hamanns Denken der Bewegung, sodass die Beschäftigung mit Hamanns Hermeneutik den Rahmen steckt, innerhalb dessen ein Denken der Bewegung vorgestellt werden kann.

Die zweite Zuschrift ›An die Zween‹ verdeutlicht die Bedingungen, unter denen es nach Hamann zu einer erfolgreichen Lektüre der *Sokratischen Denkwürdigkeiten* kommen kann. »Wo ein gemeiner Leser nichts als Schimmel sehen möchte, wird der Affect der Freundschaft Ihnen, Meine Herrn, in diesen Blättern vielleicht ein mikroskopisch Wäldchen entdecken.«[601] Der Text macht

---

[601] N II, 61, 7ff. (Sokratische Denkwürdigkeiten). Blanke weist darauf hin, dass Hamann hier auf den Niederländer Antoni von Leeuwenhoek (1632–1723) hinweist, dem es gelungen war, mit einem Mikroskop die Welt der Mikroben und Bakterien zu entdecken.

unverhohlen deutlich, dass der ›gemeine Leser‹, der sich dem Text nur auf gewöhnliche Art nähert, durch die Lektüre kaum Gewinn haben dürfte. Wer sich der Lektüre jedoch im ›Affect der Freundschaft‹ zuwendet, dem eröffnet sich ein differenzierter und vielschichtiger Text. Mit dem Begriff ›Affect‹ greift Hamann auf, was er im Brief an Lindner vom 1. Juni 1759 erklärt. Folgt man Blanke in seinem Kommentar, so verwendet Hamann für den Ausdruck ›Affect‹ auch den deutschen Begriff der ›Empfindung‹. Hamanns ›gemeine Leser‹ sind demnach jene, die sich an einer Hermeneutik im Stil des Chladenius orientieren. Der Text wird jedoch für den Leser, der bereit ist, die Distanz gegenüber dem Text aufzugeben und sich auf eine existenzielle Lektüre im hamannschen Sinne einzulassen, zu einem ›mikroskopische[n] Wäldchen‹.

Die notwendige Aktivität des Lesers bei der Textinterpretation und die Rolle des Textes erläutert Hamann, indem er eine Bemerkung des Sokrates bezüglich Heraklits Schriften aufgreift:

> »Bey dieser Gelegenheit redete Sokrates von Lesern, welche schwimmen könnten. Ein Zusammenfluß von Ideen und Empfindungen in jener lebenden Elegie vom Philosophen machte desselben Sätze vielleicht zu einer Menge kleiner Inseln, zu deren Gemeinschaft Brücken und Fähren der Methode fehlten.«[602]

Das von Hamann angewandte Bild macht deutlich, dass der Leser aktiv deuten muss. Wer von Insel zu Insel schwimmt, muss seinen Weg durch den Widerstand des Wassers finden. Er kann nicht bereits begonnenen Wegen folgen, selbst wenn er zum wiederholten Mal zwischen zwei Inseln schwimmt. Es kann deshalb mannigfache Routen geben, um die unterschiedlichen Inseln zu erreichen. Daher ist Renate Knoll zuzustimmen, wenn sie schreibt, »[h]ier appelliert der Verfasser an ein Verstehen, das nicht nur den kühlen Kopf voraussetzt, sondern die teilnehmende produktiv weiterforschende Tätigkeit des Lesers als Freund«[603] fordert.

Hamann reflektiert jedoch nicht nur die Rolle des Lesers, sondern liefert auch eine Erläuterung, wie der Text aussehen soll. Er erklärt in den *Sokratischen Denkwürdigkeiten*: »Ich habe über den Sokrates auf eine sokratische Art geschrieben. Die Analogie war die Seele seiner Schlüsse, und er gab ihnen die Ironie zu ihrem Leibe.«[604] Hamann gibt hier an, durch welche literarischen Strategien er meint, seinen Text vielschichtig und dunkel konzipieren zu können, sodass die Leser gezwungen sind, sich den Text aktiv anzueignen. Die Ironie wurde bereits mit Quintilian und Aristophanes näher betrachtet, sodass jetzt die Analogie in den Fokus rückt, weil auch durch sie Hamann die

---

[602] N II, 61, 27ff. (Sokratische Denkwürdigkeiten).

[603] KNOLL, RENATE, »Brücken und Fähren der Methode«. Zu Hamanns frühen Bildern als Grundlegung sprachlicher Autorschaft, in: Ischreyt, Heinz (Hrsg.), Zentren der Aufklärung. Königsberg und Riga, Tübingen 1995 (Wolfenbütteler Studien zur Aufklärung, Bd. 16), 206.

[604] N II, 61, 10ff. (Sokratische Denkwürdigkeiten).

Offenheit seiner Texte zu steigern versucht. Indem damit neben der Ironie eine weitere literarische Strategie in den Blick kommt, mittels derer ein Denken der Bewegung ermöglicht werden soll, wird deutlich, wie eng Text und Rezeption bei Hamann zusammengehören.

1.3.2 Mit Analogien zu Sokrates

Der Philologe Bruno Snell (1896–1986) hat in *Die Entdeckung des Geistes* seine Überlegungen zur »Entwicklung vom mythischen zum logischen Denken«[605] vorgelegt und »den Weg vom mythischen Vergleich und vom homerischen Gleichnis zum wissenschaftlichen und philosophischen Analogie-Schluß«[606] nachgezeichnet. Snell geht von der These aus, dass die Menschen schon früh analoge Strukturen wahrnahmen und diese zu benennen versuchten, auch wenn sie das Phänomen der Analogie noch nicht reflektierten. Später erst, durch die pythagoreische Schule, durch Platon und Aristoteles sei die Analogie theoretisch durchdacht und als methodisches Erkenntnismittel weiter ausgebaut und etabliert worden.[607] Damit behauptet Snell, dass es neben dem wissenschaftlich fundierten Gebrauch der Analogie auch einen mythischen gibt.

Die Analogie in ihrem mythischen Gewand dient dazu, wie Snell erklärt, »[s]ich vergleichend einzuordnen und dadurch Halt über sich zu gewinnen.«[608] Bei der Analogie handelt es sich demnach um die Wahrnehmung einer gewissen Identität, worin Pannenberg das »Geheimnis, aber auch das Problem des Analogiebegriffs«[609] erblickt, weil Identisches in fremden Bereichen wahrgenommen wird. Der klassische Vergleich ›Achill kämpft wie ein Löwe‹ oder auch die Metapher ›Achill ist ein Löwe‹, bauen beide auf der Analogie auf, dass sich Achill im Kampf verhält wie ein Löwe. Damit wird die Analogie als Grundstruktur des Vergleichs und der Metapher behauptet. Dabei öffnet die

---

[605] SNELL, BRUNO, Die Entdeckung des Geistes. Studien zur Entstehung des europäischen Denkens bei den Griechen, Hamburg 1948, 181.

[606] Ebd.

[607] Im Dialog *Georgias* zeigt sich, dass Platon die mathematisch-geometrische Analogie kennt. Thematisiert wird in diesem Dialog die Frage nach der richtigen Lebensweise und in diesem Zusammenhang die Rolle der Rhetorik. Platon macht deutlich, dass sich die Rhetorik zur Rechtskunde verhält wie die Kosmetik zum Sport. Seine Erklärung, so leitet er diese Analogie ein, möchte er vortragen »wie die Geometer« (PLATON, Georgias, 465 b f.). Im Dialog *Timaios*, in dem Platon den Begriff anders als im *Georgias* explizit verwendet, gebraucht Platon ihn, um eine nicht-mathematische Verhältnisgleichung anzugeben. Dort heißt es, dass sich das Feuer zur Luft verhalte wie die Luft zum Wasser, wie sich dann auch das Wasser zur Erde verhält (Vgl. PLATON, Timaios, 31 b 4ff.). Platon kennt sowohl die mathematische Analogie als auch jene, die nicht mit quantitativ bestimmbaren Relationen arbeitet.

[608] SNELL, Die Entdeckung des Geistes, 196.

[609] PANNENBERG, WOLFHART, Analogie und Offenbarung. Eine kritische Untersuchung zur Geschichte des Analogiebegriffs in der Lehre von der Gotteserkenntnis, Göttingen 2007, 10.

Analogie den Blick dafür, dass Achill und der Löwe gemeinsame Identitätsmerkmale haben, obwohl sie gleichzeitig zwei fremden Bereichen angehören. Indem in der Differenz eine gemeinsame Identität festgemacht wird, wird deutlicher, was Achill auszeichnet. Er begegnet als ein Krieger, der sich von anderen darin unterscheidet, dass er mutig kämpft wie der Löwe. Diese Einsicht vermittelt Orientierung. In ihrem mythischen Gewand dient die Analogie dazu, fremde Bereiche in ein Verhältnis zu setzen, um sich dann besser in dieser Welt zu orientieren.

Neben diesem mythischen Gebrauch findet sich auch ein mathematischer. Das erste literarisch erhaltene Zeugnis dazu liefert der Pythagoreer Archytas von Taren (428–347 v. Chr.), der bereits drei Arten analoger Verhältnisse, das arithmetische, das geometrische und das harmonische, zu benennen wusste.[610] Diese Verhältnisse lassen sich, weil es um Zahlenverhältnisse geht und die Anwendung der Analogie hier auf die Mathematik beschränkt ist, numerisch exakt bestimmen. Der Analogie-Schluss hier dient dazu, mittels eines methodisch abgesicherten Verfahrens Gesetzmäßigkeiten beschreiben zu können und über das Erfassen dieser Gesetzmäßigkeiten zu einer Erweiterung des Wissens beizutragen.

Aristoteles kennt neben diesem mathematischen Gebrauch, auf den er in der *Nikomachischen Ethik*[611] hinweist, die Verwendung der Analogie innerhalb der Naturwissenschaft. Jedoch unterscheidet sich der Gebrauch in der Naturwissenschaft von dem innerhalb der Mathematik darin, dass es, statt um die Gleichheit der Verhältnisse, um das Erkennen ähnlicher Funktionen geht.[612]

---

[610] Vgl. Kluxen, Wolfgang, Art. Analogie in: HWP 1, Sp. 214. Die arithmetische Proportion, erklärt Archytas, liegt vor, »wenn drei Zahlbegriffe analog folgende Differenzen aufweisen: um wie viel der erste den zweiten übertrifft, um soviel übertrifft der zweite den dritten« (DK 47 B 2). Die geometrische Proportion liegt dagegen vor, »wenn der erste Begriff zum zweiten, wie der zweite zum dritten sich verhält« (DK 47 B 2). Und schließlich die harmonische Proportion, »um den wievielten Teil der eigenen Größe der erste Begriff den zweiten übertrifft, um diesen Teil des dritten übertrifft der Mittelbegriff den vierten« (DK 47 B 2).

[611] Aristoteles, zieht hier die Analogie heran, um zu erklären, wie gerecht verteilt werden kann. Dabei betont er deren Ursprung in der Mathematik und definiert anschließend: »Analogie ist Gleichheit der Verhältnisse und erfordert mindestens vier Glieder.« (Aristoteles, Nikomachische Ethik. Übersetzt und herausgegeben von Ursula Wolf, Hamburg 2006, 1131a 32f). Darüber hinaus unterscheidet er zwischen »stetigen« (1131a 35) und »unstetigen Analogien« (1131a 34). Durch diese Differenzierung bestimmt er den Analogiebegriff näher. Bei einer Analogie nach dem Schema »A verhält sich zu B wie C zu D« spricht Aristoteles von einer unstetigen Analogie, die gekennzeichnet ist durch das Vorhandensein vier verschiedener Glieder. Die stetige Analogie dagegen liegt vor, wenn sich A zu B wie B zu C verhält. Hier wird »ein Glied als zwei« (1131b 36) verwendet.

[612] So erklärt Aristoteles in der *Historia animalium,* dass alle Lebewesen Organe besäßen, die zur Nahrungsaufnahme und -verarbeitung dienten. Die Organe sind für Aristoteles in ihrer Funktion analog. Weil es damit nicht mehr um mathematisch exakt

Wie in der Mathematik nutzt Aristoteles auch im Bereich der Naturwissenschaft die Analogie zur Erschließung neuen Wissens, weswegen ihr eine »heuristische Funktion«[613] zukommt. Dieser Wechsel von mathematisch exakten zu ähnlichen Verhältnissen und damit die Vorstellung von Analogien »mit nicht quantitativen Relationen«[614] begegnet auch in der *Poetik.*

In der *Poetik* schreibt Aristoteles:

> »Eine Metapher ist die Übertragung eines Wortes, und zwar entweder von der Gattung auf die Art oder von der Art auf die Gattung, oder von einer Art auf eine andere, oder nach den Regeln der Analogie.«[615]

Die Analogie versteht Aristoteles hier als eine Form der Übertragung eines Wortes. Er erklärt weiter: »Unter einer Analogie verstehe ich eine Beziehung, in der sich die zweite Größe zur ersten ähnlich verhält wie die vierte zur dritten.« Das Verhältnis, in dem die vier verschiedenen Elemente zueinanderstehen, wird hier nicht mehr wie in der Nikomachischen Ethik mit »ἰσότης«[616] im Sinne von Gleichheit, sondern als »gleich/ähnlich« (»ὁμοίως«[617]) bezeichnet. Durch den Perspektivwechsel von der Gleichheit zur Ähnlichkeit liefert Aristoteles in der *Poetik* eine von der mathematischen Strenge abweichende Deutung der Analogie und eröffnet gleichzeitig durch die Verknüpfung von Analogie und Metapher einen neuen Horizont, innerhalb dessen die Analogie sich als Moment einer poetischen Strategie begreifen lässt. Damit kann durch die Analogie in eigentlich getrennten Bereichen Ähnliches erkannt werden, womit sie neue Perspektiven öffnet. Sie nötigt damit, über scheinbar Bekanntes unter einem neuen Aspekt nachzudenken und erweitert auf diese Weise die Deutungsmöglichkeiten. Zu der bereits bekannten Deutungsoption kommt eine weitere hinzu. Indem Bekanntes mit fremden Vorstellungen konfrontiert wird, weil es zwischen beiden Bereichen Ähnlichkeiten gibt, lässt sich Mehrdeutigkeit inszenieren. Dabei kommt es zu einer Erweiterung des Wissens, weil neben die bekannte Deutung für einen Bereich die Möglichkeit einer zweiten Deutungsperspektive tritt.

---

bestimmbare Verhältnisse geht, sondern um ähnliche Funktionen, muss das neu erschlossene Wissen durch weitere wissenschaftlich prüfbare Verfahren abgesichert werden. (Vgl. ARISTOTELES, Zoologische Schriften I: Historia animalium. Bücher 1 und 2, kommentiert und übersetzt von Stephan Zierlein, Berlin 2013, 486b 17ff.).

[613] FIEDLER, WILFRIED, Analogiemodelle bei Aristoteles. Untersuchungen zu den Vergleichen zwischen den einzelnen Wissenschaften und Künsten, Amsterdam 1978, 37.

[614] COENEN, HANS GEORG, Analogie und Metapher. Grundlegung einer Theorie der bildlichen Rede, Berlin/New York 2002, 11.

[615] ARISTOTELES, Poetik. Griechisch/Deutsch. Übersetzt und herausgegeben von Manfred Fuhrmann, Stuttgart 2010, 1457b, 6–9.

[616] ARISTOTELES, Die Nikomachische Ethik. Griechisch-deutsch. Übersetzt von Olof Gigon, neu herausgegeben von Reiner Nickel, Düsseldorf 2001, 1130 a 31.

[617] A. a. O., 1457b, 15.

Mit der Erklärung »sokratisch[...]« über Sokrates schreiben zu wollen, benennt Hamann zwei literarische Strategien, mittels derer er eine Bewegung des Denkens beim Rezipienten zu provozieren sucht: Ironie und Analogie. Wo immer die Ironie erkannt wird, fordert sie vom Rezipienten, dass er sich zum Gesagten noch eine weitere Deutung hinzu denkt. Sie inszeniert die Offenheit des Textes und nötigt den Leser, dessen Mehrdeutigkeit ernst zu nehmen. Auch die Analogie erzeugt Mehrdeutigkeiten, weil sie zwingt, Ähnlichkeiten zu sehen, wo zunächst nur Fremdheit zu herrschen scheint. Sie nötigt dazu, in getrennten Bereichen Gemeinsames zu entdecken und fordert damit ein Neu- und Umdenken durch den Leser. Auch die Analogie inszeniert Offenheit, weil sie durch das Zusammensehen eigentlich getrennter Bereiche den Kontext erweitert. Das Erkennen von Gemeinsamkeiten in unterschiedlichen Kontexten, führt in neue lexikale Bedeutungsfelder und kann Orientierung ermöglichen. Die von Hamann genutzten Analogien sind dabei weniger dem mathematischen als dem mythischen Analogie-Denken verpflichtet.

Analogie und Ironie erzeugen als Elemente des hamannschen Stils Denk-Bewegung, weil der Rezipient zum Neu- und Umdenken angeregt wird und er unterschiedliche Deutungen abwägen und aus der Mehrdeutigkeit auswählen soll. Auch Hamann ist damit dem Ideal des Selbstdenkens verpflichtet. Anders als Wolff oder Chladenius versucht Hamann, dem Leser nicht ›vorzudenken‹, wie dieser zu denken hat, vielmehr fordert er ihn durch seinen ›dunklen‹ Stil und die inszenierte Mehrdeutigkeit auf, den Sinn des Textes und seine Bedeutung selbst zu erschließen. Ironie und Analogie sind demnach Strategien, mit denen Hamann den Leser dazu bringen will, den Text in die eigenen Lebens-Kontexte zu bringen, um im Interpretieren den Sinn innerhalb der eigenen konkreten Situation zu erschließen. Provozieren die *Sokratischen Denkwürdigkeiten* Denk-Bewegung und tun sie dies, indem sie durch die inszenierte Offenheit unterschiedliche Deutungen ermöglichen, geben sie dem Denken des Interpretierenden zwar eine Richtung vor, schreiben ihm aber nicht vor, wie der Interpretierende zu denken hat. Wolff strebt danach, den Menschen die Regeln an die Hand zu geben, nach denen sie eigenständig und vernünftig denken können, und denkt ihnen damit ›vor‹, wie sie zu denken haben. Hamann durchbricht diese Form der Vormundschaft und der ›Unmündigkeit‹ und radikalisiert durch seinen dunklen Text die Forderung des Selbstdenkens.[618]

---

[618] Daher ist Bayer zuzustimmen, der in seiner Monografie *Zeitgenosse im Widerspruch* Hamann als »radikale[n] Aufklärer«, so der Untertitel, deutet. Diese Interpretation wendet sich gegen die innerhalb der Hamannforschung häufig vertretene Meinung, Hamann sei ein Vertreter des Irrationalismus (Bayer, Zeigenosse im Widerspruch, Titelblatt). Exemplarisch seien als Vertreter dieser Position genannt: Berlin, Der Magus in Norden, oder zuletzt: Beutel, Kirchengeschichte im Zeitalter der Aufklärung. Beutel führt Hamann unter der Überschrift »Religiöser Antirationalismus« (Beutel, Albrecht, Kirchengeschichte im Zeitalter der Aufklärung. Ein Kompendium, Göttingon 2009, 190).

1.4 Denk-Mal

Die in den *Sokratischen Denkwürdigkeiten* angewandten Strategien nötigen den Leser zu Denk-Bewegungen, weil sie die Offenheit und damit die Mehrdeutigkeit des Textes bewusst machen. Neben den Text tritt die aktive, deutende Aufnahme und Integration des Textes in die Kontexte des Rezipienten. Hamann bestimmt die Rolle des Textes und den deutenden Umgang mit ihm im weiteren Verlauf der *Sokratischen Denkwürdigkeiten* als Wechselverhältnis. Die Einsicht in die Rolle des Situativen und Besonderen im Gegensatz zum Allgemeinen führt Hamann zu der Einsicht, dass der Text an sich nichts sagt. Gleichzeitig betont er, wie die Überlegungen zur Ironie und Analogie aufzeigen, die Notwendigkeit des Textes, weil durch ihn sozusagen das Material vorgegeben ist, von dem die Deutung inspiriert wird. Die Frage, wie es zum Verstehen kommt, bringt eine Antwort, die aufzeigt, warum das Denken des Unbedingten scheitert und wie ein Denken der Bewegung möglich ist. Die sich nun anschließende Lektüre des hamannschen Textes erlaubt, das Verstehen im Sinne Hamanns genauer zu fassen. Gemeinsam mit Bayer kann anschließend eine Theo-Semiotik hamannscher Provenienz vorgestellt werden. Diese Semiotik bildet dabei nur die vorläufige Form dessen, wie die *Sokratischen Denkwürdigkeiten* Zeichen denken. Der damit gegebene Impuls für die weitere Lektüre der *Sokratischen Denkwürdigkeiten* öffnet zugleich den Weg, um nach der Rolle des Glaubens im Verstehen zu fragen.

1.4.1 Text und Leser

Mit einem Vergleich beginnt die Einleitung[619] der *Sokratischen Denkwürdigkeiten*. Dort heißt es, »[d]er Geschichte der Philosophie [sei] es wie der Bildsäule des französischen Staatsministers ergangen.«[620] Das Denkmal, auf welches Hamann hier verweist, ist das 1694 von François Girardon (1628–1715) geschaffene und von Ludwig XIV. (1638–1715) finanzierte Standbild des früheren französischen Staatsministers Armand-Jean du Plessis, duc de Richelieu (1585–1642).[621] »Ein grosser Künstler zeigte seinen Meissel daran; ein Monarch [...] gab die Unkosten zum Denkmal und bewunderte das Geschöpf seines Unterthanen«[622]. Demnach strebte Girardon danach, mittels der Bildsäule seine Kunstfertigkeit zu präsentieren, während Ludwig XIV. seinen Reichtum und seine Bewunderung zur Schau stellen wollte. Hamann skizziert hier knapp, dass sowohl der Künstler als auch der Finanzier mithilfe des Kunstwerkes etwas zum Ausdruck bringen wollten. Als Urheber beanspruchen beide, dass das Werk die von ihnen intendierte Botschaft dem Betrachter

---

[619] Bis jetzt wurden nur die beiden Zuschriften »An das Publikum, oder Niemanden, den Kundbaren« und »An die Zween« behandelt.

[620] N II, 62, 3f. (Sokratische Denkwürdigkeiten).

[621] Durch handschriftliche Anmerkungen hatte Hamann diese Stelle später selbst entschlüsselt. Vgl. a. a. O., 62, 34f.

[622] A. a. O., 62, 4ff.

übermittelt. Die *Sokratischen Denkwürdigkeiten* erzählen indes weiter: »[D]ieser Scythe«[623], gemeint ist Peter der Große,

> »begieng eine Schwachheit, deren Andenken ihn allein verewigen könnte. Er lief auf den Marmor zu, both grosmüthig dem stummen Stein die Hälfte seines weiten Reichs an, wenn er ihn lehren wollte, die andere Hälfte zu regieren.«[624]

Peter der Große wird als Rezipient der Bildsäule vorgestellt, der sich jedoch für das, was der Künstler und der Monarch zum Ausdruck bringen wollten, nicht interessiert. Vielmehr fragt er den Marmor nach dem Fachwissen, welches jenen auszeichnete, den das Kunstwerk symbolisiert. Demnach bestimmt nicht, wie bereits an anderer Stelle deutlich wurde, das vom Urheber Intendierte den Kommunikationsprozess zwischen Rezipient und Werk, sondern die Fragestellung des Betrachters. Hamann wiederholt damit seine bereits in den Zuschriften formulierten hermeneutischen Überlegungen.[625]

Die Anfrage Peters des Großen an das Marmorbild erscheint nicht wegen des Inhalts seiner Frage als »eine Schwachheit«[626], sondern weil er sich mit seiner Anfrage an den scheinbar sprachlosen Stein wendet. Hamann schreibt: »Sollte unsere Historie Mythologie werden;«[627]. Diese vermeintlich rhetorische Frage, die nicht nur als Frage formuliert ist, sondern auch die Antwort vorwegzunehmen scheint, täuscht nur vor, eine rhetorische Frage zu sein, zumindest wenn man der Zeichensetzung von Nadlers Hamann-Ausgabe traut.[628] Denn Hamann setzt statt des zu erwartenden Fragezeichens ein Semikolon und zwingt der eindeutigen Formulierung einen doppeldeutigen Sinn auf. Die vermeintliche Frage könnte auch eine Aussage sein. Gegen Blanke könnte man daher behaupten, dass die durch Peter den Großen vorgeführte Möglichkeit, wie mit der Geschichte umgegangen werden kann, nicht als falscher Weg angesehen, sondern als mögliche und sinnvolle Beschäftigung mit der Ge-

---

[623] A. a. O., 62, 4.

[624] A. a. O., 62, 9ff.

[625] Kocziszky urteilt daher zurecht, dass einer der vier »hermeneutischen Grundsätze« (Kocziszky, Hamanns sokratisches Philosophieren, 102) Hamanns darin liege, dass der Sinn eines Textes sich nicht erschöpfe in seinem »historischen Kontext« (ebd.) sondern der Sinn werde »in erster Linie [bestimmt, durch] ›seine Zukunft‹ – sein zukünftiges Verständnis« (ebd.). Der zweite Grundsatz, »daß jeder Text eine experimentelle Mischung von anderen Texten sei« (a. a. O., 103), wird später in der Auseinandersetzung mit Fancis Bacon deutlich. Die Grundsätze drei und vier, nämlich, dass der »Kontext« (ebd.) für die Deutung entscheidend sei und eine Auslegung »Nähe« (a. a. O., 105) brauche, wurden schon reflektiert.

[626] N II, 62, 10. (Sokratische Denkwürdigkeiten).

[627] A. a. O., 62, 13.

[628] Nadler selbst weist darauf hin, dass es »unmöglich war [...], Hamanns Satzzeichen festzuhalten« (Nadler, Josef, Schlußwort, in: N I, 326. Zur Kritik dieses Eingreifens: Schumacher, Die Ironie der Unverständlichkeit, 89–102. Zu Nadler vor allem 95.

schichte erfasst werden kann.[629] Auf diese Weise lässt sich Hamanns hermeneutisches Konzept präziser beschreiben.

Obwohl der Rezipient, wie in der ersten und zweiten Zuschrift deutlich wurde, aktiv den Sinn und die Bedeutung eines Werkes erzeugen muss, und obwohl das, was die Urheber sagen wollten, zwar auch, aber nicht nur und in diesem Falle gar nicht erlesen werden kann, ist es der Stein, der als »leblose[r] Lehrer[...] ohne Eigennutz Wunder der Erfüllung gethan«[630] hat. Dieses Wunder lässt sich jedoch nicht denken ohne die »Umarmung«[631] und damit ohne die aktive Interpretationsarbeit des Rezipienten. Peter der Große erkennt an, dass er die Antwort, wie sein Reich regiert werden sollte, selbst nicht geben kann, und doch muss er aktiv die Interpretation des »leblosen Lehrers«[632] vornehmen. Was Hamann in seinem Brief an Lindner vom 1. Juni 1759 herausgearbeitet hat, nämlich das Zusammenspiel von Text und Rezipient, begegnet auch hier. Gleichzeitig hebt er hervor, dass die Intentionen des Urhebers bei der Rezeption des Textes unbedeutend seien und keine Rolle bei der Sinnerzeugung spielen.[633] Dass Hamann in der Einleitung zu den *Sokratischen Denkwürdigkeiten* sein hermeneutisches Konzept wiederholt, erweist sich im Fortgang des Gedankengangs als notwendig und ist für die Textstruktur von tragender Bedeutung. Der Text an sich sagt nichts. Erst in der interpretatorischen Verarbeitung gewinnt er Bedeutung. Zugleich gibt der Text jedoch Perspektiven und Einsichten, die der Interpret ohne die Auseinandersetzung mit dem Text wohl nicht gefunden hätte. Der sich im Wechselspiel von Text und Interpret ereignenden Veränderung der konkreten Textwelt des Interpreten geht Hamann mit einer Anmerkung zur Mythologie weiter nach.

Hamann präzisiert zunächst sein hermeneutisches Konzept. Seiner Meinung nach wandelt sich Geschichte, wenn die Geschichte Mythologie wird, selbst zu »Mährchen«[634] und Mythos und wird »poetisch verstanden werden müssen«[635] – ähnlich wie die Geschichte Pygmalions, auf die Hamann anspielt, welche Ovid in seinen *Metamorphosen* erzählt.[636] Diese Geschichte, so lässt

---

[629] Vgl. Blanke, Hamann erklärt, 82.

[630] N II, 62, 14f. (Sokratische Denkwürdigkeiten).

[631] A. a. O., 62, 14.

[632] Ebd.

[633] In diesem Sinne urteilt auch Koczíszky, wenn sie erklärt: »Hamann geht also davon aus, daß alles, was einmal gesagt oder niedergeschrieben wurde, nicht nur mehr, sondern auch etwas anderes aussagt als das redende Subjekt ursprünglich intendierte« (Koczíszky, Hamanns sokratisches Philosophieren, 100).

[634] N II, 62, 15. (Sokratische Denkwürdigkeiten).

[635] A. a. O., 62, 18.

[636] Vgl. a. a. O., 62, 16. Vgl. dazu: Ovid, Metamorphosen. Lateinisch/Deutsch. Herausgegeben und übersetzt von Albrecht Michael, Stuttgart 1994, X, Vers 243ff. Mit der Figur des Pygmalion wurde, wie Mülder-Bach zeigt, zur Zeit Hamanns ein »Modell der Kommunikation zwischen Text und Leser, zwischen Werk und Betrachter« reflektiert (Mülder-Bach, Inka, Im Zeichen Pygmalions. Das Modell der Statue und die Entde-

sich Hamanns Gedanke verstehen, kann Bedeutung gewinnen, wenn sie ›poetisch verstanden‹ wird. Hamanns Vorstellung vom Verstehen wurde bereits mehrfach thematisiert; wie er jedoch den Begriff ›poetisch‹ auffasst und was daher als ›poetisches Verstehen‹ gelten kann, muss im Folgenden noch geklärt werden. Hamanns Text liefert keine Erklärungen oder Interpretationshilfen für das, was unter ›poetisch‹ gedacht werden soll. Bereits bei der Beschäftigung mit der Analogie und Ironie erwies es sich als fruchtbar, sich an Aristoteles zu orientieren. Insofern mag die Erklärung des Aristoteles, die Poetik sei im Wesentlichen Mimesis, als Deutungshorizont dienen.[637] In seiner *Poetik* liefert Aristoteles eine Hilfestellung, mittels derer Hamanns Text gedeutet werden kann. Dabei wird das Verhältnis von Leser und Text und das Wechselspiel, in dem sie sich befinden, näher umschrieben. Anschließend geht Hamann dazu über, die Konsequenzen seiner Einsicht zum Situativen auf die Zeichen zu übertragen. Das Spiel von Ich und Welt, um das es dabei letztlich geht, verfolgt Hamann damit nicht nur auf der Ebene des Verstehens, sondern auch im Bereich der Semiotik.

1.4.2 Mythos und Zeichen

Hamanns Spiel mit Hinweisen und Andeutungen nötigt immer wieder dazu, einen Kontext zu bestimmen, innerhalb dessen der Text gedeutet werden kann. Dabei wird eine Anspielung der *Sokratischen Denkwürdigkeiten* aufgenommen und durch die Beschäftigung mit einem anderen Text ausgearbeitet. Der damit geschaffene Kontext ermöglicht es dann, Hamanns Text zu interpretieren. Hamanns Hinweise sind selten eindeutig und ihre Mehrdeutigkeit erlaubt einen größeren Raum an Deutungsmöglichkeiten. So wird auch im Folgenden Hamanns Hinweis auf das Poetische und den Mythos dazu benutzt, um über Aristoteles einen Kontext zu schaffen, von dem aus dann Hamanns Anspielungen gedeutet werden können. Hamann gibt sodann erste Hinweise auf seine Semiotik, die mit Hilfe von Bayer als Theo-Semiotik dargestellt wird. Gleichzeitig kann von Hamanns Text aus diese Interpretation infrage gestellt werden, sodass am Ende des Kapitels deutlich wird, dass die weitere Lektüre auch eine Deutung von Hamanns Semiotik liefern muss.

In seinen Überlegungen zur Tragödie führt Aristoteles Mimesis und Mythos zusammen. Zunächst erklärt Aristoteles, der Mythos sei »[d]ie Nachahmung von Handlung.«[638] Der Mythos ahmt nicht jene Handlungen nach, die

---

ckung der »Darstellung« im 18. Jahrhundert, München 1998, 8.), dass nicht auf ein »autonomes Künstlertum« (8), sondern auf Kommunikation zwischen Text und Leser zielte. Sie macht dabei deutlich, dass in der Rezeption Pygmalions ein neuer »Begriff des Zeichen[s]« (19) entwickelt wird, der »das Ende des klassischen Modells der Repräsentation anzeig[t]« (ebd.). Dieser Einschätzung entspricht, dass im Folgenden mit Hamann eine Zeichentheorie entworfen wird, bei der auch Gott als Zeichen gedacht wird und damit die Unhintergehbarkeit des Zeichenhaften behauptet wird.

[637] Vgl. Aristoteles, Poetik, 1447 a 15.

[638] A. a. O., 1449b 20.

tatsächlich geschehen sind, wie es die »historia«[639] tut, »in der geschichtliche Ereignisse dargestellt werden.«[640] Der Mythos erzählt, was hätte sein können. Damit steht der Mythos in der Spannung von Nachahmung und Neuschöpfung, da das, was hätte sein können, nicht war und insofern auch nicht abgebildet werden kann, sondern erst erdacht werden muss. Der Mythos scheint demnach nicht reine Fiktion zu sein, wie er beispielsweise bei Quintilian definiert wird, sondern greift Wirkliches auf und erzählt es neu.[641] Indem der Mythos nachahmend neu-schafft und neu-schaffend nachahmt, vermittelt er Denkwürdiges. Diese Spannung von Differenzen trotz Identität hat Aristoteles auch in den Mimesis-Begriff eingetragen. Da der Mythos Mimesis ist und diese Nachahmung in der Verstrickung mit einer Neuschöpfung zu denken ist, steht auch die Mimesis in der Spannung von Identität und Differenz, von Rekonstruktion und Konstruktion. Demgemäß könnte das Adjektiv ›poetisch‹ als Beschreibung eines nachahmenden-neuschaffenden Prozesses charakterisiert werden. Mit Alf Abraham ließe sich poetisches Verstehen deuten als »mentale (und affektive) Inszenierung eines Textes in der eigenen Vorstellung.«[642] Der Begriff ›Inszenierung‹ lässt sich im Horizont von Hamanns Konzept des existenziellen Verstehens lesen. Denn eine Inszenierung setzt etwas in Szene, baut einen Kontext auf, worin der Text Bedeutung gewinnt.

Der Begriff Mythologie – sowie die Überlegungen zum poetischen Verstehen und Hamanns Gedanken zum Verstehen überhaupt – setzen voraus, dass etwas ist. Damit weisen die *Sokratischen Denkwürdigkeiten* auf das scheinbar selbstverständliche Faktum hin, dass alles Selbstdenken des Menschen immer schon angewiesen ist auf das Gegeben-Sein von etwas. Hamann beschreibt dieses näher als »Natur«[643] und »Geschichte«[644]. Der Begriff ›Natur‹ scheint dabei die Welt überhaupt zu meinen, während der Begriff ›Geschichte‹ sowohl grundsätzlich die Menschheits- als auch die Kunst- und Sprachgeschichte impliziert. Damit knüpft Hamann an die Physikotheologie der Frühaufklärung an, die durch Naturbetrachtung danach strebte, Gottes Eigenschaften zu erklären.[645] Pointiert fasst Barthold Heinrich Brockes (1680–1747) das Anliegen dieser Richtung in seinem *Irdische[n] Vergnügen in Gott, bestehend in Physicalisch- und Moralischen Gedichten* zusammen. Er umschreibt Ziel und Absicht seines Werkes mit den Worten: »Der Dinge Wesen zu betrachten, / Und in

---

[639] Quintilianus, Ausbildung des Redners, II 4,2.
[640] Ebd.
[641] Vgl. ebd.
[642] Abraham, Ulf, P/poetisches V/verstehen. Zur Eingemeindung einer anthropologischen Erfahrung in den kompetenzoientierten Deutschunterricht, in: Winkler, Iris u.a. (Hrsg.), Poetisches Verstehen. Literaturdidaktische Positionen – empirische Forschung – Projekte aus dem Deutschunterricht, Baltmannsweiler 2010, 17.
[643] N II, 64, 12. (Sokratische Denkwürdigkeiten).
[644] Ebd.
[645] Grundsätzliches zur Physikotheologie findet sich bei: Sparn, Walter, Art. Physikotheologie, EKL (^{3}1992), Sp. 1211–1215.

denselben Dich [gemeint ist Gott] zu achten, / Weil alles, Dich zu ehren, lehrt!«[646] Folglich erfüllen Natur und Geschichte nach Hamann eine bestimmte Funktion. Denn, »[w]ie die Natur uns gegeben, unsere Augen zu öfnen; so die Geschichte, unsere Ohren.«[647] Wer beide recht verstehen wolle, müsse jedoch »Mose und den Propheten«[648] glauben. Das, was es hier zu glauben gilt und worauf die Rede von der Funktion der Natur und der Geschichte abzielt, hatte Hamann bereits in London formuliert: »Gott ein Schriftsteller.«[649] Er kommt nun darauf zurück und kommuniziert erstmals öffentlich diesen Gedanken, indem er über Gott schreibt: »Er selbst ein Schriftsteller.«[650] Diese Metapher eröffnet die Möglichkeit, Gottes Taten als Zeichen zu verstehen und birgt den Gedanken einer Theo-Semiotik.[651]

Bayer kommt das Verdienst zu, Hamanns Diktum erläutert und, im Anschluss an die *Aesthetica in nuce,* weiter gedacht zu haben. In seiner Monografie *Schöpfung als Anrede* entfaltet Bayer im Rückgriff auf Luther und Hamann seine *Hermeneutik der Schöpfung* – so der Untertitel seines Buches. Dabei möchte er zwei Einsichten besonders betonen. Zum einen gilt es den Gedan-

---

[646] Brockes, Barthold Heinrich, Irdisches Vergnügen in Gott, bestehend in Physicalisch- und Moralischen Gedichten. Erster Theil, nebst einem Anhang etlicher übersetzter Fabeln des Herrn de la Motte. Mit einer doppelten Vorrede von Herrn Hof-Rath Weichmann. Hamburg ^{5}1732, 55.

[647] N II, 64, 12f. (Sokratische Denkwürdigkeiten).

[648] A. a. O., 64, 15.

[649] N I, 5, 2. (Über die Auslegung der Heiligen Schrift).

[650] N II, 64, 22. (Sokratische Denkwürdigkeiten).

[651] Zum Begriff Zeichen: Eco, Umberto, Zeichen. Einführung in einen Begriff und seine Geschichte, Frankfurt am Main ^{2}1981. Hamanns Überlegungen mittels des Begriffs Zeichen zu reflektieren, geschieht auch in Abgrenzung zu Unger. Dieser hatte Hamanns Sprachdenken durch den Begriff des »Symbol[s]« zu entfalten versucht (Unger, Rudolf, Hamanns Sprachtheorie im Zusammenhange seines Denkens, München 1905, 143). Durch das Symbol, so erklärt Unger Hamann, ereigne sich eine »sinnbildliche Offenbarung eines Geistigen« (144). Gott und Mensch bedienten sich der Sprache, um damit ihr »Inneres [...] gleichnishaft« offenzulegen. Sprache wird damit »zum bloßen Gefäß [...], zu einer Spiegelung ohne eigene Wesenheit, zur Hülle« (147). Unger gewinnt seine Deutung zur hamannschen Sprachtheorie mit Blick auf das Gesamtwerk Hamanns. Die hier durchgeführte Lektüre der *Sokratischen Denkwürdigkeiten* legt jedoch eine andere Interpretation nahe. Hamanns Zeichen-Konzeption innerhalb seines Textes *Metakritik,* in dem er sich mit Kants *Kritik der reinen Vernunft* beschäftigt, liefern: Simon, Josef, Zeichen und Sprache bei Kant, Hamann und heute, in: Gajek, Bernhard (Hrsg.), Die Gegenwärtigkeit Johann Georg Hamanns. Acta des achten Internationalen Hamann-Kolloquiums an der Martin-Luther-Univeristät Halle-Wittenberg 2002, Frankfurt am Main u.a. 2005, 21–36; und Achermann, Eric, Hamanns Insistieren auf der sinnlichen Wirkkraft der Zeichen, in: Gajek, Bernhard (Hrsg.), Die Gegenwärtigkeit Johann Georg Hamanns. Acta des achten Internationalen Hamann-Kolloquiums an der Martin-Luther-Univeristät Halle-Wittenberg 2002, Frankfurt am Main u.a. 2005, 37–56.

ken »der ›Anrede‹ Gottes«[652] nachzudenken, und zum anderen »seine[...] ›Gegenwart‹ in der Welt«[653] zu reflektieren. Diese Einsichten gewinnt Bayer aus Hamanns Satz »Rede, dass ich Dich sehe! – – Dieser Wunsch wurde durch die Schöpfung erfüllt, die eine Rede an die Kreatur durch die Kreatur ist.«[654] Dass und inwiefern dieser Satz aus den *Aesthetica in nuce* mit der Metapher »Gott ein Schriftsteller«[655] verbunden ist, soll im Folgenden herausgearbeitet werden, weil darüber Bayers Deutung von Hamanns Semiotik deutlich wird.

»Rede, dass ich Dich sehe!«[656] sei der »Wunsch«[657], so Bayer, den das »Geschöpf [...] zu Gott«[658] spricht. Dabei betont Bayer, dass dieser Wunsch bereits erfüllt worden sei, »bevor er gesprochen werden konnte.«[659] Gott hat demnach also schon gesprochen und zeigt sich in seinem Reden. Sein Reden jedoch ist Schöpfung, denn »Gott sprach [...] und es ward [...]« (Gen 1,3). Diese christliche Grundeinsicht formuliert Bayer auch in seiner Monografie *Gott als Autor. Zu einer poetologischen Theologie* und beschreibt Gottes Wesen dort als »Kommunikationsmacht«[660]. Gottes Anrede, in der er den Menschen und alle Kreaturen anspricht, wird als Grund für das Sein und als Impuls verstanden, der dazu »ermächtigt und befähigt, [...] zu denken.«[661] Gottes Schöpferwort wird hier nicht nur als Ursache des Seins, sondern auch des Denkens gedeutet. Weil Gottes Wort »verbum efficax, wirksames Wort«[662] ist, kann er »als ›Schriftsteller‹, als ›Autor‹«[663] interpretiert werden. Sein Reden ist vor allem und Grund für alles.

Bevor demnach der Mensch nach Gott fragt, hat dieser schon gesprochen. Gottes Reden richtet sich ›an die Kreatur‹, und indem Gott sich auf die Kreatur bezieht, wird zugleich eine »Unterscheidung«[664] eingeführt. Denn, so Bayer weiter, »indem eine Rede ›an‹ die Kreatur ergeht, kann etwas anderes als Welt überhaupt erst zu Gehör kommen.«[665] Dieses ›an‹, insofern es die Distanz zwischen Gott und Adressat verdeutlicht, verweist auf Gottes Freiheit. Gleichzei-

---

[652] Bayer, Oswald, Schöpfung als Anrede. Zu einer Hermeneutik der Schöpfung, Tübingen 1986, 6.
[653] Ebd.
[654] N II, 198, 28ff. (Aestetica in nuce). (Der doppelte Gedankenstrich findet sich im Original).
[655] N I, 5, 2. (Über die Auslegung der Heiligen Schrift).
[656] N II, 198, 28. (Aestetica in nuce).
[657] Bayer, Schöpfung als Anrede, 15.
[658] Ebd.
[659] Ebd.
[660] Bayer, Oswald, Gott als Autor. Zu einer poietologischen Theologie, Tübingen 1999, 1.
[661] Ebd.
[662] A. a. O., 2.
[663] Ebd.
[664] Bayer, Schöpfung als Anrede, 17.
[665] Ebd.

tig ist zu bedenken, dass Gottes Rede ›durch die Kreatur‹ ergeht. Dass Gott nun ›durch‹ seine Schöpfung spricht, ist nach Bayer Ausdruck seiner Liebe. Denn dadurch wird ersichtlich, dass Gott sich nicht nur auf die Welt bezieht, »sondern in sie eingeht und sich ein Geschöpf zum Schöpfungsmittler erwählt.«[666] Das Unbedingte kommt demnach im Bedingten zur Sprache.

Wenn Gottes Rede als Schöpfung zu verstehen ist, wie Bayer erklärt, ist auch Joachim Ringleben zuzustimmen, der meint, »[w]enn und insofern Gott sprechend schafft, ist das Sein der Dinge aber auch so etwas wie Schrift, sinnlich-materiell fixierte Rede.«[667] Geschichte und Natur werden so zum Zeichen. Weil Gott spricht, weil er durch sein Wort Urheber von Natur und Geschichte ist, kann alles als Zeichen interpretiert werden. Bayer betont diese Theo-Semiotik auch in *Gott als Autor*, indem er hervorhebt, dass, wenn Gottes Sprechen wirksames, also schaffendes Sprechen sei, sein »Wirken [auch als] sprechend«[668] gedacht werden muss. Natur und Geschichte als Gottes Taten können daher als Zeichen verstanden werden.[669] Aber, so wendet Bayer ein, »Natur und Geschichte reden nicht eindeutig – nicht mehr und noch nicht wieder.«[670] Ursache dieser Sprachverwirrung sei die Sünde.[671] Bayers Theo-Semiotik erscheint als eine Form der Geist-Buchstaben-Dichotomie. Denn der eigentliche Träger des Sinns ist hier der Geist, der als unbedingte Größe sich des Bedingten bedienen muss, um zum bedingten Menschen sprechen zu können. Die Möglichkeit des Nicht-Verstehens und damit das Nicht-Erkennen, dass in diesen Zeichen eigentlich das Unbedingte spricht, wird damit zur Sünde. Bayer unterstellt Hamann damit, dass er einem Denken des Unbedingten anhängt. Im Folgenden soll gezeigt werden, dass Hamanns Text auch die Möglichkeit zulässt, in Hamann einen Denker der Bewegung zu erkennen.

In den *Sokratischen Denkwürdigkeiten* vergleicht Hamann die Geschichte der Philosophie mit einem Denkmal. Die Interpretation dieser Textpassage hat gezeigt, dass der Künstler und der Monarch als Schöpfer des Kunstwerks

---

666 Ebd.

667 Ringleben, Joachim, Gott als Schriftsteller. Zur Geschichte eines Topos, in: Gajek, Bernhard (Hrsg.), Johann Georg Hamann. Autor und Autorschaft. Acta des sechsten Internationalen Hamann-Kolloquiums im Herder-Institut zu Marburg/Lahn 1992, Frankfurt am Main u.a. 1996, 222.

668 Bayer, Gott als Autor, 2.

669 Ausführlich diskutiert Reuter die Kondeszendenz Gottes in Natur, Geschichte und Schrift bei Hamann (Reuter, Christine, Autorschaft als Kondeszendenz. Johann Georg Hamanns erlesene Dialogizität, Berlin 2005, 26–47).

670 Bayer, Schöpfung als Anrede, 19.

671 In den Überlegungen Bayers angelegt ist der Gedanke, dass sich Gott als Zeichengeber, in das von ihm fundamental unterschiedene einlassen muss. Inwiefern daher die »Idiomenkommunikation« (Fritsch, Friedemann, Communicatio idiomatum, Zur Bedeutung einer christologischen Bestimmung für das Denken Johann Georg Hamanns, Berlin/New York 1999, 4.) für Hamanns Denken konstitutiv ist, hat Friedemann Fritsch ausgearbeitet.

etwas mit ihrer Kreation zu zeigen versuchen. Insofern sie sich bemühten ein Zeichen zu schaffen, mit dem auf ihre Kunstfertigkeit bzw. auf ihren Reichtum geschlossen werden kann, waren sie Schriftsteller. Für sie galt, dass ihr Versuch, etwas mit ihrem Werk zu sagen, nicht gelang. Zwar mag das Standbild Richelieus auch von der Kunstfertigkeit eines Girardon und von dem Reichtum eines Ludwig des XIV. erzählen können, aber solange der Rezipient nicht danach fragt, bleibt das Kunstwerk diesbezüglich stumm. Was die Urheber sagen wollten, tritt zurück und bildet nur eine mögliche Interpretation. Das Werk selbst lässt unterschiedliche Lesarten zu und verweigert eine letztgültige Interpretation.

Diese Offenheit erlaubt, wie Hamann in der Beschäftigung mit Augustin lernte, von verschiedenen Standpunkten aus und in unterschiedlichen Situationen an den Text anzuknüpfen. Der Text, so wurde weiter deutlich, wird erst in der Aneignung durch den Rezipienten wahr. Hamann versucht die damit einhergehende Offenheit des Textes in seinen eigenen Schriften zu verwirklichen. Außerdem zeigt er durch seine Descartes-Lektüre, dass diese Offenheit und die Möglichkeit verschiedener Interpretationen nicht vermieden werden können. Für die Autoren bedeutet dies, dass es ihnen nicht obliegt, eine bestimmte Interpretation ihres Werkes durchzusetzen. Gelten Hamanns Einsichten über Werk und Autor auch für den Schriftsteller Gott? Hamann erklärt, dass Gott »selbst ein Schriftsteller«[672] sei. Seine Formulierung scheint Gott einzureihen in die Riege der Autoren. Er hebt diesen Schriftsteller nicht hervor, spricht nicht davon, dass Gott *der* Schriftsteller sei, sondern führt ihn ein als einen unter vielen.

Bayer zeigt bereits in seiner Dissertation-Habilitation *Promissio*, dass der Mensch auf Gottes Wort angewiesen sei. Dieses Im-Voraus-Gesprochen-Haben Gottes als Variation des christlichen Schöpfungsglaubens drückt sich in der Metapher »Gott ein Schriftsteller«[673] aus. Mit Blick auf den Glauben kann Bayer daher sagen, dass der Glaube »im Gabewort, nicht im Deutewort«[674] zum Menschen kommt. Damit kommt zum Ausdruck, dass der Mensch sein Denken und Reden stets auf etwas Vorgegebenem aufbauen muss. Gott als Schöpfer und Schriftsteller zu glauben und zu denken bedeutet demnach, dass der Mensch auf das Vorhandensein von Natur und Geschichte angewiesen ist, da er diese selbst nicht hervorbringen kann. Der Begriff ›Gabewort‹ drückt genau dies aus. Wort und Welt sind Gaben, die sich der Mensch selbst nicht geben kann, sondern die ihm gegeben werden müssen. Aber, und darauf weist Hamanns Hermeneutik hin, dieses ›Gabewort‹ ist nur im ›Deutewort‹ zu erlangen. Nur in der Deutung, in der aktiven Interpretation und Inszenierung, erhält ein Text, ein Zeichen Sinn und Bedeutung. Ohne die Vor-*gabe* des Textes

---

672 N II, 64, 22. (Sokratische Denkwürdigkeiten).

673 N I, 5, 2. (Über die Auslegung der Heiligen Schrift).

674 Bayer, Oswald, Promissio. Geschichte der reformatorischen Wende in Luthers Theologie, Göttingen 1971, 349.

kann der Mensch nicht sein. Aber ohne die Auf-*nahme* des Textes im Prozess der Interpretation, bleibt der Text stumm, ist nicht wahr. Das Verhältnis von Sprache und Wirklichkeit wird damit nicht länger als ein Gegenüber bestimmt, sondern erst in der Sprache scheint sich Wirklichkeit zu ereignen. Diese Einsicht wird im weiteren Verlauf der Arbeit als wesentliches Element eines Denkens der Bewegung zu reflektieren sein.

Von hier aus kann Hamanns Frage, ob »die ganze Historie mehr Mythologie«[675] sei, weiter diskutiert werden. Die Historie als Mythologie gibt, gerade indem sie nachahmend Neues schafft, zu denken. Aus diesem Grund will auch Hamann »Denkwürdigkeiten«[676] des Sokrates präsentieren. Mit dem Hamann-Forscher Bernhard Gajek lässt sich der Terminus ›Denkwürdigkeiten‹ deuten als »Gedanken und Überlegungen, die in Erinnerung an Sokrates vorgebracht werden und die dessen Gestalt aktualisieren sollen.«[677] Indem Hamanns Erstlingsschrift – genau wie die Geschichte – Denkwürdigkeiten vermittelt, gleichen seine *Sokratischen Denkwürdigkeiten* – wie auch die Geschichte – der Natur. Diese ist »ein versiegelt Buch, ein verdecktes Zeugnis, ein Räthsel, das sich nicht auflösen läßt, ohne mit einem anderen Kalbe, als unserer Vernunft zu pflügen.«[678] Blanke verweist bei der Suche, was dieses andere Kalb sei, auf Richter 14,18: »Wenn ihr nicht mit meinem Kalb gepflügt hättet, so hättet ihr mein Rätsel nicht getroffen.«[679] Das andere Kalb sei daher der Glaube.

2. Sprache und Widerspruch

Hamann greift in seinen Überlegungen zum Situativen und Konkreten ein Denken des Unbedingten an und geht dem Versuch nach, das Bedingt-Sein zu denken. Seine hermeneutische Position macht deutlich, dass ein Text an sich keine Bedeutung hat, er also nicht allgemeingültig und unabhängig vom konkreten Moment der Interpretation etwas sagt. Diese Einsicht reflektiert Hamann auch durch seine Überlegungen zur Sprache. Im Folgenden werden die bereits angedeuteten semiotischen Überlegungen weitergeführt. Dabei wird in diesem Kapitel deutlich, dass Zeichen nach Hamanns Auffassung nicht hintergangen werden können. Parallel zu seiner Überzeugung, dass es einen Text an sich nicht gibt, formuliert er die Einsicht, dass auch Zeichen keine Bedeutung an sich hätten. Dieser Gedanke bildet den Schlüssel zu Hamanns Wirklichkeitsverständnis. Denn die Einsicht, dass der Mensch nicht hinter Zeichen und Sprache zurück kann, die sowohl in diesem als auch im

---

[675] N II, 65, 10. (Sokratische Denkwürdigkeiten).

[676] A. a. O., 65, 15.

[677] Gajek, Bernhard, Johann Georg Hamanns »Sokratische Denkwürdigkeiten«. Zu Hamanns 200. Todesjahr, in: Bungert, Hans (Hrsg.), Hauptwerke der Literatur. Vortragsreihe der Universität Regensburg, Regensburg 1990, 152.

[678] N II, 65, 11ff. (Sokratische Denkwürdigkeiten).

[679] Blanke, Hamann erklärt, 102, vgl. Fußnote 49.

nächsten Kapitel thematisiert wird, führt zu einer Neubestimmung des Verhältnisses von Mensch und Welt, Sprache und Wirklichkeit.

Diese Neubestimmung deutet sich an, als Hamann dem Denken seiner Zeit unterstellt, es würde dazu tendieren, Macht über die Welt und Wirklichkeit gewinnen zu wollen. Darin drückt sich die Position aus, dass durch das Denken alles Fremde erfasst und zugleich beherrscht werden kann. Hamann plädiert für einen Machtverzicht im Denken: Gerade weil der Mensch nicht hinter die Zeichen zurückkehren kann und damit auf die Zeichen angewiesen bleibt, kann er mit ihnen die Welt nicht beherrschen. Damit deutet sich zugleich Hamanns Glaubensbegriff an, der im nächsten Kapitel ausgearbeitet wird und dadurch charakterisiert ist, dass er eine Bewegung des Sich-Einlassens statt des Beherrschens ist. Das Verzichten-Wollen auf die Beherrschung der Wirklichkeit legt sich nach Hamann auch deshalb nahe, weil Widerspruch möglich sei. Hamann vertritt die Position, dass etwas so und zugleich anders gedeutet werden könne. Wenn der Mensch die Zeichen nicht hintergehen kann und wenn er, wie im weiteren Verlauf noch deutlicher wird, die Ebene der Zeichen auch nicht verlassen kann, dann ist, weil er auf der Ebene der Sprache bleibt, Widerspruch als Denkfigur möglich. Damit erscheint der Widerspruch als Konsequenz eines nicht linear verfahrenden Denkens, weil hier auf ein absolutes Kriterium verzichtet wird.

Die Frage nach dem Verhältnis von Ich und Welt verlagert Hamann auf die Ebene der Sprache. Die Aufklärung, begeistert durch die Erfolge der Naturwissenschaft der damaligen Zeit, griff auf deren Verfahren zurück und übertrug es auf die Philosophie. Vorreiter dieser Einsicht war der Engländer Francis Bacon. Diese Position beruht auf dem Gegenüber von Sprache und Wirklichkeit und hält an der ›Korrespondenztheorie der Wahrheit‹ fest. Hamann greift diese Strömung auf, wandelt sie jedoch radikal um. Das Gegenüber von Sprache zu Wirklichkeit ändert er in ein Verhältnis wechselseitigen Bedingt-Seins, indem er die naturwissenschaftliche Methode ganz auf die Ebene des Textes und damit in den Bereich der Sprache verlagert. Der Gedanke, dass der Mensch die Zeichen nicht hintergehen könne, führt Hamann hier zu der Konsequenz, dass es Wirklichkeit außerhalb der Sprache nicht gibt. Dies bedeutet dann aber auch, dass Sprache die Wirklichkeit und die Wirklichkeit Sprache bedingt. Damit werden wesentliche Grundzüge eines Denkens der Bewegung deutlich, die es im nächsten Kapitel mit Hilfe von David Hume erkenntnistheoretisch abzusichern gilt.

2.1 Geburtshelfer und Bildhauer

Der erste Abschnitt der *Sokratischen Denkwürdigkeiten* beginnt mit dem Hinweis, dass die Eltern des Sokrates als »Bildhauer«[680] und »Wehmutter«[681] tätig gewesen seien. Mit dieser biografischen Notiz wendet sich Hamanns Text

680 N II, 66, 2. (Sokratische Denkwürdigkeiten).

681 Ebd.

erstmals der Person des Sokrates selbst zu. Entsprechend seiner Erklärung, kein »Historiograph des Sokrates«[682] sein zu wollen, geht es Hamann nicht um die geschichtlichen Tatsachen, vielmehr versucht er mittels der Analogie zwischen den Berufen der Eltern und dem Auftreten des Sokrates dessen philosophisches Verfahren deutlich werden zu lassen. Durch die angewandten Analogien zeigt Hamann, dass die Entstehung der Begriffe dem Menschen entzogen ist, womit sich die Abhängigkeit des Menschen von Vorgegebenem andeutet. Darüber hinaus erklärt Hamann mittels dieser Analogien, dass Begriffe konkret werden müssen, wenn sie etwas bedeuten sollen. Dies geschieht, indem man sie in vorhandene Texte integriert und in eine Szenerie einschreibt. Der Blick auf Hamanns Tätigkeit als ›Bildhauer‹ zeigt an, dass die Begriffe ihrer Kontextgebundenheit nicht enthoben werden können, womit Hamann einen ersten Hinweis auf die Unhintergehbarkeit der Zeichen gibt.

2.1.1 Geburt und Begriffe

Zunächst geht es Hamann um die Hebammenkunst. Dazu erklärt er in den *Sokratischen Denkwürdigkeiten*, dass der Unterricht des Sokrates zwar »jederzeit mit den Hebammenkünsten verglichen worden«[683] sei, jedoch wiederhole man diesen Einfall nur, ohne »selbigen als das Saamkorn einer fruchtbaren Wahrheit«[684] aufgehen zu lassen. Dieser Vergleich kann als Analogie ausformuliert werden, denn die Aufgabe, die Zielsetzung und das Verfahren des Sokrates ähneln denen der Hebammen. Dieser Vergleich lässt sich pointiert auch als Metapher ausdrücken, indem man erklärt, dass das philosophische Verfahren des Sokrates Hebammenkunst sei. Sowohl für die Analogie als auch für die Metapher gilt, dass hier zwei eigentlich getrennte Bereiche, nämlich philosophischer Unterricht und Techniken der Geburtshilfe, zusammengebracht werden. Damit eröffnet sich für Hamann die Möglichkeit weiterer Analogien. Diese wiederum dienen ihm dazu, den Ausgangsvergleich näher beschreiben zu können. Das Bemerkenswerte an dieser Analogie von Sokrates und der Hebammenkunst ist für Hamann, was sich von hier aus über die Begriffe sagen lässt. In Anspielung auf Ps 139,15, wie Blanke zeigt, erklärt Hamann, dass die Körper der Menschen »im Verborgenen [...] unten in der Erde«[685] gemacht werden. Die Formulierung ›unten in der Erde‹ deutet auf jenen Bereich hin, der dem Menschen unzugänglich bleibt. Wie die Körper der Menschen im Verborgenen entstehen, so »werden unsere Begriffe im Verborgenen gemacht.«[686] Hamann entzieht also die Entstehung der Begriffe dem bewussten Handlungsbereich des Menschen. Durch den Psalm eröffnet sich zwar die Deutungsmöglichkeit, dass hier Gott als Schöpfer der Begriffe ange-

---

[682] A. a. O., 65, 14.
[683] A. a. O., 66, 3f.
[684] A. a. O., 66, 5f.
[685] A. a. O., 66, 11f.
[686] A. a. O., 66, 12f.

sehen sein könnte, Hamann geht jedoch der Frage nach dem Ursprung der Begriffe nicht weiter nach. Es scheint ihm allein darum zu gehen, deutlich zu machen, dass dies im »Verborgenen«[687] geschieht, weshalb sie der bewussten Erzeugung durch den Menschen entzogen sind.

Diese Analogie baut Hamann weiter aus, indem er erklärt, die Begriffe »können als Gliedmassen unseres Verstandes betrachtet werden.«[688] Hamann bringt auch hier zwei verschiedene Bereiche zusammen, weil er meint, zwischen Begriffen und Extremitäten eine Ähnlichkeit erkennen zu können. Damit kann einiges von dem, was für die Extremitäten gilt, auf den Bereich der Begriffe übertragen werden. Die hier verwendete ungenaue Formulierung ›einiges‹ ist dem Umstand geschuldet, dass Analogien offen sind. Die Extremitäten des Menschen, also Beine und Arme, dienen dazu die Welt zu durchschreiten und die Umwelt zu be-greifen und zu er-fassen. Überträgt man dies auf die Begriffe, so können sie als jene Mittel verstanden werden, mit denen der Mensch die Welt durchmisst, erfasst und begreift. Die Welt erschließt sich dem Menschen durch die Begriffe. Das Wort Extremität eröffnet darüber hinaus weitere Assoziationen. Welche Funktion die Gliedmaßen übernehmen, hängt im Wesentlichen davon ab, wie sie gebraucht werden, da beispielsweise die Arme beim Menschen anders eingesetzt werden als bei Vögeln oder Pferden. Gilt dies hier nun auch für die Begriffe, oder wird der Analogie zu viel abverlangt? Im Text fehlen weitere Hinweise, die es erlauben würden, eine Grenze der Interpretation zu ziehen. So bleibt die Analogie offen, und die hier vorgeschlagenen Interpretationen bleiben mögliche Lesarten.

Diese Rede von den Begriffen als Gliedmaßen des Verstandes ergänzt Hamann um die ebenfalls analogisch formulierte Erkenntnis, dass jeder »Begrif als eine besondere und ganze Geburt selbst anzusehen«[689] sei. Damit wird das Problem, wie das Entstehen der Begriffe zu denken sei, wieder aufgegriffen. Mag das Zustandekommen der Begriffe auch ›im Verborgenen‹ vonstattengehen, zur Welt kommen sie durch die Geburt und damit durch Mühe und Anstrengung des Menschen. Der Vorgang der ›Geburt‹ lässt sich verstehen als Akt der Inszenierung. Das neue Leben wird in eine Szene hineingesetzt, in einen bestimmten Kontext geschrieben und damit fassbar. Fassbarer zumindest als noch im Mutterleib. Die Geburt lässt konkret werden, was zuvor verborgen war. Damit scheint der Begriff ›Geburt‹ auf Hamanns hermeneutisches Konzept anzuspielen. Dort wurde deutlich, dass für das Verstehen eines Textes dieser erst inszeniert werden muss. Nur, indem der Text in den Kontext des Rezipienten verortet wird und sich der Rezipient den Text aneignet, wird dieser durch die Konkretisierung in die Situation des Lesers wahr. Die hamannsche Formulierung, dass Begriffe geboren werden müssen, meint, dass durch eigene Anstrengungen und Mühen die Begriffe in den eigenen

[687] A. a. O., 66, 11/13.
[688] A. a. O., 66, 13f.
[689] A. a. O., 66, 15f.

Kontext verortet und lebendig gemacht werden. Zugleich bleibt die Hervorbringung der Begriffe ›im Verborgenen‹. Hamann reflektiert hier erneut, dass sich Denken und Deuten in einem Zusammenspiel von Regel und Schöpfung ereignen. Indem Hamann wiederholt auf seine Gedanken zur Hermeneutik eingeht und diese aufgreift, wird deutlich, dass seine Argumentation zirkulär verläuft. Seine Einsichten versucht Hamann zu plausibilisieren, indem er diese in unterschiedlichen Kontexten diskutiert, womit er sie in neuen Texten konkret werden lässt. Hamann bedient sich dieses scheinbar redundanten Verfahrens, weil ihm ein absolutes Kriterium, mittels dessen beispielsweise Wolff seine Gedanken zu beweisen sucht, fehlt.

Hamann gruppiert um seinen Ausgangsvergleich mehrere Analogien und schafft so ein Dickicht an Gedanken, gleichsam eines »mikroskopisch[en] Wäldchen[s]«[690]. Er charakterisiert das philosophische Verfahren des Sokrates als Hebammenkunst, um auf das Hervorbringen von Begriffen eingehen zu können. Deren Zustandekommen geschieht ›im Verborgenen‹, von dort müssen sie vom Menschen zur Welt gebracht werden. Dies bedeutet, dass sie getextet werden und in konkrete Texte eingeschrieben werden müssen. Durch dieses Einschreiben der Begriffe in Texte begreift der Mensch die Welt. Die Rolle des Sokrates ist dabei rein unterstützend, eine »Handreichung«[691] für jene, die die Begriffe konkret werden lassen wollen. Dabei verweist Hamann auf den Umstand, dass sowohl die Aufgabe des Sokrates als auch die Tätigkeit, Begriffe hervorzubringen, stets darauf angewiesen sind, dass etwas vorgeben sei.

2.1.2 Grazien und Texte

Auch der zweite Gedanke, das Verfahren des Sokrates mit der Bildhauerkunst zu vergleichen, betont die Notwendigkeit des Vorgegeben-Seins und dient Hamann dazu, seine Sprachkonzeption zu reflektieren. Der Bildhauer nimmt und schlägt ab, »was am Holze nicht seyn soll, [und fördert] eben dadurch die Form des Bildes«[692]. Ähnelt Sokrates in seinem Philosophieren seinem Vater, dem Bildhauer, so bedeutet dies, dass dem Philosophen-Bildhauer Vorstellungen und Gedanken vorgeben sind. Dieses Material konkretisiert er durch seine Fragen und Ausformulierungen, indem er es in seine Kontexte einschreibt, sodass aus den Gedanken und Vorstellungen seine eigenen werden. Trotz Kontinuität kommt es zu Veränderung. Wie aus Baumstämmen Kunstwerke werden, wird aus einem vorgegebenen Gedanken ein eigener Gedanke, der sich aus den vorgegebenen und den eigenen Texten entwickelt.

Jene Gedanken, die Sokrates durch seine Kunst herausgeschält hat, werden dabei selbst wieder zu Vorlagen für andere Philosophen-Bildhauer. Dieser Gedanke wird deutlich durch eine weitere biografische Notiz. Sokrates sei

---

690 A. a. O., 61, 9.
691 A. a. O., 66, 19.
692 A. a. O., 66, 26f.

selbst ein Bildhauer gewesen, so Hamann, und habe ein Bildnis der drei Grazien geschaffen. Diese stellte er, gegen die damalige Mode, nicht nackt, sondern eingekleidet dar. Der eingekleidete Körper lässt die Konturen nur erahnen. Zwischen die Göttinnen und den Betrachter fügt Sokrates die Kleidung. Damit verwehrt Sokrates einen direkten Blick auf die Göttinnen und fordert von den Rezipienten aktive interpretatorische Tätigkeit, um den Grazien direkt zu begegnen. Das von Sokrates hervorgebrachte Kunstwerk muss demnach selbst als etwas Vorgegebenes betrachtet werden. Sein Werk erscheint wiederum als Text, der die aktive interpretatorische Aneignung durch den Rezipienten fordert. Hamann betont durch den Verweis auf die Bildhauertätigkeit des Sokrates, dass das philosophische Verfahren des Sokrates nicht darauf aufbaut, Begriffe und Texte, welche angeeignet werden müssen, vorauszusetzen, sondern, dass die Aneignung und Inszenierung in die eigene Lebenswelt selbst wieder zum Text und insofern zur Vorlage für eine weitere Aneignung wird. Gerade die bekleideten Grazien, die, allen Deutungsversuchen zum Trotz, immer angezogene Grazien bleiben, deuten an, dass die Begriffe nicht von ihren Kontexten befreit werden können, um eine Art Urbedeutung des Begriffs zu erreichen. Auch diese Bestimmung ist eine Bestimmung in Begriffen, wie der Schleier der Grazien zum Kunstwerk gehört und nicht weggenommen werden kann, ohne ein neues oder zumindest ein anderes Kunstwerk zu schaffen. Die Begriffe sind unhintergehbar.

Die *Sokratischen Denkwürdigkeiten* führen durch die Analogien zu den Berufen der Eltern des Sokrates und dessen philosophischer Methode zu grundsätzlichen Einsichten über Begriffe und damit zur Sprache im Allgemeinen. Dass die Begriffe im Verborgenen entstehen, bedeutet, dass sie nicht allein der Kontrolle und dem Willen des einzelnen Menschen obliegen. Ihr Zustandekommen braucht Hilfe und damit andere Menschen. Begriffe mögen ›im Verborgenen‹ entstehen, und doch müssen sie in Kontexten verarbeitet werden, wenn sie auf die Welt kommen und konkret werden sollen. Hinter diese Konkretisierung und die Verarbeitung in bestimmte Kontexte kann nicht zurückgegangen werden. Es kann nur eine Änderung in Form einer Einschreibung in neue Kontexte vorgenommen werden. Damit ändert man die Begriffe, führt sie neu aus und bewegt sich im Horizont des Denkens der Bewegung.

2.2 Widerspruch und Machtverzicht

Hamann wendet sich nach den Grazien des Sokrates gegen gängige Sokrates-Interpretationen der Aufklärungsepoche.[693] Um seine Kritik ausführen zu können, unterscheidet Hamann zwischen Sokrates dem »Bildhauer«[694] und

---

[693] Zur Sokrates-Rezeption in Hamanns Epoche: BÖHM, BENNO, Sokrates im 18. Jahrhundert, Neumünster 1966.

[694] N II, 67, 17. (Sokratische Denkwürdigkeiten).

Sokrates dem »Weisen«[695], und erklärt, man habe zwar den Bildhauer-Philosophen erfasst und »vergötter[e]«[696] diesen, jedoch verkenne man den ›Weisen‹ völlig. Da die Weisheit des Sokrates nicht erkannt wird, zieht Hamann den Schluss, kann auch »um desto füglicher über des Zimmermanns Sohn«[697] gespottet werden. Zwischen dem Sohn eines Bildhauers und dem Sohn eines Zimmermanns, zwischen Sokrates und Jesus, postuliert Hamann auf diese Weise eine Gemeinsamkeit. Denn wer die Weisheit des Sokrates nicht erkennt, der kann auch über Jesus spotten. Positiv formuliert bedeutet dies, wer die Weisheit des Sokrates erfasst, kann auch jene des ›Zimmermanns Sohns‹ erkennen. Demgemäß muss die Weisheit als das Bindeglied zwischen beiden gedacht werden. Zunächst lässt der Text jedoch noch offen, was Weisheit im Sinne Hamanns sei. Damit bleibt auch ungeklärt, was Glaube im Sinne Hamanns meint. Denn die Weisheit des Sokrates und der Glaube an Jesus sind für Hamann miteinander verwandt und zeigen, wie sich das Ich in der Welt orientieren kann. Der Antwort, was die sokratische Weisheit und der christliche Glaube seien, nähert sich Hamann, indem er immer wieder um die Frage kreist, was das Nicht-Wissen des Sokrates sei. Daher nimmt er im Folgenden Abgrenzungen vor, um zu zeigen, worin die Weisheit des Sokrates nicht bestehe, um damit anzudeuten, worin sie bestehe.

2.2.1 Knabenliebe und männliches Denken

Hamann nähert sich seinen Überlegungen zur Weisheit, indem er sich der Päderastie des Sokrates zuwendet. Blanke konnte durch die Wiedergabe unterschiedlicher Belegstellen zeigen, dass sich die *Sokratischen Denkwürdigkeiten* hier besonders gegen Marc-Antoine Charpentiers (1643–1704) Sokrates-Bild wenden.[698] Dieser hatte versucht, Sokrates von dem Laster der Knabenliebe zu befreien. Denn, darin waren sich Denker wie Kant, Voltaire (1694–1778) und Denis Diderot (1713–1784) einig, Homosexualität sei ein Laster wider die Natur, da diese die körperliche Liebe allein zur Fortpflanzung eingesetzt habe und gleichgeschlechtlicher Sex diesem Ziel nicht diene.[699] Charpentier versucht daher, das große Vorbild Sokrates von dieser scheinbar widernatürlichen und unvernünftigen Neigung freizusprechen. Den Widerspruch zwischen dem Verhalten des Sokrates und den sexualmoralischen Vorstellungen der Aufklärung wollte Charpentier auflösen. Hamann macht zwar mildernde Umstände für die Vorliebe des Sokrates geltend, betont aber

---

[695] A. a. O., 67, 18.
[696] A. a. O., 67, 19.
[697] Ebd.
[698] BLANKE, Hamann erklärt, 113f.
[699] Vergleiche dazu ausführlich: SIBALIS, MICHAEL, Die männliche Homosexualität im Zeitalter der Aufklärung und der Französischen Revolution. 1680–1850, in: Aldrich, Robert (Hrsg.), Gleich und anders. Eine globale Geschichte der Homosexualität, Hamburg 2007, 103–123.

grundsätzlich, dass die Päderastie des Sokrates nicht weggeredet werden dürfe.

Die Liste der Gründe, warum Sokrates der Knabenliebe zugeneigt war, nennt auch das antike Ideal, nach dem ein schöner Geist in einem schönen Körper wohne. Danach waren, wie Hamann es erklärt, »Schönheit, Stärke des Leibes und Geistes, nebst dem Reichthum an Kindern und Gütern«[700] Zeichen göttlicher Zuneigung. Jedoch, so führt Hamann weiter aus, seien in der Epoche der Aufklärung Äußerlichkeiten wie Kinderreichtum und ein wohlgeformter Körper nicht ausreichend für eine vernünftige Beurteilung eines Menschen. Hamann meint, in der Aufklärung denke man »zu abstrakt und zu männlich«[701], als dass man sich an solchen »Zufälligkeiten«[702] orientiere. Auch in der Erforschung der Aufklärungsepoche begegnet das Urteil, dass hier vornehmlich ›abstrakt‹ gedacht wurde. Der Philosoph Ernst Cassirer (1874–1945) versucht in *Die Philosophie der Aufklärung* die Denkform dieses Zeitalters zu bestimmen. Cassirer beobachtet, dass es den Aufklärern vor allem darum ging, »vom Besonderen zum Allgemeinen«[703] fortzuschreiten.[704] Zwar werde das konkrete Einzelne als Ausgangspunkt für das Denken bestimmt, jedoch unter der Prämisse, dass »jedes Besondere als solches schon einer universellen Regel unterstünde«[705], sodass das Ziel der Bemühungen die Erkenntnis jener abstrakten, weil allgemeinen Regel, darstellt. Demgemäß wäre wahr, was die »Einheit«[706] innerhalb der »Vielheit«[707] ausmacht. Indem die Aufklärer sich um die Feststellung der überindividuellen »Prinzipien«[708] und »die durchgehende Ordnung und Gesetzlichkeit des Tatsächlichen«[709] bemühen, lässt sich ihr Denken als ›abstrakt‹ charakterisieren, wie es Hamann getan hat.

Deutlich wurde dies bereits bei den Überlegungen zu Hamanns Vorstellungen betreffs des Publikums. Dort zeigte sich, dass Wolff in seinen *Vernünftige[n] Gedanken* allgemeine und damit eben auch ›abstrakte‹ Verfahren zu erarbeiten sucht. Das Streben, Konkretes und Allgemeines zu verbinden, und der Wunsch nach einem sicheren Fundament, von dem aus Erkenntnis als gewiss gelten kann, dienen dazu, den Menschen von Vorurteilen zu befreien. Max Horkheimer (1895–1973) und Theodor W. Adorno (1903–1969) haben in

---

[700] N II, 68, 8f. (Sokratische Denkwürdigkeiten).
[701] A. a. O., 68, 11.
[702] A. a. O., 68, 12.
[703] CASSIRER, ERNST, Die Philosophie der Aufklärung, Tübingen 1932, 21.
[704] Die neuere Forschung zur Aufklärungsepoche erklärt mit Blick auf Denker wie Voltaire oder Diderot, dass es auch innerhalb der Aufklärung schon Tendenzen gegen ein derart abstraktes Denken gab. Vgl. dazu: HOFMANN, MICHAEL, Aufklärung. Tendenzen – Autoren – Texte, Stuttgart 1999 7–17.
[705] CASSIRER, Die Philosophie der Aufklärung, 21.
[706] A. a. O., 4.
[707] Ebd.
[708] A. a. O., 6.
[709] A. a. O., 7.

der *Dialektik der Aufklärung* gezeigt, dass die Befreiung von Vorurteilen und die Maxime des Selbstdenkens darauf zielen, den Menschen »als Herrn einzusetzen.«[710] Denn wer mit seinen Gedanken auf ungeprüften Meinungen und durch Autorität vermittelten Dogmen gründet, bleibt stets abhängig von diesen Vorurteilen und jenen, die sie steuern. Wer jedoch seine Erkenntnis auf eigenen geprüften und überprüfbaren Gedanken gründet, der ist unabhängig. Diese Form des Frei-Seins, und darauf haben Horkheimer und Adorno besonders hingewiesen, impliziert auch das Herr-Sein über die Welt. Denn, so erklären sie, »Technik ist das Wesen dieses Wissens. [...] Macht und Erkenntnis sind synonym.«[711] Indem der Verstand begreift, fügt er die Welt unter Begriffe und hat sie insofern auch im Griff. Dass auch Hamann dem Denken seiner Zeitgenossen einen gewissen Hang zur Herrschaft unterstellt, deutet sich durch die Charakterisierung des Denkens als ›männlich‹ an.

Dass das Wortfeld ›Mann‹ in Hamanns Epoche durchaus mit Macht und Herrschaftsanspruch verbunden war, zeigt ein Blick auf die Ereignisse der Französischen Revolution. Dort drängten die philosophischen Einsichten der Aufklärer zur politischen Konkretisierung. Am 26. August 1789 erklärte die Nationalversammlung feierlich die Menschen- und Bürgerrechte und stellte fest, dass »die Menschen [...] frei und gleich an Rechten geboren [werden] und es bleiben.«[712] Jedoch erkennt die französische Verfassung vom 3. September 1791 den Frauen kein Wahlrecht zu. Olympe de Gouges (1748–1793) kommt das Verdienst zu, auf diesen Bruch zwischen dem Anspruch der Erklärung der Menschenrechte und der Verfassung von 1791 deutlich hingewiesen zu haben. Indem sie kurz nach der Veröffentlichung der Verfassung am 14. September 1791 die *Erklärung der Rechte der Frau und Bürgerin* publiziert, klagt sie an und schreibt:

> »Mann, bist du fähig, gerecht zu sein? Eine Frau stellt dir diese Frage. Dieses Recht wirst Du ihr zumindest nicht nehmen können. Sag mir, wer hat Dir die

---

[710] HORKHEIMER, MAX/ADORNO, THEODOR W., Dialektik der Aufklärung. Philosophische Fragmente, Frankfurt am Main [20]2011, 9. Auch der amerikanische Literaturwissenschaftler Wellbery meint, die Aufklärung diene dazu, den Menschen als Herren einzusetzen. Das Programm der Aufklärung versteht er als »sprachpolitische[n]« (WELLBERY, DAVID E., Aufklärung als sprachpolitisches Programm, Kodikas/odes. Ars Semiotic Volume 13 (1990), 177) Versuch, mit dem Ziel, »den Menschen in seinem eigenen Namen reden und damit Subjekt von Sprache werden zu lassen« (ebd.). Denn es gehe dabei um »eine Umwälzung der *symbolischen Ordnung*« (ebd. Hervorhebung im Original) und damit um die »Revidierung der Autoritätsstruktur, die die Beziehung sprechender Subjekte zur Sprache selber regelt« (ebd.).

[711] Horkheimer/Adorno, Dialektik der Aufklärung, 10.

[712] GOSEWINKEL, DIETER/MASING, JOHANNES (Hrsg.), Die Verfassungen in Europa 1789–1949, München 2006, 165. Dazu erklären Gosewinkel/Masing »Die Erklärung der Rechte des Menschen und Bürgers vom 26. August 1789 wird als Präambel der Verfassung vom 3. September 1791 abgedruckt« (A. a. O., 165 Fußnote 1).

> selbstherrliche Macht verliehen, mein Geschlecht zu unterdrücken? Deine Kraft? Deine Talente?«[713]

Die Rede von Menschen- und Bürgerechten bezog sich demnach vor allem auf Männer. Damit waren zwar die Herrschaft und der Machtanspruch des Monarchen und Adels gebrochen, aber die Herrschergewalt wurde nicht auf alle, sondern vornehmlich nur auf die (weißen) Männer verteilt. Demgemäß ist das Wortfeld ›Mann‹ mit Assoziationen zur Macht und Herrschaft verbunden. Insofern das Adjektiv ›männlich‹ auch ein Moment der Macht impliziert, lässt sich Hamanns Charakterisierung des Denkens im Sinne der Kritik von Horkheimer und Adorno lesen.

Die *Sokratischen Denkwürdigkeiten* haben mit den Analogien zur Hebammenkunst und zur Technik des Bildhauers verdeutlicht, dass der Mensch die Welt mit Begriffen erfasst und dass hinter die im Text begriffene Welt nicht zurückgegangen werden kann. Die sich daran anschließenden Ausführungen Hamanns haben dieser Einsicht eine Grenze gezogen, indem diese die Aneignung der Welt in Begriffen nicht zu einem Beherrschen derselben werden lassen. Begreifen im Sinne Hamanns geschieht unter der Prämisse, dass immer auch eine andere Deutung, ein anderes Begreifen, möglich sei. Das Begriffene kann mit Begriffen konfrontiert werden, die im Widerspruch zueinander stehen. Statt über diesen Widerspruch in der Befolgung allgemeingültiger Regeln Herr zu werden, setzen die *Sokratischen Denkwürdigkeiten* auf Konkretisierungen und damit auf das Erdulden des Widerspruchs und das Vertexten in die eigenen Kontexte. Im Verzicht auf die Beherrschung der Welt durch die Begriffe liegt die Anerkennung der Macht des Anderen, weil entweder der Geltungsanspruch der Welt oder der anderen Deutung angenommen wird.

Diesen Machtverzicht führt Hamann weiter, indem er den Widerspruch als Möglichkeit anerkennt. Einer Deutung kann eine andere gegenüberstehen, der Wahrheitsanspruch der einen muss den einer anderen nicht übertreffen. Diese Konsequenz bereitet Hamanns Glaubensbegriff vor, der im darauf folgenden Kapitel entfaltet wird. Zunächst gehen die *Sokratischen Denkwürdigkeiten* näher auf die Frage nach dem Verhältnis von Sprache und Wirklichkeit ein und deuten bereits an, dass es sich dabei nicht um ein Gegensatzpaar handelt, sondern um ein sich wechselseitig bedingendes Verhältnis. Damit geht Hamann wiederum in einem neuen Kontext der Frage von Macht und Herrschaft nach, um die in der Weisheit des Sokrates und die im christlichen Glauben gegebene Alternative vorbereiten zu können. Die Verhältnisbestimmung und die Frage nach dem Widerspruch zeichnen den Weg von Hamanns Denken der Bewegung weiter nach.

---

[713] Gouges, Olympe de, Für die Gleichberechtigung der Frau, in: Kruse, Wolfgang (Hrsg.), Die Französische Revolution. Programmatische Texte von Robespierre bis de Sade, Wien 2012, 84.

2.2.2 *Widersprüche und Kometen*

Hamann widerspricht mit seinen Überlegungen einem übersteigerten ›abstrakten‹ und ›männlichen‹ Denken.

> »Ihre gesunde Vernunft, woran es den Juden und Griechen so wenig fehlte als unsern Christen und Muselmännern, stieß sich daran, daß der Schönste unter den Menschenkindern ihnen zum Erlöser versprochen war, und daß ein Mann der Schmerzen, voller Wunden und Striemen, der Held ihrer Erwartung seyn sollte.«[714]

Gegen das Aufklären und Bestimmen setzt Hamann den »Wiederspruch«[715]. Dem Versprechen, der Erlöser werde schön, herrlich und mächtig und allen »Menschenkindern«[716] überlegen sein, stehen Schmerzen, Demut und Ohnmacht des Mannes gegenüber, der schließlich der Erlöser sein sollte.[717] Hamann setzt dem Streben nach Allgemeinheit und dem damit verbundenen Wunsch zur Herrschaft die Denkfigur des Widerspruchs entgegen. Diese erlaubt es, nicht nur eine Meinung zu akzeptieren, sondern verlangt, dass unterschiedliche Positionen als zugleich zutreffend gedacht werden. Statt nur die Richtigkeit des Messias-Versprechens und die damit verbundene Erwartung von Schönheit und Macht zu akzeptieren, fordert der Widerspruch die Verwirklichung des Gegenteils dessen, was versprochen wurde, hier also Schmerzen und Machtlosigkeit, als Einlösung des Versprechens zu denken. Die Denkfigur des Widerspruchs lässt sich daher als Instrument des Machtverzichts verstehen, weil es nicht auf eindeutige Bestimmung ankommt, sondern das Zulassen von verschiedenen Perspektiven und Meinungen eingefordert wird.[718]

Warum aber stößt sich die Vernunft an einem solchen Widerspruch? »Es kann etwas nicht zugleich seyn und auch nicht seyn«[719], erklärt Wolff den »Grund des Widerspruchs«[720]. In seinen *Vernünftigen Gedanken von Gott, der Welt und der Seele des Menschen, auch allen Dingen überhaupt* leitet er diesen Grundpfeiler seiner Überlegungen aus der Einsicht ab, »dass wir uns unmöglich gedenken können, dass wir uns zugleich unserer sollten bewusst seyn

---

[714] N II, 68, 15ff. (Sokratische Denkwürdigkeiten).

[715] A. a. O., 68, 25.

[716] A. a. O., 68, 18.

[717] Blanke deutet hier, dass die Vernunft dieses Ideal des Messias selbst gemacht hätte. Vgl. Blanke, Hamann erklärt, 116.

[718] Schon Blanke weist darauf hin, dass für Hamann der Gedanke, Gott offenbare sich in »Knechtsgestalt« fundamental sei. (Blanke, Fritz, Hamann als Theologe, in: Ders., Hamann-Studien, Zürich 1956, 24) Da Gott sich, wie Blanke mit Blick auf Hamann erklärt, »immer, wenn er sich offenbarte, zugleich erniedrigt hat« (ebd.), impliziert dies, dass Gott damit auf die ihm zugesprochene Macht in seiner Offenbarung verzichtet.

[719] Wolff, Deutsche Metaphysik, 6.

[720] Ebd.

und auch nicht bewusst seyn.«[721] Damit konnte Wolff aus der allgemeinen Erfahrung, ›dass wir sind‹ ein weiteres allgemeingültiges Prinzip ableiten, mittels dessen Gedanken als vernünftig gelten können. Der Satz vom Widerspruch hat nicht nur für die Philosophie, sondern auch für die Theologie der Gegenwart fundamentale Bedeutung: Sowohl Papst Johannes Paul II. in seiner Enzyklika *Fides et Ratio*[722], als auch Härle in seiner *Dogmatik*[723] betonen die Richtigkeit dieses Prinzips für die Theologie.

Hamann fordert gegen den Satz vom Widerspruch, dass der Widerspruch als Denkfigur erprobt wird. Das Phänomen des »Paradox[es]«[724] macht Hamann dabei nicht nur bei Jesus aus, sondern beobachtet dieses auch bei Sokrates, vor allem zwischen dessen Selbstaussagen und dem Urteil des Orakels von Delphi. Sowohl bei Jesus als auch bei Sokrates begegnet der Widerspruch als Denkfigur. Hamanns Überlegungen gingen von der These aus, dass die zeitgenössischen Sokrates-Deutungen dessen Weisheit verkennen würden und demgemäß auch über Jesus spotten könnten. Grundlegend für die These war die Annahme, dass Sokrates und Jesus eine bestimmte Form von Weisheit repräsentieren würden, wobei offenbleiben musste, was unter Weisheit im hamannschen Sinne zu verstehen sei. Hamann zeigt sodann, dass Sokrates und Jesus nur mithilfe des Widerspruches angemessen erkannt werden können und klagt gegen den Satz vom Widerspruch die Möglichkeit des Widerspruchs ein. Damit deutet sich zwar an, dass die Weisheit das Wissen um die Möglichkeit des Widerspruchs sein könnte, jedoch lässt der Text offen, wie Weisheit und Widerspruch zueinander stehen. Deutlich wird, dass Hamann

[721] Ebd. Der Satz vom Widerspruch erfährt seine klassische Definition in der *Metaphysik* des Aristoteles: »Dass nämlich dasselbe demselben in derselben Beziehung [...] unmöglich zugleich zukommen und nicht zukommen kann, das ist das sicherste unter allen Prinzipien« (ARISTOTELES, Metaphysik, 1005b).

[722] »So ist es möglich, trotz des Wandels der Zeiten und der Fortschritte des Wissens einen Kern philosophischer Erkenntnisse zu erkennen, die in der Geschichte des Denkens ständig präsent sind. Man denke, um nur ein Beispiel zu nennen, an die Prinzipien der Non-Kontradiktion, [...]« Und zur Funktion der Philosophie für die Kirche erklärt der Text weiter: Die Kirche »sieht in der Philosophie den Weg, um Grundwahrheiten zu erkennen [...]. Gleichzeitig betrachtet sie die Philosophie als unverzichtbare Hilfe, um das Glaubensverständnis zu vertiefen und die Wahrheit des Evangeliums allen, die sie noch nicht kennen, mitzuteilen« (JOHANNES PAUL II,. Enzyklika Fides et Ratio. Von Papst Johannes Paul II. an die Bischöfe der Katholischen Kirche über das Verhältnis von Glaube und Vernunft, 14. September 1998 8f.).

[723] Härle schränkt den Geltungsbereich des Satzes vom Widerspruch insofern ein, als er an der Möglichkeit festhält, dass man »auf Sachverhalte stoßen könnte, die unserem Verstehen nicht zugänglich sind und deren Realität wir gleichwohl nicht bestreiten können« (HÄRLE, Dogmatik, 26). Gleichwohl hält er daran fest, dass »auch die Theologie als Wissenschaft verpflichtet und in der Lage [ist], am Widerspruchsatz uneingeschränkt festzuhalten« (ebd.).

[724] Blanke gebraucht die Begriffe Widerspruch und Paradoxie synonym (BLANKE, Hamann erklärt, 117ff).

Weisheit und Widerspruch des Sokrates und Jesu gegen die abstrakte, männliche Denkart seiner Epoche wendet. Gemäß seiner kreisenden Argumentation kehrt Hamann zu der Frage nach der Weisheit des Sokrates und der darin enthaltenen Erklärung zurück, wie sich das Ich in der Welt orientieren kann.

Der Widerspruch, der durch das Orakel von Delphi entstand, gilt nach Hamann in der Epoche der Aufklärung wenig. Denn sowohl ein »Götterspruch«[725] als auch ein »Komet«[726] sagen »für einen Philosophen von heutigem Geschmack«[727] wenig. Als Gewährsmann für diese Einschätzung greift Hamann auf Pierre Bayles (1647–1706) Schrift *Verschiedene Gedanken bey Gelegenheit des Cometen, der im Christmonate 1680 erschienen an einen Doctor der Sorbonne gerichtet* zurück. Dort setzt sich Bayle mit Vorurteilen, die beispielsweise mit dem Erscheinen eines Kometen zusammenhängen, kritisch auseinander. Dazu weist er die Gesetze nach, die mit den entsprechenden Erscheinungen zusammenhängen.[728] Hamann wendet sich mit Bayle gegen die Bemühungen der Aufklärer. So betont Hamann, dass der Glaube an Kometen und Orakelsprüche »grössere Wunder veranlaßt habe und veranlassen könne, als man den Kometen, Orakelsprüchen und Träumen selbst jemals zugeschrieben hat noch zuschreiben wird.«[729] Denn Bayle hatte eingeräumt, dass, auch wenn die Kometen und Himmelserscheinungen ohne Einfluss blieben, der Glaube daran Wunder wirken könne. Gegen Ende des ersten Abschnitts kommt Hamann damit wieder auf das Thema Glaube zu sprechen.

Dass Zeichen wie auch Texte nichts an sich bedeuten, führt Hamann zu der Einsicht, dass auch der Widerspruch als Denkfigur erprobt werden muss. Ein Denken der Bewegung, wie es Hamann in seinem Text vorführt, kann daher als friedlich gelten, weil auf die Durchsetzung des eigenen Wahrheitsanspruches und den Versuch, Fremdes zu beherrschen, verzichtet wird. Dazu muss das Verhältnis von Sprache und Wirklichkeit, Ich und Welt im Folgenden neu geordnet werden. Hamann verlagert die Frage nach der Erkenntnis der Welt auf die Ebene von Sprache und Text, was als Konsequenz sowohl seiner Gedanken zum Situativen als auch seiner Thesen, dass Texte und Zeichen nichts an sich bedeuten, erscheint.

---

[725] N II, 68, 36. (Sokratische Denkwürdigkeiten).
[726] A. a. O., 68, 37.
[727] Ebd.
[728] Ausführlich mit Bayles Strategien zur Bekämpfung von Vorurteilen beschäftigt sich Stumm in seiner Dissertation: Stumm, Friedrich, Zu den Anfängen der französischen Aufklärung – Pierre Bayles Kometenschrift von 1683, Marburg 2010, besonders 57–159.
[729] N II, 69, 13ff. (Sokratische Denkwürdigkeiten).

2.3 Nicht-Wissen und Naturforschung

2.3.1 Wissend nicht-wissend weise

Bereits im ersten Abschnitt beschäftigte sich Hamann mit der Spannung zwischen dem Urteil des Orakels von Delphi, Sokrates sei der Weiseste, und dessen Selbsteinschätzung, er wisse nichts. Jetzt, im »Zweyte[n] Abschnitt«[730] seiner *Sokratischen Denkwürdigkeiten,* wendet sich Hamann erneut der Selbstaussage des Sokrates zu, dass er nichts wisse, und bemüht sich zunächst, ein mögliches Missverständnis auszuräumen. Denn die Vermutung liegt nahe, dass das sokratische Nicht-Wissen durch Mangel an Bildung begründet sei. Dagegen argumentiert Hamann, dass es Sokrates nicht an Unterricht und daher auch nicht an Wissen fehlte, denn Kriton habe die Ausbildung des Sokrates finanziert. »Die Reyhe der Lehrmeister und Lehrmeisterinnen, die man dem Sokrates giebt, und die Kriton ohne Zweifel besolden musste, ist ansehnlich genug«[731]. Das Nicht-Wissen des Sokrates darf aufgrund dessen nicht als eine Unzulänglichkeit an Wissen oder als Defizit an zeitgemäßer Erkenntnis verstanden werden.

Bevor sich Hamann dieser Frage weiter widmet, geht er auf die Wirkung ein, welche dieses »freche Geständniß«[732] bei Sokrates' Zeitgenossen provozieren musste, womit er wiederum in weiteren Kontexten um die Frage nach der Weisheit des Sokrates kreist. »Unwissenheit und die Blöße derselben macht eben so unversöhnliche Feinde als die Ueberlegenheit an Verdiensten und die Schau davon.«[733] Hamann nutzt eine Analogie, um die Situation des Nicht-Wissenden näher beschreiben zu können. Wer sich durch besondere Verdienste auszeichnet und diese nach außen darstellt, weist andere, durch das Aufzeigen der eigenen Überlegenheit, auf deren Schwächen hin. Ähnlich verhält es sich bei demjenigen, der weiß, dass er nichts weiß, und von dem doch alle denken, dass er eigentlich sehr wohl weise sei. Blanke fasst die Provokation des Sokrates zusammen und schreibt: »Für Sokrates ist Unwissenheit nicht Privatsache, sondern Menschheitslos, Menschheitsblöße, also ein Schicksal, dem kein denkender Mensch entrinnen kann.«[734] Der Anstoß seines Nicht-Wissens liegt demnach in der Anspielung, dass auch die Athener, die meinen, etwas zu wissen, nichts wissen. Das Bekenntnis des Sokrates, er wisse nichts, ist demnach nicht nur auf ihn zu beschränken und ist damit eine Erkenntnis, die auch für andere gilt. Damit scheint Sokrates nicht nur in Bezug auf sich selbst, sondern auch in Bezug auf die anderen ein Wissen zu haben, nämlich, dass man nichts weiß. Den Widerspruch in dieser Aussage und die Frage, was hier Nicht-Wissen meint, lässt Hamann weiter offen.

---

[730] A. a. O., 70, 1.
[731] A. a. O., 70, 9ff.
[732] A. a. O., 70, 11f.
[733] A. a. O., 70, 14ff.
[734] BLANKE, Hamann erklärt, 126.

Stattdessen versucht Hamann eine weitere Facette des Nicht-Wissens durch eine weitere Analogie zu veranschaulichen. »Ein Mensch, der nichts weiß und der nichts hat, sind Zwillinge eines Schicksals.«[735] Denn beiden nimmt man ihre Aussage, nicht zu wissen, bzw. nicht zu besitzen, nicht ab. Den Nicht-Wissenden stellt man dar »als einen Betrüger«[736], und dem Nichts-Habenden versuchen »Gläubiger und Räuber«[737] weiter abzunehmen, was dieser schon nicht mehr hat. Beiden jedoch, dem Armen wie dem Nicht-Wissenden, sei Fortuna gewogen, weil Wissen und Besitz vergänglich seien.[738] Die Erfahrung des Verlustes, so erklärt Hamann, brauche der Arme wie der Unwissende nicht zu machen und deshalb können beide sich glücklich schätzen. Eine weitere Analogie sieht Hamann zwischen einem Hypochonder und dem Nicht-Wissenden Sokrates. Während der eine viel von seinen Krankheiten redet, spricht der andere viel von seinem Nicht-Wissen. Und beide reden eigentlich über Nichtiges, weil der eine nicht krank ist und der andere nichts weiß. Aber Hamann meint nicht, dass beide deshalb Unsinn reden würden. Denn vielleicht muss man das »Uebel«[739] selbst kennen, um den Hypochonder zu verstehen. Und gegebenenfalls gilt dann auch, dass man in gleicher Weise »Sympathie«[740] für das Nicht-Wissen des Sokrates haben muss, um dessen Rede zu verstehen. Demgemäß scheinen die Erklärungen sowohl des Hypochonders als auch des Nicht-Wissenden Sokrates, wenn man sich darauf einlässt, doch mehr zu sagen als Nichtiges.

Hamann geht immer wieder aus neuen Perspektiven auf das sokratische Nicht-Wissen ein. Er wählt diesen Weg, weil er damit verschiedene Facetten des Nicht-Wissens aufzeigen kann und weil er meint im Nicht-Wissen eine mit dem christlichen Glauben verwandte Größe gefunden zu haben. Aufgrund dieser Nähe gilt es im Folgenden, Hamanns Gedanken zum sokratischen Nicht-Wissen weiter nachzugehen.

Nachdem Hamann unterschiedliche Momente des sokratischen Nicht-Wissens angedeutet hat, kehrt er in seiner Schilderung zum Orakel von Delphi zurück, das Sokrates für den Weisesten hielt. Im Türbogen zum Tempel stand die Aufforderung »Erkenne dich selbst«[741]. Hamann gelangt über die Inschrift des antiken Tempels zu einem seine eigene Epoche prägenden Thema. Sowohl für die Vertreter des Pietismus als auch für die Philosophen der Aufklärung war die Selbsterkenntnis Gegenstand ihres Interesses. Der Pietist August Hermann Franke (1663–1727) lotete in seinem Lebenslauf aus, wer er ohne und wer er mit Gott sei, um auf diese Weise zu erkennen, wer er selbst

[735] N II, 70, 19f. (Sokratische Denkwürdigkeiten).
[736] A. a. O., 70, 21.
[737] Ebd.
[738] Vgl. A. a. O., 70, 23ff.
[739] A. a. O., 70, 30.
[740] A. a. O., 70, 31.
[741] A. a. O., 70, 33.

sei.[742] Stellte der Pietismus die Frage, wer der einzelne Mensch vor Gott sei, so gab der englische Literat Alexander Pope (1688–1744), mehr die »Diesseitigkeit des Menschen«[743] im Blick habend, den Philosophen der Aufklärung die Aufgabe auf: »Erkenn Dich selbst, erforsch nicht Gottes Kraft! / Der Mensch ist erstes Ziel der Wissenschaft«.[744] Diese Fragestellungen aufgreifend wendet sich Hamann zunächst Chairephon zu, der von Apollon, dem Herrn des Orakels von Delphi, wissen wollte, wer der Weiseste sei. Die Antwort des Orakels auf diese Frage verbindet Hamann mit dem Tür-Spruch und erklärt: »Sokrates übertraf sie [gemeint sind Sophokles und Euripides] aber beyde an Weisheit, weil er in der Selbsterkenntnis weiter als jene gekommen war«[745]. Weisheit für Hamann scheint demgemäß Selbsterkenntnis zu sein. Dass Sokrates sich selbst mehr erkannt hatte als andere, liegt für Hamann darin begründet, dass er »wuste, daß er nichts wuste.«[746] Wenn Weisheit Selbsterkenntnis ist, dann ist die Selbsterkenntnis des Sokrates eine Selbsterkenntnis im Widerspruch. Denn Hamann sagt hier über Sokrates aus, dass er nicht-wissend und zugleich wissend sei. Hamann verstößt mit seiner Formulierung gegen den Satz vom Widerspruch. Selbsterkenntnis bei Sokrates als Weisheit zu denken, bedeutet für Hamann auch den Widerspruch in der Erklärung ›er wuste, daß er nichts wuste‹ zu denken.

Hamann kreist zunächst um das sokratische Nichtwissen, indem er die sokratische Selbstauskunft ›Ich weiß, dass ich nicht weiß‹[747] durch Rückgriff auf verschiedene Geschichten und Anekdoten aus dem Leben des Sokrates durchdenkt. Um weitere Nuancen des Nichtwissens erschließen zu können, stellt Hamann eine Verknüpfung zur christlichen Überlieferung her. Dazu deutet er das Vorgehen und Antworten des Apollon auf Chairephons Frage, wer der Weiseste sei, mit Paulus und Barnabas. Denn nach der *Apostelgeschichte* erklären beide, dass Gott sich den Heiden »nicht unbezeugt gelassen« (Apg 14,17) habe. Hamann erkennt in den *Sokratischen Denkwürdigkeiten* in der Antwort des Apollons, der sich seines Nichtwissens bewusste Sokrates sei der Weiseste, ein Zeugnis des christlichen Gottes. Damit bindet Hamann seine

---

[742] Vgl. FRANCKE, AUGUST HERMANN, Herrn M. August Hermann Franckes vormahls Diaconi zu Erfurt [...] Lebenslauff, in: Markus, Matthias (Hrsg.), Lebensläufe August Hermann Franckes, Leipzig 1999, 5–32.

[743] MÖLLER, Vernunft und Kritik, 12.

[744] POPE, ALEXANDER, Vom Menschen. Übersetzt von Eberhard Breidert. Mit einer Einleitung herausgegeben von Wolfgang Breidert. Englisch – deutsch, Hamburg 1993, II 1.

[745] N II, 71, 9ff. (Sokratische Denkwürdigkeiten).

[746] A. a. O., 71, 11.

[747] Es handelt sich bei dieser verbreiteten, Sokrates zugesprochenen Formulierung um ein abgewandeltes Zitat aus Platons *Apologie des Sokrates*. Dort heißt es: »[...] οὗτος μὲν οἴεταί τι εἰδέναι οὐκ εἰδώς, ἐγὼ δέ, ὥσπερ οὖν οὐκ οἶδα, οὐδὲ οἴμαι« »Dieser meint irgendetwas zu wissen, obwohl er es nicht weiß, aber ich, wie ich es nun nicht weiß, glaube es auch nicht« (PLATON, Apologie 21a–22a).

Auseinandersetzung mit Sokrates erneut, wie auch in seinem Vergleich von Sokrates und Jesus, an die christliche Tradition zurück. Durch diese Rückkopplung transformiert Hamann die sich im Widerspruch befindende Selbsterkenntnis des Sokrates zu einer Aussage des christlichen Glaubens und verknüpft auf diese Weise Nichtwissen und christlichen Glauben. Hamann geht hier jedoch auf diesen Gedanken nicht weiter ein. Es scheint auch, als würden die *Sokratischen Denkwürdigkeiten* die Auseinandersetzung mit dem sokratischen Nichtwissen zurückstellen.

Es folgt die Erklärung: »Ein sorgfältiger Ausleger muß die Naturforscher nachahmen.«[748] Diese würden »einen Körper in allerhand willkürliche Verbindungen mit andern Körpern versetzen und künstliche Erfahrungen erfinden«[749], um die Eigenschaften dieses Körpers herauszufinden. Dieses Vorgehen fordert Hamann nun auch von einem »Ausleger«[750] und erklärt, dass er selbst dieses Verfahren mit dem Spruch des Sokrates und dem Urteil des delphischen Orakels angewandt habe. Der Text kündigt an, »die Energie«[751], welche in diesem Verfahren stecke, herausarbeiten zu wollen. In wenigen Sätzen hat Hamann nicht nur eine Erklärung für seine Arbeit als Ausleger präsentiert, sondern auch entscheidende Konsequenzen für die Erkenntnistheorie aus dem sokratischen Gedanken des Nichtwissens angedeutet. Deutlich wird dies im Folgenden, wenn herausgearbeitet wird, welche für die Aufklärung fundamentalen Gedanken Hamann mit seiner Forderung, die Naturwissenschaftler nachzuahmen, anspricht und wie er dieses Paradigma umwandelt. Hamanns Text kreist immer wieder auf neuen Bahnen um die Rolle des Situativen, um das Verhältnis von Sprache und Wirklichkeit und um die Möglichkeiten des Verstehens. Dass Hamann sich mit den ›Naturforschern‹ auseinandersetzt, dient ihm dazu, das Verhältnis von Sprache und Wirklichkeit näher zu bestimmen. Die von Hamann vorgenommene Bestimmung dieses Verhältnisses ist für ein Denken der Bewegung fundamental, da durch sie die für die antiken Skeptiker wichtige Behauptung, es gäbe kein sicheres Kriterium, nach dem ein Urteil gefällt werden könne, variiert wird.

2.3.2 Experimentierend zu Zeichen und Texten: Francis Bacon

Hamann greift mit seiner Forderung, der ›Ausleger‹ solle die ›Naturforscher nachahmen‹, ein für die Aufklärung wichtiges erkenntnistheoretisches Paradigma auf. Deshalb soll zunächst die Grundlage für den Erfolg der damaligen Naturwissenschaft angedeutet werden und mit Hilfe von Francis Bacon (1561–1626) die Übertragung in den Bereich der Philosophie nachgezeichnet werden, bevor Hamanns Modifikation dieser Tradition herausgearbeitet wird. Dadurch wird deutlich, dass Hamann eine Veränderung vornimmt, die das

[748] N II, 71, 25. (Sokratische Denkwürdigkeiten).
[749] A. a. O., 71, 26f.
[750] A. a. O., 71, 25.
[751] A. a. O., 71, 30.

Verhältnis von Sprache und Wirklichkeit nicht mehr als Gegensatzpaar, sondern als in wechselseitiger Abhängigkeit begreift.

Im Jahr 1543 hatte Andreas Osiander (1498–1552) *De revolutionibus orbium coelestium* von Nikolaus Kopernikus (1473–1543) herausgegeben, in welchem Kopernikus das heliozentrische Weltbild gegen das ptolemäische setzte. Osiander versah das Werk mit einem Vorwort, in welchem er den Begriff der Hypothese entwickelte und die Methoden des Astronomen beschrieb. Dieser müsse »die Geschichte der Himmelsbewegungen nach gewissenhaften und scharfen Beobachtungen zusammentragen«[752] und im Anschluss entweder die Ursachen dafür nennen, oder Hypothesen bilden, welche diese erklären. Die beschriebene Arbeitsweise, mittels Beobachtungen und Erfahrungen Antworten zu finden, führte auch in anderen naturwissenschaftlichen Fragen zu wichtigen weiterführenden Erkenntnissen. So gelang es beispielsweise dem ehemaligen Seemann Robert Norman (wohl 1560–1596) durch »experience, reason and demonstration«[753] in seiner Broschüre *The Newe Attractive* aus dem Jahre 1581 neue Erkenntnisse im Bereich des Magnetismus und der Kompassherstellung zu gewinnen. Normans Schrift gehört in den Bereich der »Technikliteratur«[754], in der meist von Handwerkern, selten von Gelehrten, aufgrund praktischer Erfahrungen und Experimenten wichtige Fortschritte erzielt wurden. Der Erfolg, der sowohl der Naturwissenschaft als auch der Technikliteratur beschieden war, gründete auf Beobachtungen, Erfahrungen und dem Umgang mit der Natur. Dieser Erfolg führte dazu, dass auch innerhalb der Philosophie versucht wurde, die Erfahrung als wesentliches Element des Erkenntnisprozesses zu etablieren.

Bei der Beschäftigung mit Christian Wolffs erkenntnistheoretischen Überlegungen wurde bereits deutlich, dass Erfahrung für die Erschließung der Wirklichkeit eine wesentliche Rolle spielt. Der wolffsche Versuch, Erfahrung und Vernunft miteinander zu verknüpfen, um die Wirklichkeit erkennen zu können, hat einen die gesamte Aufklärung prägenden Vorläufer. Als einer der ersten reflektierte Francis Bacon, wie Wissenschaft konzipiert werden müsse, wenn Erfahrung und Vernunft als notwendige Faktoren der Erkenntnis gedacht werden sollen. Bacon weist den Weg, wie die Welt über vernunftgeleitete Experimente zu erschließen sei. Auf diesen Weg macht sich auch Hamann, jedoch deutet er das von Bacon vorgeschlagene Verfahren entsprechend seiner eigenen Einsichten um. Die von Bacon vorgenommene Übertragung der

---

[752] Copernicus, Nicolaus, De Revolutionibus Orbium Coelestium, Petrium 1543, III: »Est enim Astronomi proprium, historiam motuum coelestium diligent & artificiosa observatione colligere.” Die Übersetzung stammt von Karl Ludolf Menzzer: Copernicus, Nikolaus, Über die Kreisbewegung der Weltkörper. Übersetzt und mit Anmerkungen von Dr. Karl Ludolf Menzzer. Durchgesehen und mit einem Vorwort von Dr. Moritz Cantor, Thorn 1879.

[753] Norman, Robert, The newe Attractive. Contayning a short discourse of the Magnes or Lodestone, London 1581. Facsimile Reprint, Amsterdam 1974, II.

[754] Krohn, Wolfgang, Francis Bacon, München ²2006, 64.

Beobachtung und des Experimentes in den Bereich der Philosophie gilt es nachzuzeichnen, um Hamanns Neubestimmung des Verhältnisses von Sprache und Wirklichkeit besser verstehen zu können. Außerdem liefert Bacon mit der sogenannten Idolenlehre eine Position, die nach den Möglichkeiten menschlicher Erkenntnis fragt, womit einige Einsichten der antiken Skeptiker aufgegriffen und neu formuliert werden. Hamann greift die Konsequenzen dieser Lehre auf und wendet sie an, wodurch deutlich wird, warum Hamann sich einem Denken der Bewegung verpflichtet sieht.

Bacon hatte sich in seinem 1620 erschienenen Werk *Instauratio Magna* die Aufgabe gestellt, »die Verbindung zwischen dem Geist und den Dingen in der richtigen Weise wieder herzustellen oder zumindest zu einer besseren Beschaffenheit zu führen.«[755] Bacon greift hier auf die klassische Definition von Wahrheit als ›adaequatio rei et intellectus‹ zurück. Indem er die Wissenschaft verpflichtet, konkret »zur Wohltat und zum Nutzen fürs Leben«[756] beizutragen, präzisiert er den klassischen Wahrheitsbegriff für sein Projekt. Denn die angestrebte ›adaequatio rei et intellectus‹ soll dem Können des Menschen dienen und auf diese Weise dessen Lebensqualität steigern. Daher ist dem Techniksoziologen und Wissenschaftsphilosophen Wolfgang Krohn zuzustimmen, wenn er mit Blick auf Bacons Methode erklärt: »Wissen zeigt sich im Können; Wahrheit führt auf Nützlichkeit.«[757] Von diesem Wahrheitsbegriff ausgehend motiviert sich Bacons Kritik an der Wissenschaft seiner Zeit, denn er urteilt über sie: »Zum Reden ist sie recht bereit, aber zum Schaffen untauglich und noch nicht reif.«[758] Ihr Verfahren, die Natur zu erkennen, gleiche einem »äußerlich prächtigen Bau ohne sicheres Fundament.«[759] Deshalb, meint Bacon, muss eine »neue[...] Methode[...]«[760] gefunden und die Wissenschaft neu konzipiert werden.

Bacon beginnt mit einer Analyse seiner Zeit und deutet, indem er seine eigenen Überlegungen mit einer Untersuchung der vorgefundenen Situation beginnt, seine Methode bereits an. Er beobachtet zwei getrennte Säulen, welche die zwei Wege symbolisieren sollen, über die man zu jener Zeit nach Er-

---

[755] BACON, Neues Organon, 3. (I, 121). Im Folgenden wird nach der deutschsprachigen Ausgabe Bacon, Francis, Neues Organon. Teilband 1/2. Lateinisch-Deutsch. Herausgegeben und mit einer Einleitung von Wolfgang Krohn, Hamburg ²1999, zitiert, die auf der Standardausgabe der Werke Bacons von J. Spedding, R.L. Ellis und D. D. Heath (1858) basiert. Die entsprechenden Stellenangaben zur Standardausgabe finden sich in Klammern.

[756] BACON, Neues Organon, 33 (I, 132).

[757] KROHN, WOLFGANG, Das Labyrinth der Natur. Bacons Philosophie der Forschung betrachtet in ihren Metaphern, in: Sandkühler, Hans, Jörg (Hrsg.), Interaktion zwischen Philosophie und empirischer Wissenschaft. Philosophie- und Wissenschaftsgeschichte zwischen Francis Bacon und Ernst Cassirer, Frankfurt am Main 1995, 45.

[758] BACON, Neues Organon, 15 (I 126).

[759] A. a. O., 5 (I, 121).

[760] Ebd.

kenntnis strebte.[761] Auf der einen Seite die Wissenschaft, bei der er feststellt, dass dort nur »wiederholt«[762] werde. Auf der anderen Seite sieht er die »mechanischen Künste«[763], die tatsächlich Fortschritte zu verbuchen hätten, denen es jedoch nicht gelänge »zum Gipfel der Vollkommenheit«[764] vorzustoßen, da ein Mangel an theoretischer Reflexion zu beklagen sei. Um seine Kritik an diesen beiden getrennt operierenden Säulen zu verdeutlichen, bedient sich Bacon eines Gleichnisses.

> »Die Empiriker gleich[en] den Ameisen, sammeln und verbrauchen nur, die aber, die die Vernunft überbetonen, gleich[en] den Spinnen, schaffen die Netze aus sich selbst.«[765]

Den mechanischen Künsten fehle zwar weitestgehend die Fähigkeit zur Reflexion, aber in ihrer andauernden Tätigkeit können sie dennoch Innovationen vorweisen. Den Theoretikern hingegen gelingt es zwar, feine Netze der Gelehrsamkeit zu spinnen, da ihnen jedoch Input fehlt, kommt es zu keinem Fortschritt. Zum Vorbild für die neue Wissenschaft wählt Bacon daher das »Verfahren der Biene«[766], denn »sie zieht den Saft aus den Blüten der Gärten und Felder, behandelt und verdaut ihn aber aus eigener Kraft.«[767] Es gilt demnach, »zwischen der beobachtenden und denkenden Fähigkeit [...] eine wahre und rechtmäßige Ehe für alle Zeiten«[768] zu begründen. Die Beobachtung der Forschungsmethoden der Wissenschaft auf der einen Seite und der mechanischen Künste auf der anderen Seite und die daraus gewonnene Einsicht über Stärken und Schwächen der jeweiligen Verfahren zeigen Bacon den Weg.

Als Weg schlägt Bacon die »Induktion«[769] statt der Deduktion vor. Bei der Induktion ermittelt man

> »von den Sinnen und vom Einzelnen ausgehend die Sätze, indem man stetig und stufenweise aufsteigt, so dass man erst auf dem Gipfel zu den allgemeinsten Sätzen gelangt.«[770]

Erkenntnis erlangt der Mensch, wenn er schrittweise von der Erfahrung ausgehend seine Reflexion immer wieder an Erfahrung zurückbindet und langsam voranschreitend zu allgemeinen Sätzen gelangt. Der Induktion ordnet

---

761 Die Metapher der Säulen ist dem der *Instauratio Magna* vorangestellten Kupferstich entnommen. Zur Interpretation des Kupferstichs siehe: Keller, Sarah, Experiment versus Dogma. Fancis Bacons Erkenntnis- und Lernprogramm, Bern 2005, 29ff.

762 Bacon, Neues Organon, 15 (I, 125).

763 A. a. O., 17 (I, 126).

764 Ebd.

765 A. a. O., 211 (I, 201).

766 Ebd.

767 Ebd.

768 A. a. O., 31 (I, 131).

769 A. a. O., 43 (I, 136).

770 A. a. O., 89 (I, 159).

Bacon die »Interpretation der Natur«[771] zu. Nach Karl Popper (1902–1994) meint ›Interpretation der Natur‹ bei Bacon »das Lesen, oder noch besser, das Buchstabieren im Buch der Natur.«[772] Damit versucht er deutlich zu machen, dass hier ein Interpretationsverfahren gemeint sei, welches wie bei Chladenius dazu diene, die Information aus dem Text zu heben und zwar so, »wie es geschrieben steht.«[773] Der Lektüre der Natur und der Herstellung des rechten Verhältnisses von Geist und Welt steht jedoch entgegen, dass die Sinne und der Verstand des Menschen nicht hinreichen, um die Natur in ihrem Detailreichtum erfassen zu können. Die Unzulänglichkeit des menschlichen Erkenntnisvermögens entwickelt Bacon mittels seiner »Idolenlehre«[774], welche zu den »bekanntesten Theorien über die Entstehung falscher Vorstellungen«[775] gezählt werden kann. Bacon formuliert mit ihr die Grenzen seiner eigenen Erkenntnislehre, die sich daraus ergebenden Konsequenzen finden sich dann bei Hamann wieder.

Bacon kennt vier Idole und beginnt mit den »Idole[n] des Stammes«[776] (Idola Tribus), welche er in der Natur des Menschen begründet sieht. Demnach geschieht »alle Wahrnehmung der Sinne wie des Geistes [...] nach dem Maß der Natur des Menschen, nicht nach dem des Universums.«[777] Die Mittel, mit denen der Mensch die Welt wahrnimmt, beeinflussen und verfälschen das Wahrgenommene. Daneben gibt es die »Idole der Höhle«[778] (Idola Specus), welche jedem einzelnen Menschen zukommen. Aufgrund der eigenen Natur und »der Unterschiedlichkeit der Eindrücke«[779], aber auch aufgrund von äußeren Einflüssen, wie Erziehung, Lektüre und sozialem Umfeld, kommt es zur Bildung von Meinungen und Urteilen, welche das Erkennen bedingen. Bacon umschreibt diese Kontextgebundenheit mit einem Bild: Jeder Mensch eigne sich mit der Zeit eine Art Grotte an, durch welche das »Licht der Natur«[780] gebrochen werde. Da diese äußeren Faktoren von der Umgebung abhingen,

---

[771] A. a. O., 77 (I, 154) und 93ff. (I. 161ff).

[772] Popper, Karl, R., Vermutungen und Widerlegungen. Das Wachstum der wissenschaftlichen Erkenntnis, Teilband 1, Vermutungen, Tübingen 1994. 17.

[773] A. a. O., 18.

[774] Zur Entwicklung von Bacons Idolenlehre innerhalb seiner Werke: Brandt, Reinhard, Über die vielfältige Bedeutung der Baconschen Idole, in: Philosophisches Jahrbuch 83 (1976), 42ff.; sowie: Keller, Experiment versus Dogma, 111f. Zur Frage nach den Quellen der Baconschen Idolenlehre: Brandt, Über die vielfältige Bedeutung der Baconschen Idole, 57–59.

[775] A. a. O., 42.

[776] Bacon, Neues Organon, 101 (I, 163).

[777] Ebd.

[778] A. a. O., 103 (I, 164).

[779] Ebd.

[780] Ebd.

urteilt Bacon, müsse »der menschliche Geist in seiner Verfassung bei den verschiedenen Individuen ein veränderliches, unberechenbares Ding«[781] sein.

Die »Idole des Marktes«[782] (Idola Fori) und des »Theaters«[783] (Idola Theatri) sind gleichsam Gruppen-Idole, welche mehreren Menschen zugleich zukommen. Durch das »Beieinandersein«[784] kommt es, vor allem bei Mitgliedern einer Sprach- und Kommunikationsgemeinschaft, zu Irritationen des Geistes. Bacon betont die Gemeinschaft stiftende Funktion der Sprache, da sich Menschen durch sie zueinander gesellen und in Austausch miteinander treten. Jedoch kritisiert er, dass die Worte »den Dingen nach der Auffassung der Menge beigeordnet«[785] werden. Daher kommt es, dass der Geist durch die Sprache verwirrt werde, weil die Menge sich leicht verleiten lasse, Namen zu gebrauchen »von Dingen, die es nicht gibt«[786] oder die »verworren, schlecht abgegrenzt und voreilig und unangemessen von den Dingen abstrahiert«[787] wurden. Daher fügen Worte dem Verstand leicht Gewalt zu und verwirren diesen. Daneben gibt es noch die ›Idole des Theaters‹, die das Ergebnis »verschiedener dogmatischer Behauptungen philosophischer Lehrmeinungen«[788] sind. Während die ›Idole des Marktes‹ durch Austausch innerhalb einer Kommunikationsgemeinschaft entstehen, kommt es bei den ›Idolen des Theaters‹ durch das wiederholte Vortragen und vermeintliche Beweisen durch Philosophen zur Festsetzung unbegründeter Meinungen. Während die ›Idole des Stammes‹ auf den begrenzten Möglichkeiten der menschlichen Sinnesorgane aufbauen, erklären sich die anderen Idole aus dem Bedingt-Sein des Menschen und dessen Angewiesen-Sein auf Kontexte.

Mit diesen Idolen ausgestattet steht der Mensch in der Natur, die für Bacon einem Labyrinth gleicht.

> »Der Bau des Weltalls aber erscheint seiner Struktur nach dem Menschengeist, der es betrachtet wie ein Labyrinth, wo überall unsichere Wege, täuschende Ähnlichkeiten zwischen Dingen und Merkmalen, krumme und verwickelte Windungen und Verschlingungen der Eigenschaften sich zeigen.«[789]

Die Idole führen zwar zu Meinungen und damit zu einer Ordnung, aber diese ist nicht wahr und schafft dem Menschen daher »unangemessenen Nachteil«[790]. Krohn erklärt deshalb, dass Bacon die neue Methode »nach dem Para-

---

781 Ebd.
782 Ebd.
783 Ebd.
784 Ebd.
785 Ebd.
786 A. a. O., 123 (I, 171).
787 Ebd.
788 A. a. O., 105 (I, 164).
789 A. a. O., 25 (I, 128).
790 A. a. O., 3 (I, 121).

digma des Ariadnefadens«[791] entwerfen wolle. Aber er betont zugleich, dass es nicht darum gehe, den Weg aus dem Labyrinth zu finden, denn »[e]s geht nicht um das Entkommen, sondern um Orientierung und Einrichtung – zum Nutzen des Labyrinths für menschliche Zwecke.«[792]

Es gilt daher zum einen, den Geist soweit wie möglich von den Idolen zu befreien, und zum anderen, einen Weg zu finden, wie die Schwächen der Sinne kompensiert werden können.[793] Bacon erklärt, »alle richtige Interpretation der Natur kommt durch Einzelfälle und geeignete durchführbare Experimente zustande.«[794] Im »haptischen Umgang«[795] mit der Natur und unter der Fragestellung des Experiments soll die Natur verraten, wie sie ist. Die Sinne entscheiden dabei nur über das Experiment, »das Experiment über die Natur und die Sache selbst«[796]. Es gilt daher,

> »in die Naturgeschichte eine große Anzahl solcher Experimente [aufzunehmen], die zwar keinen unmittelbaren Nutzen bringen, aber für die Auffindung der Ursachen und Grundsätze von großem Wert sind.«[797]

Es sind demzufolge bei den Experimenten nicht nur mehr Versuche nötig, sondern auch »eine völlig andere Methode«[798] als bisher. Denn nur wenn die Erfahrung nach eindeutigen und allgemein angewandten Regeln voranschreitet, kann auf einen Fortschritt in der Wissenschaft gehofft werden. Außerdem empfiehlt Bacon, Erfahrungen und Beobachtungen schriftlich festzuhalten, da nur über »Aufzeichnungen«[799] die Entdeckungen auch von anderen Wissenschaftlern sinnvoll weiter genutzt werden können. Dazu muss all das,

> »was zu einem bestimmten Forschungsgegenstand gehört, allseitig geordnet und mittels Tafeln, die zur Weiterführung der Entdeckung geeignet, gut gegliedert und gleichsam lebendig sind, aufgegliedert werden.«[800]

Die gewonnenen Einsichten sollen auch in andere Gebiete gebracht werden, um so die Erfahrung gezielt weiterzubringen. Für die Erarbeitung neuer Lehr-

---

[791] KROHN, Das Labyrinth der Natur, 39.
[792] A. a. O., 41.
[793] Salamun weist darauf hin, dass es bei Bacon nicht klar auszumachen sei, ob er meine, die Idole könnten überwunden werden, was er damit erklärt, dass Bacon bei seiner Idolenlehre nicht zwischen Vorurteilen und »dispositionellen Voraussetzungen« unterscheide (SALAMUN, KURT, Bacons Idolenlehre aus der Sicht der neueren Ideologiekritik, in: ARSP 61 (1975), 554).
[794] BACON, Neues Organon, 113 (I, 168).
[795] BRANDT, Über die Vielfältige Bedeutung der Baconschen Idole, 61.
[796] BACON, Neues Organon, 113 (I, 168).
[797] A. a. O., 217 (I, 203).
[798] A. a. O., 219 (I, 203).
[799] Ebd.
[800] A. a. O., 221 (I, 204).

sätze gilt, dass eine »Generalisierung der Sätze«[801] nur schrittweise und unter ständiger Rückbindung an neue Experimente erfolgen kann.

Diese Verknüpfung von Experiment und Erkenntnis führt, wie Krohn betont, zu entscheidenden Veränderungen in der Wissenschaft. Deutlich werden diese Konsequenzen an Bacons eigenem Entwurf. Zum einem muss er auf die Erfahrungen und Ergebnisse vorheriger Forschung zurückgreifen und diese als Grundlage für seine Gedanken annehmen, zum anderen deutet der fragmentarische Charakter seines Werkes darauf hin, dass seine Studien gleichfalls als Grundlage für weitere Forschung dienen werden. Erkenntnis im baconschen Sinne ist demnach zeitlich bedingt und als »*Gemeinschaftsunternehmen*«[802] zu realisieren. Deshalb muss die Wahrheit als »Tochter der Zeit«[803] und nicht als Autorität gedacht werden. Denn erst mit der Zeit und dem Fortschritt in der Erkenntnis kann es zu einer Verbesserung im Verhältnis von Geist und Welt kommen. Damit wird ein grundlegender Unterschied zu Descartes deutlich. Dieser führt den Zweifel ein und strebt danach, die damit einhergehende Unsicherheit durch einen Akt der Selbsterkenntnis endgültig zu überwinden. Descartes zieht dazu seine gewohnten Vorstellungen und Überzeugungen in Zweifel und will nur akzeptieren, was er klar und deutlich zu erkennen vermag. Den Theologen Eberhard Jüngel aufgreifend kann gesagt werden, dass Descartes zunächst »Abschied«[804] nimmt von »der bisherigen Geschichte des Erkennens und Denkens.«[805] Er unterbricht damit den Dialog mit den Anderen und schafft durch seine Erkenntnis des ›cogito, ergo sum‹ einen archimedischen Punkt, von dem aus er den Dialog wieder aufgreifen kann und zu überprüfen weiß, was als sichere Erkenntnis angesehen werden kann. Dadurch, dass sich das nach Erkenntnis strebende Subjekt im ›cogito ergo sum‹ ein festes Fundament gibt, meint Descartes, die Erkenntnis absichern zu können. Bacon strebt ebenfalls nach einem »sichere[n] Fundament«[806] für die Erkenntnis. Im Unterschied zu Descartes meint er dieses Fundament jedoch nicht in einem singulären Akt her- oder feststellen zu können. Das Fundament Bacons ist gerade kein archimedischer Punkt, sondern ein bestimmter »Weg[...] der Betrachtung«[807]. Dieser beinhaltet, dass Erkenntnis zeitlich und nur das Ergebnis gemeinschaftlicher Arbeit sein kann.[808] Auch wenn Bacons methodischer Neuansatz mit der Bacon-Forscherin Sarah Keller

---

801 KROHN, Francis Bacon, 111.
802 KELLER, Experiment versus Dogma, 55. (Hervorhebung im Original).
803 BACON, Neues Organon, 181 (I, 191).
804 JÜNGEL, Gott als Geheimnis der Welt, 149.
805 Ebd.
806 BACON, Neues Organon, 5 (I, 121).
807 Ebd.
808 Kurt Salamun hingegen erklärt, dass die Sinneswahrnehmung für Bacon den archimedischen Punkt seines Denkmodells sei (SALAMUN, Bacons Idolenlehre aus der Sicht der neueren Ideologiekritik, 533f.).

als »Bruch mit allem Herkömmlichen«[809] verstanden werden muss, so enthält sich Bacon eines Urteils, ob durch die Mühen »in so vielen Jahrhunderten«[810] davor »gar nichts erreicht worden«[811] sei. Der methodische Neuansatz ist nötig, um »zu dem Entlegenen und Verborgenen der Natur gelangen zu können«[812], was jedoch nicht gelingen kann, ohne auf die »bisherigen Erfindungen«[813] zurückzugreifen. Denn nicht die Unterbrechung des Dialogs und die Selbstbestimmung des einzelnen, sondern das Weiterführen des Gesprächs mithilfe der baconschen Methode führe zur Wahrheit.[814] Damit sind jene Grundlinien nachgezeichnet, die Hamann mit seiner kurzen Anspielung, dass der ›Ausleger‹ die ›Naturforscher nachahmen‹ solle, gemeint haben kann. Die Ausarbeitung dieser Position ermöglicht es, im Folgenden aufzuzeigen, welche Änderungen Hamann vornimmt und wie er damit die Rahmenbedingungen eines Denkens der Bewegung schafft.

Hamann greift diese Tendenz, sich an Naturwissenschaft und Erfahrung zu orientieren, auf, zieht jedoch, da er die Naturwissenschaft unter den sokratischen Gedanken des Nichtwissens stellt, andere Konsequenzen als Bacon. Während Bacon noch Grund zur Hoffnung sah, da er durch Experimente und wohlgeordnete Erfahrung Erkenntnisgewinne erwartete, spricht Hamann davon, dass die im Experiment hergestellten Verbindungen »willkührlich[...]«[815] und das Ergebnis »künstliche Erfahrungen«[816] seien. Gerade der Vorwurf der Willkür macht deutlich, dass Hamann auch die naturwissenschaftliche Erkenntnis in Abhängigkeit vom Willen und Wollen der Forscher denkt. Bacon meint, durch das Experiment könne eine Interpretation der Natur als eine buchstäbliche Lektüre der Natur, in welcher bekannt werde, wie die Natur sei, gewährleistet werden. Hamann hingegen betont, dass auch die Experimente, in denen die Stoffe miteinander in Verbindung gebracht werden, um zu erkennen, wie sie sind, von demjenigen abhängen, der das Experiment durchführt. Damit zieht Hamann die Konsequenzen aus Bacons Idolenlehre und thematisiert damit erneut seine Einsichten zur Rolle des Situativen. Fundamentaler jedoch als die sich in seiner Wortwahl andeutende Kritik an der Objektivierbarkeit der durch Experimente erlangten Erkenntnis, ist der Bereichswechsel, den Hamann vornimmt. Bacon und auch Wolff zielen mit ihrer Nachahmung der Naturwissenschaft darauf, »die Verbindung zwischen dem

---

[809] KELLER, Experiment versus Dogma, 43.
[810] BACON, Neues Organon, 27 (I, 129).
[811] Ebd.
[812] A. a. O., 27 (I, 130).
[813] A. a. O., 27 (I, 129).
[814] Szczekalla ist daher Recht zu geben, wenn er die eigentliche Leistung von Bacons Werk darin sieht, eine »Wissenschaftspropädeutik« (SZCZEKALLA, MICHAEL, Francis Bacon und der Bakonismus. Aufklärung, Romantik, 19. Jahrhundert, Frankfurt am Main 1990, 73) geschaffen zu haben.
[815] N II, 71, 26. (Sokratische Denkwürdigkeiten).
[816] A. a. O., 71, 27.

Geist und den Dingen in der richtigen Weise wieder herzustellen.«[817] Im Zentrum steht, wie auch bei den Naturwissenschaftlern, die Erkenntnis der Welt. Hamann jedoch verlagert das Vorgehen der Naturwissenschaftler in den Bereich des Auslegens und damit auf die Ebene des Textes.[818]

Hamann bringt verschiedene Texte in Kontakt, um herauszufinden, was sie bedeuten können. Hamann gewinnt durch dieses Spiel mit Text und Zeichen Erkenntnis, diese scheint aber eine andere zu sein, als jene, die Bacon oder die Naturwissenschaftler anstreben. Wahrheit bei Bacon schien in der ›adaequatio rei et intellectus‹ zu bestehen, zumindest zielte darauf seine Verbesserung des Erkenntnisprozesses. Hamann jedoch, den sokratischen Gedanken des Nichtwissens erneut variierend, bewegt sich auf der Ebene des Textes, die Frage nach der Übereinstimmung von Geist und Welt übergeht er dabei. Stattdessen scheint er einen alternativen Wahrheitsbegriff anzubieten. Gleichzeitig zeigt sich jedoch auch, dass Hamann mit Bacon darin übereinstimmt, dass Erkenntnis und Wahrheit nicht in einem Akt singulärer Selbstbestimmung garantiert werden können, sondern dass alles Erkennen auf früheres angewiesen ist und selbst zur Grundlage für späteres wird. Denn Hamann bringt verschiedene Texte miteinander in Verbindung und schafft auf diese Weise neue Texte.

2.3.3 *Experimentierend mit Zeichen und Texten*

Der ›Ausleger‹ befindet sich in einem Kommunikationszusammenhang, indem er auf Texte zurückgreift und diese miteinander reagieren lässt. Damit strebt der ›Ausleger‹ nach Hamann danach, das Geschehen, dessen Teil er ist, nicht zu unterbrechen und zu fundieren, sondern weiterzuführen. Indem Hamann die Methode der Naturwissenschaftler auf die Ebene des Textes verlagert, wendet er sich im Fortgang der *Sokratischen Denkwürdigkeiten* Wörtern und Begriffen zu. Damit wird zum einen das Wechselverhältnis von Text und Interpret und zum anderen die Frage nach Hamanns Semiotik erneut aufgegriffen. Wenn die Erschließung der Wirklichkeit in einem sprachlichen Akt

[817] Bacon, Neues Organon, 3 (I, 121).

[818] Durch diese Verlagerung deutet sich an, dass Hamann den Menschen, wie Leiss erklärt, als »semiotisches Lebewesen« begreift. (Leiss, »Die Vernunft ist ein Wetterhahn«, 267.) In dieser Bestimmung drückt sich die Einsicht aus, dass der Mensch »nicht primär ein vernünftiges Lebewesen« (267) sei, sondern zuerst mit Zeichen und Texten die Welt erschließe. Dieser Akt setzt voraus, dass der Mensch sich der Sprache bedient und erst im Umgang mit der Sprache die Welt und sich schafft. Diese Einsicht gewinnt Baudler, wenn er mit Blick auf Hamanns Sprachtheorie erklärt »[n]icht der Mensch ›erfindet‹ die Sprache, sondern die Sprache ist Ursprung des Menschen« (Baudler, ›Im Worte sehen‹, 86.) und damit der Erkenntnis der Welt. Mit Piepmeier kann daher gesagt werden, dass Hamann »Wirklichkeit als eine Zeichenwirklichkeit« denkt. (Piepmeier, Rainer, Eschatologische Semiotik. Johann Georg Hamann Aisthetik und Poietik, in: Paetzold, Heinz, Modelle für eine semiotische Rekonstruktion der Geschichte der Ästhetik, Aachen 1986, 67.)

geschieht, wie es die vorhergehenden Überlegungen nahelegen, dann stellt sich die Frage, wie Wörter und Zeichen ihre Bedeutung erlangen. Damit greift Hamann wieder die These auf, dass Zeichen nicht hintergangen werden können und sichert diese ab, indem er aufzeigt, wie sie zu Bedeutung kommen.

»Die Wörter haben ihren Werth, wie die Zahlen von der Stelle, wo sie stehen,«[819] erklärt Hamann und deutet damit an, dass Wörter ihren ›Werth‹ durch »Grenzziehung«[820] erhalten.[821] Die Stelle eines Wortes, also dessen Bedeutungsbereich, muss in Abgrenzung zu anderen Wörtern bestimmt werden. Die Stellung des Wortes und damit seine Anwendung entscheidet über seine Bedeutung. Die *Sokratischen Denkwürdigkeiten* erklären, dass »Begriffe [...] in ihren Bestimmungen und Verhältnissen, gleich den Münzen nach Ort und Zeit wandelbar«[822] seien. Den Münzen ist demnach eine gewisse Dynamik zu eigen, weil sie je nach Ort und Zeit einen anderen ›Werth‹ zugesprochen bekommen. Wenn diese Wandelbarkeit und Dynamik, wie Hamann erklärt, auch für die Begriffe gilt, dann kann Blanke zugestimmt werden, wenn er schreibt: »Der Wert der Wörter und Sätze ist wandelbar.«[823] Denn die Grenzziehung, welche den Worten ihren ›Werth‹ und damit ihre Bedeutung gibt, ändert sich nach Ort und Zeit.[824] Entscheidet der Kontext der Worte über ihre Bedeutung, so muss

---

[819] N II, 71, 32f. (Sokratische Denkwürdigkeiten).

[820] TAYLOR, CHARLES, Negative Freiheit? Zur Kritik des neuzeitlichen Individualismus, Frankfurt am Main 2006, 66.

[821] Marienberg urteilt ebenfalls, dass Hamann die Bedeutung der Begriffe in »den stets erneut herzustellenden Bedeutungszusammenhang in der jeweiligen Zeichenverwendung« finde. (MARIENBERG, SABINE, Zeichenhandeln. Sprachdenken bei Giambattista Vico und Johann Georg Hamann, Tübingen 2006, 83) Marienberg geht in ihrer Arbeit dem Verhältnis von Hamanns Sprachdenken zu dem des italienischen Philosophen Giambattista Vico (1688–1744) nach und betont dabei vor allem, dass beide Denker einen Beitrag leisten zum »Übergang[...] von Handlungen zu Sprachhandlungen« (34).

[822] N II, 71, 33f. (Sokratische Denkwürdigkeiten). Weiss hat darauf hingewiesen, dass Hamann hier auf Leibniz anspielt, der in seinen *Unvorgreiflichen Gedanken* das Verhältnis von Sprache und Münzen reflektiert (vgl. WEISS, Johann Georg Hamanns Ansichten zur Sprache, 160ff.). Dabei betont Weiss, dass Hamann, wie auch in dieser Deutung der *Sokratischen Denkwürdigkeiten*, den »konkreten Verstehensprozeß von bestimmten Kontextfaktoren« (161) abhängig denkt, weswegen es ihm auf den »Gebrauch von Sprache« (168) ankommt. Zu Leibniz' Sprachtheorie vergleiche: RICKEN, ULRICH, Leibniz, Wolff und einige sprachtheoretische Entwicklungen in der deutschen Aufklärung, Sitzungsbericht der sächsischen Akademie der Wissenschaften zu Leipzig, Philologisch-historische Klasse 129.3, Berlin 1989, 10–20; sowie zum Diskurs zur Sprache in der Aufklärung: RICKEN, ULRICH, Sprachtheorie als Aufklärung und Gegenaufklärung, in: Schmidt, Jochen (Hrsg.), Aufklärung und Gegenaufklärung in der europäischen Literatur, Philosophie und Politik von der Antike bis zur Gegenwart, Darmstadt 1989, 316–340.

[823] BLANKE, Hamann erklärt, 132.

[824] Dementsprechend kann Schumacher zugestimmt werden, wenn er erklärt: »Hamann bezieht Sprache nicht auf idealisierende Abstraktionen, sondern immer nur auf kon-

diese Dynamik auch als Teil des Satzes gedacht werden. Denn wenn die Worte zuerst durch ihre Zusammenstellung ihren ›Werth‹ erhalten, dann entscheidet auch die Ordnung des Satzes erst über dessen ›Werth‹. Im Vorgang des Textens, und das meint im Schaffen und im Aufgreifen und im Wandeln bereits vorhandener Texte, erschließt sich der Mensch die Welt.

Nicht nur der Kontext des Wortes innerhalb des Satzes entscheidet über seine Bedeutung, sondern auch der größere Zusammenhang. Das kann zunächst auf der Ebene des Textes meinen, dass die den Text bildenden Sätze einen Zusammenhang kreieren, der den ›Werth‹ des Wortes mitbestimmt. Das kann aber auch meinen, dass die konkrete Situation, in der der Satz gesprochen wird, einen für die Bedeutung des Wortes entscheidenden Kontext bildet. Hamann greift weitere Texte auf und versucht, durch die Gegenüberstellung von Gen 3,5, wo die Schlange sagt »Ihr werdet seyn wie Gott«[825] und Gen 3,22, wo Gott spricht »Adam ist worden als Unser einer«[826], zu zeigen, »dass einerley Wahrheiten mit einem sehr entgegen gesetzten Geist ausgesprochen werden«[827] können. Indem in Gen 3,5 die »Schlange«[828] als Subjekt und damit als Quelle des Satzes ›Ihr werdet seyn wie Gott‹ gesetzt wird und in Gen 3,22 »Jehova«[829] zum Sender der Botschaft ›Adam ist worden als Unser einer‹ gemacht wird, zeigt sich, dass auch der Text durch Schaffung eines Kontextes den Sinn einer Aussage wandeln kann. Nicht nur der Kontext, in den der Satz hineingeschrieben ist und in den das Wort hineingesetzt wird, entscheidet über den ›Werth‹ und die Bedeutung des Textes, sondern auch der Rezipient. Jedem Satz gehören »unendlich viel[e] Nebenbegriffe«[830] an, welche es erlauben, diesen Satz auf unterschiedliche Weise zu verstehen. Der Gedanke, dass ein Satz ›Nebenbegriffe‹ mit sich führt, dass der Satz damit selbst unterschiedliche Deutungen zulässt, hängt mit Hamanns Gedanken zur Hermeneutik zusammen, bei denen er immer wieder die aktive Rolle des Interpreten betont.

Dieser Verweis auf die ›Nebenbegriffe‹ verdeutlicht, dass auch die Lektüre von Gen 3,5 und Gen 3,22, sowie das Erfassen der »einerley Wahrheit[...] [die] mit einem sehr entgegen gesetzten Geist ausgesprochen«[831] wurde, an der Deutung des Lesers hängt. Denn auch die hier gebrauchten Wörter lassen ›Nebenbegriffe‹ zu, sodass der Leser entscheiden muss, ob es einen Unterschied gibt und worin dieser besteht. Dass aber die Textdeutung nach Maßgabe des Lesers geschieht, bedeutet nicht, dass dies willkürlich geschehen könnte. Denn wenn die Wörter ihren ›Werth‹ durch die Stelle erhalten, wo sie

---

krete Verwendungen, auf Konkretionen, die nicht aus der Abstraktion ableitbar sind« (SCHUMACHER, Die Ironie der Unverständlichkeit, 121).

825 N II, 72, 1 (Sokratische Denkwürdigkeiten).

826 A. a. O., 72, 2f.

827 A. a. O., 72, 4f.

828 A. a. O., 72, 1.

829 A. a. O., 72, 2.

830 A. a. O., 72, 7.

831 A. a. O., 72, 4f.

stehen und damit durch die Art, wie sie gebraucht werden, setzen sie einen Rahmen voraus, innerhalb dessen sie gebraucht werden können, da sie innerhalb einer Kommunikationsgemeinschaft verwendet werden. Dieser Rahmen lässt sich beispielsweise durch Analogie und Ironie ändern, auf jeden Fall jedoch lässt er einen Spielraum zu. Dabei schaffen der Text sowie die Situation des Rezipienten Kontexte, innerhalb derer eine Deutung als sinnvoll oder als abwegig erscheint. Wie sehr der Kontext und damit eben auch die Stelle, an welche das Wort gesetzt wird, über den ›Werth‹ des Textes mitentscheidet und dass die Entscheidung für eine Deutungsoption beim Rezipienten liegt, verdeutlicht Hamann durch das Beispiel »Kartenspieler«[832].

Hamann verfolgt hier zwei unterschiedliche Ziele. Zum einen wird der gerade explizierte Gedanke weitergeführt. Zum anderen muss der Bogen zurück zu Sokrates geschlagen werden. Darin spiegelt sich die Einsicht wider, dass ein Denken der Bewegung zirkulär verläuft und Themen und Fragen aufgreift und zu diesen zurückkehrt, obgleich sie bereits behandelt wurden. Hamann kreist um Sokrates und spielt immer wieder neue Perspektiven an, von denen aus er sich Sokrates nähert, um damit seine eigenen Vorstellungen entwickeln zu können. Hamann geht im Folgenden darauf ein, welche Deutungsmöglichkeiten vorliegen, wenn »einem Unbekannten ein Kartenspiel«[833] angeboten würde und dieser erklärt: »Ich spiele nicht.«[834] Diese Aussage erlaubt nach Hamann zwei Deutungen, über die der Interpret zu entscheiden hat. Entweder der Unbekannte kennt das Spiel nicht oder er hat eine »Abneigung dagegen.«[835] Da der Fremde nicht weiter bekannt ist, müssen letztlich alle möglichen Erklärungen in Betracht gezogen werden. Denn der Kontext bestimmt die Situation nicht näher und dem Interpreten fehlen daher die Anhaltspunkte für eine genaue Deutung der Aussage. Hamann entwirft in den *Sokratischen Denkwürdigkeiten* daraufhin ein zweites Szenario. Dieses Mal ist der Gefragte bekannt und zwar als jemand, der gerne und gut spielen kann; der sogar alle unerlaubten Tricks beherrscht, diese aber niemals anwenden würde. Damit wurde der Kontext enger abgesteckt, und die Erklärung »[i]ch spiele nicht«[836] lässt sich sicherer deuten. Damit spielt Hamanns Text exemplarisch durch, was er zunächst beschrieben hatte. Der Text schafft zum einen eine Situation, in der die Deutungsmöglichkeiten weiter offen sind, da der Kontext wenig bestimmt wurde. Zum anderen wird eine Situation entworfen, in welcher die Deutungsmöglichkeiten eingeschränkt werden, weil der Kontext näher beschrieben wurde. Die Deutungsoptionen, die der Interpret daher zur Verfügung hat, sind durch sein Vorwissen bedingt. Dieses kann er in die Situation mitbringen, oder er kann es durch den Kontext mitgeteilt bekom-

[832] A. a. O., 72, 18ff.
[833] A. a. O., 72, 18.
[834] A. a. O., 72, 19.
[835] A. a. O., 72, 21.
[836] A. a. O., 72, 29.

men. Die Szene wird also mittels der Informationen gedeutet, welche dem Interpreten zur Verfügung stehen. Der Akt der Deutung geschieht daher in Abhängigkeit zu den bekannten Informationen, zugleich jedoch geschieht diese Deutung auch in Freiheit, insofern die Situation verschiedene Deutungsmöglichkeiten zulässt, für die man sich entscheiden muss.

Gegen seine eigene Erklärung, dass Sätze ›Nebenbegriffe‹ haben, schränkt Hamann die Deutungsmöglichkeiten hier auf eine Option ein. Damit wechselt er die Zielrichtung seiner Überlegungen und lenkt seinen Gedankengang auf Sokrates zurück. Denn Hamann zufolge lässt dieser Kontext nur eine Erklärung zu. Die Aussage ›ich spiele nicht‹ kann hier nur verstanden werden als Offenlegung der unfairen Spielpraxis und der hinterhältigen Absichten, welche diese Spielrunde verfolgt. Hamann geht es nicht mehr um die Frage nach Text und Interpretation, sondern er will zeigen, wie in einer bestimmten Situation durch Sprache etwas Verborgenes offengelegt werden kann. Denn, so wie der ehrliche Spieler durch sein ›ich spiele nicht‹ offenlegt, dass die anderen Spieler falsch spielen, so offenbart sich im Satz des weisen Sokrates »[i]ch weiß nichts«[837] das falsche Spiel der Sophisten. Damit schlägt Hamann den Bogen zu Sokrates zurück und legt eine weitere Nuance des sokratischen Nichtwissens offen.

Blickt man von hier zurück auf den Ausgang der Überlegung, in welcher Hamann das Verfahren der Naturwissenschaft auf die Ebene des Textes hob, stellt sich die Frage, ob Hamanns Text einen alternativen Wahrheitsbegriff anbietet. Denn die *Sokratischen Denkwürdigkeiten* kritisieren den klassischen Wahrheitsbegriff, insofern sie die naturwissenschaftliche Methode als ›willkürlich‹ bezeichnen und der Frage nach der Übereinstimmung von Geist und Natur keine Beachtung schenken. Da der Wahrheitsbegriff damit und durch das sokratische Nichtwissen zur Diskussion stehen, drängt sich die Frage auf, ob Hamann in den *Sokratischen Denkwürdigkeiten* eine Alternative anbietet.

Indem Hamann vom Ausleger fordert, er möge das Experiment auf der Ebene des Textes anwenden, setzt er voraus, dass Texte als gegeben mitgedacht werden. Der Ausleger befindet sich demnach in einem Kommunikationsgeschehen, welches er nicht durch einen Akt der Selbstvergewisserung abzusichern hat, sondern auf das er zurückgreifen kann und muss. Die von anderen geschaffenen Texte bringt er in einen neuen Zusammenhang und schafft einen neuen Text. Er schafft, im Rückgriff auf Vorgegebenes, einen neuen Zusammenhang. Neu meint dabei nun gerade nicht nach purer Willkür, sondern nur im Rahmen des Möglichen durch die vorausgesetzten Texte und Worte. Dieser neue Text ist nicht nur eine Kopie des alten Textes. Betrachtet man so die Genese des Textes und lässt die Frage nach der Rezeption zunächst außen vor, wird ersichtlich, dass der Text, indem er auf andere Texte zurückgreift, im Kontext entsteht. Der Text weist auf andere Texte zurück und ist selbst Text. Dadurch setzt er einen Kontext, innerhalb dessen seine Deu-

---

[837] A. a. O., 73, 4.

tungsmöglichkeiten liegen. Der Ausleger schafft in Abhängigkeit zu anderen Texten und zugleich in Freiheit der Neusetzung einen eigenen Text. Wenn demnach das Verfahren der Erkenntnis der Natur auf die Ebene des Textes verlagert wird, lässt sich das Wahr-Sein einer Aussage als in Abhängigkeit vom Text und damit vom Kontext denken. Positiv formuliert müsste es demnach heißen, dass der Kontext Wahrheit schafft. Wenn diese Schlussfolgerung eine von Hamanns Text sinnvolle Deutung darstellt, muss durch die weitere Lektüre des Textes diese Überlegung im Folgenden präziser gedacht werden können.

3. Glauben

Hamanns zirkulärer Stil, der sich darin zeigt, dass Hamann immer wieder auf die Frage nach der sokratischen Weisheit eingeht, um dabei das Verhältnis von Leser und Text, Sprache und Wirklichkeit, Ich und Welt zu reflektieren, fordert, dass Hamanns Anspielungen immer wieder aufgegriffen und ausgearbeitet werden müssen. Damit können mögliche Kontexte entstehen, von denen aus Hamanns eigene Gedanken gedeutet werden können. Hamann versucht durch seinen besonderen Stil, seine Einsichten zur Rolle des Situativen, der Unhintergehbarkeit von Sprache und Zeichen und dem Zusammenspiel von Leser und Text im Akt der Interpretation zu plausibilisieren. Hamanns Überlegungen zur sokratischen Unwissenheit münden in seinen Glaubensbegriff, in welchem Hamanns Vorstellung eines Denkens der Bewegung deutlich wird.

Hamann gibt zunächst Hinweise auf den schottischen Philosophen David Hume (1711–1776), dessen Überlegungen zu Skepsis und Glaube als theoretische Grundlagenreflexion zu Hamanns eigenen Gedanken gelesen werden können. Hamann selbst spielt in den *Sokratischen Denkwürdigkeiten* auf die theoretischen Überlegungen Humes an und bleibt damit seinem Verfahren des Hinweisens und Umkreisens bestimmter Themenkomplexe treu. Dennoch scheint es zur Deutung von Hamanns Glaubensbegriff zunächst sinnvoll, Humes skeptische Überlegungen zu reflektieren und seinen Glaubensbegriff vorzustellen. Indem Hamanns Hinweis auf Hume ausgearbeitet wird, eröffnet sich jener Kontext, innerhalb dessen sich Hamanns eigener Glaubensbegriff erschließt. Daran anschließend wird erneut auf Hamanns Semiotik eingegangen, wobei deutlich wird, dass Hamann in den *Sokratischen Denkwürdigkeiten* auch Gott als Zeichen denkt.

Durch das Aufgreifen und Ausarbeiten weiterer Anspielungen Hamanns kann dessen Denken des Konkreten aus weiteren Perspektiven betrachtet werden, sodass seine Vorstellung von der Orientierung des Ichs in der Welt deutlich wird. In diesem Sinne scheinen Hamanns Gedanken zum Verhältnis von Genie und Witz als erneute Aufnahme seiner Überlegungen zur Hermeneutik. Hamann verknüpft auf diese Weise seine Vorstellungen zu Semiotik, Hermeneutik und Glauben, indem er immer wieder das Verhältnis von Text und Leser, Sprache und Wirklichkeit thematisiert und damit der Frage nachgeht, wie sich das Ich in der Welt orientiert.

3.1 Herz-Skeptizismus

3.1.1 Sokrates' empfundener Skeptizismus

Erneut bemüht sich Hamann, die Unwissenheit des Sokrates genauer zu fassen und erklärt: »Die Unwissenheit des Sokrates war Empfindung.«[838] Auch in seinem Brief an Lindner vom 1. Juni 1759 verwendet Hamann den Begriff ›Empfindung‹. Durch diesen nimmt er den augustinischen Ausdruck ›cor‹ (Herz) auf und entwickelt gegen Chladenius eine existenzielle Aneignungs-Hermeneutik. ›Herz‹ bei Augustin und ›Empfindung‹ bei Hamann weisen, so zeigt sich, darauf hin, dass der Text für den Rezipienten in seiner Existenz Bedeutung gewinnen soll. Der Text trägt dabei an den Leser etwas heran, was dieser sich selbst nicht sagen kann. Indem dieses Fremde durch den Leser aufgenommen und angeeignet wird, gewinnt der Text im Akt der Interpretation Bedeutung und wird für den Rezipienten wahr. Dadurch, dass der Leser den Text ›empfindet‹, gewinnt dieser Relevanz für ihn. ›Empfindung‹ bei Hamann kann als Erfahrung charakterisiert werden, welche die ganze Existenz des Menschen berührt.

Von daher kann die sokratische Unwissenheit als eine auf Erfahrung basierende Haltung, welche Sokrates in seinem ganzen Mensch-Sein betrifft, gedeutet werden.[839] In den *Sokratischen Denkwürdigkeiten* bestätigt Hamann dies, indem er eine grundsätzliche Differenz zwischen der Unwissenheit des Sokrates und den »alten und neuen Skeptiker[n]«[840] sieht. »Zwischen Empfindung aber und eine[m] Lehrsatz ist ein grösserer Unterscheid als zwischen einem lebenden Thier und anatomischen Gerippe desselben«[841]. Hamann unterscheidet hier zwischen Empfindungs-Unwissenheit und Lehrsatz-Skeptizismus. Zur näheren Charakterisierung dieser Differenz erklärt Blanke, dass die gelehrten Skeptiker »in ihrem Herzen gegen die Unwissenheit«[842] waren, weswegen ihr Skeptizismus auch als »heuchlerisch«[843] und »äußerlich«[844] gedacht werden müsse. Sokrates jedoch »war gerade in seinem Herzen dafür«[845], und deswegen ist der von ihm repräsentierte Skeptizismus auch

---

[838] N II, 73, 10 (Sokratische Denkwürdigkeiten).

[839] Anders Jørgensen. Dieser meint, Empfindung bedeute hier »die unmittelbare, unreflektierte Wahrnehmung oder Erfahrung eines Zustandes« (HAMANN, Sokratische Denkwürdigkeiten. Aesthetica in nuce, mit einem Kommentar herausgegeben von Sven-Aage Jørgensen, 48).

[840] N II, 73, 13 (Sokratische Denkwürdigkeiten).

[841] A. a. O., 73, 10ff.

[842] BLANKE, Hamann erklärt, 137.

[843] Ebd.

[844] Ebd.

[845] Ebd.

»echt«[846] und »innerlich«[847]. Die Unwissenheit des Sokrates war »nicht Kopfsache, Theorie, Prinzip. Sondern Anliegen und Erfahrung des ganzen Menschen.«[848] Mit Blanke wird deutlich, dass Hamann einen Erfahrungs-Skeptizismus vertritt, der die Existenz des ganzen Menschen betrifft. Hamann sei damit, so meint Blanke, radikaler als die »alten und neuen Skeptiker«[849]. Gleichzeitig, und das muss über Blankes These hinaus gesagt werden, greift Hamann jedoch durch seine Anspielungen auf die Skepsis humescher Provenienz zurück und setzt dessen theoretische Überlegungen voraus. Gerade weil Hamann bestimmte Positionen nur assoziativ auf- oder angreift, ist es notwendig diese auszuarbeiten, um den Kontext zu bestimmen, innerhalb dessen Hamanns Gedanken interpretiert werden können. Um Hamanns Skeptizismus, der elementar durch Hume begründet ist, verstehen zu können, ist es zunächst sinnvoll zu fragen, von welchem Hume-Text kommend Hamann die *Sokratischen Denkwürdigkeiten* verfasste. Von diesem Text aus wird dann die durch Hume entfaltete Argumentation reflektiert, um den Horizont der hamannschen Überlegungen vor Augen zu haben.

3.1.2 Philologische Zwischenüberlegung

Die *Sokratischen Denkwürdigkeiten* setzen sich mit Humes Skeptizismus auseinander. Hamann selbst bezeugt in einem Brief an Friedrich Heinrich Jacobi (1743–1819) aus dem Jahre 1787, dass er beim Abfassen der *Sokratischen Denkwürdigkeiten* »von Hume voll«[850] war. Unklar bleibt dabei jedoch, ob Hamann sich primär auf Humes monumentales Erstlingswerk *A Treatise of Human Nature* aus den Jahren 1739–1740, oder auf den essayistisch verfassten *Enquiry Concerning Human Understanding* von 1748 bezog. Beide humeschen Werke enthalten skeptische Momente; in beiden entwickelt Hume erkenntnistheoretische Überlegungen. Zuletzt stellte Brose die Frage: »War Hamann zur Entstehungszeit der *Sokratischen Denkwürdigkeiten* vom *Treatise* oder vom *Enquiry* erfüllt?«[851] Brose erarbeitet eine Antwort gegen die Ausführungen Hans Graubners und Kenji Tokiwas. Graubner geht davon aus, dass sich bereits in Hamanns *Über Descartes* entdecken lässt, dass er den *Treatise* gelesen hat, weil Hume dort »genau die empiristische Theorie der Geometrie«[852] entwirft, die Hamann gegen Descartes vorbringt. Graubner gibt seiner

[846] Ebd.
[847] Ebd.
[848] Ebd.
[849] N II, 73, 13 (Sokratische Denkwürdigkeiten).
[850] An F.H. Jacobi, 27.4.1787, H VII; 167, 9.
[851] Brose, Johann Georg Hamann und David Hume, Bd. II, 339.
[852] Graubner, Hans, Erkenntnisbilder oder Bildersprache. Hamann und Hume, in: Bayer, Oswald (Hrsg.), Johann Georg Hamann. »Der hellste Kopf seiner Zeit«, Tübingen 1998, 137. Damit wiederholt Graubner eine These, die er schon 1989 in einem Aufsatz entfaltet hatte: Graubner, Hans, Theological Empiricism. Aspects of Johann Georg Hamann's Reception of Hume, in: Hume Studies XV (1989), 377–385.

These keine philologische Basis und Brose findet für Graubners These auch in Hamanns Briefen keine Beweise. Tokiwa stellt zwar fest, dass Hamann sich in den *Sokratischen Denkwürdigkeiten* auf Humes *Enquiry* bezieht, meint jedoch, »dass Hamann die Enq [*Enquiry*] durch das Paradigma des THN [*Treatise*] gelesen hat.«[853] Brose jedoch hat durch sein philologisches Vorgehen deutlich machen können, dass Hamann beim Verfassen der *Sokratischen Denkwürdigkeiten* primär den *Enquiry* vor Augen hatte und dass für die These, Hamann habe schon hier den *Treatise* gekannt, noch Belege vorgebracht werden müssen.[854]

Bereits 1756, beim Verfassen der *Beylage zu Danguel*, kennt Hamann den ersten Band der *Vermischten Schriften* von David Hume. Dabei handelt es sich um die deutsche Übersetzung der *Essays and Treatise on Several Subjcets*, die bis auf den *Treatise of Human Nature* alle damals vorliegenden Hume-Werke vereinte. Den Text edierte und, wie Anette Meyer zeigte, übersetzte der Wolffianer Georg Sulzer, auf dessen Kommentierung sich Hamann auch brieflich bezieht.[855] Brose findet in einem Brief Hamanns an seinen Bruder vom 10. April 1756 den Hinweis, dass Hamann hier auch schon den zweiten Band der *Vermischten Schriften* gelesen hat. Hamanns Bemerkung in einem anderen Brief an Lindner vom 3. Juli 1759, »Ich bin mit Humes zweyten Theil fertig, die ich ohne Sulzer gelesen«[856], versteht Brose als Hinweis, dass Hamann Hume hier im Original gelesen haben müsse. Diese These sichert Brose ab, indem er durch einen Blick in Hamanns Bücherverzeichnis den Nachweis liefert, dass Hamann die *Philosophical Essays Concerning Human Understandig* besaß, die Hume erst 1758 mit dem heute gängigen Titel *Enquiry Concerning Human Understanding* versah. Am Ende seiner philologischen Beweisführung kommt Brose daher zu dem Schluss, Hamann »war ›voll‹ der *Enquiry,* als er die *Sokratischen Denkwürdigkeiten* schrieb.«[857]

Folgt man der Argumentation Broses, wird deutlich, mit welchem humeschen Text sich Hamann in den *Sokratischen Denkwürdigkeiten* primär auseinandersetzt. Die Unterscheidung zwischen Empfindungs-Unwissenheit und Gelehrten-Skeptizismus lässt sich daher in Abgrenzung zu Humes Überlegungen im *Enquiry Concerning Human Understanding* entfalten. Wenn im Folgenden Humes skeptischer Gedankengang nachgezeichnet wird, kann zum

---

[853] Tokiwa, Kenji, David Hume und Johann Georg Hamann in Hinblick auf die skeptische Tradition, in: Gajek, Bernhard (Hrsg.), Johann Georg Hamann und England. Hamann und die englischsprachige Aufklärung. Acta des siebten Internationalen Hamann-Kolloquiums zu Marburg/Lahn 1996, Berlin/New York 1999, 313.

[854] Brose kann ebenfalls belegen, dass Hamann Humes Treatise hauptsächlich in den siebziger Jahren mit Christian Jakob Kraus gelesen habe (Brose, Johann Georg Hamann und David Hume, Bd. II, 343ff).

[855] Vgl. Meyer, Annette, Von der Wahrheit zur Wahrscheinlichkeit. Die Wissenschaft vom Menschen in der schottischen und deutschen Aufklärung, Tübingen 2008, 215ff.

[856] An Lindner, 3. Juli 1759, ZH 1. 355, 25.

[857] Brose, Johann Georg Hamann und David Hume, Bd. II, 343.

einen Hamanns Empfindungs-Unwissenheit genauer gefasst werden, zum anderen wird auf diese Weise die Situation skizziert, innerhalb der Hume seine »Skeptische Lösung«[858] präsentiert, die Hamann im weiteren Verlauf der *Sokratischen Denkwürdigkeiten* aufgreift und neu konfiguriert. Die philologische Bestimmung des Textes, auf den sich Hamann in den *Sokratischen Denkwürdigkeiten* bezieht, dient dazu, die den hamannschen Anspielungen zugrunde liegende theoretische Argumentation bestimmen zu können. Darauf aufbauend versucht Hamann, sich dem sokratischen Nicht-Wissen, und damit zugleich seinem eigenen Glaubensbegriff, zu nähern.

3.2 Zweifelnd: David Hume

3.2.1 Auf schwierigeren Wegen

Im ersten Abschnitt der *Enquiry Concerning Human Understanding* geht Hume der Frage nach, warum metaphysische Überlegungen notwendig seien. Dazu unterscheidet Hume zwischen zwei unterschiedlichen Typen von Philosophen. Die Philosophen, welche »die leichte und einleuchtende Philosophie«[859] vertreten, streben danach, den Leser auf die »Pfade der Tugend«[860] zu locken, weswegen sie den Menschen hauptsächlich als handelndes Wesen in den Blick nehmen. Für die Textgestaltung orientieren sie sich dabei an »der Dicht- und Redekunst«[861], um mittels eines »anziehenden und attraktiven«[862] Stils den Leser »den Unterschied zwischen Laster und Tugend empfinden«[863] zu lassen, sodass dieser sich auf den ›Pfad der Tugend‹ begibt. Diese Gattung der Philosophie brauche keine Rechtfertigung, insofern sie bei den Menschen ankomme und bereits dauerhaften Ruhm errungen habe. Der »leichten Philosophie«[864] stellt Hume die »abstrakt[e] Philosophie«[865] gegenüber. Bei ihr kommt der Mensch als vernunftbegabtes Wesen in den Blick. Dabei zielt sie darauf, jene Prinzipien ausfindig zu machen, »welche unseren Verstand regeln, unsere Gefühle erregen und uns veranlassen, ein bestimmtes Ding, eine Handlung

[858] HUME, DAVID, Enquiries concerning Human Understanding and concerning the Principles of Morals, edited by L.A. Selby-Bigge, with text revised and notes by P.H. Nidditch, Oxford [3]1975, 40. Im Folgenden abgekürzt mit: EHU. Die Übersetzung stammt aus: HUME, DAVID, Eine Untersuchung über den menschlichen Verstand. Übersetzt von Roul Richter. Mit einer Einleitung herausgegeben von Jens Kulenkampff und den Beilagen David Hume: Mein Leben. Brief von Adam Smith an William Strahan übersetzt von Jens Kulenkampff, Hamburg [12]1993.

[859] HUME, EHU, 6.

[860] A. a. O., 5.

[861] Ebd.

[862] STREMINGER, GERHARD, David Hume. Eine Untersuchung über den menschlichen Verstand. Ein einführender Kommentar, Paderborn u.a. 1994, 59.

[863] HUME, EHU, 6.

[864] A. a. O., 7.

[865] A. a. O., 11.

oder ein Betragen zu billigen oder zu tadeln«[866]. Bacon aufgreifend erklärt Hume, dass diese Philosophie induktiv verfährt.[867] Hume räumt ein, dass diese »Spekulationen«[868] dem gewöhnlichen Leser »abstrakt, ja unverständlich erscheinen«[869] mögen.

Bevor Hume darauf eingeht, warum das »abstrakte Denke[n]«[870] als notwendig erscheint, geht er zunächst auf den Menschen ein und gibt auf diese Weise vor, wo die Philosophie an eine Grenze stößt. Denn die »vollkommenste Persönlichkeit«[871] beim Menschen vermutet Hume in der Balance zwischen dem »reine[n] Philosoph[en]«[872] und dem »völlig Unwissende[n]«[873]. Diese Einsicht gewinnt Hume, weil er den Menschen sowohl als »vernünftiges«[874], »geselliges«[875] (sociable), und »tätiges Wesen«[876] (active being) begreift. Daher gelangt er zu der Einsicht, dass »eine gemischte Lebensweise«[877] die beste Lebensform sein müsse. Von diesen anthropologischen Einsichten ausgehend wendet sich Hume erneut dem Philosophen zu und rät ihm: »Sei ein Philosoph; aber inmitten all deiner Philosophie bleibe Mensch!«[878] Die Gedanken des Philosophen, die auf der Ebene der Vernunft verlaufen und den Menschen als »vernünftiges Wesen« [879] begreifen, geraten im Menschsein des Philosophen, zu dem das soziale und aktive Leben gehört, an ihre Grenze. Mit diesen Betrachtungen hofft Hume, die schwierige Philosophie »rehabilitiert«[880] zu haben. Hume deutet mit diesen Überlegungen den weiteren Gedankengang für die Abschnitte II bis VI an. Hume nimmt zunächst ganz im Sinne der ›abstrakten‹ Philosophie die Vernunft des Menschen in den Blick; dabei stößt er auf skeptische Einsichten, die er rational nicht überwinden kann. Erst indem er seinen eigenen Ratschlag, auch als Philosoph Mensch zu bleiben, aufnimmt, gelingt ihm eine »[s]keptische Lösung«[881] seiner philosophischen Probleme.

---

[866] A. a. O., 6.
[867] »[...] proceeding from particular instances to general principles [...]” (ebd.).
[868] Ebd.
[869] Ebd.
[870] A. a. O., 7.
[871] A. a. O., 8.
[872] Ebd.
[873] Ebd.
[874] Ebd.
[875] Ebd.
[876] Ebd.
[877] A. a. O., 9.
[878] Ebd.
[879] A. a. O., 8.
[880] KLEMME, HEINER F., Die praktische Bedeutung metaphysischer Untersuchungen, in: Kulenkampff, Jens (Hrsg.), David Hume. Eine Untersuchung über den menschlichen Verstand, Berlin 1997, 25.
[881] So beginnt Hume Abschnitt V, in dem er seinen Belief-Begriff entwickelt. HUME, EHU, 40.

Hume stellt sich die Frage, was für die ›abstrakte Philosophie‹ angeführt werden könne, da die ›leichte und einleuchtende Philosophie‹ von den meisten Menschen bevorzugt werde. Zunächst scheint für erstere zu sprechen, dass diese »die Basis aller Disziplinen des menschlichen Geistes klär[t]«[882], indem sie nach den Prinzipien fragt, die den Verstand des Menschen regulieren. Diese Grundlagenforschung macht die ›abstrakte Philosophie‹ auch für die ›leichte Philosophie‹ unentbehrlich. Mit der Metaphorik der Aufklärung spielend, entfaltet Hume einen weiteren Grund für die ›abstrakte Philosophie‹. Denn die Finsternis sei für den Geist wie für das Auge peinlich. Deshalb meint Hume, »Licht aus der Finsternis gewinnen, sei diese Arbeit auch noch so schwer, kann deshalb nur angenehm und erfreulich sein."[883] Gegen diese Form der Philosophie wird nicht nur vorgebracht, dass sie »beschwerlich und ermüdend, sondern auch daß sie die unvermeidliche Quelle von Ungewissheit und Irrtum"[884] sei. Dieser Einwand erscheint Hume für »einen beträchtlichen Teil der Metaphysik«[885] durchaus berechtigt. Anders als von ihm angestrebt, gründet diese Philosophie auf menschlicher »Eitelkeit«[886] oder muss als Werk des »Volksaberglaube[ns]«[887] betrachtet werden. Die Metaphysik dient hier den »religiöse[n] Ängste[n] und Vorurteile[n]«[888] wie dem »Aberglauben«[889] als »Zufluchtsort«[890]. Die Vorurteile dieser falschen Metaphysik haben, wie Rudolf Lüthe erklärt, vor allem, wenn es sich um »Systeme von Vorurteilen«[891] handelt, diesen Einwänden und Vorbehalten zum Trotz »Orientierungsfunktion«[892]. Sie mögen »illusionär«[893] und »unbegründet«[894] sein, dennoch geben sie dem Menschen Halt und auf diese Weise Orientierung. Hume strebt dagegen nach einer »echten Metaphysik«[895], in der der Verstand des Menschen nach seinen Fähigkeiten und Kräften zergliedert wird, auf dass die falsche Metaphysik und deren Vorurteile zerstört werden. Daher ergibt sich die Notwendigkeit »einer ernstlichen Untersuchung der Natur des menschlichen Verstandes«[896], weil auf diese Weise gezeigt werden kann, welche

---

[882] STREMINGER, David Hume. Eine Untersuchung über den menschlichen Verstand, 60.
[883] HUME, EHU, 11.
[884] Ebd.
[885] Ebd.
[886] Ebd.
[887] Ebd.
[888] Ebd.
[889] A. a. O., 12.
[890] Ebd.
[891] LÜTHE, RUDOLF, David Hume. Historiker und Philosoph, Freiburg/München 1991, 10.
[892] Ebd.
[893] Ebd.
[894] Ebd.
[895] HUME, EHU, 12.
[896] Ebd.

Erkenntnismöglichkeiten dem menschlichen Verstand gegeben sind. Damit liefert Hume die theoretischen Einsichten, auf denen aufbauend Hamann seine Position zur sokratischen Unwissenheit entfaltet. Hume sucht, die Vorurteile der falschen Metaphysik durch seine Überlegungen zu beseitigen und zerstört damit die von ihnen geschaffenen Sicherheiten. Seine eigene Theorie muss er daher so entwerfen, dass sie die »Orientierungsfunktion«[897] der Vorurteile zu kompensieren versteht. Hamann greift den humeschen Lösungsvorschlag auf und integriert ihn in seinen eigenen Glaubensbegriff.

Zu Beginn seiner Charakterisierung von leichter und metaphysischer Philosophie erklärt Hume, dass beide Formen ihre Berechtigung haben und ihren Beitrag »zur Unterhaltung, Belehrung und Besserung der Menschheit«[898] geleistet haben. Indem Hume der wahren Metaphysik die Aufgabe zuweist, den Aberglauben zu überwinden, »konterkariert«[899] er, wie Heiner F. Klemme erklärt, die zuvor gleichberechtigten Formen der Philosophie. Wenn es nur der wahren Metaphysik gelinge, den Aberglauben zu überwinden, dann bedeutet dies im Umkehrschluss, dass die leichte Philosophie selbigem ausgeliefert ist. Kann aber die leichte Philosophie den Aberglauben nicht in die Schranken weisen, können beide Formen nicht als gleichberechtigt gelten. Diese Einsicht findet sich auch, wenn Hume erklärt, dass die ›dunkle Philosophie‹ die Grundlagen der ›leichten‹ zu begründen versuche.

Die Lektüre des ersten Abschnitts hat gezeigt, dass es Hume um die Überwindung von falschen Vorstellungen geht und er meint, dies durch eine Untersuchung des menschlichen Verstandes zu erreichen. Im weiteren Gang seiner Schrift, und hier vor allem in den Abschnitten II bis VI, widmet Hume sich sodann seinen erkenntnistheoretischen Überlegungen und versucht, »durch eine Bestimmung der Kräfte und Fähigkeiten des menschlichen Verstandes«[900] sein Ziel zu erreichen. Er zeigt zunächst in den Abschnitten II bis IV, dass ein konsequent durchdachtes epistemisches Konzept in einen radikalen Skeptizismus führt. Diesen Gedankengang gilt es zunächst zu skizzieren, weil damit deutlich wird, dass dieser humesche Skeptizismus mit Hamann als Gelehrten-Skeptizismus gelesen werden kann, der nicht auf Empfindung, sondern auf Lehrsätzen beruht.

---

[897] LÜTHE, David Hume, 10.

[898] HUME, EHU, 5.

[899] KLEMME, Praktische Bedeutung, 32.

[900] KULENKAMPFF, JENS, Einleitung, in: Hume, David, Eine Untersuchung über den menschlichen Verstand. Übersetzt von Roul Richter. Mit einer Einleitung herausgegeben von Jens Kulenkampff und den Beilagen David Hume: Mein Leben. Brief von Adam Smith an William Strahan übersetzt von Jens Kulenkampff, Hamburg [12]1993, XIII.

3.2.2 *Skeptische Einsichten zur Erkenntnis*

Im zweiten Abschnitt, der von dem »Ursprung der Vorstellungen«[901] handelt, legt Hume zunächst die Grundlagen seiner Theorie empirischen Wissens und unterteilt die »Auffassungen des Geistes«[902] (perceptions of the mind), was der Philosoph und Hume-Forscher Gerhard Streminger in seinem Kommentar mit »Bewusstseinsinhalten«[903] übersetzt, in »EINDRÜCKE«[904] (IMPRESSIONS) und »Wahrnehmungen«[905] (sensations) auf der einen und »GEDANKEN oder VORSTELLUNGEN«[906] (THOUGHTS or IDEAS) auf der anderen Seite. Während Hume den Begriff ›impressions‹ gebraucht, wenn es darum geht, dass ein Mensch fühlt, sieht, hört, riecht oder schmeckt, wendet er die Begriffe ›thoughts or ideas‹ dann an, wenn der Mensch denkt, sich erinnert, oder wenn er seine Fantasie gebraucht. Die *Enquiry Concerning Human Understanding* kennt drei wesentliche Unterscheidungsmerkmale zwischen ›impressions‹ und ›thoughts‹. Von der Erfahrung ausgehend, dass ein Zornanfall wesentlich intensiver erlebt wird, wenn er gerade passiert, als wenn an einen solchen nur gedacht wird, kommt Hume zu dem Schluss, dass ›impressions‹ entscheidend lebendiger und eindringlicher sind als der reine Gedanke daran. Mit Streminger kann dies als »KRITERIUM der größeren Intensität«[907] bezeichnet werden.

Die »Einbildungskraft«[908] und das »Denken«[909] scheinen nach Hume zwar mit »unbegrenzter Freiheit«[910] ausgestattet zu sein, die »schöpferische Kraft des Geistes«[911] basiert jedoch alleine auf der »Fähigkeit der Verbindung, Umstellung, Vermehrung oder Verminderung des Stoffes, den uns Sinne und Erfahrung liefern.«[912] Denn den »Stoff des Denkens«[913] (materials of thinking) liefern die Sinne, und daher lautet das zweite Kriterium zur Unterscheidung von ›impressions‹ und ›thoughts‹, dass den ›impressions‹ eine »zeitliche[...] Priorität«[914] zukomme. Diese Einsicht formuliert Hume in der sogenannten »Copy-These«[915]: Jede Vorstellung kann demnach auf einfache Vorstellungen zurückgeführt werden und diese »sind Abbilder unserer Eindrücke oder leb-

---

[901] HUME, EHU, 17.
[902] Ebd.
[903] STREMINGER, David Hume. Eine Untersuchung, 67.
[904] HUME, EHU, 18 (Hervorhebung im Original).
[905] Ebd.
[906] Ebd. (Hervorhebung im Original).
[907] STREMINGER, David Hume. Eine Untersuchung, 68 (Hervorhebung im Original).
[908] HUME, EHU, 18.
[909] Ebd.
[910] A. a. O., 19.
[911] Ebd.
[912] Ebd.
[913] Ebd.
[914] STREMINGER, David Hume. Eine Untersuchung, 68.
[915] Ebd.

hafteren Auffassungen«[916] (copied from a precedent feeling or sentiment). Neben diesem zeitlichen Vorrang kommt den ›impressions‹ auch eine »sachliche[...] Priorität«[917] zu. Denn ein Blinder hat, so Hume, keine ›ideas‹ von Farbe, weil er aufgrund eines organischen Fehlers nicht die Möglichkeit hat, die entsprechenden ›impressions‹ zu erleben.

Bei der Suche nach den »Ursprüngen der Vorstellungen«[918] findet Hume heraus, dass die ›impressions‹ der ›Stoff des Denkens‹ und damit die Quelle für die ›ideas‹ seien. Nachdem Hume seinen Überlegungen dieses empirische Fundament verliehen hat, geht er im dritten Abschnitt seiner Überlegungen darauf ein, wie die ›ideas‹ miteinander verbunden werden. Hume geht davon aus, dass die ›Einbildungskraft‹ die ›ideas‹ nicht willkürlich, sondern nach »Prinzipien der Vorstellungsverknüpfung«[919] (principles of association) verbindet. Drei solcher Prinzipien macht Hume aus: »Ähnlichkeit, Berührung in Raum oder Zeit, und Ursache und Wirkung«[920], wobei Ursache und Wirkung eine besondere Rolle zugesprochen wird.

Mit Abschluss des dritten Abschnitts hat Hume in der *Enquiry Concerning Human Understanding* zunächst die Hauptlinien seiner »Theorie empirischen Wissens«[921] entwickelt. Im vierten Abschnitt geht es Hume darum, seine »[s]keptische[n] Zweifel in betreff der Verstandestätigkeiten«[922] zu formulieren, um unter Rücksichtnahme dieser skeptischen Einwände seine erkenntnistheoretischen Überlegungen zu präzisieren. Dazu differenziert er »die Gegenstände des menschlichen Verstandes [...] in Beziehungen von Vorstellungen und in Tatsachen«[923] (Relations of Ideas, and Matters of Fact). Die Operationen bezüglich der ›Relations of Ideas‹ finden sich in der Geometrie, Algebra und Arithmetik. Für sie trifft allgemein zu, was für Euklid im Besonderen gilt. Denn mit Blick auf dessen Einsichten bezüglich des Kreises oder des Dreiecks erklärt Hume, dass diese wahr und daher gewiss seien, weil sie unabhängig davon, ob in der Natur Kreise und Dreiecke existierten, allein auf die Tätigkeit des Denkens zurückgingen. Allgemein formuliert lässt sich daher sagen, dass das Denken bezüglich der ›Relations of Ideas‹ zu Urteilen gelangt, die »intuitiver oder demonstrativer Gewissheit«[924] sind, weil es sich um »die reine Tätigkeit des Denkens«[925] handelt und daher keine Bestätigung oder Widerlegung aus der Welt erhalten könne. Das Hauptaugenmerk der *Enquiry Concerning Human Understanding* liegt nicht auf diesen analytischen

[916] HUME, EHU, 19.
[917] STREMINGER, David Hume. Eine Untersuchung, 68.
[918] HUME, EHU, 17.
[919] A. a. O., 24.
[920] Ebd.
[921] Kulenkampff, Einleitung, XIII.
[922] Hume, EHU, 25.
[923] Ebd.
[924] Ebd.
[925] Ebd.

Urteilen, sondern auf den Urteilen, welche die ›matters of facts‹ betreffen. Denn »[d]as Gegenteil jeder Tatsache bleibt immer möglich«[926] (contrary of every matter of fact is still possible), weswegen hier nicht die gleiche Gewissheit erlangt werden kann, wie bei den ›Relations of Ideas‹. An einem schlichten Beispiel verdeutlicht Hume diese Einsicht: Woher erhält die Behauptung und alltägliche Erwartung, dass morgen die Sonne aufgehen wird, ihre Gewissheit? Das Gegenteil, dass die Sonne morgen nicht aufgeht, wäre genauso denkbar. Die Annahme, dass die Sonne morgen nicht aufgeht, erscheint Hume als genauso verständlich und in sich widerspruchslos, wie die gegenteilige Annahme. Indem Hume allein die Vernunft betrachtet, stellt er fest, dass eine die Zukunft betreffende Aussage genauso evident erscheint, wie ihr Gegenteil. Denn über das, was zukünftig passiert, hat der Mensch keine ›impressions‹, die nach Humes empirischer Wissenstheorie alleine entscheiden könnten, welche Meinung richtig ist. Der Augenblick mit seinen ›impressions‹ vermittelt dem Menschen Gewissheit. Auch die Erinnerung an Vergangenes kann Gewissheit schaffen. Wie aber kommt es zu Gewissheit über das, was den Sinnen nicht unmittelbar vorliegt oder was durch das Gedächtnis präsent ist?

Das für Urteile über Tatsachen grundlegende Prinzip, meint Hume, sei jenes von Ursache und Wirkung: »Einzig mit Hilfe dieser Beziehung können wir über die Evidenz unseres Gedächtnisses und unserer Sinne hinausgehen.«[927] Damit ist der weitere Weg vorgezeichnet. Wenn Humes Interesse der Frage gilt, wie über gegenwärtige Tatsachen hinaus, beispielsweise über das Zukünftige, Gewissheit erlangt werden kann, dann gilt es zu klären, »wie wir zur Kenntnis von Ursache und Wirkung gelangen«[928]. Hume zeigt zunächst auf, wie diese Aufgabe nicht gelöst werden kann: »Ich wage es als einen allgemeinen und ausnahmslosen Satz hinzustellen, dass die Kenntnis dieser Beziehung in keinem Fall durch Denkakte a priori gewonnen wird.«[929]

Denkakte, die sich auf Tatsachen beziehen, gehen von dem Prinzip von Ursache und Wirkung aus. Dieses Prinzip galt Hume, neben der Ähnlichkeit und Berührung in Raum und Zeit, als Verknüpfungsregel von ›ideas‹. Alle zusammengesetzten ›ideas‹ lassen sich auf einfache ›ideas‹ zurückführen und diese gelten, gemäß der Copy-These, als Abbildungen von ›impressions‹. Nur ›ideas‹, die sich auf ›impressions‹ zurückverfolgen lassen, können Gewissheiten über Tatsachen vermitteln. Was der Mensch wahrnimmt, sind einzelne Tatsachen. Die Verknüpfung dieser Tatsachen erfolgt, laut Hume, im Denken. Deutlich macht er diesen Gedanken am Beispiel einer Billardkugel: Würde jemand plötzlich in die Welt und an einen Billardtisch gestellt werden und würde beobachten, wie eine Kugel auf eine zweite zurollt, hätte er kein Wissen darüber, was geschehen wird, wenn sich beide Kugeln treffen. Auf der

[926] Ebd.
[927] A. a. O., 26.
[928] A. a. O., 27.
[929] Ebd.

gedanklichen Ebene stehen diesem Neuling verschiedene Möglichkeiten zur Verfügung. Beide Kugeln könnten einfach ruhig liegen bleiben, oder die anrollende könnte zurückprallen, die ruhende könnte auseinanderfallen. Auf der reinen Ebene des Denkens kann keine sinnvolle Vorhersage getroffen werden, weil, wie auch beim Beispiel des Sonnenaufgangs, die verschiedenen Aussagen in sich schlüssig sind und keinen Widerspruch enthalten. Hume kommt zu der Einsicht, »jede Wirkung ist ein von ihrer Ursache verschiedenes Ereignis«[930]. Deshalb erklärt Hume:

> »So ist die Betrachtung der menschlichen Blindheit und Schwäche das Ergebnis aller Philosophie und begegnet uns bei jeder Wendung, trotz all unserer Versuche, sie zu umgehen oder sie zu vermeiden.«[931]

Aufgrund seiner theoretischen Überlegungen gelangt Hume zu der Einsicht, dass den Skeptikern Recht zu geben sei, da die Schlüsse über abwesende Tatsachen sich nach Hume »überhaupt nicht«[932] rechtfertigen ließen. Diesen radikalen Skeptizismus setzt Hume mit dem Pyrrhonismus gleich.[933]

3.2.3 Hamanns Zwischenbilanz

Hamanns Interpretation, Humes Skeptizismus basiere auf einem »Lehrsatz«[934], scheint zutreffend zu sein. Die Ablehnung, mit der Hamann diesem Gelehrten-Skeptizismus begegnet, macht deutlich, dass er in Sokrates' empfundener Unwissenheit einen radikaleren Skeptizismus erblickt. Wenn die Unwissenheit empfunden werden soll, wie sie Sokrates empfunden hat, dann bedeutet dies, dass der Skeptizismus nicht nur auf theoretischer Ebene erschlossen werden darf. Vielmehr sind diese Unwissenheit und die mit ihr verbundene Unsicherheit als existenziell zu erleben. Nicht nur die Gedanken des Menschen führen in den Skeptizismus, auch sein Leben scheint, zumindest für Hamann, davon bedroht. Überträgt man diese Einsicht auf die Definition des Skeptizismus bei Sextus Empiricus, dann wird deutlich, dass die Suche nach Wahrheit, im Sinne Hamanns, nicht nur ein intellektuelles Bemühen darstellt, sondern eine existenzielle Suche nach der Wahrheit des eigenen Lebens meint.[935]

In den *Sokratischen Denkwürdigkeiten* lehnt Hamann den humeschen Gelehrten-Skeptizismus ab. Denn, so meint Hamann, wer so viel »Scharfsinn und

---

[930] A. a. O., 30.

[931] A. a. O., 31.

[932] Hampe, Michael, Unser Glaube an die Existenz abwesender Tatsachen, in: Kulenkampff, Jens (Hrsg.), David Hume. Eine Untersuchung über den menschlichen Verstand, Berlin 1997, 89.

[933] Zur Gleichsetzung von radikaler Skepsis und Pyrrhonismus im Anschluss an Perr Bayles: Schröder, Winfried, Art. Pyrrhonismus II, in: HWP, Bd. 7, Sp. 1721–1724.

[934] N II, 73, 11 (Sokratische Denkwürdigkeiten).

[935] Damit reflektiert Hamann seine Erfahrungen, die er in den *Gedanken über meinen Lebenslauf* formuliert hatte, mit Hilfe der sokratischen Unwissenheit neu.

Beredsamkeit«[936] aufbringe, um von der eigenen Unwissenheit überzeugt zu werden, der müsse »in seinem Herzen einen mächtigen Wiederwillen gegen die Wahrheit derselben hegen.«[937] Das Herz als Ort des Wissens um die eigene Unwissenheit weist erneut auf die existenzielle Dimension hin, die Hamann dem Skeptizismus zu geben versucht. Trotz dieser Kritik an den ›alten und neuen Skeptikern‹ greift Hamann positiv auf Hume zurück und partizipiert an dessen Lösung des radikalen Skeptizismus. Die Ablehnung von Humes Gelehrten-Skeptizismus mag auch in Hamanns eigener Technik des Argumentierens begründet sein. Hume schreitet in seinen Überlegungen letztlich streng argumentativ voran, während Hamann in seinen zirkulären Bewegungen, um verschiedene Themen kreisend, keine Beweise liefert, sondern stets nur zu plausibilieren sucht. Trotz dieses Unterschiedes setzt Hamann Hume voraus und baut seine eigenen Überlegungen auf dem humeschen Gelehrten-Skeptizismus auf. Deutlich wird dies, wenn im Folgenden die Nähe zwischen Hamanns und Humes Glaubensbegriff herausgearbeitet wird.

3.3 Glaubend

3.3.1 Mit Gewohnheit zum Glauben: David Hume

Der erste Abschnitt der *Enquiry Concerning Human Understanding* macht deutlich, dass die Metaphysik im Sinne Humes zwar schwer verständlich, aber notwendig sei und den Menschen vornehmlich als vernunftbegabtes Wesen begreift. Humes Überlegungen in den Abschnitten II bis IV bewegen sich daher auf der Ebene der Vernunft. Hierbei wird deutlich, dass der radikale Skeptizismus den Sieg davon trägt, denn durch die Vernunft kann die Frage, wie es zu Gewissheit kommt über das, was den Sinnen nicht unmittelbar vorliegt und was nicht durch das Gedächtnis präsent ist, nicht oder eben nur negativ beantwortet werden. Hume hat im ersten Abschnitt ebenfalls betont, dass der Mensch nicht nur ein Vernunftwesen sei, sondern auch ein »geselliges«[938] (sociable) und »tätiges Wesen«[939] (active being). Gerade weil der Mensch nicht nur ein denkendes, sondern auch ein geselliges und handelndes Wesen ist, kann der radikale Skeptizismus nicht das letzte Wort haben. Im Sinne des Pyrrhonismus solle sich der Mensch jedes Urteils enthalten. Hume hat jedoch gezeigt, dass »die Natur uns dazu zwingt«[940], Urteile zu fällen, weil der Mensch als handelndes und soziales Wesen urteilen muss.

---

[936] N II, 73, 17 (Sokratische Denkwürdigkeiten).

[937] A. a. O., 73, 18ff.

[938] HUME, EHU, 8.

[939] Ebd.

[940] POPKIN, RICHARD H., David Hume. Sein Pyrrhonismus und seine Kritik des Pyrrhonismus, in: Kulenkampff, Jens (Hrsg.), David Hume. Eine Untersuchung über den menschlichen Verstand, Berlin 1997, 231.

Deutlich wurde dies am Bespiel der ›Billardkugel‹. Hume ging zunächst davon aus, dass der Beobachter als plötzlich in die Welt Gekommener zu denken sei. Damit versuchte er, zu betonen, dass diesem ausschließlich seine rationalen Fähigkeiten zur Verfügung stünden, weswegen er verschiedene mögliche, aber eben keine gewissen Aussagen über die Folgen des Zusammenstoßes beider Kugeln machen könne. Üblicherweise kommt der Mensch nicht »plötzlich«[941] (sudden) in die Welt. Vielmehr wächst er in sie hinein und das bedeutet er macht »Erfahrung«[942] (experience). Aufgrund derer kann er prognostizieren, was erwartungsgemäß geschehen wird, wenn die beiden Kugeln aufeinanderstoßen. Demgemäß ist es der »Einfluss der Gewohnheit«[943] (influence of custom), mittels dessen der radikale Skeptizismus überwunden wird. In der *Enquiry Concerning Human Understanding* meint Hume erkannt zu haben, dass die Grundlage aller Urteile über Ursache und Wirkung Erfahrung sei und dies eben »nicht auf einem Denkakt«[944] (any process of the understanding) beruhe. Erfahrung im Sinne Humes liefert dem Menschen jedoch nur für einen bestimmten Zeitpunkt sichere Information.[945] Dass diese Erfahrung erlaubt, wie im Beispiel der Billardkugeln, eine Aussage über ein künftiges Ereignis zu machen, beruht ebenfalls auf Erfahrung. Die Aussage über die Billardkugeln, sowie darüber, dass morgen die Sonne aufgehen wird, trifft der Mensch gewohnheitsmäßig und geht dabei davon aus, dass »[v]on Ursachen, welche gleichartig (similar) erscheinen [wir] gleichartige Wirkungen«[946] erwarten.

Hume verortet sich und seine Einsichten in die Tradition der akademischen Skepsis. Davon ausgehend, dass der radikale Skeptizismus, wie Streminger schreibt, »zwar rational nicht widerlegt, aber auch nicht gelebt werden könne«[947], findet Hume in der akademischen Philosophie eine Alternative. Urteile, die nur auf Erfahrung und der gewohnheitsmäßigen Annahme basieren, dass »die Zukunft mit der Vergangenheit gleichförmig sein werde«[948], können nur verschiedene Grade von Wahrscheinlichkeiten erreichen und keine Gewissheiten, wie sie in Bezug auf Urteile über »Beziehungen von Vorstellungen«[949] erlangt werden können. Im Gegensatz zur radikalen Skepsis, die Hume mit der pyrrhonischen Philosophie gleichsetzt, untergräbt die akademische Philosophie die Annahmen und Gedanken des »gewöhnlichen Lebens«[950] nicht, sodass die Zweifel der Akademiker auch nicht das Handeln

---

941 HUME, EHU, 28.
942 Ebd.
943 Ebd.
944 A. a. O., 32.
945 Vgl. a. a. O., 33.
946 A. a. O., 36 (Hervorhebung im Original).
947 STREMINGER, David Hume. Der Philosoph, 283.
948 HUME, EHU, 35.
949 A. a. O., 25.
950 A. a. O., 41.

verhindern. Daran anknüpfend stellt sich Hume die Frage, welches Prinzip dazu führe, dass die menschlichen ›Denkakte‹, welche die »Tatsachen«[951] (facts) betreffen und auf Erfahrung basieren, nicht vom radikalen Zweifel untergraben werden.

»Dies Prinzip ist **Gewohnheit** oder **Übung**«[952] (This principle is CUSTOM or HABIT). Wie sich schon zeigte, führt die sich wiederholende Erfahrung zu einer gewohnheitsmäßigen Annahme, sodass letztlich gilt: »Gewohnheit [ist] die große Führerin im menschlichen Leben«[953] (Custom, then, is the great guide of human life). Die ›Gewohnheit‹ und nicht die Vernunfttätigkeit führt dazu, dass der Mensch von der Erfahrung auf die Zukunft schließt. Hume versucht, seine Position abzusichern, indem er sich wiederum einen vernunftbevernunftbegabten Menschen vorstellt, der ›plötzlich‹ in die Welt kommt. Und wie das Beispiel mit den Billardkugeln bereits deutlich macht, kann sich ein solcher Mensch ohne Erfahrung und Gewohnheit niemals einer Sache sicher sein, welche nicht »dem Gedächtnis und den Sinnen gegenwärtig[...]«[954] (present to his memory and senses) ist. Hume beschreibt das, was sich durch Erfahrung und Gewöhnung beim Menschen einstellt, als »Glaube«[955] (belief).[956] So führt zum Beispiel die sich wiederholende Erfahrung, dass »Flammen und Hitze«[957] zusammen auftreten, zu dem ›Glauben‹, dass Flammen stets mit Hitze auftreten. Wer dies glaubt, ist sich dessen auch gewiss, er verlässt sich darauf. Hume verknüpft daher den Begriff ›Glaube‹ mit der Vorstellung von Gewissheit und Überzeugung. Denn, wer die sich wiederholende Erfahrung macht, dass er sich beim Nähertreten an die Flammen verbrennt, ist sich bald gewiss, dass Flammen und Hitze zusammen auftreten. Auf diese Weise zeigt sich auch, dass sich das, was geglaubt wird, auf eine Tatsache zurückführen lassen muss. Andernfalls wäre der Glaube unbegründet. Denn nur, wenn dem Glauben die wiederholte Erfahrung zugrunde liegt, dass Flammen und Hitze zusammengehören, kann dies als gewiss angesehen werden, und es erscheint konsequent, sein Verhalten darauf abzustimmen.

Hume zielt mit seiner Untersuchung des menschlichen Verstandes darauf, die Vorurteile der falschen Metaphysik zu beseitigen. Im Zuge seiner Überlegungen wurde deutlich, dass auf der Ebene des Verstandes der radikale Zwei-

---

[951] A. a. O., 35.
[952] A. a. O., 43 (Hervorhebung im Original).
[953] A. a. O., 44.
[954] A. a. O., 46.
[955] Ebd.
[956] Ausführlich zu Humes Belief-Begriff: QUAST, OTTO, Der Begriff des Belief bei David Hume, Hildesheim/New York 1980 – (Nachdr. der ersten Auflage Halle/Saale 1903). Quast kommt zu dem Schluss, dass Hume die Begriffe ›faith‹ und ›belief‹ »nahezu gleichbedeutend gebraucht, nur dass belief für den Kausalzusammenhang, faith für das religiöse Glauben überwiegt.« (107). Der Unterschied besteht nach Quast demnach nur in den »Gegenständen« (107), auf die sich der Glaube bezieht.
[957] HUME, EHU, 46.

fel, den Hume mit dem Pyrrhonismus identifiziert, nicht behoben werden kann, und Humes Einordnung in die Tradition des akademischen Skeptizismus zeigt, dass auch seine Theorie des Wissens nur Meinungen mit unterschiedlichen Wahrscheinlichkeiten hervorbringt. Dennoch unterscheiden sich die Vorurteile der falschen Metaphysik von Humes ›experience‹, weil diese auf ›impressions‹ beruht und nur, wenn sie sich auf eine solche zurückführen lässt, auch als begründet gilt. Der Erfahrung und dem Glauben kommt daher »die pragmatische Funktion der Weltorientierung«[958] zu. Der gewohnheitsmäßigen Annahme, dass ähnliche Ursachen ähnliche Wirkungen erzeugen, und der Glaube, dass morgen die Sonne wieder aufgehen wird, schaffen Sicherheit, aufgrund derer sich der Menschen in der Welt orientieren kann. Damit übernehmen Erfahrung und Glaube, die an ›impressions‹ rückgebunden sein müssen, die »Orientierungsfunktion«[959], welche vormals den Vorurteilen der falschen Metaphysik zukam. Hume zeigt, so kann mit dem Philosophiehistoriker Richard Popkin (1923–2005) gesagt werden, wie man »in einem pyrrhonischen Universum lebt«[960]. Denn alle Überzeugungen erweisen sich bei Hume als rational nicht begründbar. »Sie sind alle irrational, doch zugleich – wie Hume zeigt – für unsere Existenz notwendig.«[961] Hume hat die Tradition des Pyrrhonismus aufgegriffen und korrigiert. Damit erweist er sich als Erbe sowohl der Akademiker als auch der Pyrrhoneer. Der Mensch muss handeln und urteilen, aber diese Handlungen und Urteile lassen sich nicht rational absichern, sondern gründen auf Gewohnheit und Glaube. Deswegen gelangt der Mensch in seinen Urteilen zu keiner absoluten Gewissheit, sondern zu Wahrscheinlichkeiten. Mit Popkin lässt sich daher bezüglich der pyrrhonischen Tradition urteilen, dass Hume »die für einen Pyrrhoneer richtige Mischung aus Dogmatismus und Skeptizismus, aus Glauben und Sich-des-Glaubens-Enthalten«[962], gefunden hat.

Den Begriff des ›belief‹ genauer fassend grenzt Hume diesen von der »Einbildungskraft«[963] (imagination) ab. Auch die ›imagination‹ ist rückgebunden an die durch die Sinne übermittelten Tatsachen. Sie kann Menschenköpfe auf Pferdekörper setzen oder ganze Welten erdichten. Glaube und Einbildungskraft sind sich darin ähnlich, dass sie zum einen an ›impressions‹ gekoppelt sind und es zum anderen für beide keine rationale Absicherung gibt. Neben diesen Gemeinsamkeiten gilt es auch, die Unterschiede zu beachten. Denn das, was die Einbildungskraft hervorbringt, muss nach Hume vom Glauben unterschieden werden. Bereits bei den ›perceptions‹ erklärte Hume, dass

---

958 LÜTHE, David Hume, 38.
959 A. a. O., 10.
960 POPKIN, David Hume, 243.
961 Ebd.
962 Ebd.
963 HUME, EHU, 47.

die ›impressions‹ die ›ideas‹ an »Lebendigkeit«[964] (vivacity) übertreffen, woran sich die Einsicht anschloss, dass den ›impressions‹ auch zeitlich und sachlich der Primat gegenüber den ›ideas‹ zugesprochen werden müsse. Indem Hume in der ›vivacity‹ das Unterscheidungsmerkmal zwischen ›impression‹ und ›idea‹ erkennt, verortet er die Entscheidung über die Bewusstseinsinhalte in den Bereich der »Empfindung«[965] (sentiment). Den Unterschied zwischen Glaube und Einbildungskraft verortet Hume parallel zu der Differenzierung von ›impressions‹ und ›ideas‹ auch in den Bereich der Empfindung. Den Glauben, so Hume, begleitet ein »Gefühl oder ein[e] Empfindung«[966] (sentiment or feeling), welche der Einbildung fehlt. Dass beim Aufprall zweier Billardkugeln nichts passiert, dass die anrollende nur zur Ruhe kommt und die angestoßene ruhig liegen bleibt, lässt sich zwar denken, aber nicht glauben. Denn dieser Vorstellung fehlt jene ›Empfindung‹, die mit dem Glauben einhergeht. Diese ›Empfindung‹ lässt sich näher bestimmen als ein Gefühl von »Lebendigkeit, Lebhaftigkeit, Eindringlichkeit, Festigkeit und Beständigkeit«[967] (vivid, lively, forcible, firm, steady). Wie die ›impressions‹ begleitet auch den Glauben eine höhere Intensität und Lebendigkeit. Zuletzt haben Alan Bailey und Dan O'Brien in ihrem *Reader's Guide* auf diese Parallelität von ›impressions‹ und ›belief‹ hingewiesen und eine Deutung entworfen, die auch den sachlichen Zusammenhang dieser Ähnlichkeit betont. »[T]he impression of a billiard ball being struck by another ball«[968] wirke lebendiger als die bloße Idee davon. Das führt zu der Erwartung, dass eine angestoßene Kugel sich zu bewegen beginnt. »This enlivens the idea and transforms it from a mere idea to a belief, the belief that the ball will begin to move."[969] Diesem Gedanken, dass sich das Gefühl des Glaubens entwickelt, entspricht auch Humes Zusammenfassung, wenn er erklärt: »[D]aß diese Art des Vorstellens aus einem gewohnheitsmäßigen Zusammenhang des Gegenstandes mit etwas dem Gedächtnis oder den Sinnen gegenwärtigem entspringt.«[970] (That this manner of conception arises from a customary conjunction of the object with something present to the memory or sense).

Hume betont, dass der menschliche Wille über diese Empfindung nicht frei verfügen und dass der Mensch sich seiner nicht beliebig bedienen könne. Während der Mensch die Vorstellung von einem Zentaur jederzeit herstellen könne, entziehe sich ihm die Möglichkeit, nach Belieben daran zu glauben. Der Glaube stelle sich ein. Nicht willentlich, aber auch nicht willkürlich, weil

[964] A. a. O., 17.
[965] A. a. O., 48.
[966] Ebd.
[967] A. a. O., 49.
[968] BAILEY, ALAN/O'BRIEN, DAN, Hume's Enquiry Concerning Human Understanding. Reader's Guide, London/New York 2006, 63.
[969] Ebd.
[970] HUME, EHU, 50.

der Glaube immer auch an wiederkehrende ›impressions‹ gebunden sei. Die Empfindung, welche den Glauben begleitet und damit den Glauben selbst »völlig [...] erklären«[971] (perfectly to explain) könne, sei »unmöglich«[972] (impossible), so Hume, weswegen er nur sagen könne, »daß der Glaube etwas vom Geist Empfundenes ist, was die Vorstellungen der Urteilskraft von den Erdichtungen der Einbildung unterscheidet«[973] (that belief is something felt by the mind, which distinguishes the ideas of the judgment from the fictions of the imagination).

Mit dem französischen Philosophen Gilles Deleuze kann Humes Skeptizismus dahingehend zusammengefasst werden, dass dieser auf dem »Status der Relationen und ihrer Exteriorität«[974], und nicht auf den »Irrtümern der Sinne«[975] beruhe, wie es beim »alten Skeptizismus«[976] der Fall war. Gleichzeitig setzt Hume den Glauben »als Basis aller Erkenntnis«[977].

3.3.2 Glaubend zum Anderen: David Hume und Johann Georg Hamann

Hamann spielt in den *Sokratischen Denkwürdigkeiten* auf Humes *Enquiry Concerning Human Understanding* an, indem er schreibt: »Unser eigen Daseyn und die Existenz aller Dinge ausser uns muß geglaubt und kann auf keine andere Art ausgemacht werden.«[978] Hamann versetzt durch dieses Zitat seinen eigenen Text in »Verbindung[...]«[979] mit Humes Text. Ohne dessen skeptisch-philosophische Gedankengänge nachzuzeichnen und ohne weitere Erklärung, greift Hamann Humes zusammenfassenden Satz aus dem XII. Abschnitt »Über die akademische oder skeptische Philosophie«[980] auf. Indem er ihn zitiert, behauptet Hamann, was Hume zu begründen sucht, und obwohl er dessen Gelehrten-Skeptizismus ablehnt, setzt er dadurch dessen Erklärungen voraus.

Hume fragt sich im XII. Abschnitt: »[W]as versteht man unter einem Skeptiker?"[981] Das Ziel seiner Überlegungen besteht darin, aufzuzeigen, dass der radikale Skeptizismus scheitern müsse und die akademische Philosophie deshalb als dessen Weiterentwicklung erstrebenswert sei. Das Zitat, das Hamann verwendet, stammt unmittelbar aus Humes Überlegungen, wie eine konstante Außenwelt begründet werden könne. Hume setzt dabei seine theoretischen Überlegungen aus den Kapiteln II bis VI voraus und fasst deren

---

[971] A. a. O., 49.
[972] Ebd.
[973] Ebd.
[974] DELEUZE, GILLES, Hume, in: Châtelet, François (Hrsg.), Geschichte der Philosophie Bd. IV. Die Aufklärung, Frankfurt am Main u.a. 1974, 66.
[975] Ebd.
[976] Ebd.
[977] Ebd.
[978] N II, 73, 21f. (Sokratische Denkwürdigkeiten).
[979] A. a. O., 71, 26.
[980] HUME, EHU, 149.
[981] Ebd.

Ergebnisse zusammen. Seine Analyse beginnt Hume damit, dass er zunächst einen »natürlichen Instinkt«[982] (natural instinct) voraussetzt, der den Menschen wie auch alle anderen Lebewesen scheinbar dazu drängt, seinen Sinnen zu trauen und eine Außenwelt anzunehmen. Streminger behauptet zusammen mit Ernst Topitsch, dass Hume hier eine »naturalistische Wende«[983] vollzogen habe und den Glauben als Instinkt interpretiere. Humes Beschäftigung mit dem Außenweltproblem zeigt jedoch, dass er diesen ›natural instinct‹ als unbegründete Annahme bloßzustellen versucht. Hume skizziert, bevor er sich an die Widerlegung macht, zunächst den vermeintlichen ›natural instinct‹ näher. Denn es scheint offenbar zu sein, dass der Außenwelt eine »gleichförmige und vollkommene Existenz«[984] zukomme, die »unabhängig von der Stellung vernünftiger Wesen«[985] sei. Diese Meinung, so Hume, werde bereits durch »den leisesten Anflug von Philosophie«[986] (slightest philosophy) zerstört. Denn dem Geist könne nichts gegenwärtig sein, als allein »ein Bild oder eine Auffassung«[987] (image or perception). Der Geist könne nur auf diese Bilder zugreifen. Eine Verbindung zwischen Bild und Welt könne der Mensch zwar behaupten, aber nicht beweisen. Die Vernunfttätigkeit zwinge deshalb dazu, diesem ›natural instinct‹ zu widersprechen. Auch die ›Erfahrung‹ schweige bei der Frage, ob die Sinne mittels der äußeren Gegenstände die Bilder entwerfen. Denn

> »[d]em Geist ist nie etwas anderes gegenwärtig, als Auffassungen und er kann unmöglich eine Erfahrung mit Gegenständen gewinnen. Daher ist die Annahme einer solchen Verknüpfung ohne jede Grundlage in der Vernunfttätigkeit.«[988]

Diese radikal skeptische Position lässt sich nicht widerlegen. Zugleich gilt auch, dass man mit ihr nicht leben kann. Wiederum ist es die Erfahrung und die Gewohnheit im Umgang mit der Welt und damit der Glaube an »[u]nser eigen Daseyn und [an] die Existenz aller Dinge ausser uns«[989], die Leben ermöglichen.

Bei Hume lernt Hamann, dass der Glaube »als Basis der Erkenntnis«[990] zu denken sei. Grund für diesen Glauben bei Hume sind Gewohnheit und Erfahrung. Descartes wollte Gewissheit erlangen, indem er auf der Ebene des Denkens, allein aus sich heraus, ein sicheres Fundament zu begründen versucht. Schon bei Descartes' eigenen Überlegungen zeigte sich, dass er damit nur die eigene Existenz sichern konnte, für die Außenwelt jedoch eine angeborene Idee postulieren musste, welche ihm von Gott und damit von außen gegeben

---

[982] A. a. O., 151.
[983] TOPITSCH, Hume, 98.
[984] HUME, EHU, 152.
[985] Ebd.
[986] Ebd.
[987] Ebd.
[988] A. a. O., 153.
[989] N II, 73, 21f. (Sokratische Denkwürdigkeiten).
[990] DELEUZE, Hume 66.

wurde. Hume wiederum zeigt, dass der Mensch dem radikalen Skeptizismus auf der Ebene des reinen Denkens nicht entkommen kann. Der für sich bleibende Mensch verstrickt sich in Zweifel und Widersprüche. Der radikale Skeptizismus kann nach Hume dadurch überwunden werden, dass man sich auf die Welt und damit auf das Andere einlässt und Erfahrungen sammelt. Der Kontakt mit dem Anderen, das nicht der Mensch selbst ist, lässt sich nicht durch die rationale Eigenleistung des Menschen absichern, sondern erfordert Glauben. Indem der Mensch sich auf das Andere einlässt und glaubt, dass es ist, entsteht der Glaube, dass das Andere ist. In den *Sokratischen Denkwürdigkeiten* betont Hamann, dass diese vernünftigen Überlegungen nicht mit dem Ursprung des Glaubens verwechselt werden dürfen. »Der Glaube«[991], erklärt Hamann, sei »kein Werk der Vernunft«[992]. Diese Einsicht versucht Hamann zu begründen, indem er auf die »Wahrheit«[993] der Endlichkeit des menschlichen Lebens eingeht. Obwohl es kaum eine »allgemeinere und bewährtere Erkenntnis«[994] gebe, als die Sterblichkeit des Menschen, lasse sich dennoch niemand finden, der »so klug [sei] solche zu glauben, als der, wie Mose zuverstehen giebt, von Gott selbst gelehrt wird zu bedenken, daß er sterben müsse.«[995] Damit das Wissen um die eigene Sterblichkeit nicht »unpersönlich und unverbindlich«[996] bleibt, sondern zu einem »mein ganzes Ich verpflichtende[n] Wissen«[997] wird, muss diese Einsicht von Gott und damit von außen vermittelt werden.

Diese Denkfigur ähnelt Humes Überlegungen. Der sich allein auf seine Vernunft verlassende Mensch gerät in den radikalen Skeptizismus und in Widerspruch zum Leben. Indem er sich jedoch auf die Welt einlässt und ihr glaubt, überwindet er den radikalen Skeptizismus. Auf der praktischen Ebene macht der Mensch die Erfahrung, dass die Außenwelt existiert. Er selbst kann diese Existenz mittels der Vernunft nicht beweisen, er kann jedoch mit der Außenwelt Erfahrungen machen und an ihre Existenz glauben. Indem er sich auf die Welt und das Andere einlässt, lässt er sich von diesem Anderen belehren. Theoretisch kann er diese Form des Erkenntnisgewinns nicht begründen, praktisch jedoch macht er die Erfahrung, dass das Wissen um die Außenwelt von der Außenwelt stammt. Zwar hat der Mensch nur Bilder, ob er an diese jedoch glaubt, liegt nicht in seiner Verfügungsgewalt. Insofern kann er den Ursprung dieser Bilder als von außerhalb seiner selbst kommend interpretieren. Er kann dies nur deuten und annehmen, er kann sich darauf auch verlassen, aber beweisen und mit letzter Gewissheit wissen kann er dies nicht. In-

---

[991] N II, 74, 2 (Sokratische Denkwürdigkeiten).
[992] A. a. O., 74, 2f.
[993] A. a. O., 73, 23.
[994] A. a. O., 73, 24.
[995] A. a. O., 73, 25f.
[996] BLANKE, Hamann erklärt, 139.
[997] Ebd.

dem der Mensch bei Hume an die Außenwelt und damit an das Andere glaubt, kann er glauben, von diesem Anderen gesagt zu bekommen, was er sich selbst nicht sagen kann. Nur ein Wissen, das in einem geglaubten Anderen seinen Ursprung hat, kann dabei zum Glauben und insofern zur Erkenntnis führen. Damit basiert die Möglichkeit, sich von außen und dem Anderen etwas sagen zu lassen, auf dem Glauben an dieses Andere. Diese Denkfigur greift Hamann auf, wenn er erklärt, dass nur der Mensch verstanden habe, dass er sterblich sei, da es ihm von Gott gesagt wurde. Indem der Mensch an Gott glaubt, kann er sich von diesem Anderen sagen lassen, dass er sterblich ist. Indem diese Einsicht durch ein Gegenüber vermittelt wird, kann es zu einem »mein ganzes Ich verpflichtende[s] Wissen«[998] werden. Diese Einsicht basiert nicht auf Vernunft, sondern auf dem Austausch mit einem Anderen.

3.3.3 Theo-Semiotik – Das Zeichen für das ganz Andere

Hamann hat Humes Überlegungen aufgegriffen und die existenzielle Dimension zu verdeutlichen gesucht. Dabei geht es Hamann nicht um alltägliche Phänomene, wie sie sich exemplarisch beim ›Billardspiel‹ aufdrängen, sondern um die menschliche Sterblichkeit und damit um die ganze Existenz des Menschen. Nicht die Welt, sondern Gott tritt bei Hamann als das Andere auf. Diese existenzielle Zuspitzung Hamanns gilt es im Weiteren genauer zu klären. Zunächst muss festgehalten werden, welche Konsequenz Hamann aus diesen Überlegungen zieht. Denn Hamann geht es darum, die begrenzte Wirkungsmacht der Vernunft im Bereich des Glaubens aufzuzeigen. Bildet die Vernunft nicht die Grundlage des Glaubens, dann braucht, was geglaubt wird, auch nicht bewiesen zu werden und was bewiesen wird, muss nicht notwendigerweise geglaubt werden. Hamann zeigt damit der Vernunft Grenzen auf, indem er betont, dass dem Glauben, als Basis der Erkenntnis, nur eingeschränkt durch die Vernunft Rechtfertigung oder Kritik widerfahren kann.

Nachdem Hamann das Verhältnis von Glaube und Vernunft näher bestimmt hat, geht er zu der Frage über, wie Glaube und Einbildungskraft sich zueinander verhalten. Dazu schreibt er in den *Sokratischen Denkwürdigkeiten*: »[D]er Philosoph ist dem Gesetz der Nachahmung genau so gut unterworfen als der Poet«[999]. Der Begriff der Nachahmung wurde vor allem durch Johann Christoph Gottsched (1700–1766) in seinem *Versuch einer critischen Dichtkunst* (zuerst erschienen 1729) und durch Johann Joachim Winkelmanns (1717–1768) *Gedanken über die Nachahmung der griechischen Werke in Malerei und Bildhauerkunst* aus dem Jahre 1755 in die Debatten der Aufklärung eingeführt. Hamann greift auf diese Gedanken zurück, wenn er erklärt, dass der Ausleger »die Naturforscher nachahmen«[1000] soll. Während Gottsched die Methode der Nachahmung für die Dichtkunst empfiehlt und Winkelmann die

---

[998] Ebd.
[999] N II, 74, 9f. (Sokratische Denkwürdigkeiten).
[1000] A. a. O., 71, 25.

Malerei und Bildhauerei im Auge hat, überträgt Hamann dieses Prinzip auf die Philosophie. Zunächst war es Aristoteles, der mittels der ›mimesis‹ in seiner *Poetik* die unterschiedlichen Kunstformen der Dichter zu beschreiben suchte. Anders als der Historiker entfaltet der Dichter mittels der Nachahmung, »was geschehen könnte«[1001]. Es geht ihm dabei nicht um die reine Wiedergabe oder Abbildung dessen, was geschehen ist. Der Dichter entfaltet vielmehr das Mögliche. Durch seinen Text schafft er, »nach den Regeln der Wahrscheinlichkeit oder Notwendigkeit«[1002], einen neuen Raum. Dabei setzt die Dichtung voraus, dass etwas vorgegeben ist, auf das zurückgegriffen werden kann und das sie nachahmend abwandeln kann. Bei seinen Überlegungen zum Ausleger zeigt sich, dass Hamann mit dem Begriff des Nachahmens nicht wie Aristoteles einfach Kopieren meint, sondern es ihm um ein Aufnehmen und Variieren von Texten geht. Indem der Ausleger das Experimentieren der Naturwissenschaftler nachahmt, schafft er eine neue Form des Experimentierens, insofern hier Texte und Zeichen miteinander in Verbindung gebracht werden. Indem Hamann dem Ausleger rät, das Experimentieren nachzuahmen und in Texte umzuwandeln, entsteht eine neue Möglichkeit der Textkonzeption.

Dadurch, dass Hamann meint, auch die Philosophen seien dem ›Gesetz der Nachahmung‹ verpflichtet, weist er, wie auch schon bei den Auslegern, darauf hin, dass diese auf Vorgegebenes und damit von ihnen Unabhängiges angewiesen seien. Wiederum in Abgrenzung zu Descartes wird deutlich, dass der Philosoph, wie der Dichter, auf Anderes, von ihm Verschiedenes in seiner Tätigkeit angewiesen ist. Dasjenige, was dem Philosophen von anderswoher vorgegeben wird, kann er nachahmen und abwandeln und damit, wenn Hamann den Nachahmungsbegriff im Sinne der aristotelischen *Poetik* gebraucht, neue Möglichkeitsräume eröffnen. Räume, die neue Perspektiven auf den Menschen und die Welt eröffnen. Wenn die Philosophen wie die Dichter dem ›Gesetz der Nachahmung‹ unterworfen sind, gilt es zu klären, wie Glaube und »Einbildungskraft«[1003] sich zueinander verhalten. Auch Hume geht in der *Enquiry Concerning Human Understanding* dieser Frage nach und differenziert zwischen beiden, indem er dem Glauben eine Empfindung von größerer Lebendigkeit und Deutlichkeit zuspricht als der Einbildungskraft. Zudem betont er, dass es dem Menschen frei stehe, sich mittels der Einbildungskraft allerlei vorzustellen, nicht jedoch, daran zu glauben. Hamann teilt Humes Einsicht, dass Glaube und Einbildungskraft nicht identisch sind, und streicht heraus, dass die Einbildungskraft nicht die Quelle des Glaubens sein kann. Hamann betont dabei, stärker als Hume, die existenzielle Dimension des Glaubens.

[1001] Aristoteles, Poetik, 1451a 30.
[1002] Ebd.
[1003] N II, 74, 17. (Sokratische Denkwürdigkeiten).

Der Philosoph wie der Dichter können nach Hamann »in Umstände [geraten], wo sie sich beyde selbst fühlen«[1004] können. Dem Gedanken des Sich-Selbst-Fühlens nähert sich Hamann, indem er auf Voltaire (1694–1778) und Friedrich Gottlieb Klopstock (1724–1803) anspielt. Voltaire verfasste 1756 sein *Poème sur le désastre de Lisbonne*, als Reaktion auf das Erdbeben von Lissabon aus dem Jahre 1755 und gegen den »philosophischen Optimismus«[1005] seiner Zeit. Diesen sah er vor allem in Popes Diktum »Was immer ist, ist recht« (»Whatever is, is right«[1006]), in dessen *Essay on man* zum Ausdruck gebracht. Neben Pope ist es vor allem Gottfried Wilhelm Leibniz (1646–1716), gegen den sich Voltaire in seinem Gedicht wendet. Für Leibniz' These, dass Gott für den Menschen aus den »unendlich[...] viele[n] mögliche[n] Welten, [...] die beste gewählt haben muss«[1007], ist der Blick auf die Gesamtkonstellation der Welt konstitutiv. Voltaire hingegen lenkt in seinem Gedicht »die Aufmerksamkeit geschickt von der kosmischen Gesamtordnung auf den Menschen und dessen Lebenswelt.«[1008] Dadurch kann er zeigen, dass durch die konkrete Erfahrung von Leid dem Einzelnen die Erklärung ›Whatever is, is right‹ als äußerst »befremdlich«[1009] erscheint. Voltaire betont, »dass es Übel auf der Erde gibt«[1010], und gerade deshalb untergrabe die leibnizsche Theodizee die Hoffnung auf eine bessere irdische Welt, weil die beste aller möglichen Welten schon sei und deshalb »optimierungsunfähig[...]«[1011] scheine. Das Unglück und Leiden des Einzelnen wird abgetan als notwendiger Teil und Konsequenz aus »dieser allgemeinen, notwendigen Ordnung«[1012]. Statt sich der Illusion hinzugeben, alles sei gut, fordert Voltaire, dass das Leid anerkannt werden müsse, wobei gerade dadurch das Übel, wie Marion Hellwig schreibt, »zum Zeichen der Hoffnung, [...] auf das künftige, jedoch innerweltlich zu verste-

---

[1004] A. a. O., 74, 13.

[1005] GISLER, MONIKA, Optimismus und Theodizee. Voltaires Poème sur le désastre de Lisbonne und seine frühe Rezeption, in: Lauer, Gerhard/Unger, Thorsten (Hrsg.), Das Erdbeben von Lissabon und der Katastrophendiskurs im 18. Jahrhundert, Göttingen 2008, 230–243, 231.

[1006] POPE, Vom Menschen, I, 294, vgl. auch: I, 51f; III, 231f; IV, 145; IV, 394.

[1007] LEIBNIZ, GOTTFRIED WILHELM, Die Theodizee. Philosophische Schriften Bd. 2.1 und 2., Französisch und deutsch, herausgegeben und übersetzt von Herbert Herring, Frankfurt am Main 1996, 221.

[1008] HELLWIG, MARION, »Alles ist gut«. Zur Bedeutung einer Theodizee-Formel bei Pope, Voltaire und Hölderlin, in: Lauer, Gerhard/Unger, Thorsten (Hrsg.), Das Erdbeben von Lissabon und der Katastrophendiskurs im 18. Jahrhundert, Göttingen 2008, 216–229, 221.

[1009] VOLTAIRE, Gedicht über die Katastrophe von Lissabon, in: Breidert, Wolfgang, (Hrsg.), Die Erschütterung der vollkommenen Welt. Die Wirkung des Erdbebens von Lissabon im Spiegel europäischer Zeitgenossen, Darmstadt 1994, 58.

[1010] A. a. O., 59. Im Original gesperrt.

[1011] GISLER, Optimismus und Theodizee, 234.

[1012] VOLTAIRE, Gedicht über die Katastrophe von Lissabon, 59.

hende Heil verweist«[1013]. Hamanns Voltaire-Anspielung deutend erklärt Hans Graubner, dass die Tragödie von Lissabon die philosophischen »Konstruktionen der Einbildungskraft«[1014] wegfegte. Obwohl die Außenwelt für Hamann nur geglaubt und nicht rational abgesichert werden kann, zeigt sich im Erdbeben von Lissabon und im Tod von Margareta Klopstock (1728–1758), der für den Dichter Friedrich Gottlieb Klopstock zu seiner persönlichen Katastrophe wurde, dass die Außenwelt dennoch fundamental in das Leben des Menschen eingreift. Wenn der Mensch die Außenwelt und damit das Andere auch nur gewohnheitsmäßig über Erfahrungen begreift und die Existenz so wie die Gesetze, denen die Welt folgt, nur glauben und nicht mit letzter Sicherheit wissen kann, so ändert dies nichts daran, dass die Welt Macht über den Menschen hat. Indem die Vorstellung, der Mensch könne durch Vernunft oder Einbildungskraft die Welt beherrschen und kontrollieren, in der Katastrophe zerbricht, kann er sich selbst fühlen. »Das Selbst, das dann gefühlt wird«, erklärt Graubner, »ist nach Hamanns Überzeugung das Selbst, das sich nur noch als Gegebenes erfährt, in seiner bloßen Existenz vor Gott.«[1015]

Graubner spitzt, indem er den Tod der Geliebten und das Erdbeben von Lissabon mit Gott gleichsetzt, Hamanns Text zu, da dieser hier nicht von Gott spricht. Durch Graubners Zuspitzung wird die Verbindung zwischen dieser Textstelle und Hamanns Gedanken zum Wissen des Menschen um seine eigene Sterblichkeit deutlich. Das Erdbeben von Lissabon und der Tod von Margareta Klopstock scheinen die gleiche Funktion zu erfüllen wie Gott, der den Menschen dessen Sterblichkeit lehren muss, damit dieser es als ihn selbst betreffende Wahrheit versteht. Zuvor schon erklärte Hamann, dass die Natur und die Geschichte als Zeichen für Gott interpretiert werden können. Diesem Gedanken folgend legt Hamann die existenzielle Dimension von Humes Überlegungen offen, indem er seine Betrachtungen auf Gott als den äußersten Punkt der Interpretationskette und damit als eigentlichen Kommunikationspartner des Menschen zulaufen lässt. Gott kann dabei, wie die Außenwelt, nicht rational bewiesen werden und muss geglaubt werden. Hume führt diesen Gedanken in Bezug auf die Außenwelt weiter und zieht daraus die Konsequenz, dass dem Menschen nur Bilder zur Verfügung stehen, deren Verbundenheit mit der Welt geglaubt, aber nicht rational begründet werden kann. Die Vorstellung, dass dem Menschen nur Bilder gegeben seien, scheint Hamann in den *Sokratischen Denkwürdigkeiten* umgedeutet zu haben, indem er darauf

---

[1013] Hellwig, »Alles ist gut«, 223.

[1014] Graubner, Hans, Hamanns Auseinandersetzung mit der Theodizee und sein Urteil über Voltaires Erschütterung, in: Lauer, Gerhard/Unger, Thorsten (Hrsg.), Das Erdbeben von Lissabon und der Katastrophendiskurs im 18. Jahrhundert, Göttingen 2008, 283.

[1015] A. a. O., 284.

hinweist, dass dem Menschen Texte und Zeichen zur Verfügung stünden.[1016] Dann muss im Sinne Hamanns auch Gott als Zeichen gedeutet werden.[1017] Im Rückgriff auf Hamanns hermeneutische Überlegungen müssen Zeichen als in Kontexte gehörend gedacht werden. Zeichen sind für Hamann daher »leibhaft«[1018], weil sie mit bestimmten Texten verbunden sind. Zugleich gilt es, diese Zeichen und Texte durch die Interpretation in die Kontexte des Lesers zu integrieren. Die Frage nach der Existenz Gottes tritt zurück. Gott wird durch die existenziellen Zuspitzungen Hamanns zum Zeichen für das ganz Andere, von dem aus all das kommuniziert wird, was der Mensch sich selbst nicht sagen kann.[1019]

[1016] Insofern ist Leiss zuzustimmen, wenn sie erklärt, dass Hamanns »Vernunftkritik [...] immer auf der Basis seiner Sprachtheorie« (LEISS, »Die Vernunft ist ein Wetterhahn«, 259) aufbaut. Die von ihr herausgearbeitete Einsicht, dass »Sprache [...]Nachahmung« (267) sei, scheint jedoch von der hier vorgeschlagenen Lesart insofern abzuweichen, als Leiss meint, es gehe in Hamanns Sprachtheorie darum, dass der Mensch »das Zeichensystem der Natur nach[ahmt]« (267) und dies im Sinne einer ›res‹-›intellectus‹ Beziehung begreift, ohne den semiotischen Charakter der Natur zu thematisieren.

[1017] Schnurr dagegen macht im Rückgriff auf Piepmeier deutlich, dass »alles [...] zeichenhaft [sei] und alle Zeichen [...] als Manifestationen der Herablassung Gottes verstanden« (SCHNURR, Schleiermachers Hermeneutik und ihre Vorgeschichte im 18. Jahrhundert, 73) werden müssen. Dabei wird Gott als ontologische Größe gedacht. Ebenso Reuter, die in ihrer Dissertation *Autorschaft als Kondeszendenz* den Gedanken von »Gottes Kondeszendenz« (REUTER, CHRISTINE, Autorschaft als Kondeszendenz, 1) als Zentralthema von Hamanns Autorschaft sieht. Darüber hinaus erklärt Henningfeld, dass »der Mensch nicht in eine sprachfremde Welt hineingeboren« (HENNIGFELD, JOCHEN, Menschliches und göttliche Wort. Zeichenbegriff versus Logosspekulation, in: Linde, Gesche u.a (Hrsg.), Theologie zwischen Pragmatismus und Existenzdenken. Festschrift für Hermann Deuser zum 60. Geburtstag, MThSt 90, Marburg 2006, 76) werde, »weil alles, mit dem er es auf irgendeine Weise zu tun hat, bereits worthaft« (ebd.) sei. Diese hamannsche Einsicht überträgt er jedoch nicht auf dessen Gedanken zu Gott.

[1018] BÜCHSEL, Biblisches Zeugnis und Sprachgestalt bei J.G. Hamann, 259.

[1019] Während Unger mit Hilfe des Begriffs »Symbol« (UNGER, Hamanns Sprachtheorie im Zusammenhang seines Denkens, 143) Hamanns Sprachtheorie zu deuten versucht und zwischen sinnlicher und nichtsinnlicher geistiger Welt unterscheidet, verdoppelt sich in der Interpretation Ungers die Welt bei Hamann – Gott und das Innere des Menschen auf der einen Seite und die sinnlichen Symbole auf der anderen Seite. Dagegen zeigte sich im Anschluss an Hume, dass Hamann eine solche Verdopplung der Welt vermeidet und die Welt sowie Gott als Zeichen gedacht werden. Diese Deutung gegen Unger bestätigt auch Blanke, der als ein wesentliches Prinzip des hamannschen Denkens das »Geistleibliche[...]« (BLANKE, J.G. Hamann als Theologe, 5) ausmacht und damit betont, dass Hamann »die unauflösbare Verbundenheit von Geist und Natur« (9) betone. Piepmeier hingegen hat versucht zu zeigen, dass Hamanns Semiotik als eschatologisch charakterisiert werden kann. Er arbeitet dabei verschiedene Merkmale des Zeichens nach Hamann heraus und fasst seine Einsichten zusammen: »*Zeichen ist perspektivisch-präsentativ-änigmatisches Zeichen, das eschatologisch,andenkende Bedeu-*

3.4 Glaubend sich einlassen

3.4.1 Unwissenheit und Lieben

Der Glaube unterscheidet sich von der Einbildungskraft darin, dass der Glaube fundamentaler scheint. Er unterliegt nicht der reinen Verfügungsgewalt des Menschen und bildet die Grundlage für die Tätigkeiten von Vernunft und Einbildungskraft. Die Konstruktionen der Einbildungskraft können durch Katastrophen hinweggefegt werden. Der Glaube scheint, so Hamann, derartigen Ereignissen zu trotzen. Die Welt und das Selbst werden weder über die Vernunft noch über die Einbildungskraft, sondern allein über den Glauben erschlossen. Was aber bedeutet Glauben? Inwiefern ist dieser fundamental und was begründet er? Diese Fragen gilt es mittels des nächsten Abschnitts der *Sokratischen Denkwürdigkeiten* zu beantworten, denn hier wird deutlich, wie Hamann das Verhältnis von Ich und Welt denkt. Damit wird ebenfalls klar, wie das Ich innerhalb eines Denkens der Bewegung in der Welt versuchen kann, sich zu orientieren.

Erneut wendet sich Hamann der sokratischen Unwissenheit zu und erklärt, dass er »kein ehrwürdiger Siegel«[1020] für die Unwissenheit des Sokrates finde als des Paulus Diktum: »So jemand sich dünken läßt, er wisse etwas, der weiß noch nichts, wie er wissen soll. So aber jemand Gott liebt, der wird von ihm erkannt.«[1021] (1 Kor 8,2–3) Dieses Zitat aus dem ersten Brief an die Korinther, das Hamann in den *Sokratischen Denkwürdigkeiten* sowohl auf Deutsch als auch im griechischen Original wiedergibt, scheint Hamann nicht nur als ›Siegel‹, sondern auch als besten »Schlüssel«[1022] für die Unwissenheit des Sokrates zu verstehen. Das Paulus-Zitat, das im Brief an die Korinther zum Fragekomplex um den Verzehr von Götzenopferfleisch gehört, liest sich im Kontext der *Sokratischen Denkwürdigkeiten* wie der Umkehrschluss des sokratischen ›Ich weiß, dass ich nicht weiß‹. Denn Wissen um das eigene Nicht-Wissen und damit die Unwissenheit scheint für Hamann zunächst das eigentliche Wissen zu sein. Daher gilt umgekehrt: Wer meint, etwas zu wissen, ›der weiß noch nichts‹. Was der Neutestamentler Wolfgang Schrage in seinem Kommentar zum ersten Korintherbrief mit Blick auf die Gedanken von Paulus sagt, gilt daher auch für Hamanns Text: Wer denkt, er wisse, verfällt »der Arroganz und Illusion«[1023].

---

tung hat.« (PIEPMEIER, Eschatologische Semiotik, 79- Hervorhebung im Original) Piepmeier entwirft seine Interpretation mit Blick auf das Gesamtwerk Hamanns, während die hier vorgestellte Semiotik sich auf die *Sokratischen Denkwürdigkeiten* bezieht und dennoch lassen sich die von Piepmeier skizzierten Merkmale auch hier finden, wie sich im Laufe der Arbeit zeigt.

[1020] N II, 74, 21 (Sokratische Denkwürdigkeiten).

[1021] A. a. O., 74, 25ff.

[1022] A. a. O., 74, 21.

[1023] SCHRAGE, WOLFGANG, Der erste Brief an die Korinther. 2. Teilband: 1 Kor 6,12–11,16, EKK Bd. VII/2, Neukirchen 1995, 232. Im Horizont von Luthers theologia crucis

Mit Hume führte Hamann den Glauben als Grundlage des Lebens ein, denn »[u]nser eigen Daseyn und die Existenz aller Dinge ausser uns muß geglaubt«[1024] werden. Dieses Glauben lässt sich durch das Paulus-Zitat näher charakterisieren, denn ihm entspricht das ›Gott lieben‹. Schon an anderer Stelle wurde deutlich, dass Hamann sich gegen den Machtanspruch der Vernunft wandte, als er davon sprach, dass man im Zeitalter der Aufklärung »zu abstrakt und männlich«[1025] denke. Adorno und Horkheimer haben in der *Dialektik der Aufklärung* Odysseus als Prototypen dieses Denkens ausgemacht. Die Welt solle durch die Vernunft begriffen und damit beherrscht werden. Dies lässt sich deutlich an Leibniz und Pope herausarbeiten. In der *Theodizee* und dem *Essay on man* wird versucht, mittels rationaler Reflexionen zum Übel in der Welt eine Erklärung zu finden und damit das Leid als bestimmbaren Teil eines Ganzen für den Menschen kalkulierbar zu machen. Indem die Leiderfahrung in einen wohlgeordneten und letztlich guten Gesamtkontext eingebaut ist, verliert das Leid seinen Schrecken, weil es einer höheren Idee untergeordnet ist. Durch den Gedanken, ›Whatever Is, is Right‹, kann dem Leiden eine Funktion zugeordnet werden. Denn nun lässt sich das Leid verstehen als erzieherische Maßnahme, »denn wir könnten, heißt es, besser sein, als wir sind.«[1026] Dem Leid kann auch die Funktion zugesprochen werden, die Gesamtordnung zu stabilisieren, was Voltaire ausdrückt, indem er schreibt: »Euer Haus wurd' zum Glück dieser Welt nur zerstört.«[1027] Das Leid wird in eine abstrakte Theorie integriert und damit dem Gedanken untergeordnet und beherrscht, was allerdings, wie Voltaire betont, auf Kosten des konkreten Leidens des Einzelnen geschieht.

In den *Sokratischen Denkwürdigkeiten* zeigt sich immer wieder, dass Hamann sich gegen ein abstraktes, von jeglicher Situation losgelöstes Denken wendet. Das Denken, das ›abstrakt und männlich‹ daherkommt, erscheint dabei als ein Denken, das versucht, das Fremde und Andere zu begreifen und damit in den Griff zu bekommen. Hamann erklärt dagegen mit Paulus, dass wer ›sich dünken lässt, er wisse etwas‹ und meint, das Andere begriffen zu haben, ›der weiß noch nichts‹. Das Erdbeben von Lissabon und der Tod Margareta Klopstocks stehen exemplarisch für die existenzielle Erfahrung, dass die Welt, da sie nicht begriffen, sondern nur geglaubt werden kann, als das Andere erscheint und Macht über das Leben einzelner Individuen hat. Die Natur und Geschichte können im Sinne Hamanns als Zeichen für Gott gelesen

---

liest Kleffmann diese Textpassage und liefert so eine alternative Erklärung. Seiner Deutung nach kann das Nichtwissen allein »von Gott schöpferisch überwunden« werden (KLEFFMANN, TOM, Luther und Hamann als Theologen des Kreuzes, in: Beetz, Manfred/Rudolph, Andre (Hrsg.), Johann Georg Hamann. Religion und Gesellschaft, Berlin/Boston 2012, 221).

1024 N II, 73, 21f. (Sokratische Denkwürdigkeiten).

1025 A. a. O., 68, 11.

1026 VOLTAIRE, Gedicht über die Katastrophe von Lissabon, 63.

1027 A. a. O., 64.

werden. Deshalb kann der Begriff ›Gott‹ zum Zeichen für das Fremde und Andere, das Macht über den einzelnen hat, werden. Der Umgang mit diesem Zeichen verdeutlicht für Hamann, worin das Besondere der sokratischen Unwissenheit besteht und wie der Einzelne wissen muss, dass er weiß, ›wie er wissen soll‹. Wird der Glaube zum Fundament menschlichen Lebens, so bedeutet dies, dass damit ein Anderes vorausgesetzt wird, dem man glaubt. Diese simple Einsicht trifft auch für das Verb ›lieben‹ zu. Beide Begriffe sind damit »*Relations*begriff[e]«[1028], die eine bestimmte Art des sich auf einen anderen Zubewegens ausdrücken. Im Folgenden gilt es, diese Bewegung näher zu skizzieren, weil sich darin ausdrückt, wie sich im Sinne Hamanns das Ich in der Welt orientieren kann.

Exemplarisch kann diese Bewegung anhand der Rolle des Mellefont aus Gotthold Ephraim Lessings (1729–1781) bürgerlichem Trauerspiel *Miss Sara Sampson* aus dem Jahre 1755 aufgezeigt werden: Mellefont, der Sara Sampson verführte und sie zur Flucht aus der väterlichen Obhut überredete, um ihn in Frankreich zu heiraten, erscheint damit als klassischer Verführer, der letztlich nur das Abenteuer sucht. Der Bonvivant verliert jedoch angesichts seiner aufkeimenden Gefühle für Sara die Gewalt über sich und fragt: »Wo ist die Gabe der Verstellung hin, durch die ich sein und sagen konnte, was ich wollte?«[1029] Mittels seiner manipulativen Fähigkeiten bemüht sich Mellefont, Macht über andere zu erlangen. Die Distanz und die Kontrollposition, die er damit einnimmt, drohen in der Beziehung zu Sara verloren zu gehen. Sie liebend lässt er sich auf sie ein und wird dabei empfänglich für ihre Tränen, die nun »unwiderstehlich[...]«[1030] scheinen. Der Liebende zeigt und öffnet sich, wodurch er sich auf den Anderen einlässt. Statt den eigenen Machtanspruch durchzusetzen, kommt es in der Liebe zu Anderen, zu Machtverzicht. Mellefont fühlt sich zwischen diesen Gegensätzen von Machtanspruch und Freiheit auf der einen und Machtverzicht und sich auf den Anderen Einlassen auf der anderen Seite hin und her gerissen, was in einem Monolog im vierten Aufzug deutlich wird: Mellefont muss sich eingestehen, dass er »tausend Leben für sie aufopfern«[1031] würde, und bekennt: »Ich liebe den Engel«[1032]. Aber der Gedanke, zu heiraten lässt den »melancholische[n] Gedanke[n] auf[kommen] zeitlebens gefesselt zu sein.«[1033] Die Heirat als Ausdruck des sich ganz auf den Anderen Einlassens wird Mellefont zum Synonym dafür, ein »Gefangener«[1034] zu werden und auf alle Macht und Freiheit verzichten zu müssen. Mellefont will sich

---

[1028] Härle, Dogmatik, 57 (Hervorhebung im Original).

[1029] Lessing, Gotthold Ephraim, Miss Sara Sampson. Ein bürgerliches Trauerspiel in fünf Aufzügen, in: Ders., Gesammelte Werke in zehn Bänden, Bd. 2, Berlin 1954, 15.

[1030] Ebd.

[1031] A. a. O., 66.

[1032] Ebd.

[1033] Ebd.

[1034] Ebd.

Sara öffnen und sich ihr anvertrauen, aber er hegt eine Abneigung gegen die Vorstellung, diese Liebe durch die Ehe zur Verpflichtung werden zu lassen. Damit deutet sich in Mellefonts Monolog an, was Lessing als Tenor seines gesamten Trauerspiels konzipierte. Im Zweifel gilt es, gegen die geltenden Moralvorstellungen einen Weg zu finden, der von Mitleid und damit von der Fähigkeit, sich in den Anderen hineinzufühlen, ausgeht. Nicht die Theorie, sondern das konkrete Mitfühlen mit dem Anderen wird zur Richtschnur des eigenen Handelns. Gleichzeitig deutet Lessing an, dass dieses Mitfühlen nicht institutionalisiert werden kann.

Wer liebt, bewegt sich auf den Anderen zu und lässt sich auf diesen ein. Indem man sich für den Anderen öffnet, verzichtet man auf die eigenen Machtansprüche. Mellefonts Monolog macht deutlich, dass er Bedenken hegt, ob diese Form, in der man sich auf einen Anderen bezieht, institutionalisiert werden kann. Diese Bewegung, in der man sich auf den Anderen einlässt, erklärt auch den Begriff des Glaubens. Wer einem Anderen glaubt, lässt sich auf diesen ein und vertraut sich dem Anderen an. Diese Bewegung von sich selbst weg, zum Anderen hin, erscheint dabei als eine »*reflexive* Relation«[1035]. Denn diese Bewegung, als Bewegung, in der sich der Liebende und Glaubende hingibt und ausliefert, wirkt zurück auf den Liebenden und Glaubenden.

Die Interpretation, dass Hamann sich gegen ein abstrahierendes Denken wendet, das nach Macht strebt, entspricht seiner Erklärung, dass »unsere[...] natürliche[...] Weisheit verwesen, in Unwissenheit vergehen muß, und wie aus diesem Tode, aus diesem Nichts das Leben und Wesen einer höheren Erkenntniß«[1036] hervorgehen muss. Sterben und Vergehen des Wissens deuten auf den Verlust aller Macht und Kontrolle hin, der seine Entsprechung im sokratischen Nichtwissen findet. Wenn das abstrakte Wissen, mittels dessen man versucht, die Welt zu beherrschen, vergeht und man damit auch auf den Versuch verzichtet, die Welt als das Andere zu beherrschen, wird man frei. Nur indem der Mensch sich auf das Andere einlässt, gewinnt er Einsicht, ›wie er wissen soll‹. Damit lässt sich auch das paulinische »[s]o aber jemand Gott liebt, der wird von ihm erkannt«[1037], das Hamann zitiert, verstehen. Der Verzicht darauf, das Andere beherrschen zu wollen, und das vertrauensvolle Sich-Einlassen auf das Fremde spiegeln wider, was in Hamanns *Gedanken über meinen Lebenslauf* deutlich wird. Nur indem sich der Mensch auf das Andere einlässt, findet er sich selbst. Gott als Zeichen für dieses Andere, das Macht über den Menschen hat, steht damit für jene Texte, mit denen der Mensch versucht, zu erkennen, wer er ist. Dabei müssen diese Texte, entsprechend dem Zeichen Gott, als unabhängig vom Ich gedacht werden. Sich mit dem Zeichen Gott zu verbinden, bedeutet dann, wie in den *Gedanken über meinen Lebenslauf* deutlich wird, zu erkennen, dass das Erkannt-Werden durch das

---

[1035] Härle, Dogmatik, 57 (Hervorhebung im Original).
[1036] N II, 74, 29ff. (Sokratische Denkwürdigkeiten).
[1037] A. a. O., 74, 25ff.

Andere dem sich selbst Erkennen vorausgeht. Dadurch, dass die Texte den Kontext schaffen, bilden sie den Rahmen, innerhalb dessen das Ich entstehen kann. Durch die Verbindung mit dem Zeichen Gott entsteht zugleich Freiheit. Denn die Texte können, wie Hamann im Anschluss an die naturwissenschaftliche Methode zeigt, unterschiedlich verknüpft werden, um so neue Bedeutungen hervorzubringen. In diesem Zugleich von Abhängigkeit und Freiheit ereignet sich das Ich.

Hamann betont, dass das Vertrauen auf das Andere primär sei, um zu erkennen, wie man erkennen soll. Dieses Sich-Einlassen auf das Vorgegebene verdammt den Menschen nicht zu reiner Passivität. Vielmehr fordert Hamann, wie sich an seinen hermeneutischen Überlegungen zeigt, dass die vorgegebenen Texte aktiv angeeignet werden müssen, damit sie für den Rezipienten Bedeutung gewinnen. Indem sich der Mensch auf die Texte, die nicht er selbst sind und die damit als das Andere erscheinen, einlässt, kann ihm von hier aus etwas gesagt werden, was er sich selbst nicht sagen kann. Zugleich muss er dieses Andere aber auch nachahmend aufnehmen und variieren, weil es nur dadurch für ihn wahr werden kann.

3.4.2 Genie und Witz

Einem weiteren Aspekt der sokratischen Unwissenheit wendet sich Hamann zu, indem er die Frage stellt:

> »Was ersetzt bey Homer die Unwissenheit der Kunstregeln, die ein Aristoteles nach ihm erdacht, und was bey einem Shakespear die Unwissenheit oder Uebertretung jener kritischen Gesetze?«[1038]

Darauf gibt er selbst direkt die Antwort: »[d]as Genie«[1039]. Damit deutet Hamann auf einen weiteren Kontext hin, innerhalb dessen seine Gedanken zum Verhältnis von Leser und Text, zur Rolle des Situativen und zum Glauben einzuschreiben sind. Bereits 1925 hat Rudolf Unger in *Hamann und die Aufklärung* gezeigt, dass die *Sokratischen Denkwürdigkeiten* mit dieser Frage unmittelbar auf Gottscheds »Anmerkungen über das 592. Stück des Zuchtmeisters« (1742) reagieren. Dieser hatte an Shakespeare kritisiert, dass »dessen Einfälle [...] seine Unwissenheit und Uebertretungen der theatralischen Regeln nicht gut machen können.«[1040] Gottsched erscheint, wie der Germanist Jochen Schmidt betont, den Vertretern des Geniegedankens als »Repräsentant

---

[1038] A. a. O., 75, 3ff.

[1039] A. a. O., 75, 5f.

[1040] Gottsched, Johann Christoph, Anmerkungen über das 592. Stück des Zuchtmeisters, in: Ders., Beyträge zur Kritischen Historie der Deutschen Sprache, Poesie und Beredsamkeit. Herausgegeben von einem Liebhaber der deutschen Literatur, Bd. 8, Leipzig 1742, 172.

der Gegenwelt«[1041]. Dieses Urteil fällt Schmidt im Blick auf jene, die der Epoche des Sturm und Drang zuzurechnen sind. Beide Positionen bilden daher jene Pole, zwischen denen Hamanns eigene Position liegt. Diese Kontexte gilt es im Folgenden zu skizzieren, um Hamanns eigenes Konzept besser verstehen zu können.

Die Vorstellung eines Genies innerhalb des Sturm und Drang spiegelt sich pointiert in Johann Wolfgang Goethes (1749–1832) Gedicht *Prometheus* (zwischen 1772 und 1774), das erstmals unautorisiert und anonym von Friedrich Heinrich Jacobi (1743–1819) in dessen *Über die Lehre des Spinoza in Briefen an den Herrn Moses Mendelssohn* aus dem Jahre 1785 veröffentlicht wurde. Goethe lässt Prometheus, der nach Schmidt als »Symbolfigur«[1042] des Geniedenkens gedeutet werden muss, gegenüber den Göttern ausrufen: »Wer half mir wider / Der Titanen Übermut? / Wer rettete vom Tode mich, / Von Sklaverei? / Hast du's nicht alles selbst vollendet, / Heilig glühend Herz?«[1043] Prometheus hat seine Situation ohne die Hilfe der Götter verbessert. Daher tritt Goethes Prometheus als unabhängiger Herr seines eigenen Lebens auf, der allein der »allmächtige[n] Zeit«[1044] unterworfen ist. Die Götter geben Prometheus nicht vor, wie er zu leben habe oder bieten ihm Hilfe an. In Prometheus‹ Schaffenskraft und Unabhängigkeit sind die Grundzüge des Genies vorgezeichnet. Das Genie wird verstanden als von Normen und Regeln unabhängig. Es ist selbst »Ursprung, Originalität«[1045] und schafft aus sich heraus Neues. Johann Caspar Lavater (1741–1801) fasst den Geniegedanken in seinen *Physiognomischen Fragmenten* (zwischen 1775–1778) zusammen und erklärt:

> »Nenn's Fruchtbarkeit des Geistes! Unerschöpflichkeit! Quellgeist! Nenn's Kraft ohne ihres gleichen – Urkraft, kraftvolle Liebe; [...] Nenn's unentlehnte, natürliche, innerliche Energie der Seele; nenn's Schöpfungskraft; [...] nenn's Meisterschaft über sich selbst; [...] Nenn's Zentralgeist, Zentralfeuer, dem nichts widersteht;«[1046].

[1041] SCHMIDT, JOCHEN, Die Geschichte des Genie-Gedankens in der deutschen Literatur, Philosophie und Politik 1750–1945. Band 1. Von der Aufklärung bis zum Idealismus, Darmstadt 1985, 31.

[1042] A. a. O., 4.

[1043] GOETHE, JOHANN WOLFGANG, Prometheus, in: Ders., Werke. Hamburger Ausgabe in 14 Bänden, Band 1, Gedichte und Epen I, Textkritisch durchgesehen und kommentiert von Erich Trunz, München 1981, 45.

[1044] A. a. O., 46.

[1045] SCHMIDT, Die Geschichte des Genie-Gedankens, 36.

[1046] LAVATER, JOHANN CASPER, Physiognomische Fragmente, in: Staehelin, Ernst (Hrsg.), Joahann Caspar Lavators ausgewählte Werke, Bd. 2, Gott schuf den Menschen sich zum Bilde, 1772–1779, Zürich 1943, 199f.

Die an Goethes Gedicht angedeuteten Grundzüge des Genies, dessen kreatives Gestaltungsvermögen als »schöpferisch[e] [...] Freiheit von allen Normen«[1047] gedeutet werden kann, unterscheiden sich, wie noch zu zeigen ist, von Hamanns Geniebegriff. Dennoch gilt auch ihm Gottsched als ›Repräsentant der Gegenwelt‹. Bevor daher Hamanns Geniegedanke entfaltet werden kann, empfiehlt es sich, Gottscheds Position zu skizzieren, um Hamanns Entwurf mit dem Wissen um die ›Gegenwelt‹ deutlicher sehen zu können. Daher muss erneut ein Kontext beschrieben werden, von dem aus sich Hamanns Anspielungen konkretisieren lassen. Gleichzeitig wird damit ein weiterer Aspekt des hamannschen Glaubensbegriffs deutlich.

Gottsched erklärt in seinem *Versuch einer critischen Dichtkunst* im Rückgriff auf Aristoteles und Horaz, dessen *De arte poetica* er in Deutsch seinem Werk voranstellt, dass alle Poesie der »Nachahmung der Natur«[1048] verpflichtet sei. Der Nachahmung im Drama ordnet er dabei »nur eine Hauptabsicht [zu]; nämlich einen moralischen Satz«[1049] darzustellen. Ziel des Dramas wird damit die Erziehung des Publikums zu moralisch korrektem Verhalten. Dieser Absicht dienen dann die streng einzuhaltenden Regeln. Das Drama braucht »eine Haupthandlung«[1050], die in einer bestimmten Zeit, Gottsched spricht von der »Einheit der Zeit«[1051], und einem bestimmten Ort, als der »Einheit des Ortes«[1052], entfaltet wird. Exemplarisch führt Gottsched diese Einheiten in seinem Drama *Sterbender Cato* (1732) vor. Die Haupthandlung sieht Gottsched im »Tode Catons«[1053], dessen Tugendhaftigkeit im Vordergrund steht, ohne Cato dabei zu einem »Tugendmuster«[1054] erheben zu wollen, da Gottsched den Selbstmord Catos ablehnt. Neben dieser einheitlichen Handlung ereignet sich das Drama ausschließlich auf einem Schloss in Utica und spielt zwischen der Mittagszeit und Sonnenuntergang. Nachahmung versteht auch Gottsched nicht als schlichtes Kopieren. Der Einbildungskraft sind gewisse Freiräume gestattet, da eine Geschichte aus einer »anderen Welt«[1055] erzählt werden darf, wenn diese

---

[1047] SCHMIDT, Die Geschichte des Genie-Gedankens, 9.

[1048] GOTTSCHED, JOHANN CHRISTOPH, Versuch einer critischen Dichtkunst, Darmstadt [5]1962. (Unveränderter photographischer Nachdruck der 4. vermehrten Auflage Leipzig 1751), 142.

[1049] A. a. O., 613.

[1050] Ebd.

[1051] A. a. O., 614.

[1052] A. a. O., 615.

[1053] GOTTSCHED, JOHANN CHRISTOPH, Sterbender Cato, Stuttgart 1964, 14 (Vorrede).

[1054] A. a. O., 17 (Vorrede).

[1055] GOTTSCHED, Versuch einer critischen Dichtkunst, 150.

»Erzählung einer unter gewissen Umständen möglichen, aber nicht wirklich vorgefallenen Begebenheit [entnommen ist, und] darunter eine nützliche moralische Wahrheit verborgen liegt.«[1056]

Demgemäß erklärt Gottsched auch im *Sterbenden Cato*, dass der historische Cäsar nicht in Utica war und die Gespräche zwischen Cato und Cäsar daher erfunden seien. Aber es wäre möglich gewesen und es findet sich nichts »Widersprechendes darin«[1057]. Das Drama muss sich nach dem Wahrscheinlichen richten, worunter Gottsched »die Ähnlichkeit des Erdichteten, mit dem, was wirklich zu geschehen pflegt«[1058], versteht. Gottsched erlaubt sich, Cäsars Auftritt bei Cato dazu zu dichten, weil es möglich gewesen wäre und weil auf diese Weise der »Unterschied zwischen einer wahren und tugendhaften Größe von einer falschen«[1059] leichter zu bemerken sei.

Das Neue, das der Poet schafft, muss vor allem als Offenlegung verstanden werden. Statt Genie braucht der Poet bei Gottsched daher »Witz«[1060]. Den ›Witz‹ macht die Fähigkeit der genauen Beobachtung, die Kunst, Ähnlichkeiten zu entdecken und diese dann kombinieren zu können, aus. Gerade weil die Welt als gut und an sich schön gedacht wird, muss diese genau beobachtet werden, um so die möglicherweise noch verborgene Schönheit offenlegen zu können. Daher braucht der Poet nicht nur hinreichend ›Witz‹, sondern auch »Kunst und Gelehrsamkeit«[1061]. Während mit ›Kunst‹ »das Handwerkliche«[1062], das durch Üben erlernt werden kann, gemeint ist, zielt die ›Gelehrsamkeit‹ darauf, dass der Poet »von allem etwas wissen muss«[1063]. Gerade weil dieser der Nachahmung verpflichtet ist, muss er nicht nur möglichst unterschiedliche Phänomene genau beobachten können, sondern auch ein breites Allgemeinwissen besitzen, um an den unterschiedlichsten Stellen Ähnlichkeiten entdecken zu können.

Damit setzt Gottsched voraus, dass beispielsweise Catos Tugenden allgemeingültig seien und sich in ihnen spiegele, wie gehandelt werden müsse. Im Anschluss an Leibniz und Wolff geht Gottsched davon aus, dass die Natur gut und wohlgeordnet sei. Wenn die Natur als wohlgeordnet und damit als schön und die Tugend als allgemeingültige Tugend gedacht wird, dann muss die Kunst diese Schönheit und Ordnung nur abzubilden versuchen und dort, wo sie verborgen liegt, offen legen. Ein Kunstwerk gilt Gottsched dann als schön, wenn es die Ordnung der Welt nachahmt und auf diese Weise dem »Verstande

---

1056 Ebd.
1057 GOTTSCHED, Sterbender Cato, 16 (Vorrede).
1058 GOTTSCHED, Versuch einer critischen Dichtkunst, 198.
1059 GOTTSCHED, Sterbender Cato, 16 (Vorrede).
1060 GOTTSCHED, Versuch, einer critischen Dichtkunst 102.
1061 A. a. O., 105.
1062 SCHMIDT, Die Geschichte des Genie-Gedankens, 37.
1063 GOTTSCHED, Versuch einer critischen Dichtkunst, 105.

gefällig und angenehm«[1064] ist. Weil das Richtige und Schöne in der Welt schon vorgegeben sei, meint Gottsched, dass »hitzige Einbildungskraft [...] unsinnige Dichter«[1065] mache. Deshalb kann Schmidt zugestimmt werden, wenn er zu Gottsched erklärt, »[s]ein eigentliches Engagement gilt dem Eindämmen der ›Einbildungskraft‹«[1066]. Von diesem Kontext aus lässt sich Hamanns Glaubens- und Geniebegriff bestimmen, wodurch ersichtlich wird, wie Orientierung für das Ich in der Welt ohne die Annahme eines absolut Unbedingten gedacht werden kann.

3.4.3 *Sich-Einlassen und Sich-Aneignen*

Sokrates konnte »gut unwissend seyn; er hatte einen Genius«[1067]. Diesen »liebte und fürchtete [er] als seinen Gott, [...] dessen Stimme er glaubte«[1068]. Hamann verbindet die sokratische Unwissenheit und damit den Machtverzicht der Vernunft mit dem Genius, welcher für Sokrates zu einem Gegenüber und auf diese Weise zu einem Gesprächspartner wird. Dabei kommt es Hamann, wie Christina Juliane Fleck in ihrer Monografie *Genie und Wahrheit* betont, bei seinen Reflexionen zum Genie vor allem auf den »Kommunikationsaspekt«[1069] an. Dabei arbeitet bereits Unger heraus, dass der »Dämon des heidnischen Philosophen [...] dem Magus gleichsam wie eine prophetische Hindeutung auf den göttlichen Geist«[1070] erscheint. Interpretiert man diese ›Hindeutung‹ wie Schmidt als Ableitung und versteht das »[m]enschliche[...] Genie [...] durch das göttliche ›Genie‹ [als] zuteilwerdende Gnade«[1071], wird Hamanns Geniekonzeption mehr als Monolog interpretiert. Darin liegt ein wesentlicher Unterschied zu Goethes *Prometheus*, weil Hamann das Genie in Abhängigkeit von Gott und nicht als völlig frei schaffenden Geist deutet. Das Genie wird daher, wie Fleck erklärt, »nicht Verkünder der eigenen Wahrheit, sondern

---

1064 A. a. O., 132.

1065 A. a. O., 108.

1066 Schmidt, Die Geschichte des Genie-Gedankens, 38.

1067 N II, 75, 6f. (Sokratische Denkwürdigkeiten).

1068 A. a. O., 75, 8ff.

1069 Fleck, Christina Juliane, Genie und Wahrheit. Der Geniegedanke im Sturm und Drang, Marburg 2006, 16.

1070 Unger, Rudolf, Hamann und die Aufklärung. Studien zur Vorgeschichte des romantischen Geistes im 18. Jahrhundert. Erster Band/Text. Zweite, unveränderte Auflage. Mit einem Nachwort des Verfassers, Halle/Saale 1925, 286. Eine kritische Auseinandersetzung mit Ungers gesamtem Entwurf liefert Karlfried Gründer. Dieser bemängelt, »[d]as ganze Buch leidet an einer grotesken Hypertrophie von ›-ismus‹-Begriffen, die, öfter synonym, das Medium der sich umständlich fortwindenden Darstellung fast gänzlich ausmachen und stilistisch wie sachlich gleich unbefriedigend sind.« (Gründer, Karlfried, Geschichte der Deutung, in: Blanke, Fritz/Schreiner, Lothar, Johann Georg Hamanns Hauptschriften erklärt , Bd. 1, Die Hamannforschung, Gütersloh 1956, 66).

1071 Schmidt, Die Geschichte des Genie-Gedankens, 99.

Mittler der Wahrheit Gottes.«[1072] Als Monolog kann diese Interpretation daher beschrieben werden, weil der sokratische Genius bzw. der Geist Gottes als Offenbarer auftritt, der alleine spricht und dessen Wahrheit das Genie nur noch vermitteln muss.

Die *Sokratischen Denkwürdigkeiten* legen jedoch eine andere Lesart nahe. Hamann nimmt den Anspruch der Vernunft, die Welt durch Definitionen und Kategorisierungen beherrschen zu können, immer wieder zurück und setzt eine glaubende Hinwendung zum Anderen dagegen. Da das Andere sich einer rationalen Absicherung entzieht und der Mensch sich dennoch auf das Andere einlassen muss, kann das Andere als Zeichen und Text interpretiert werden. Durch die Betonung der existenziellen Dimension bringt Hamann Gott als Zeichen für das ganz Andere in den Diskurs ein. Die Hinwendung zu diesem Anderen geschieht in der Absicht, sich von ihm sagen zu lassen, was man sich selbst nicht sagen kann. Hamanns hermeneutische Überlegungen machen dabei immer wieder deutlich, dass dieses sich Sagen-Lassen nur durch eine aktive Aneignung und Umsetzung in dem eigenen partikularen Kontext geschehen kann. Hamann verbindet die Vorstellung, dass alles von außen kommen müsse, mit jener, dass alles aus dem Ich selbst hervorgebracht werden müsse. Der Genius erscheint dabei nur als eine Seite des Gedankens. Er kann als Zusammenfassung und Personifizierung der Zeichen und Texte gedeutet werden, auf die der Mensch sich einlässt und deren »Stimme er glaubt[...]«[1073]. Die andere Seite von Hamanns Geniegedanken scheinen die sokratischen »Sonderbarkeiten seiner Lehr- und Denkart«[1074] zu bilden. Sokrates sah sich genötigt, »immer zu fragen um klüger zu werden«[1075]. Im Fragen lässt sich Sokrates auf sein Gegenüber ein, setzt aber zugleich einen Rahmen, innerhalb dessen er das, was er sich selbst nicht sagen kann, hören wird. Interessant scheint dabei auch, dass Sokrates ›immer zu fragen‹ hat, womit sich andeutet, dass es um einen längeren Prozess geht. Damit zeigt sich, dass die Aneignung dessen, was Sokrates sich selbst nicht sagen kann, nur durch ein aktives Aufnehmen und in die eigene Situation aufnehmendes Verfahren, wie es der hamannschen Hermeneutik gemäß ist, ereignen kann.

Hamanns Geniekonzeption steht damit zwischen Gottscheds *Versuch einer critischen Dichtkunst* und Goethes *Prometheus.* Gottsched, der die Einbildungskraft so weit wie möglich zu binden suchte und die Wahrheit als vorgegeben dachte, stimmt mit Hamann insofern überein, als dass der Genius dem Menschen sagt, was dieser sich selbst nicht sagen kann. *Prometheus,* der meint, die Wahrheit nur aus eigener Kraft und aus sich heraus herstellen zu können, stimmt Hamann insofern zu, als dass er den aktiven Aneignungsprozess betont. Gegen Gottsched betont Hamann jedoch, dass Wahr-Sein sich

[1072] FLECK, Genie und Wahrheit, 45.
[1073] N II, 75, 10 (Sokratische Denkwürdigkeiten).
[1074] A. a. O., 75, 33.
[1075] A. a. O., 75, 34.

allererst in der Aneignung und damit in der Einordnung in den eigenen partikularen Kontext ereignen kann. Zwar braucht der Mensch Texte und Zeichen, auf die er sich bezieht, aber diese Texte und Zeichen muss er deuten, damit sie für ihn wahr werden. Anders als *Prometheus* betont Hamann auch, dass der Mensch die Wahrheit nicht allein aus sich schaffen kann, sondern immer auf Anderes angewiesen ist, von dem aus er seine Interpretationstätigkeit beginnen kann. Nur in dem Zugleich von Sich-Einlassen und Sich-Aneignen geschieht, dass etwas für den Menschen wahr wird.

3.5 Zeichenhafter Gott

3.5.1 Unbekannt und tolerant

Die *Sokratischen Denkwürdigkeiten* deuten immer wieder an, dass Sokrates als »Wegbereiter Christi«[1076] gesehen werden müsse. Explizit wird dies von Hamann am Ende des zweiten Abschnitts formuliert:

> »Sokrates lockte seine Mitbürger aus den Labyrinthen ihrer gelehrten Sophisten zu einer Wahrheit, die im Verborgenen liegt, zu einer heimlichen Weisheit, und von den Götzenaltären ihrer andächtigen und staatsklugen Priester zum Dienst eines unbekannten Gottes.«[1077]

Durch die Anspielung auf die *Apostelgeschichte* (Apg 17,23) wird deutlich, dass der Gott, zu dem Sokrates die Athener führt, der christliche Gott sei. Dass Sokrates ein »Prophet[...]«[1078] ist, stellt Hamann darüber hinaus mit einer rhetorischen Frage sicher: »[O]b sich unser Gott nicht [als] einen Gott der Heyden [erwiesen habe?]«[1079]. Hamann erkennt demnach zwischen seinen Ausführungen zu Sokrates und dem christlichen Glauben eine enge Verwandtschaft, ohne dass er diese Ähnlichkeiten ausformulieren würde. Wenn die Denkwürdigkeiten des Sokrates zum Gott des Christentums führen, dann erscheinen Hamanns *Sokratische Denkwürdigkeiten* als »Wegweiser[...]«[1080] zum christlichen Glauben. Wenn Hamanns Text, der beinahe nur aus Anspielungen und Hinweisen besteht, den Blick auf den christlichen Glauben öffnen will, dann stellt sich die Frage, ob Hamann zwischen christlichem Glauben und dem Glauben im Anschluss an Hume überhaupt unterscheidet.

Hamann spielt in den *Sokratischen Denkwürdigkeiten* mit Texten und Traditionen. Er bringt diese in neue Verbindungen, um so deren Wirkung auszuloten. Um den Glaubensbegriff im Anschluss an Hume zu klären, bedient er sich biblischer Zitate, während er, um den Glauben als Grundlage aller Erkenntnis deuten zu können, sich Humes Argumentation bedient. Die ver-

---

[1076] BLANKE, Hamann erklärt, 166.
[1077] N II, 77, 5ff. (Sokratische Denkwürdigkeiten).
[1078] A. a. O., 77, 13.
[1079] A. a. O., 77, 14f.
[1080] A. a. O., 76, 26.

meintlichen Grenzen zwischen Philosophie und Christentum hebt Hamann auf und zeigt, dass der Philosoph sich auch mit der christlichen, wie der Christ sich auch mit der philosophischen Tradition auseinandersetzen muss. Nur in der produktiven Aneignung beider Traditionen kann eine zeitgemäße Position gewonnen werden, die für den Menschen wahr sein kann.

Die *Sokratischen Denkwürdigkeiten* changieren demnach zwischen dem Glauben im Allgemeinen und dem christlichen Glauben im Besonderen, insofern alles Reden in Auseinandersetzung mit der philosophischen Tradition ein Reden in Bezug auf die christliche Tradition darstellt und umgekehrt. Glaube als philosophische und zugleich christliche Haltung muss, wie die Interpretation der *Sokratischen Denkwürdigkeiten* gezeigt hat, als Machtverzicht verstanden werden. Hamann präferiert demnach eine Lebensweise, die davon geprägt ist, dass man sich auf Gott und damit eben auf das Fremde und Andere einlässt. Damit schwingt in Hamanns Denkwürdigkeiten ein für die Aufklärung elementares Thema mit: Toleranz.

3.5.2 Verschreibungspflichtige Formulierungen

Hamann geht im weiteren Verlauf der *Sokratischen Denkwürdigkeiten* erneut auf seine hermeneutischen Überlegungen ein und reflektiert seinen eigenen Schreibstil. Zum einen kann damit der zirkuläre Verlauf der *Sokratischen Denkwürdigkeiten* deutlich gemacht werden, zum anderen kann Hamanns herausfordernder Stil damit als Anregung zum Selbstdenken verstanden werden. Der dritte Abschnitt der *Sokratischen Denkwürdigkeiten* beginnt damit, wie Blanke kommentiert, dass sie »im Historischen«[1081] bleiben und Geschichten aus Sokrates Leben nacherzählen. Hamann geht hier außerdem der Frage nach, warum Sokrates nichts Schriftliches hinterlassen hat. Mit Hilfe von Blanke können die von Hamann angeführten Gründe, warum Sokrates nicht geschrieben hat, in vier Einzelargumente zerlegt werden. Zum einen verbreitete Sokrates seine Einsichten, »wo er ging und stand«[1082]. Dass sich seine Philosophie »für jeden Ort und zu jedem Fall«[1083] schickte, betont Kontextgebundenheit und Dialogcharakter seines Denkens. Hamann sieht darin einen ersten Grund, warum Sokrates nichts schrieb. Der zweite Grund wird von Blanke schlicht zusammengefasst mit den Worten, er »hatte kein Talent zu einem Schriftsteller.«[1084] Bevor Sokrates Bücher verfasse, die seinen »Soliloquien und Selbst-Gesprächen«[1085] ähneln, sodass das Dialogische des sokratischen Philosophierens verloren ginge, sei es besser, so Hamann, keine Bücher zu schreiben. Ganz praktisch erscheint der dritte Grund, den Hamann nennt: Vielleicht fehlte Sokrates einfach auch die »Ruhe, Stille und Heiterkeit, die ein

[1081] Blanke, Hamann erklärt, 168.
[1082] A. a. O., 172.
[1083] N II, 78, 23f. (Sokratische Denkwürdigkeiten).
[1084] Blanke, Hamann erklärt, 173.
[1085] N II, 79, 1f. (Sokratische Denkwürdigkeiten).

Philosoph zum Schreiben nöthig hat.«[1086] Den vierten und letzten Grund erblickt Hamann im »Styl des Sokrates«[1087], der sicherlich »mehr plastisch als malerisch«[1088] geschrieben hätte und damit gegen den Kunstgeschmack der Athener verstoßen hätte. Blanke erklärt die plastische Ausdrucksweise als Verfahrenstechnik, »bei der alles mit konkreterer, gröberer Deutlichkeit herauskommt.«[1089]

Bei diesem vierten Argument greift Hamann auf eine Stelle aus Platons *Gorgias* zurück und schreibt:

> »Sokrates verglich sich mit einem Arzte, der in einem gemeinen Wesen von Kindern die Kuchen und Leckerbissen verbiethen wollte. Wenn diese Hofbecker, sagte er, den Arzt vor einem Gerichte verklagen möchten, das aus lauter Kinder bestünde: so wäre sein Schicksal entschieden.«[1090]

Damit weist der Text auf die erste Zuschrift ›An das Publicum, oder Niemand, den Kundbaren‹ zurück, wo Hamann seinen eigenen Text als ›Kuchen‹ deutet, der geschluckt und nicht gekaut werden müsse, sodass die hier gemachte Aussage über Sokrates auf die *Sokratischen Denkwürdigkeiten* selbst angewandt werden könne. Sind die *Sokratischen Denkwürdigkeiten* ein Kuchen? Mit all ihren Anspielungen, ihrer Ironie und Analogie, mit all der Dunkelheit, in die sich dieser Text hüllt, scheint es eher ein un- oder nur schwer genießbarer ›Leckerbissen‹ zu sein. Statt auf leichte Zugänglichkeit, Klarheit und stringente Argumentation, setzt der ›Arzt‹ Hamann auf seinen dunklen Schreibstil. Damit nimmt Hamann in Kauf, dass er bei den Lesern nicht auf Wohlwollen stoßen kann, aber als ›Arzt‹ fühlt er sich verpflichtet, über die Risiken eines vermeintlich klaren Textes aufzuklären, indem er den Gegenentwurf präsentiert. Durch diesen besonderen Schreibstil zwingt Hamann seine Leser dazu, sich intensiv mit den *Sokratischen Denkwürdigkeiten* auseinandersetzen. Nur wer sich auf den Text einlässt und bereit ist, den Hinweisen zu folgen und dann in Eigenverantwortung eine Interpretation vornimmt, gewinnt dem Text Bedeutung ab und kann so den Text genießen. Damit kehrt Hamanns Hermeneutik wieder und seine Aussagen über das Experimentieren mit Texten erscheinen als Konsequenz seiner hermeneutischen Einsichten. Das Ineinanderschieben von Texten und das Streuen von Anspielungen und Hinweisen fordern einen Leser, der sich auf das Dunkle und damit Fremde einlassen kann und zugleich dieses Fremde in den eigenen Kontext einordnen kann.

[1086] A. a. O., 79, 11f.
[1087] A. a. O., 80, 2.
[1088] A. a. O., 80, 3.
[1089] Blanke, Hamann erklärt, 179.
[1090] N II, 80, 10ff. (Sokratische Denkwürdigkeiten).

3.5.3 *Kreuz-Zeichen*

Über die »Schlussrede«[1091] der *Sokratischen Denkwürdigkeiten* meint Blanke sagen zu können, »[d]ie Ironie setzt aus. Hamann wählt den direkten Anruf.«[1092] Blankes Interpretation provoziert die Frage, woran er festmacht, dass der Schlusstext eine zum übrigen Text der *Sokratischen Denkwürdigkeiten* alternative Textstrategie präsentiert. Spielt der Text auch hier mit anderen Texten und scheint damit eher in seinem dunkeln, nur in Andeutungen bestehenden, Duktus zu bleiben? »Wer nicht von Brosamen und Allmosen, noch vom Raube zu leben, und für das Schwert alles zu entbehren weiß, ist nicht geschickt zum Dienst der Wahrheit.«[1093] Blanke deutet diese Textpassage mit Hamanns Auseinandersetzung mit Berens und Kant. Daher erkennt er hier einen »Appell«[1094], dass man entweder »der Wahrheit oder dem Publikum«[1095] dienen müsse. Hamanns Überlegungen laufen nach Blankes Lesart darauf hinaus, dass »der Weg, der zur Wahrheit führt«[1096], schmal sei und man dafür »wie ein Bettler von der Hand in den Mund leben«[1097] müsse. Von der in dieser Arbeit vorgeschlagenen Lektüre her und unter Berücksichtigung der Tatsache, dass Hamann auch hier mit Texten spielt, ergibt sich eine davon abweichende Deutung.

Der Begriff ›Brosamen‹ lässt sich mit dem *Markusevangelium* (Mk 7,28) zusammenbringen.[1098] Dort heißt es, dass die Hunde von den ›Brosamen‹ der Kinder leben könnten. Auch der Begriff ›Almosen‹ lässt sich einer Bibelstelle zuordnen (Apg 3,2). In beiden Textabschnitten geht es jeweils darum, dass das Lebensnotwendige von außen gegeben wird, womit Hamann erneut auf seine hermeneutischen Überlegungen anspielt. Der Leser muss sich von außen, von anderswoher das Notwendige sagen lassen. Neben dieser Rhetorik des Empfangens setzt Hamann Worte der aktiven, gewaltsamen Aneignung. ›Raub‹ und ›Schwert‹, beide Wörter lassen sich ebenfalls als Hinweise auf die Bibel (Ps 17,12 und Lk 22,36) und im Rahmen der *Sokratischen Denkwürdigkeiten* als Hinweise auf die Notwendigkeit lesen, sich die vom Text übermittelten Aussagen aktiv aneignen zu müssen. Dieses Verfahren des sich Einlassens und der Prozess der Kontextualisierung, durch den die Texte für den Rezipienten wahr werden können, birgt Gefahren. Denn es besteht die Möglichkeit, dass man in den fremden Texten nichts findet, an das man anknüpfen

---

1091 A. a. O., 82, 1.
1092 BLANKE, Hamann erklärt, 188.
1093 N II, 82, 2ff. (Sokratische Denkwürdigkeiten).
1094 BLANKE, Hamann erklärt, 188.
1095 Ebd.
1096 A. a. O., 189.
1097 Ebd.
1098 Dieser und die folgenden Hinweise auf die Verbindung der von Hamann gewählten Worte zur Bibel stammen von: A. a. O., 188.

könnte, weil man in den Texten nichts entdeckt und am Ende nur »Hunger und Durst«[1099] bleiben.

Von dieser Deutung ergibt sich auch die Lesart für Hamanns Diktum über die Menschwerdung Gottes: »[I]st es wahr, [...] daß Gott Selbst, dazu ein Mensch wurde und dazu in die Welt kam, dass er die Wahrheit zeugen möchte«[1100]? Unter der Prämisse, dass Gott in den *Sokratischen Denkwürdigkeiten* als Zeichen für das Andere zu denken ist, erzählt das Christentum die Geschichte, wie dieses ganz Andere, dem Macht über alles Andere zugesprochen wird, sich auf dieses Andere ganz einlässt und damit auf seine Macht verzichtet.[1101] Dann ist auch klar, dass die Geschichte dieser Einlassung mit einem tragischen Tode enden musste. Indem sich das Zeichen für das Andere, das lebt, auf das Zeichen einlässt, das das andere symbolisiert, das tot ist, kommt es zum vollständigen Machtverzicht. Damit wird das Kreuz zum »Quellort, nicht nur Bekräftigung der christlichen Wahrheit«[1102], weil nur in der Einlassung auf das Andere eine Aneignung geschehen kann, die dem Kontext geschuldet ist. Das Ich ereignet und orientiert sich demnach in der Welt, indem es sich auf Anderes einlässt, auf seine Macht verzichtet und durch ein Denken der Bewegung dem Fremden Raum lässt.

[1099] N II, 82, 6 (Sokratische Denkwürdigkeiten).

[1100] A. a. O., 82, 9ff.

[1101] Hamann wird gerne als Vertreter einer »Kondeszendenz-Theologie« gesehen, da er primär von der Herablassung Gottes durch und in Jesus Christus her denke. Vgl. z.B. Reuter, Autorschaft als Kondeszendenz, 26–47. Die hier erarbeitete Deutung der *Sokratischen Denkwürdigkeiten* wird auf den Gedanken der Kondeszendenz-Theologie übertragen. Die Überlegungen zur Herablassung Gottes reflektieren dann die Möglichkeit, dass die ›Idee des Unbedingten‹ und damit die Vorstellung, es gäbe einen absoluten Standpunkt, diese Position aufgibt und sich ins Konkrete hinablässt, weil nur dort Leben und Teilhabe am Leben möglich sind.

[1102] Blanke, Hamann erklärt, 191.

VI. Verstrickungen im Fluss

›Was ist Wahrheit?‹ Dieses Zitat aus dem *Johannesevangelium* bildet die Ausgangsfrage für die Auseinandersetzung mit zwei unterschiedlichen Denktraditionen. Auf der einen Seite wird versucht, die Wahrheit als ›adaequatio rei et intellectus‹ zu begreifen, wobei gleichzeitig nach möglichen Strategien gesucht wird, die es erlauben, das Unbedingte zu denken. Auf der anderen Seite geht es darum, Denken als Denken in Bewegung zu verstehen und Wahrheit als kontextgebundenes Ereignis zu deuten. Vor allem der letzteren Tradition wurde mit Hilfe der antiken Skeptiker und Hamanns *Sokratischen Denkwürdigkeiten* nachgegangen. Dabei kam Kritik an der »Korrespondenztheorie der Wahrheit«[1103] auf, der Hamann die Tendenz ›männlich‹ und ›abstract‹ zu sein unterstellte. Dem Verallgemeinern und dem Hang, sich in der Welt durch Herrschaft zu orientieren, setzt Hamann das Konkrete und den Glauben als sich einlassende Bewegung zum Anderen hin entgegen. Von hieraus muss auch die Frage ›Was ist Wahrheit?‹ kritisch reflektiert werden. Denn diese erscheint, geht man sie ohne einen sie konkretisierenden Kontext an, als abstrakt und allgemein.

Indem Hamann in den *Sokratischen Denkwürdigkeiten* immer wieder um bestimmte Fragenkomplexe kreist, um aus verschiedenen Perspektiven die unterschiedlichen Nuancen seiner Antworten zu plausibilisieren, zeigt er, wie sich das Ich gewaltfrei in der Welt orientieren könne. Hamanns Glaubensbegriff sowie seine Semiotik und Hermeneutik verdeutlichen, dass das Ich im Einlassen darauf, was es selbst nicht ist und in der Aufnahme dessen lebt. Hamann führt durch sein zirkuläres Verfahren – welches er wählen muss, weil er auf ein absolutes Kriterium verzichtet – ein Denken des Konkreten vor, das als Denken der Bewegung und in Bewegung gedeutet werden kann. Die in der Auseinandersetzung mit Hamann gewonnenen Einsichten gilt es im Folgenden in den gegenwärtigen Diskurs evangelischer Theologie einzutragen. Um diese Übertragung leisten zu können, erscheint es sinnvoll, Hamanns Gedanken in Begrifflichkeiten der Moderne zu transformieren, mit deren Hilfe die hamannschen Denkwürdigkeiten neu reflektiert werden können. Dies geschieht in der Auseinandersetzung mit dem Philosophen Wilhelm Schapp

[1103] Härle, Das christliche Verständnis der Wahrheit, 64.

(1884–1965).[1104] Anschließend wird die Auseinandersetzung mit den Theologen Klaas Huizing und Ulrich H.J. Körtner gesucht, die beide das Lesen und damit den Umgang mit Texten als wesentliches Moment christlicher Theologie entwerfen. Um einen von beiden Ansätzen alternativen Weg gehen zu können, wird durch die Reflexion von Ludwig Wittgensteins (1889–1951) Spätphilosophie ein Wahrheitsbegriff entworfen, der eine Vorstellung des christlichen Glaubens im Rahmen eines Denkens der Bewegung ermöglicht.

1. VERSTRICKUNGEN: WILHELM SCHAPP

Schapps Kernthese lautet: »Wir Menschen sind immer in Geschichten verstrickt«[1105], womit sich seine »narrative Fundamentalanthropologie«[1106] bereits andeutet. Diese führt zu ähnlichen Konsequenzen wie sie sich bei der Lektüre von Hamanns *Sokratischen Denkwürdigkeiten* ergeben. Mit Hilfe der Grundlinien von Schapps Position können daher Hamanns Einsichten präzisiert und zugleich in eine Rhetorik überführt werden, von der aus ein Anschluss an den theologischen Diskurs der Gegenwart gesucht werden kann. Demgemäß gilt es im Folgenden, die Ähnlichkeiten zwischen Hamann und Schapp herauszuarbeiten und die beiden Positionen in ein Gespräch zu bringen. Dies soll dazu dienen, ein Vokabular zu erhalten, mittels dessen ein Denken der Bewegung in die Theologie hineingetragen werden kann.

[1104] Bereits Gunda Schneider-Flume hat Schapps Überlegungen aufgegriffen und reflektiert, welche Folgen diese für die Theologie haben könnten. Dabei geht sie von der Annahme aus, dass hinter den vielen Geschichten der Menschen »die Spur der *einen* Geschichte Gottes« (SCHNEIDER-FLUME, GUNDA, Grundkurs Dogmatik. Nachdenken über Gottes Geschichte, Göttingen ^{2}2008, 13 (Hervorhebung im Original)) zu finden sei. Die Rede von der ›einen Geschichte Gottes‹ tendiert dabei zu einem Denken vom Unbedingten her, weil in der Singularität der ›einen Geschichte Gottes‹ ein Absolutheitsanspruch enthalten ist. Dem Anliegen dieser Arbeit gemäß, ein Denken in Bewegung zu entfalten, scheint es daher legitim, im Folgenden Schapp aufgreifend und über Schneider-Flume hinausgehend ein Denken in Geschichten (Plural) zu erproben. Zur Position von Schneider-Flume vgl. auch: SCHNEIDER-FLUME, GUNDA, Die vielen Geschichten der biblischen Tradition und die eine Geschichte Gottes. Zur Frage nach Einheit und Mitte der Schrift, in: DIES. / HILLER, DORIS, Dogmatik erzählen? Die Bedeutung des Erzählens für eine biblisch orientierte Dogmatik, Neukirchen 2005, 31-50.

[1105] SCHAPP, Wilhelm, In Geschichten verstrickt. Zum Sein von Mensch und Ding, Frankfurt am Main ^{4}2004, 1.

[1106] POHLMEYER, MARKUS, Die Allgeschichte des Christentums – monistische Deutung und ethische Herausforderung, in: Joisten, Karen (Hrsg.), unter Mitarbeit von Nicole Thiemer, Das Denken Wilhelm Schapps. Perspektiven für unsere Zeit, Freiburg/München 2010, 128. Siehe auch: POHLMEYER, MARKUS, Geschichten-Hermeneutik. Philosophische, literarische und theologische Provokationen im Denken von Wilhelm Schapp, Münster 2004, 24.

Schapps Grundaussage beginnt mit ›Wir Menschen‹, weil das in Geschichten verstrickte Ich, in diesen Geschichten immer auf andere Menschen und damit auf andere (Lebens-) Geschichten stößt.[1107] Denn in und über Geschichten hat das Ich Zugang zu anderen Menschen. Indem das Ich diesen fremden Geschichten begegnet, verstrickt es sich mit diesen. Es verwebt sie in seine eigenen Geschichten und wird zugleich durch sie verstrickt, weil die fremden (Lebens-)Geschichten die Geschichten des Ichs wiederum mit sich selbst verweben. Da das Ich über diese Fremdverstrickungen erst zum Ich wird und damit fundamental auf die Geschichten der Anderen angewiesen ist, verlangt ein Denken der Verstrickung die Aussage ›Wir Menschen‹, weil die Verstrickung die Anderen voraussetzt. Darüber hinaus führt die Annahme, dass »[z]u jeder Geschichte [...] ein darin Verstrickter«[1108] gehört, zu der Einsicht, dass dem Ich in jeder Geschichte ein Verstrickter begegnet. Dies wird durch Schapps anthropologische Aussage ›Wir Menschen‹ unterstützt, weil dem Ich die Anderen in Geschichten begegnen.[1109] Es deutet sich hier an, was schon bei Hamanns hermeneutischen Überlegungen grundlegend erschien: Verstehen ereignet sich für Hamann zwischen Sich-Einlassen und Sich-Aneignen. Der Text trägt etwas an den Rezipienten heran, das er sich selbst nicht sagen kann, und dieses kann er erst durch Aneignung zu einem Bestandteil seiner Welt machen. Der Text wird bei Schapp zur Geschichte und die Verstrickung lässt sich lesen als Wechsel von Sich-Einlassen und Sich-Aneignen. Denn Verstrickt-Sein kann zum einen Verstrickt-Werden bedeuten, wie es sich im ›Wir Menschen‹ andeutet, zum anderen kann damit ein Sich-Verstricken gemeint sein.[1110] Damit spiegeln sich der Wechsel von Angewiesen-Sein auf Andere(s) und die Aneignung dessen sowohl in Hamanns Hermeneutik als auch in Schapps Philosophie wider.

Mit der Annahme, dass Menschen ›immer‹ in Geschichten verstrickt sind, deutet Schapp an, dass es kein Ich und Wir außerhalb der Geschichten gibt. Dass ein Ich ›immer‹ in Geschichten ist, meint, dass die Geschichte nicht von einem Ich durchlaufen wird.[1111] Es gibt keine Substanz oder ein Subjekt

---

1107 Schapp hält den Begriff ›Geschichten‹ in »einer polyvalenten Schwebe, um sicherzustellen, dass die verschiedenen Bedeutungsvarianten irgendwie ineinanderfließen können, mit einander oszillieren und dabei doch – bis zu einem gewissen Grad – ihre Eigenständigkeit bewahren« (POHLMEYER, Geschichten-Hermeneutik, 8).

1108 SCHAPP, In Geschichten verstrickt, 1.

1109 So grundlegend die hier von Schapp gemachten Aussagen scheinen, deutet sich mit Pohlymeyers Hinweis, dass Schapp »häufig [...] die Modalpartikel ›vielleicht‹ als Ausdruck der Potentialität« (POHLYMEYER, Geschichten-Hermeneutik, 18) gebraucht, an, dass Schapp seine Position nicht im Sinne definitiver Einsichten, sondern im Modus des Möglichen zu verstehen wünscht.

1110 Das Verstrickt-Werden wird auch deutlich, wenn Schapp davon spricht, »dass wir einen Berg von Geschichten mit der Geburt geerbt haben« (SCHAPP, WILHELM, Philosophie der Geschichten, Frankfurt am Main ^{2}1981, 4).

1111 Vgl. SCHAPP, In Geschichten verstrickt, 140.

außerhalb des Textes, das die Geschichten tragen würde. Die Geschichten erhalten demnach ihre Bedeutung nicht durch ein außergeschichtliches Ich. »Der Mensch ist nicht der Mensch von Fleisch und Blut«[1112], sondern die Geschichte des Menschen ist »sein Eigentliches«[1113], das heißt, das Ich-Sein erschöpft sich »im Verstricktsein in Geschichten«[1114]. Damit kommt es erst in der Verstrickung zum Ich, wodurch der Mensch »rückhaltlos zu [einem] narrativen Wesen«[1115] wird. Wie bei Hamann die Wörter ihre Bedeutung über den Zusammenhang und damit im Gebrauch erhalten, gewinnt das Ich nur in der Verstrickung und nur durch die Kontexte Bedeutung.[1116] Damit gibt es jedoch auch kein Außerhalb der Geschichten. Schapp geht davon aus, dass die Erschließung der Außenwelt »nur über Geschichten möglich«[1117] sei.[1118] Die »Maßstäbe«[1119], mit denen die Welt berechnet und bestimmt wird, so wie die Frage, ob ein »Satz wahr oder falsch«[1120] sei, ergibt sich ›immer‹ erst »innerhalb der Geschichte«[1121]. Nur über die Geschichten und damit nur über das Erzählen, erschließt sich die Welt und ergibt sich die Wirklichkeit. Denn »[d]ie Verstrickung erfasst den etwas Erfahrenden, den Prozess der Erfahrung und das Erfahrene als solches gleichermaßen«[1122]. Diese Einsicht ähnelt Hamanns Umgang mit den naturwissenschaftlichen Methoden seiner Zeit.[1123] Denn auch dort zeigt sich, dass sich Erkenntnis auf der Ebene von Text und Zeichen ereignet. Das Texten und damit die Hervorbringung neuer Texte wurde daher für Hamann zu jenem Akt, in dem Ich und Wirklichkeit hervorgebracht werden. Die Außenwelt ist nur insofern, als sie in Geschichten und damit in Texten vorkommt. Der damit einhergehende Abschied vom Essenzia-

---

[1112] A. a. O., 105.
[1113] Ebd.
[1114] A. a. O., 123.
[1115] LIEBSCH, BURKHARD, Die Idee der Phänomenologie im Lichte ihrer narrativistischen Verabschiedung im Werk Wilhelm Schapps, in: Joisten, Das Denken Wilhelm Schapps, 27.
[1116] Ähnlich sieht es auch Schapp, wenn er schreibt: »Soviel wir bislang gesehen haben, verliert ohne Geschichten die Sprache und das Sprechen jeden Halt, ja es lässt sich nicht einmal sagen, was Sprache ohne zugrunde liegende Geschichte sein sollte. Wo gesprochen wird, sind es In-Geschichten-Verstrickte, die sprechen« (SCHAPP, Philosophie der Geschichten, 276.).
[1117] A. a. O., 16.
[1118] Zu diesem Schluss kommt auch Pohlymeyer, wenn er erklärt: »Die Außenwelt kommt ins Denken/Bewußtsein – durch Geschichten; und das Bewußtsein/Denken kommt in die Außenwelt auch wiederum nur durch Geschichten.« (POHLYMEYER, Geschichten-Hermeneutik, 13).
[1119] SCHAPP, In Geschichten verstrickt, 150.
[1120] A. a. O., 174.
[1121] A. a. O., 150.
[1122] LIEBSCH, Die Idee der Phänomenologie im Lichte ihrer narrativistischen Verabschiedung im Werk Wilhelm Schapps, 35.
[1123] Vgl. N II, 71, 25ff. (Sokratische Denkwürdigkeiten). Siehe auch: Kap. V.2.3.2.

lismus, der sowohl Hamanns als auch Schapps Position charakterisiert, befördert, wie in den folgenden Kapiteln noch aufzuzeigen ist, ein Denken der Bewegung und den Abschied vom Unbedingten.

Das ›immer‹ deutet konsequenterweise darauf hin, dass »jede Geschichte eine Vorgeschichte«[1124] hat. Denn es gibt kein Ich und keine Außenwelt, die die Bedeutung der Geschichten garantieren können. Deshalb müssen diese im Gebrauch und damit auf ›Vorgeschichten‹ aufbauend gedacht werden. Die ›Vorgeschichte‹ liefert den Rahmen, in dem die Geschichte erzählt werden kann, sodass die Geschichte durch die ›Vorgeschichte‹ bedingt ist. Der »Hintergrund«[1125] beider verliert sich dann jedoch »im Halbdunkel«[1126], womit die Vorstellung aufgegeben wird, einen letzten Grund, eine unbedingte Größe für die Geschichten angeben zu können.[1127] Das damit gesetzte Angewiesen-Sein auf andere Geschichten und damit wiederum auf Fremdes ähnelt Hamanns Vorstellung, Gott als Zeichen für das Andere und Fremde zu denken. Das Ich und die Welt des Ichs werden demnach nicht in einer Selbstsetzung vollzogen, sondern sind immer angewiesen auf Kontexte und ›Vorgeschichten‹, die den Rahmen liefern, innerhalb dessen Verstehen und Verstrickung stattfinden.[1128] Für den weiteren Verlauf der Arbeit ergibt sich damit die Aufgabe, neben Wahrheit auch den Glauben, den Hamann als Art und Weise des sich auf den Text Einlassens beschreibt, als Geschichte zu begreifen.

2. GEFUNDEN

[1124] SCHAPP, In Geschichten verstrickt, 88.
[1125] A. a. O., 89.
[1126] Ebd.
[1127] So auch Pohlmeyer, wenn er Schapps Position erklärt: »Die Differenz zwischen wahr und falsch einer Geschichte im Sinne einer ontologischen Abwertung wird verflüssigt, denn es gibt keine Wahrheit außerhalb der Geschichten, auf die wir uns beziehen können« (POHLMEYER, Die Allgeschichte des Christentums – monistische Deutung und ethische Herausforderung, 127). Dabei ist Pohlmeyer in Sorge, dass sich Schapps Position »in einem Endlosverfahren der Sinnverweisungen zu erschöpfen« (128) droht. Vgl. auch: Ders., Geschichten-Hermeneutik, 24. Das Denken Schapps, wie auch Hamanns Position, die im Sinne eines Denkens der Bewegung vorgestellt werden, weisen darauf hin, dass statt einer linearen Denkbewegung, wie sie Pohlymeyer fordert, eine zirkuläre und damit ein Denken der Wiederholung interessant sein könnte.
[1128] Schapp spricht auch von einer »Allgeschichte« (SCHAPP, Philosophie der Geschichten, 179ff.) und erklärt: »Wenn die Allgeschichte verlorenengeht, kommt alles ins Treiben.« (186). In ihr ruhen »die Einzelgeschichten [...] und die Allgeschichte [umfasst] alle Einzelgeschichten« (ebd.). Es gibt demnach Erzählungen, die die Funktion eines Rahmens bilden, innerhalb dessen die Einzelgeschichten ihren Platz finden. Um den dynamischen Charakter dieser Allgeschichte deutlich herausarbeiten zu können, soll im weiteren Verlauf der Begriff ›Allgeschichte‹ durch den Begriff der ›Angel‹-Geschichten ersetzt werden.

Hamann und Schapp machen deutlich, dass die Orientierung des Ichs in der Welt als Verstrickung in Zeichen, Texten und Geschichten gedacht werden kann. Ereignet sich das Ich durch Verstrickung in Geschichten und sind diese, wie bei Hamann die Zeichen, unhintergehbar, so ist es der Umgang mit Texten und Sprache, der darüber entscheidet, wie sich das Ich in der Welt orientiert. Daher werden im Folgenden zwei unterschiedliche Möglichkeiten aufgezeigt, wie sich aus theologischer Perspektive das Ich in der Auseinandersetzung mit einem Text ereignet und sich so in der Welt orientiert. Beide Positionen setzen ein bestimmtes Verhältnis von Sprache und Wirklichkeit voraus, das letztlich als ein Denken vom Unbedingten her charakterisiert werden kann. Damit sind jene Grundlagen umrissen, die es anders zu setzen gilt, um ein christlich-theologisches Denken in Bewegung erproben zu können.

2.1 Im Text gefunden: Klaas Huizing

In seiner Habilitationsschrift *Homo legens. Vom Ursprung der Theologie im Lesen* aus dem Jahre 1996 und im ersten Band seiner *Ästhetischen Theologie* von 2000 entwirft der Theologe Klaas Huizing eine Lese-Theologie. Dabei sind zwei Grundannahmen für Huizing entscheidend. Zum einen definiert er den Menschen als »ein Lesewesen, ein[en] *Homo legens*«[1129], dessen »Ursituation [...] die Lektüresituation«[1130] sei und dem die Literatur – und damit Texte – »Identifikationsangebote«[1131] unterbreite. Zum anderen geht Huizing von der Annahme aus, dass die Texte der Bibel »das wirkliche Leben authentisch«[1132] zur Sprache bringen. Aus diesem Grund spricht er der Theologie die Aufgabe zu, diese »urgestiftete Lebensform«[1133] zu erforschen. Durch seine Lese-Theologie entwirft Huizing ein Erklärungsmodell dafür, wie sich eine christliche Existenz und damit ein glaubendes Ich im Umgang mit Texten ereignet.

Huizing geht es um das Be- und Gerührt-Sein und damit um »die affektive Betroffenheit«[1134] als Ursprung der menschlichen Lebenswelt. Von außen tritt die Bibel als heiliger Text an den Leser heran, indem sie als »Inkarnationsdrama«[1135] inszeniert dem Leser die »reale Gegenwart Christi«[1136] und damit die Begegnung mit Christus ermöglicht. In der Heiligen Schrift geht es für Huizing primär »um die atmosphärische Präsenz des im Text in Erscheinung tretenden Christus«[1137]. Durch diese Begegnung berührt, erkennt der Mensch

---

[1129] HUIZING, KLAAS, Ästhetische Theologie. 1. Der erlesene Mensch. Eine literarische Anthropologie, Stuttgart 2000, 25.
[1130] HUIZING, KLAAS, Homo legens. Vom Ursprung der Theologie im Lesen, Berlin 1996, 169.
[1131] HUIZING, Ästhetische Theologie, 46.
[1132] HUIZING, Homo legens, 109.
[1133] A. a. O., 111.
[1134] HUIZING, Ästhetische Theologie, 17.
[1135] Ebd.
[1136] A. a. O., 94.
[1137] A. a. O., 18.

die Kluft zwischen dem »erlesenen Urbild des Lebens und dem eigenen Leben«[1138]. Dabei kehrt sich »die zunächst verstörende Fremdheit der Geschichten«[1139] in die »Wiedererkenntnis des Uraltwahren«[1140] um. Die Texte der Bibel bewahren nach Huizing ›Uraltwahres‹, welches der Mensch erkennen muss, um sich in der Welt in jener Weise zu orientieren, wie es nach diesem ›Uraltwahren‹ sein sollte. Die Frage, wie dieses Wahr-Sein in der Lektüre gefunden werden kann, lässt sich demnach als Frage danach entfalten, wie Christus im Text der Bibel »vor-Augen-gemalt[...]«[1141] wird, weil sich in der Begegnung mit ihm die ›Wiedererkenntnis des Uraltwahren‹ ereignet.

2.1.1 Sprachverfall in Teilnahmslosigkeit

Huizings Lese-Theologie zielt darauf, dass sich der Leser durch den Text berühren lässt, dem jedoch steht die Sünde entgegen, welche Huizing als »Gefühlskälte oder Empfindungsschwäche«[1142] deutet. Diese Vorstellung von Sünde findet Huizing im Gleichnis vom barmherzigen Samariter erzählt (Lk 10,25–37). Ausgangspunkt für die Geschichte des Gleichnisses ist ein Verwundeter, dessen Hilferuf Huizing als Versuch deutet, Kommunikation mit Fremden zu initiieren. Nacheinander gehen ein Levit und ein Priester an dem Verwundeten vorbei, ohne ihm zu helfen (Lk 10,31f.). Sie verweigern sich damit dem Hilferuf und der Situation des Anderen. Indem im *Lukasevangelium* von der Teilnahmslosigkeit beider Passanten erzählt wird, komme zur Darstellung, so Huizing, was Sünde sei. Dabei geht Huizing davon aus, dass der Priester und der Levit sehr wohl verstanden haben, was die Situation eigentlich von ihnen verlangt, wodurch sich ihre ›Gefühlskälte‹ zeige. Obwohl sie begriffen haben, was zu tun ist, lassen sie sich nicht auf den Anderen ein. Die Situation berührt sie nicht. Den Grund für diese ›Gefühlskälte‹ dem Anderen gegenüber beschreibt Huizing als »Folge eines Sprachverfalls«[1143].

Dieser Verbindung von Sünde und ›Sprachverfall‹ versucht sich Huizing durch das paulinische Diktum »Der Buchstabe tötet, aber der Geist macht lebendig« (2 Kor 3,6b) zu nähern. Huizing deutet dies als Warnung, »den Buchstaben [nicht] vom lebendigen, sprich: transparenten Ausdrucksgesche-

---

[1138] Huizing, Homo legens, 131.

[1139] A. a. O., 179.

[1140] Ebd.

[1141] Huizing, Ästhetische Theologie, 19.

[1142] A. a. O., 70.

[1143] Ebd. Schon 1861 hatte Kaulen eine Verbindung zwischen Sünde und Sprachverfall gesehen. In seinen Untersuchungen zu Gen 10, 1–9 geht er davon aus, dass es »einen wesentlichen Zusammenhang zwischen den Dingen und der Sprache« (84) gab. Und damit war das Wort, »nicht bloß, wie jetzt [nach dem Sündenfall], ein Ausdruck der Vorstellung, sondern auch ein Abbild der Dinge selbst.« (84) Durch den Sündenfall ging diese Verbindung zwischen Welt und Sprache verloren (Kaulen, Franz Philip, Die Sprachverwirrung zu Babel. Linguistisch-theologische Untersuchungen über Gen X 1–9, Mainz 1861.).

hen abzulösen«[1144]. Scheint damit auf der einen Seite die Unterscheidung von ›Geist‹ und ›Buchstabe‹ notwendig zu sein, weil der eine den Tod, der andere das Leben bringt, wird auf der anderen Seite ersichtlich, dass der ›Buchstabe‹ nur in Verbindung mit dem ›Geist‹ gedacht werden kann, während der ›Geist‹, weil sein Wahr-Sein unabhängig von bedingten Zeichen Gültigkeit beansprucht, auch ohne den ›Buchstaben‹ vorgestellt wird. Ohne den ›Geist‹ tötet der Buchstabe, womit er als Botschaft nichts an den Menschen heranträgt. Der ›Geist‹ hingegen, der auch unabhängig vom bedingten ›Buchstaben‹ ist und der nur im Falle der Kontaktaufnahme mit dem bedingten Leser sich auf den ›Buchstaben‹ einlässt, bringt Leben. Der ›Geist‹ ist also Leben an sich.

Huizing versucht, seine Überlegungen zum Verhältnis von ›Geist‹ und ›Buchstabe‹ mit Hilfe von George Steiner weiter zu präzisieren. Huizing entwickelt auf diese Weise eine Sprachtheorie, mit der er seine Lese-Theologie abzusichern sucht. Steiner geht es in seiner Monografie *Von realer Gegenwart* »durchgängig«[1145] um die Frage: »[W]as ist der Status von Bedeutung, was bedeutet Bedeutung?«[1146] Seine Antwort, die Huizing rezipiert, setzt Sprache und Wirklichkeit in ein Verhältnis, mit dem ein Denken des Unbedingten versucht werden kann. Damit zeigt sich, dass auch Huizings Lese-Theologie in letzter Konsequenz den Versuch darstellt, vom Unbedingten ausgehend das Ich in der Welt zu orientieren.

Mit Blick auf das künstlerische Schaffen erklärt Steiner, dass »[n]och die radikalste Originalität [...] sich innerhalb eines Kontextes«[1147] ereigne. Menschliche Kultur gibt es ausschließlich in ›Kontexten‹. Steiner versteht unter ›Kontexten‹ nicht primär Texte. Anders als Hamann, der den Menschen als in Zeichen, Sprache und Texte verstrickt denkt und der sich sowohl die Natur als auch die Geschichte als Zeichen vorstellt, geht es Steiner um ein ›Außerhalb‹ der Sprache. Für ihn gibt es kulturelles Schaffen und damit Zeichen und Texte nur, weil es »die Schöpfung«[1148] gibt. Vor aller Sprache und damit die Sprache und das künstlerische Hervorbringen bedingend gilt: »Es ist; wir sind.«[1149] Durch Zeichen und Texte kommt es zu einer »Wiederholung«[1150] und Rekonstruktion nicht-zeichenhafter und nicht-textueller Wirklichkeit. Um seine Position zu erklären, geht Steiner von einem »Vertrag zwischen Wort und Gegenstand«[1151] aus. Diese Verknüpfung zwischen ›Gegenstand‹ und ›Wort‹ bildet die Voraussetzung für ein sinnvolles Reden. Durch die Beziehung zwischen ›Wort‹

[1144] HUIZING, Homo legens, 132.
[1145] STEINER, GEORGE, Von realer Gegenwart. Hat unser Sprechen Inhalt?, München 1990, 128.
[1146] Ebd.
[1147] A. a. O., 200.
[1148] A. a. O., 263 (Hervorhebung im Original).
[1149] A. a. O., 264.
[1150] Ebd.
[1151] A. a. O., 124.

und ›Gegenstand‹ wird »das Sein in einem praktikablen Maße ›sagbar‹«[1152]. Die Sprache hat Bedeutung und Sinn, weil sie an die Welt und an die Dinge rückgebunden ist. Ohne diese Bindung, so fürchtet Steiner, gleite die Sprache ins Beliebige ab.[1153]

Steiner spricht von einem »semantischen Vertrauen[...]«[1154] und setzt damit »auf eine Beziehung [...] zwischen Wort und Welt«[1155]. Die Welt, die der Sprache vorausgeht, bedingt demnach die Richtigkeit sprachlicher Aussagen. Die Rückbindung der Sprache an die Welt erscheint dabei letztlich als Rückbindung an das Unbedingte. Denn ein stimmiges Konzept von Sprache, wie Steiner eines zu vertreten beansprucht, beruht letztlich auf der »Annahme einer Gegenwart Gottes«[1156]. Überträgt man diese Überlegungen in die Begriffe von ›Geist‹ und ›Buchstabe‹, kann der ›Buchstabe‹ vorgestellt werden als Synonym für Sprache, Text und Zeichen, der durch den ›Geist‹ bedingt ist und diesem nachfolgt. Der ›Geist‹ wiederum als ontologische Voraussetzung ist demnach der ›Schöpfung‹ als Bedingung von Sprache und Kultur gleichzusetzen.

Von Steiners sprachtheoretischen Überlegungen kommend verbindet Huizing die Gedanken der ›Gefühlskälte‹ und des ›Sprachverfalls‹ miteinander. Eine Sprache, so Huizing, die nicht in Beziehung zum sinnlichen Träger steht, eine »Sprache ohne Realpräsenz«[1157] kann nicht mehr affektiv betroffen machen. Daher führt sie den »Kältetod der Gefühle«[1158] auch notwendig mit sich. Ohne den ›Geist‹ tötet der ›Buchstabe‹. Die Rückbindung des ›Buchstabens‹ an den ›Geist‹, des Bedingten an das Unbedingte, garantiert demnach das Wahr-Sein einer Aussage. Der ›Geist‹ als eine Größe, die außerhalb und unabhängig von ›Buchstaben‹ existiert, sorgt dafür, dass der ›Buchstabe‹ nicht den Tod bringt.[1159]

2.1.2 Reaktion im Angesicht der Schrift

Die ›Gefühlskälte‹, wie sie durch den Priester und den Leviten im Gleichnis vom barmherzigen Samariter deutlich wird, gilt es nach Huizing zu überwinden, weil sie dem ›Uraltwahren‹ nicht entspricht. Mit diesem Ziel und mit den sprachtheoretischen Überlegungen Steiners im Hintergrund entwirft Huizing seine weiterführende These. Der Impuls, der zur Überwindung der Teilnahms-

---

[1152] Ebd.
[1153] Vgl. a. a. O., 82.
[1154] A. a. O., 125.
[1155] A. a. O., 282.
[1156] A. a. O., 13.
[1157] HUIZING, Ästhetische Theologie, 88.
[1158] Ebd.
[1159] An eine Position, die wie Huizing den ›Geist‹ als unbedingte Bedingung denkt, kann kritisch zurückgefragt werden, wie eine solche Annahme begründet werden kann, wenn das Unbedingte, der ›Geist‹, letztlich nur im Bedingten, im ›Buchstaben‹ zu erkennen ist.

losigkeit hin zur ›Betroffenheit‹ führen soll, muss für Huizing von außen kommen. Nur in der Begegnung mit einer von der ›Gefühlskälte‹ abweichenden Lebenshaltung kann es auch für den Leser zu einer Veränderung kommen. Diese Begegnung mit einer mitfühlenden Lebensweise ereignet sich für Huizing in der Heiligen Schrift, denn »im Kunstwerk der Bibel trifft jeder Leser auf die reale Gegenwart Christi«[1160]. Um diesen Gedanken weiter zu erklären, spricht Huizing von einem *»Gesicht der Schrift«*[1161]. Hinter dieser Metapher steht die These, dass die christlichen Urschriftsteller mit ihren Texten ein Porträt von Jesus Christus entworfen hätten. Die Evangelien haben demnach die »Form eines literarischen Porträts«[1162]. Die Verfasser der Evangelien eröffnen nach Huizing auf diese Weise eine Kommunikationssituation, weil sie durch das Nachzeichnen der Wesenszüge Jesu dem Leser ein Gegenüber schaffen. Mit diesem ›Gesicht der Schrift‹ wird dem Leser Christus vor Augen gestellt, sodass sich dieser von Christus sagen lassen kann, was er sich selbst nicht sagen kann. Im literarischen Porträt begegnet dem Leser Christus dabei ›leibhaftig‹, weswegen Huizing auch davon sprechen kann, dass Christus in den Text *»inkarniert«*[1163].

Indem Christus dem Leser gegenübertritt, eröffnet er dem Rezipienten die Möglichkeit einer christlichen Lebensweise, denn sein Porträt liefert die »Prototypik einer radikal neuen Lebensform«[1164]. Die Evangelien liefern mit ihren Porträts nicht das Bild einer idealtypischen Lebensform. Die Lebensform, um die es hier geht, ist also nicht erdacht, sondern rekonstruiert. Der Prototyp geht auf eine historische Gestalt zurück, »die ein radikal neues Erscheinungsbild des Menschen geprägt hat«[1165]. Und so birgt die historische Gestalt Jesus von Nazareth die Bedeutung des literarischen Porträts der Heiligen Schrift, womit Huizing Steiners Theorieansatz aufgreift. Das »wirkliche Leben«[1166], so wie es von Christus vorgelebt wurde, spricht sich im Text der Bibel »authentisch«[1167] aus. Damit eröffnet es für den Leser einen »Möglichkeitsraum«[1168] für ein gelingendes Leben, der ihm ohne Christus verschlossen geblieben wäre. Verdichtet sich demnach im Text des Neuen Testaments die »christenmenschliche Lebenswelt«[1169], dann eröffnet die Lektüre der Heiligen Schrift den Zugang zu diesem Lebensraum. Eine »Lese-Theologie ist [demnach] die gramma-

1160 HUIZING, Ästhetische Theologie, 94.
1161 HUIZING, Homo legens, 94 (Hervorhebung im Original).
1162 A. a. O., 97.
1163 Vgl. HUIZING, Ästhetische Theologie, 98 (Hervorhebung im Original). Ausführlich: A. a. O., 96–123.
1164 A. a. O., 121.
1165 Ebd.
1166 HUIZING, Homo legens, 109.
1167 Ebd.
1168 A. a. O., 1
1169 A. a. O., 113.

tisch-hermeneutische Besinnung auf die im porträtierten Gesicht der Heiligen Schrift erschlossene christliche Lebenswelt«[1170].

Der Zugang zu einer neuen ›christenmenschlichen Lebenswelt‹ muss nach Huizing zugleich als Überwindung der ›Gefühlskälte‹ verstanden werden. In der Lektüre der Heiligen Schrift wird ein Abstand zwischen dem eigenen Leben und dem »erlesenen Urbild des Lebens«[1171] erkannt. Denn die Bibel liefert ein Porträt, in dem das »prototypische Leben in dramatischer Form«[1172] verdichtet ist. Diese konzentrierte Darbietung ermöglicht dem Leser, die Distanz zwischen dem urbildlichen Leben und seinem eigenen »Dahinleben«[1173] wahrzunehmen. In der Folge ergeben sich daher Präzisierungen für die Deutung des Gleichnisses vom barmherzigen Samariter. Der Leser sieht im barmherzigen Samariter das Urbild gelingenden Lebens und erkennt sich selbst in Priester und Levit wieder. Die ›Gefühlskälte‹, mit welcher der Priester und der Levit an dem Fremden vorbeiziehen, ist demnach die Teilnahmslosigkeit des Lesers selbst, weil er sich in ihr wiederfindet. Das barmherzige Handeln, das Sich-Einfühlen in die Situation des Hilfesuchenden scheint dem Leser dagegen fremd und muss ihm als Möglichkeit durch den Text vorgestellt werden. Von außen, durch das Porträt in der Bibel muss sich der Leser sagen lassen, wie das ›wirkliche‹ Leben auszusehen habe.

Ihre besondere Kraft gewinnt die Geschichte vom barmherzigen Samariter nach Huizing daraus, dass sie – zumindest in ihrer mündlichen Form – als »Selbstporträt Jesu«[1174] gedeutet wird. Die Geschichte bildet demnach Jesu eigenes Verhalten ab, seine Gefühlswärme, seine Fähigkeit, den Fremden situationsgemäß wahrzunehmen, während das gleichgültige Vorbeigehen des Priesters und des Leviten das Verhalten des Lesers spiegelt. Die Erkenntnis der Distanz zwischen dem idealtypischen Verhalten Jesu/des Samariters und dem gefühlskalten des Priesters/Lesers kann zu einer identitätsstiftenden Bekehrung führen. Denn die Lektüre der Heiligen Schrift fordert den Leser zur Postfigurierung des urbildlichen Lebens auf.[1175]

In Huizings Ansatz ist das Wahr-Sein der biblischen Geschichten durch das reale Leben Jesu oder durch eine authentische Situation gesichert. Der ›Buchstabe‹ und die Zeichen sind damit für den ›Homo legens‹ nur Hinweise auf ein Eigentliches, das ›Uraltwahre‹, welches sich ihm über die Zeichen mitteilt. Texte und Leser rekonstruieren, was wahr ist. Vor allem die Sprachtheorie, der sich Huizing anschließt, führt dabei zu einer starken Fokussierung auf den Text. Er wird zum Träger des ›Porträts‹, als ›Buchstabe‹ zum Träger des ›Geistes‹. Huizing klagt an, dass der sündige Mensch der teil-

---

[1170] A. a. O., 109.
[1171] A. a. O., 131.
[1172] HUIZING, Ästhetische Theologie, 141.
[1173] Ebd.
[1174] A. a. O., 203.
[1175] Vgl. HUIZING, Homo legens, 157f.

nahmslose Mensch sei, weil er zwar die Lage des Anderen zu begreifen vermöge, sich aber nicht auf die Situation einlasse.

Huizings Lese-Theologie zielt also im Wesentlichen darauf ab, sich vom Anderen berühren zu lassen und durch ihn vorgegeben zu bekommen, was es zu tun gilt. Damit lässt sich die Struktur des Sich-Einlassens näher beschreiben. Das Andere und Fremde bei Hamann war stets das ganz Andere, das in seiner Andersheit fremd war, wie beispielsweise der Tod. Zeichen für das ganz Andere und ganz Fremde war für Hamann Gott, der in all seiner Fremdheit und Andersheit als der erschien, der Macht über den Menschen hat. Damit schien die Macht allein beim Anderen zu liegen. Mit Huizings Blick auf das Gleichnis vom barmherzigen Samariter lässt sich das Einlassen auf den Anderen weiter differenzieren. Der Leidende erscheint hier zunächst als machtlos gegenüber den Gleichgültigen. Dem Samariter gegenüber, da dieser sich auf ihn einlässt, hat er jedoch Macht und ist zugleich machtlos. Macht hat er, weil seine Situation dem Helfenden vorgibt, was es zu tun gilt. Machtlos ist er, weil er ganz auf den Anderen angewiesen ist und ihn, wie am Beispiel des Priesters und des Leviten zu sehen, nicht zwingen kann. Gleiches gilt für den Samariter, der ebenfalls auf die Möglichkeit der Selbstbestimmung verzichtend Macht abgibt und sich von der Situation ›diktieren‹ lässt, was es zu tun gilt. Gleichzeitig steht es ihm trotz seiner Zuwendung frei, andere Wege zu gehen. Dieses Wechselspiel ähnelt auf der Ebene des Textes dem hermeneutischen Entwurf Hamanns. Der Text trägt an den Leser etwas heran, was diesem etwas sagt, was er sich selbst nicht zu sagen in der Lage ist. Damit übt der Text Macht aus. Aber ohne dass der Leser sich auf den Text einlässt, ohne seine Fragen und seine Aufnahme, kommt es zu keinem existenziellen Verstehen im Sinne Hamanns. Indem der Leser sich auf den Text einlässt und damit auf seine Macht verzichtet, kommt ihm etwas zu, das ihm neue Möglichkeiten eröffnet und ihm damit in anderer Weise wieder Macht zuteilt.

Bei Huizing finden sich demnach zwei Impulse, die es im Folgenden weiter zu berücksichtigen gilt. Zum einen entwirft er ein Denken, dass vom Text ausgeht, weil er im Text die ›Uraltwahrheiten‹ konserviert sieht. Mit der von Steiner übernommenen Sprachtheorie versucht Huizing diese Position abzusichern. Zum anderen deutet Huizing an, wie das Ich zum Leben kommt, indem es sich auf das einlässt, was es selbst nicht ist. Huizings Überlegungen zur Sprache erscheinen dabei als Gegenposition zu der bei Hamann reflektierten Sprachtheorie. Deshalb wird durch die in der Beschäftigung mit den *Sokratischen Denkwürdigkeiten* gewonnenen Einsichten zu Sprache, Glaube und Macht deutlich, dass Huizings Position Tendenzen zu einem Denken des Unbedingten aufweist. Gleichzeitig gibt der zweite Impuls seiner Lese-Theologie Hinweise darauf, wie sich das Ich in der Welt orientieren kann: indem es auf seine Macht verzichtet. Neben Huizing, der eine Möglichkeit reflektiert, wie sich durch den Umgang mit Texten das Ich in der Welt orientieren kann, soll im Folgenden mit Körtner eine weitere Möglichkeit aufgezeigt werden. Durch sie wird deutlich, wie auch durch eine Verlagerung des Sinns vom Text auf den Leser ein Denken vom Unbedingten her vorgestellt werden kann. Auf diese Weise kann eine zweite Position benannt werden, von der sich ein Denken der Bewegung abgrenzen muss.

2.2 Im Lesen gefunden: Ulrich H. J. Körtner

Huizing unterstellt dem Text, dass er entsprechend der Bedeutungstheorie Steiners das ›Gesicht‹ von Christus wiedergibt. Demnach konserviert der Text in seinen Geschichten die Geschichte Jesu und führt diese dem Leser vor Augen. Im Gegensatz zu Huizing greift Ulrich H. J. Körtner mit seinem hermeneutischen Ansatz stärker auf die rezeptionsästhetischen Ansätze der Moderne zurück, um zu zeigen, wie sich das Ich christlich in der Welt orientieren kann. Im Vordergrund seiner Reflexionen steht nicht die Frage, wie der Text Bedeutung bewahren und übermitteln kann, sondern wie Bedeutung im Akt des Lesens entsteht. Seine Konzeption zeichnet sich dadurch aus, dass er den biblischen Kanon nicht als Einheit betrachtet und das Wirken des Heiligen Geistes nicht auf den Text konzentriert, sondern die Verbalinspiration aufgreifend und im Kontext moderner Rezeptionstheorien neu interpretierend das Wirken des Heiligen Geistes in den Akt des Lesens verlagert. Bereits in der Einleitung wurde der Grundgedanke Körtners skizziert. Die nachfolgende Ausarbeitung seines Ansatzes verdeutlicht, dass seine Position im Gegensatz zu Huizing steht und dennoch als Denken vom Unbedingten her gedeutet werden kann.

Körtner hat seine hermeneutischen Überlegungen bereits 1994 in *Der inspirierte Leser. Zentrale Aspekte biblischer Hermeneutik* entfaltet und diese im Laufe der Zeit weiter ausgearbeitet und präzisiert. Im Folgenden stehen zwei Aufsätze im Vordergrund, die aufzeigen, wie auch bei der Verlagerung der Sinnstiftung in den Akt des Lesens ein Denken vom Unbedingten her gedacht werden kann. Zunächst soll der Aufsatz Körtners »Die Frage nach der Frage, auf die die Theologie die Antwort ist« aus seinem Buch *Hermeneutische Theologie. Zugänge zur Interpretation des christlichen Glaubens und seiner Lebenspraxis* aus dem Jahre 2008 untersucht werden. Die dort entwickelten Thesen werden dann durch seinen 2009 erschienen Aufsatz »Rezeption und Inspiration. Über die Schriftwerdung des Wortes und die Wortwerdung der Schrift im Akt des Lesens« weiter präzisiert.

2.2.1 Verstehen des Verstanden-Seins

Im Anschluss an Rudolf Bultmann (1884–1976) betont Körtner, dass es in der Theologie nicht primär um Erkenntnistheorie, sondern um Hermeneutik gehe.

Statt »Glauben und Erkennen«[1176] tritt für ihn die Frage nach »Glauben und Verstehen«[1177] in den Vordergrund.

> »Etwas verstehen aber bedeutet, dass man es als Antwort auf eine Frage versteht. Solange man die Frage nicht kennt und versteht, bleibt das, was man zu verstehen versucht, unverstanden.«[1178]

Damit greift Körtner auf Bultmann zurück, der in seinem Aufsatz »Das Problem der Hermeneutik« herausgearbeitet hat, dass Verstehen immer nur auf eine bestimmte Frage hin möglich und dass Verstehen daher »nie voraussetzungslos«[1179] sei. Verstehen braucht demnach einen Kontext, in den hinein es geschehen kann. Damit stellt sich die Frage, was aus einer Hermeneutik eine explizit theologische Hermeneutik macht. Wiederum Bultmann aufgreifend, erklärt Körtner, dass eine Hermeneutik dann theologisch sei, wenn sie bei der Sache der biblischen Texte, das heißt: bei der »menschlichen Existenz in ihrer Gottesrelation«[1180] sei. Der Kontext, innerhalb dessen sich die theologische Hermeneutik um Deutungen bemüht, ist demnach die Frage nach dem Menschen vor Gott.

Wie auch schon Huizing den Sündenbegriff im Horizont von Sprache und Bedeutung neu zu entfalten versuchte, so entwirft auch Körtner eine Sündenlehre im Rahmen seiner theologischen Hermeneutik. Sünde drücke sich nach christlichem Verständnis im »Missverstehen und Unverständnis«[1181] aus. Mit Blick auf die Bibel könne präzisiert werden, dass sich Sünde im Rahmen der Hermeneutik »im Unverständnis gegenüber der biblisch bezeugten Offenbarung manifestiert«[1182]. Indem Körtner das Nicht-Verstehen als Sünde deutet, wird klar, dass es vor dem Glauben kein Verstehen, sondern nur Unverständnis gibt. Damit ist gesagt, dass die Frage und damit der Kontext, mit dem sich der Leser an den Text der Bibel wendet, zunächst nicht jener Kontext ist, in dem es zu einem Verstehen der Schrift kommt. Das Verstehen des Glaubens ereignet sich nach Körtner für den Leser im Erkennen und Anerkennen des schon Von-Gott-erkannt-Seins. Der Schritt vom Nicht-Verstehen zum Verstehen wird hier gleichgesetzt mit dem Schritt vom Sünder zum Gerechten und kann daher als Rechtfertigung gedeutet werden. Indem es im Glauben zu einem Wechsel vom Sich-selbst-erkennen-Wollen zum Bereits-von-Gott-erkannt-Sein kommt, ereignet sich ein Perspektivwechsel, der als Tat des

---

[1176] KÖRTNER, ULRICH H. J., Hermeneutische Theologie. Zugänge zur Interpretation des christlichen Glaubens und seiner Lebenspraxis, Neukirchen-Vluyn 2008, 5 (Hervorhebung im Original).

[1177] KÖRTNER, Hermeneutische Theologie, 5 (Hervorhebung im Original).

[1178] KÖRTNER, Hermeneutische Theologie, 6.

[1179] BULTMANN, RUDOLF, Das Problem der Hermeneutik, in: Ders., Glauben und Verstehen. Gesammelte Aufsätze Bd. 2, Tübingen 1961, 216.

[1180] KÖRTNER, Hermeneutische Theologie, 6.

[1181] A. a. O., 8.

[1182] Ebd.

Heiligen Geistes zu deuten ist. Die Frage einer hermeneutischen Theologie muss daher präzisiert werden als die Gottes-Frage nach dem Menschen. Der Kontext, der ein Verstehen des Heiligen Textes ermöglicht, wird dem Menschen durch die Frage Gottes nach dem Menschen gegeben.

2.2.2 Begeistert im Akt des Lesens

Im Glauben kommt es nach Körtner zu einem Perspektivwechsel durch den Heiligen Geist. Durch den Glauben eröffnet sich ein neuer Sinnhorizont. Huizing versucht, den Sinn als Produkt des Textes zu interpretieren. Körtner erklärte schon in seiner Monografie *Der inspirierte Leser,* dass eine »*gesamtbiblische Hermeneutik die Gestalt einer literarischen Hermeneutik annehmen muss*«[1183]. Diese hat – und das gilt nach Körtner auch für eine biblische Hermeneutik – die »konstitutive Rolle des Lesers beim Zustandekommen des möglichen Sinns jedes Textes entdeckt«[1184]. Die leserorientierte Texttheorie Paul Ricœurs (1913–2005) aufnehmend erklärt Körtner deshalb auch in seinem Aufsatz »Rezeption und Inspiration« gegen Johann Gerhard (1582–1637), dass Bedeutung und Sinn nicht im Text konserviert werden, sondern erst im Akt des Lesens zustande kommen. In der Lektüre der Heiligen Schrift konstituiert sich die Bedeutung des Textes, denn im Zuge der Verschriftlichung gewinnt der Text gegenüber seinem Verfasser Autonomie. Löst sich der Text von den Intentionen des Autors, rückt der Akt des Lesens in den Fokus. Das Lesen wird zum Ort, an dem der Rezipient den Sinn des Textes erzeugt. Jedoch, und diese Spannung will Körtner lösen, versteht sich die Kirche und mit ihr der Gläubige nicht als Schöpfer und Sinnstifter der Schrift, sondern als ihr Geschöpf. Nicht als eigenes Produkt, sondern als von außen kommende Gabe wird der Sinn der Schrift im Glauben erlebt. Im Akt des Lesens soll es daher nicht zu einer Produktion, sondern zu einer Reproduktion von Sinn kommen.[1185]

1183 Körtner, Ulrich H. J., Der inspirierte Leser. Zentrale Aspekte biblischer Hermeneutik, Göttingen 1994, 14 (Hervorhebung im Original).

1184 A. a. O., 15.

1185 Dem Vorwurf vorbeugend, dass der hier vorgeschlagene Wechsel von Text zum Leser an die Theologie nur von außen herangetragen sei, greift Körtner auf Paul Tillich (1886–1965) zurück. Körtner macht damit deutlich, dass der Leser für das Zustandekommen des Christentums sehr wohl eine intendierte Größe ist. Für das Christentum seien sowohl die historischen Fakten um Jesus Christus als auch deren gläubige Aufnahme relevant. Das bedeute aber, dass »der heutige Leser ein integrierender Bestandteil des von den neutestamentlichen Schriften bezeugten Ereignisses und somit ein Bestandteil der Schrift selbst [ist]«. (Körtner, Ulrich H. J., Rezeption und Inspiration. Über die Schriftwerdung des Wortes und die Wortwerdung der Schrift im Akt des Lesens, in: NZSTh 51 (2009), 44) Weil es für das Christentum konstitutiv ist, dass die historischen Ereignisse aufgenommen werden müssen, kann Körtner den Fokus auf den Leser legen. Denn dort findet die Rezeption der Ereignisse statt. Durch diese Aufnahme Tillichs in den Gedankengang wird deutlich, dass auch aus theologischer und nicht nur aus rezeptionsästhetischer Sicht der Leser als konstitutiv für das Zustande-

Die Gabe des Glaubens und damit des Verstehens sind Taten des Heiligen Geistes. Diese These entwickelt Körtner im Rückgriff auf Paul Ricœurs Aufsatz »Philosophische und theologische Hermeneutik« aus dem Jahre 1974. Rede ist immer an jemanden gerichtet. Aber der Text hat, anders als die Rede, im Moment des Verfassens noch keinen konkreten Gesprächspartner. Diesen Partner, der die Information empfängt, muss sich das Werk selbst schaffen und setzen. Der Leser eignet sich einen Entwurf von Welt an, aber nicht so, dass er diesen Entwurf als verborgene Intention aus dem Text freilegen würde. Im Gegenteil: Aneignen meint hier »Sich-Verstehen vor dem Text«[1186]. Dem Text darf nicht das eigene schon Verstandene aufgezwungen werden, sondern der Leser soll sich dem Text ausliefern, um »von ihm ein erweitertes Selbst zu gewinnen«[1187]. Es findet demnach eine Wechselwirkung zwischen Leser und Text statt, denn der Text trägt keine intendierte Bedeutung in sich, aber auch der Leser soll dem Text nicht seine Vorstellungen aufzwingen, sondern diesem offen begegnen und sich von der eigenen Welt lösend der dort entworfenen Welt aussetzen und so neue Möglichkeiten für sein eigenes Sein entdecken. Zwar eignet sich der Leser den Text an, aber er erlebt in dieser Aneig-Aneignung eine Enteignung seiner Selbst und damit eine Verwandlung des Ichs. Diesem Impuls soll im Folgenden weiter nachgegangen werden.

Findet durch den Text eine Verwandlung des Ichs, ein Wechsel vom Unverständnis zum Verständnis statt, so ereignet sich dies im Akt des Lesens. Aber, und damit deutet Körtner die Inspirationslehre um, dies ist nicht Tat des Menschen, sondern des ›inspirierten Lesers‹, und dies meint des Heiligen Geistes. Der Mensch als gläubiger Leser der Heiligen Schrift darf nicht als »causa principalis«[1188], sondern muss als »causa instrumentalis«[1189] gedacht werden. Der Text wird damit zum Sinnbild des Todes, weil sich in ihm der Geist Gottes und des Menschen entäußern, eine »tote Sinnspur«[1190], die im Akt des Lesens aufersteht und zu neuem Leben gelangt. Verstehen »als *Auferstehung bzw. Auferweckung des Textes*«[1191] muss dann als Tat des Heiligen Geistes gedeutet werden. Hier bleibt natürlich die Frage, ob der Heilige Geist so wie die Theologie »*wesensmäßig* an bestimmte Texte gebunden ist«[1192], oder ob

---

kommen des Sinns der Heiligen Schrift gelten kann. Damit kann Körtner gegen die lutherische Orthodoxie behaupten, dass der Text der Bibel durchaus als »unvollständig« (45) zu betrachten sei und dass die Heilige Schrift im Akt des Lesens vervollständigt werde. Wie nun dieser Akt des Lesens verstanden werden muss, damit der Sinn der Schrift nicht Sinn des Menschen, sondern Sinn Gottes ist, erklärt Körtner durch eine Um- und Neuformulierung der Inspirationslehre.

[1186] RICŒUR, Philosophische und biblische Hermeneutik, 33.

[1187] Ebd.

[1188] KÖRTNER, Rezeption und Inspiration, 45.

[1189] Ebd.

[1190] A. a. O., 47.

[1191] Ebd. (Hervorhebung im Original).

[1192] KÖRTNER, Hermeneutische Theologie, 7 (Hervorhebung im Original).

seine Wirkung auch in nicht kanonisch gewordenen Texten zu erleben ist. Das Wahr-Sein ist dem Text damit nicht eingeschrieben, da es sich im Akt des Lesens erst ereignet. Dabei handelt es sich jedoch nicht um ein Wahr-Werden, weil der Leser den Sinn des Textes nicht produziert. Vielmehr ist der Geist als Schöpfer des Sinns zugleich Garant des Wahr-Seins.

Bei allen Unterschieden, die zwischen Huizing und Körtner zu beobachten sind, scheinen sie sich einig darin, dass die Wahrheit einen außerhalb des Kontextes stehenden Garanten benötigt. Dieser Garant, der bei beiden letztlich der Geist ist, bleibt als unbedingte Größe gedacht, die sich des Bedingten nur zu bedienen braucht, um den bedingten Rezipienten zu erreichen.

3. ERFUNDEN

3.1 In Sprache erfunden

Huizing und Körtner versuchen mit ihren Überlegungen, bei allen Unterschieden ihrer Ansätze, die Erfahrungen zu beschreiben, die Christen mit den Texten der Heiligen Schrift machen können. So betont Huizing, dass Christus dem Leser durch den Text der Evangelien ›leibhaftig‹ begegnet und er die Erfahrung eines neuen Möglichkeitsraumes für sein Leben in dieser Begegnung macht. Im Lesen, so Körtner, macht der Rezipient durch den Heiligen Geist die Erfahrung, dass er vor aller Selbsterkenntnis schon von Gott erkannt ist. Durch die Begegnung mit dem Text kommt es zu dem Erlebnis, dass der Text den Leser unmittelbar angeht. Dieses Berührt-Werden durch den Text lässt sich näher beschreiben als Erfahrung mit dem Text. Die Auseinandersetzung mit Huizing und Körtner legt daher nahe, sich im Folgenden mit dem Begriff der Erfahrung weiter auseinanderzusetzen. Die Frage, unter deren Horizont dies geschieht, kann mit Hamann näher bestimmt werden.

Denn auch bei Hamanns kontextuell-existentieller Hermeneutik begegnet der Begriff der Erfahrung. Der Text, so fordert Hamann, soll nicht nur rational erfasst, sondern auch existenziell erlebt werden. Über die bloße Rezeption des Textes in der eigenen Situation fordert Hamann, dass der Text so aufgenommen werde, dass dieser die eigene Lebenswelt durchdringe. Den Text erleben meint demnach, diesen nicht nur im Horizont der eigenen Lebenswelt zu verstehen, sondern darüber hinaus diesen Text zur eigenen Lebenswelt zu machen. Wer sich derart auf den Text einlässt, der bindet sich zugleich an diesen. Die sich dabei ereignende Verstrickung mit Geschichten kann auch als Erfahrung mit dem Text gedeutet werden. Den Text erfahren und sich in Geschichten verstricken provoziert daher die Frage, wie diese Erfahrung näher bestimmt werden kann und wie Erfahrung und Sprache miteinander zusammenhängen. Auf die Ausgangsfrage ›Was ist Wahrheit?‹ (Joh 18,37) bezogen, geht es darum zu klären, wie das Erleben von Wahrheit zu verstehen ist. Anders jedoch als es tendenziell bei Huizing und Körtner begegnet, geht es bei Hamann weniger darum, das Erleben als ein Re-Produzieren des Wahr-Seins zu erfassen. Die möglichen Alternativen korrespondieren dabei mit der Möglichkeit Wahrheit als Wahr-Sein und Wahr-Werden zu denken.

Dieser Aufgabenstellung entsprechend gilt es zunächst den religionsphilosophischen Ansatz Matthias Jungs zu reflektieren. Dieser versteht Erfahrung als sprachliches Erschließen der Wirklichkeit, durch welche sich Wirklichkeit ereignet. Durch Erfahrung erschließt und erschafft der Rezipient die Wirklichkeit, wobei dieser Prozess als ein Denken in Bewegung ein Wahrheitskonzept nahe legt, das einem Wahr-Werden entspricht. Diese Überlegungen erfordern jedoch ein Sprachkonzept, das nicht durch ein Außerhalb der Sprache abgesichert und garantiert wird. Mit Charles Taylor und Ludwig Wittgenstein soll dieses alternative Sprachmodell vorgestellt werden.

3.1.1 Sprachbedingte Selbst-Erfahrung: Matthias Jung

In seiner Habilitationsschrift *Erfahrung und Religion. Grundzüge einer hermeneutisch-pragmatischen Religionsphilosophie* geht Matthias Jung auf die Verknüpfung von »Erlebnis«[1193] und »Ausdruck«[1194] ein und thematisiert so das Verhältnis von Erfahrung und Geschichten. Erfahrung definiert Jung dabei als

> »humanen Grundvollzug [...], in welchem Subjekte ihres Welt- und Selbstverhältnisses gewahr werden, *indem* sie es in öffentlich zugänglichen Ausdrucksgestalten für sich und andere faßbar machen.«[1195]

Entscheidend an dieser Erklärung ist das ›indem‹, da mit dieser Konjunktion der Modus angegeben wird, durch welchen die Verknüpfung des individuell Erlebten mit den »öffentlich zugänglichen Ausdrucksgestalten«[1196] geschieht. Mit den ›Ausdrucksgestalten‹ korrespondiert der Gedanke der »kulturelle[n] Symbolform[en]«[1197], der primär durch Ernst Cassirer (1874–1945) geprägt wurde. Symbol meint dabei ein sprachliches Zeichen, das sich nicht in einer bloß hinweisenden Funktion erschöpft, sondern durch das die »Bestimmung eines Inhalts«[1198] überhaupt erst möglich wird. Die Symbole als Sinnbild oder Bildwelten zu verstehen, bedeutet, sie als Erzählungen und Geschichten zu verstehen, die selbst wieder in größere Geschichten eingebettet sind. Das ›indem‹ verdeutlich, dass zwischen dem »subjektive[n] Erlebten«[1199] und der Deutungstradition eine »*interne* Beziehung«[1200] besteht und sich beides nicht

---

[1193] JUNG, MATTHIAS, Erfahrung und Religion. Grundzüge einer hermeneutisch-pragmatischen Religionsphilosophie, Univ., Habil.-Schr.-Frankfurt/Main, Freiburg (Breisgau) 1999, 274.
[1194] Ebd.
[1195] A. a. O., 264 (Hervorhebung im Original).
[1196] Ebd.
[1197] A. a. O., 263.
[1198] CASSIRER, ERNST, Philosophie der symbolischen Formen. Erster Teil. Die Sprache [1921], Hamburg 2001, 16.
[1199] JUNG, Erfahrung und Religion, 264.
[1200] Ebd. (Hervorhebung im Original).

fremd zueinander verhält. Erst durch die ›kulturellen Symbolformen‹ und in der Verknüpfung der Begriffe mit dem Erlebten wird Erfahrung ›fassbar‹ und in diesem Konkret-Werden wirklich. ›Indem‹ das Symbol mit dem Erlebten verknüpft wird, kommt es zur Erfahrung. Jung schließt daher eine Deutung aus, in welcher die Erfahrung als »Primärerlebnis«[1201] und der Prozess des Deutens als sekundär hinzukommendes Ereignis zu verstehen versucht wird. Vielmehr wird in der Verknüpfung von Symbol und Erlebnis eine Bestimmung des Erlebten erst möglich und damit ›fassbar‹.

Das Wirklich-Werden in der Verknüpfung von Erlebnis und Symbol bezeichnet damit den Akt, in dem sich das Subjekt selbst setzt. Das sich hierin ereignende Werden des Ichs in der Anwendung von zunächst nur tradierten Geschichten, die vorläufig ohne Bezug auf die eigenen Geschichten sind, meint jedoch keine Abwertung der »Perspektive der Ersten Person«[1202]. Denn die Prämisse, an der Jung festhält, lautet, dass das »bewusste Leben von jedem Individuum unvertretbar als sein eigenes gelebt werden muss«[1203]. Wie auch bei Hamanns hermeneutischen Überlegungen wird hier deutlich, dass der Mensch auf der einen Seite zwar auf Vorgegebenes angewiesen bleibt, dass aber die Aufnahme dessen andererseits dem je Einzelnen obliegt und darin seine Sonderstellung als Individuum gewahrt bleibt. Weil das Erlebte ohne Symbole »leer«[1204] und die Symbole ohne die Erfahrung »blind«[1205] bleiben, erfolgt in der Verknüpfung beider Momente die Setzung des Selbst. In dieser Setzung erhalten die Symbole ihren phänomenalen Gehalt durch das Erlebte desjenigen, der sich in der Verknüpfung von Symbolen und Erlebtem konstituiert. Dass der Mensch auf Vorgegebenes angewiesen bleibt, führt nun in der Deutung Jungs dazu, dass sich die »Perspektive der Ersten Person Singular«[1206] im Rückgriff und in Aufnahme gesellschaftlich geprägter Formen vollzieht. Demnach ist es das Vorhandensein der »Ersten Person *Plural*«[1207], welches den Möglichkeitsraum für das Ich liefert.

Das ›indem‹ aus der jungschen Definition für Erfahrung verweist auf die »Artikulation«[1208] als jenen Akt, in dem es zur Verknüpfung von Symbol und Erlebtem kommt. In ihr kommt es zum Übergang »vom Erlebnis zum Ausdruck und vom Ausdruck zum Erlebnis«[1209]. Diese Übergänge sind zugleich zu verstehen als »bedeutungsschaffende[...] Transformationen der Ersten Person Singular in die Erste Person Plural und umgekehrt«[1210]. Diese Beziehung steht

---

[1201] Ebd.
[1202] A. a. O., 268.
[1203] Ebd.
[1204] A. a. O., 264.
[1205] Ebd.
[1206] A. a. O., 274.
[1207] Ebd. (Hervorhebung im Original).
[1208] Ebd.
[1209] Ebd.
[1210] Ebd.

in der Spannung von Regel und Kreativität, insofern die Anwendung die Symbole variiert und in dieser Variation doch wieder auf das Vorgegebene angewiesen bleibt.

3.1.2 Wahr-Sein im Wahr-Werden

Durch die Anwendung der Zeichen und die Verstrickung in Geschichten kommt es demnach zur Erfindung des Selbst und der das Ich bestimmenden Wirklichkeit. Ereignet sich Wirklichkeit für das Subjekt im Gebrauch der Sprache und in der Verknüpfung von Symbol und Erlebtem, so korrespondiert mit dieser Vorstellung ein kontextbedingter Wahrheitsbegriff, der sich dem Gedanken des Wahr-Werdens verpflichtet weiß. Ein unbedingtes Wahr-Sein würde dem Ich nur erlauben, die Wahrheit zu re-konstruieren, während der jungsche Erfahrungsbegriff und die Rolle der Artikulation bei der Verknüpfung von Erlebtem und Symbol die Erschließung der Wahrheit als Konstruktion der Wahrheit zu denken nötigen. In der Konstruktion von Wahrheit greift der Rezipient auf ihm Vorgegebenes zurück. Sowohl die Zeichen und Geschichten als auch die Erlebnisse können als vorgegeben und als das Ich treffende Größen wahrgenommen werden. Damit zeichnet sich in den Prozess des Wahr-Werdens ein Moment der Passivität und Abhängigkeit ein, der dem Wahr-Werden wiederum Momente des Wahr-Seins zumutet. Denn die Geschichte, in die sich das Ich verstrickt, wird als wahr erlebt und damit als gegeben empfunden. Gerade weil Wahrheit für das Ich hier die Form des ›so ist es‹ annimmt, wird das Werden dieses Wahr-Seins verschleiert. Das Wahr-Sein wird damit als bedingt und nicht mehr als unbedingt gedacht, weil es sich in einem konkreten Kontext ereignet. Durch diesen Schritt von einem unbedingten zu einem bedingten Wahr-Sein liegt es nahe, Wahr-Sein nicht länger als starr und durch externe Größen gesichert zu denken.

Daher gilt es im Folgenden die Dynamik der Wechselwirkung vom bedingt gedachten Wahr-Sein zum immer schon als bedingt gedachten Wahr-Werden hin zur Beruhigung in einem neuen bedingten und kontextabhängigen Wahr-Sein zu skizzieren. Dies soll geschehen durch einen Blick auf das Sprachkonzept von Ludwig Wittgenstein und Charles Taylor.

3.2 Im Fluss der Sprache und Sprache im Fluss: Ludwig Wittgenstein

Die von Jung erarbeitete Vorstellung von Erfahrung und die damit einhergehende Dynamisierung des Wahrheitsbegriffs lässt sich mit einem Sprachkonzept, wie es von Steiner und Huizing vertreten wird, nicht realisieren. Ein solches Sprachmodell, Taylor nennt es »Designationstheorie«[1211], basiert letztlich auf der Annahme, dass Sprache die Wirklichkeit nur abbilde.[1212] In der

---

[1211] TAYLOR, Negative Freiheit?, 57.

[1212] Eine solche Position hat Wittgenstein im *Tractatus logico-philosophicus* ausgearbeitet (WITTGENSTEIN, LUDWIG, Tractatus logico-philosophicus, in: Ders., Tractatus logico-philosophicus. Werkausgabe Bd. 1, Frankfurt am Main, 1984, 7–85). Es gilt dann: »Der

Artikulation würde sich demnach die Erfahrung nicht realisieren, sondern nur auf die eigentliche Erfahrung hinweisend diese zum Ausdruck bringen. Wenn jedoch in der Verknüpfung von Geschichten und Zeichen auf der einen Seite und einem persönlichen Erleben auf der anderen Seite Erfahrung gemacht wird, dann muss die ›Designationstheorie‹ durch ein anderes Sprachmodell ersetzt werden. Bedingung dieses Modells müsste sein, dass es der Dynamik des jungschen Erfahrungsbegriffs entspricht.

Ein solches Sprachmodell findet sich bei Ludwig Wittgenstein und Charles Taylor, der in Wittgensteins Tradition steht. In seiner Schrift *Über Gewißheit* (ÜG) setzt Wittgenstein sich mit der Frage auseinander: »Worauf kann ich mich verlassen?«[1213] Die durch diese Frage angeregte Auseinandersetzung Wittgensteins mit der Tradition des Skeptizismus geschieht vor dem Hintergrund seiner »philosophischen Bemerkungen«[1214] innerhalb der *Philosophischen Untersuchungen*[1215] (PU). Zunächst wird Wittgensteins Sprachphilosophie aus den PU nachgezeichnet, bevor dann die Auswirkungen für den Skeptizismus aufgezeigt werden. Anschließend wird Taylors »Herder-Humboldt-Hamann-Theorie« diskutiert, bevor abschließend die Konsequenzen aus diesen Sprachmodellen für das Verhältnis von bedingtem Wahr-Sein und Wahr-Werden gezogen werden.

3.2.1 Spielerische Sprache

Wittgenstein unterstellt in seinen *Philosophischen Untersuchungen*, dass es eine »Analogie der Sprache mit dem Spiel«[1216] gebe. Was sich daher über das Spiel sagen lasse, könne aufgrund der Ähnlichkeit zwischen Sprache und

---

Name bedeutet den Gegenstand. Der Gegenstand ist seine Bedeutung« (A. a. O., 3.202). Dem Namen als einfaches Zeichen im Satz (vgl. ebd.) entspricht der Gegenstand als einfachster Bestandteil der Welt (a. a. O., 2.02). Zwischen Sprache und Welt gibt es eine Verbindung, da beide ähnlichen Strukturen folgen.

[1213] WITTGENSTEIN, LUDWIG, Über Gewißheit, in: Ders., Bemerkungen über die Farben. Über Gewißheit. Zettel. Vermischte Bemerkungen, Frankfurt am Main 1984, 508. Im Folgenden abgekürzt mit: ÜG. Dieser Text wurde posthum von G.E.M. Anscombe und G.H. von Wright herausgegeben. Diese Aufzeichnungen aus den letzten anderthalb Jahren in Wittgensteins Leben kreisen alle um die Frage nach dem, was gewiss sei, und stellen Wittgensteins Auseinandersetzung mit George E. Moores »common sense«-Theorie dar.

[1214] WITTGENSTEIN, LUDWIG, Philosophische Untersuchungen, in: Ders., Tractatus logico-philosophicus. Werkausgabe Bd. 1, Frankfurt am Main, 1984, 231 (im Folgenden abgekürzt mit PU).

[1215] In seiner Monografie *Zweifel und Gewissheit beim späten Wittgenstein* weist Siegfried C.A. Fay daraufhin, dass »Wittgensteins ÜG (die philosophische Stoßkraft dieses Werkes sowie seine Relevanz für die Auseinandersetzung mit dem Skeptizismus) [...] nur auf dem Hintergrund seiner gesamten Spätphilosophie verständlich« wird. (FAY, SIEGFRIED, C.A., Zweifel und Gewissheit beim späten Wittgenstein. Eine Einführung, Frankfurt am Main / Bern / New York 1992, 9).

[1216] WITTGENSTEIN, PU 83.

Spiel auch auf die Sprache übertragen werden. Auf diese enge Verknüpfung zwischen Sprache und Spiel weist auch der wittgensteinsche Terminus »Sprachspiele«[1217] hin. Um sich nun der Sprache zu nähern, wendet sich Wittgenstein zunächst den Spielen zu. Hier zeigt sich, warum man beispielsweise beim Fußball, beim Mensch-ärgere-dich-nicht und bei World of Warcraft von Spielen sprechen kann. Wittgenstein fragt nach den Möglichkeiten, wie der Begriff Spiel verwendet werden kann, eine Verschiebung, die er auch mit Blick auf die Sprache vornimmt. Somit geht es nicht um die Frage ›Was ist eine Sprache?‹, sondern darum, in welchen Fällen von Sprache gesprochen wird.

Wittgenstein postuliert zwischen den unterschiedlichen Spielen nun gerade nicht ein Wesensmerkmal, was allen zukommen würde, sondern er findet »ein kompliziertes Netz von Ähnlichkeiten, die einander übergreifen und kreuzen«[1218]. Diese ›Ähnlichkeiten‹ können auch als »Familienähnlichkeiten«[1219] bezeichnet werden, weil, wie bei den Spielen auch, »zwischen den Gliedern einer Familie [Ähnlichkeiten] bestehen: [beim] Wuchs, Gesichtszüge, Augenfarbe, Gang, Temperament, etc. etc.«[1220]. Wenn es Ähnlichkeiten sind, die dazu führen, dass der Begriff Spiel beispielsweise sowohl für Doppelkopf wie für Super Mario Bros. verwendet werden kann, dann verabschiedet sich die wittgensteinsche Philosophie mit seinen Betrachtungen vom Essenzialismus. Damit gibt er zugleich die Vorstellung auf, ein Begriff könne vollständig determiniert sein.[1221] Diesen Gedanken auf die Sprache übertragend, versucht Wittgenstein folgende Erklärung:

> »Statt etwas anzugeben, was allem, was wir Sprache nennen, gemeinsam ist, sage ich, es ist diesen Erscheinungen gar nicht Eines gemeinsam, weswegen wir für alle das gleiche Wort verwenden, – sondern sie sind miteinander in vielen verschiedenen Weisen *verwandt.*«[1222]

Die Beschreibung der Sprache als Verknüpfung von ›Ähnlichkeiten‹ und Verwandtschaftsverhältnissen dynamisiert die Sprache, weil diese nicht mehr auf wesentlichen Fundamenten aufzubauen hat. Der Gebrauch des Begriffs Sprache lässt sich damit auch nicht exakt abgrenzen, wie es bei der ›Designations-

---

1217 Die Verwendung dieses Begriffs ist bei Wittgenstein nicht eindeutig geregelt. Er kann von ›Sprachspielen‹ sprechen, wenn Kinder Sprache erlernen, er kann aber auch »von einer primitiven Sprache manchmal als einem Sprachspiel reden« (a. a. O., 7). Aber nicht nur diese Teilaspekte der Sprache können als »Sprachspiele« bezeichnet werden, denn er erklärt: »Ich werde auch das Ganze: der Sprache und der Tätigkeiten, mit denen sie verwoben ist, das ›Sprachspiel‹ nennen.« (PU 7).

1218 A. a. O., 66.

1219 A. a. O., 67.

1220 Ebd.

1221 Vgl. KOBER, MICHAEL, Gewissheit als Norm. Wittgensteins erkenntnistheoretische Untersuchungen in *Über Gewissheit,* Berlin 1993, 45f. (Hervorhebung im Original).

1222 WITTGENSTEIN, PU 65 (Hervorhebung im Original).

theorie‹ der Fall wäre, in der der Begriff seine Bedeutung durch ein bestimmtes und daher exakt eingrenzbares Phänomen gewinnt.

Die Vorstellung von Sprache verliert sich damit aber gerade nicht im Beliebigen, wie ein weiterer Blick auf die Verwendung des Begriffs ›Spiel‹ zeigt. Denn auch dieser ist nicht »überall von Regeln begrenzt«[1223]. In einem Spiel jedoch lässt sich nicht alles durch Regeln begrenzen, und obwohl es Regeln gibt, kommt es zu einem Spiel. Betrachtet man von diesem Gedanken aus beispielsweise ein Fußballspiel, so ist klar, dass hier zwar geregelt ist, wie viele Personen jede Mannschaft auf den Platz stellen darf, nicht jedoch, wie viel diese sich während des Spiels zu bewegen haben. Die Regeln geben einen Rahmen vor, innerhalb dessen es Gestaltungsmöglichkeiten gibt, und obwohl es aufgrund dieser Möglichkeiten Unschärfen in der Beschreibung des Spiels gibt, funktioniert es. Wittgenstein folgert daraus, dass die Begriffe Sprache und Spiel, gerade wenn es keine abschließende Begrenzung für ihren Gebrauch gibt, Begriffe mit »verschwommenen Rändern«[1224] sind.

Wenn die Verwendung des Begriffs Sprache nur ›verschwommen‹ geregelt ist und der Sprache nicht etwas Essenzielles eingeschrieben zu sein scheint, drängt sich die Frage auf, wie ein Wort dann seine Bedeutung erhält. Bei der ›Designationstheorie‹ wird die Bedeutung der Worte durch den Gegenstand garantiert, den das Wort vertritt. Sprache wäre demnach genau zu definieren als Abbildung der Wirklichkeit. Indem Wittgenstein jedoch nicht die Sprache, sondern die Verwendung des Begriffs Sprache in den Vordergrund rückt, deutet sich der entscheidende Perspektivwechsel schon an, der durch Wittgensteins *Philosophische Untersuchungen* angestoßen wurde. Denn für Wittgenstein ist »[d]ie Bedeutung eines Wortes [...] sein Gebrauch in der Sprache«[1225], zumindest »für eine *große* Klasse von Fällen«[1226]. Diese Einschränkung, die Wittgenstein seiner Erklärung beifügt, macht deutlich, dass es sich nicht um eine »allgemeine Wortbedeutungstheorie«[1227] handelt. Möchte man wissen, was ein Wort bedeutet, kann man sich – in vielen Fällen – den Gebrauch dieses Wortes anschauen.[1228] Und in seinem Gebrauch drückt sich seine Bedeutung aus. Kennt man demnach die Regel, nach der das Wort gebraucht wird, kennt man nach Wittgenstein auch seine Bedeutung.

Charles Taylor greift den Gedanken auf, dass Wörter ihre Bedeutung durch den Gebrauch erhalten, und arbeitet im Anschluss an Alexander von Humboldt (1769–1859) die dynamische Komponente der Sprache heraus.

[1223] A. a. O., 69.
[1224] A. a. O., 71.
[1225] A. a. O., 43.
[1226] Ebd. (Hervorhebung im Original).
[1227] Vgl. SAVIGNY, EIKE VON, Wittgensteins ›Philosophische Untersuchungen‹. Ein Kommentar für Leser, 1. Bd. Frankfurt am Main ^{2}1994, 88.
[1228] Vgl. WITTGENSTEIN, LUDWIG, Philosophische Grammatik, Werkausgabe Bd. 4, Frankfurt am Main 1984., 97; 89; 196; 184; 126f; 88.

Taylor betont, dass Sprache nicht bloß als »*ergon*«[1229], sondern viel eher als »*ernergeia*«[1230] aufgefasst werden müsse. Demnach muss die »Aktivität des Sprechens, innerhalb derer dieses System beständig erzeugt und verändert wird«[1231], berücksichtigt werden. Sprache darf nicht als etwas Starres gedacht werden, sondern als Prozess. Sprache ist in Bewegung: Diesen Gedanken versucht Taylor weiter zu explizieren und benennt dafür drei Aspekte. Zunächst gilt es zu beachten, dass in der Sprache etwas formuliert wird. Das heißt, »[d]urch Sprache können wir explizit bewusst machen, was wir zuvor nur implizit empfinden«[1232], denn durch Sprache werden Grenzen gezogen. Nur durch diese Grenzen können bestimmte Merkmale hervortreten, während andere nicht einfach verloren gehen, sondern in den Hintergrund treten. Die Dinge werden den Menschen durch Sprache bewusst, weil diese Grenzen zieht und damit die Dinge hervortreten lässt. Ihre Bedeutung gewinnen die Begriffe für Taylor nur »im Kontrast zu anderen Begriffen«[1233] und damit in ihrem Gebrauch.

Zweitens betont Taylor, dass durch die Sprache »Dinge an die Öffentlichkeit«[1234] gebracht werden. Sprache schafft einen »öffentlichen Raum«[1235], weil sie Dinge hervortreten lässt und damit die an der Sprache Beteiligten miteinander in Beziehung treten lässt. Schließlich weist Taylor darauf hin, dass das, was als grundlegend menschliches Anliegen betrachtet werden kann, nur in der Sprache enthüllt wird, weil der Mensch nur durch die Sprache Zugang zur Welt und anderen Menschen gewinnt. Daraus folgert Taylor, dass Sprache nicht nur artikuliert, sondern auch etwas zum Ausdruck bringt. Dieses »Zum-Ausdruck-Bringen«[1236] meint, dass durch die Sprache etwas, das erst durch die Sprache umgrenzt wurde, in den durch die Sprache erst geschaffenen öffentlichen Raum tritt und so eine Beziehung stiftet. Sprache hat damit eine »expressive Dimension«[1237], die sich gerade nicht im reinen Repräsentieren erschöpft. Damit wird deutlich, dass Sprache nicht als isoliertes Phänomen gedeutet werden kann. Sprache muss nach Taylor »zusammen mit expressiven Gesten und verschiedenen Medien der Kunst, [als] Teil eines breiten Spektrums: des gesamten Spektrums all dessen, was Cassirer als ›symbolische Form‹ bezeichnet hat«[1238], gesehen werden.

Wiederum mit Blick auf Wittgenstein stellt sich die Frage, was es bedeutet, einer Regel zu folgen, da diese Fragestellung sowohl für Wittgensteins als

---

1229 Taylor, Negative Freiheit?, 63 (Hervorhebung im Original).
1230 Ebd. (Hervorhebung im Original).
1231 Ebd.
1232 A. a. O., 64.
1233 A. a. O., 66.
1234 A. a. O., 67.
1235 A. a. O., 68.
1236 A. a. O., 76.
1237 A. a. O., 77.
1238 A. a. O., 83.

auch für Taylors Überlegungen bedeutsam ist. Wittgenstein erklärt: »Einer Regel folgen, eine Mitteilung machen, einen Befehl geben, eine Schachpartie spielen sind *Gepflogenheiten,* Gebräuche, Institutionen.«[1239] Und daher heißt es auch: »[E]ine Sprache vorstellen heißt, sich eine Lebensform vorstellen.«[1240] Wenn das Befolgen der Regeln bedeutet, einer bestimmten ›Gepflogenheit‹ nachzugehen, stellt sich die Frage, wie es zur Kenntnis und Annahme dieser Gepflogenheit kommt. »[I]ch bin zu einem bestimmten Reagieren auf dieses Zeichen abgerichtet worden, und so reagiere ich nun.«[1241] Wer einer Regel folgt, der geht einer ›Gepflogenheit‹ nach, und dies geschieht, weil er darauf ›abgerichtet‹ wurde. Das Erlernen der Sprache vollzieht sich in einem Prozess, in dem man diese Sprache und damit eine bestimmte Lebensform erlernt. Dieses Erlernen ereignet sich durch Training, indem die Grundregeln des Spiels übernommen werden müssen. Die Regel wird richtig befolgt, wenn sich entsprechend der Gepflogenheiten verhalten wird und wenn die Menschen in der Sprache übereinstimmen. Und »[d]ies ist keine Übereinstimmung der Meinung, sondern der Lebensform«[1242]. Und weiter: »Zur Verständigung durch die Sprache gehört nicht nur eine Übereinstimmung in den Definitionen, sondern (so seltsam dies klingen mag) eine Übereinstimmung in den Urteilen.«[1243] Weil der Mensch mit anderen Menschen die Lebensform teilt und mit ihnen in den Urteilen übereinstimmt, kommt es zu so etwas wie Regelfolge, und es zeigt sich gerade im Verhalten und damit in der Reaktion, ob verstanden wurde, mit welcher Gepflogenheit auf dieses oder jenes reagiert wurde.[1244] Sprache, so kann mit dem Wittgensteinforscher Andreas Krebs gesagt werden, ist demnach »eine regelgeleitete Praxis«[1245].

Die Erklärung, dass jenem, was man gewöhnlich Sprache nennt, nicht eine wesensmäßige Sache eigen ist, sondern dass es sich dabei um Ähnlichkeiten handelt, zeigt, dass Wittgenstein keine abschließende und umfassende Erklärung von Sprache zu geben bereit ist. Dies wurde bereits als Abschied vom Essenzialismus gedeutet, was sich durch Wittgensteins weitere Überlegungen bestätigen lässt: »Habe ich die Begründung erschöpft, so bin ich nun auf dem harten Felsen angelangt, und mein Spaten biegt sich zurück. Ich bin dann geneigt zu sagen: ›So handle ich eben.‹«[1246] Die Begründungsversuche für die ›Gepflogenheiten‹ haben ein Ende und damit gibt es keine Rechtfertigung

---

[1239] Wittgenstein, PU 199 (Hervorhebung im Original).
[1240] A. a. O., 19.
[1241] A. a. O., 198.
[1242] A. a. O., 241.
[1243] A. a. O., 242.
[1244] »›Einer Regel folgen‹ bedeutet demnach (dies ist ein logischer Aspekt), eine Handlung innerhalb einer gemeinschaftlichen Praxis auszuführen« (Kober, Gewissheit als Norm, 69).
[1245] Krebs, Andreas, Worauf man sich verlässt. Sprach- und Erkenntnisphilosophie in Ludwig Wittgensteins ›Über Gewissheit‹, Würzburg 2007, 47.
[1246] Wittgenstein, PU 217.

für die Sprache.[1247] Wittgensteins Gedanke, dass Wörter ihre Bedeutung durch den Gebrauch erhalten und sie damit kontextgebunden sind, führt zu der Einsicht, dass die Erklärungsversuche zu einem Ende kommen und Sprache nur als bedingt, nicht jedoch als unbedingt gedacht werden kann. Mit Wittgenstein begegnet ein Philosoph, der ein Denken in Bewegung vertritt und mit dessen Hilfe daher die Frage nach dem, was als gewiss und verlässlich zu gelten hat, neu gestellt werden kann.

3.2.2 Im Wechselspiel

Die Position des Skeptikers setzt eine dogmatische Meinung voraus. Diese Einsicht konnte im Anschluss an Sextus Empiricus formuliert werden und findet sich auch bei Wittgenstein, wenn dieser in *Über Gewissheit* erklärt: »Das Spiel des Zweifelns selbst setzt schon die Gewissheit voraus.«[1248] Skepsis ist demnach bedingt, »der Zweifelt beruht nur auf dem, was außer Zweifel ist«[1249]. Gerade das, was nicht infrage steht, gibt den Rahmen für die Möglichkeit, etwas infrage zu stellen. Auf die Sprache übertragen, in welcher es zum Spiel des Infrage-Stellens kommen kann, bedeutet dies, dass immer schon ein ›Sprachspiel‹ beherrscht werden muss, wenn gezweifelt werden soll.[1250] Skepsis als bedingt zu denken, erfordert neben der Anerkennung eines zu akzeptierenden Rahmens, der das Zweifeln ermöglicht, auch der Notwendigkeit gewahr zu werden, dass Gründe angeführt werden müssen, die erklären, warum gezweifelt wird.[1251] Demnach bedarf es eines Kontextes, innerhalb dessen es zur Skepsis kommen kann, und es bedarf der Gründe, warum das Spiel der Skepsis in Gang gesetzt wird. Die Abhängigkeit des Zweifelns von einem anerkannten Kontext erklärt Wittgenstein auch, indem er schreibt: »Die *Fragen*, die wir stellen, und unsere *Zweifel* beruhen darauf, dass gewisse Sätze vom Zweifel ausgenommen sind, gleichsam die Angeln, in welchen jene sich bewegen.«[1252] Die fundamentale Bedeutung dieser ›Angel‹-Sätze liegen nach Michael Kober gerade darin, dass sie »zu den normativen Fundamenten der Sprachspiele«[1253] gehören und damit »Teil der konstitutiven Bedingungen dieser Sprachspiele«[1254] sind.

[1247] »Das den philosophischen Problemen zugrunde liegende Missverständnis ist die Annahme, die Sprache habe eine Grundlage außerhalb des Sprachgebrauchs« (KIM, HWA-KYUNG, Gewissheit und Skeptizismus, Neue Untersuchungen und Einsichten zu alten Zweifeln, Hamburg 2006, 206).

[1248] WITTGENSTEIN, ÜG 115.

[1249] A. a. O., 519.

[1250] Vgl. KIM, Gewissheit und Skepsis, 39.

[1251] Vgl. a. a. O., 41.

[1252] WITTGENSTEIN, ÜG 341. (Hervorhebung im Original).

[1253] KOBER, Gewissheit als Norm, 200f.

[1254] Ebd.

Skepsis wird für Wittgenstein durch die Erklärung »Ich habe ein Weltbild«[1255] ermöglicht. Dieses ›Weltbild‹ bezeichnet den »überkommene[n] Hintergrund, auf welchem ich zwischen wahr und falsch unterscheide«[1256]. Die Sätze, mit denen dieses Weltbild beschrieben wird, bilden ein System und gehören »zu einer Art Mythologie«[1257]. Die hier versammelten Geschichten bilden den Kontext, innerhalb dessen es zu Zweifeln und Fragen kommen kann. Das ›Weltbild‹ bildet den Rahmen sowohl für die Skepsis als auch für die Begründung und Erklärung. Denn jede »Prüfung, alles Bekräften und Entkräften einer Annahme geschieht schon innerhalb eines Systems«[1258]. Die Sätze eines ›Weltbildes‹ können von hier aus als notwendige Voraussetzung der Skepsis gedacht werden. Durch die das ›Weltbild‹ prägenden Geschichten wird auch der Rahmen dafür vorgegeben, was als wahr und falsch und was als vernünftig gelten kann.[1259] Eine ähnliche Aufgabe sprach Wittgenstein der ›Lebensform‹ in den *Philosophischen Untersuchungen* zu. »Richtig und falsch ist, was Menschen *sagen*; und in der *Sprache* stimmen die Menschen überein. Dies ist keine Übereinstimmung der Meinungen, sondern der Lebensform.«[1260] Die Verwendung der Begriffe ›Weltbild‹ und ›Lebensform‹ scheinen daher ›verwandt‹ zu sein.[1261] Die Gewissheiten, welche sich im Weltbild und der Lebensform ausdrücken, sind selbst jedoch nicht wahr oder falsch. Vielmehr »*konzeptualisieren* [sie] *die Welt*«[1262]. Zweifel und Wissen brauchen diesen Hintergrund, durch den vorgegeben wird, was als begründeter Zweifel und als begründetes Wissen gelten kann.

Bewegung scheint nur vor dem Hintergrund bestimmter normgebender Geschichten möglich. Jedoch sind die mit diesen Geschichten gesetzten Gewissheiten nicht als unbedingt zu denken, sodass auch sie letztlich als dynamische Größen gedeutet werden müssen. Um die dem ›Weltbild‹ eigene Beweglichkeit zu beschreiben, nutzt Wittgenstein einen Vergleich. Die »Mythologie«[1263], als die er das ›Weltbild‹ auch bezeichnen kann, und das Wechselspiel von beweglichen und weniger beweglichen Geschichten, erläu-

---

[1255] WITTGENSTEIN, ÜG 162.

[1256] A. a. O., 94.

[1257] A. a. O., 95.

[1258] A. a. O., 105.

[1259] »Gegen die Skepsis hilft keine Widerlegung der Skepsis, sondern nur der Hinweis darauf, dass rationales Denken *und* Skeptizismus auf einem Untergrund des Glaubens ruhen« (GEBAUER, GUNTER, Wittgensteins Anthropologisches Denken, München 2009, 239. (Hervorhebung im Original))

[1260] WITTGENSTEIN, PU 241. (Hervorhebungen im Original).

[1261] Kober sieht den Unterschied beider darin, dass der Begriff ›Lebensform‹ sich stärker auf die zum Sprachspiel gehörenden Handlungen bezieht, wohingegen der Begriff ›Weltbild‹ eher den epistemischen Gehalt, der zu den Sprachspielen gehört, meint (KOBER, Gewissheit als Norm, 154).

[1262] A. a. O., 208 (Hervorhebung im Original).

[1263] WITTGENSTEIN, ÜG 97.

tert er mit Blick auf das Wechselspiel von Flussbett und Fluss. Die Steine des Flussbettes geben dem Fluss einen Rahmen und bilden die äußere Umgrenzung. Wittgenstein meint, der Fluss selbst sei von dem Flussbett zu unterscheiden, »obwohl es eine scharfe Trennung der beiden nicht gibt«[1264]. Denn das Flussbett prägt den Fluss, zugleich jedoch wirkt der Fluss auf das Flussbett ein und prägt dieses. Es gibt eine Wechselwirkung zwischen Fluss und Flussbett. Das Flussbett und das Ufer unterliegen »keiner oder einer unmerkbaren Änderung«[1265], im Gegensatz zum Fluss. Und doch kann »[d]ie Mythologie [...] wieder in Fluß geraten, das Flußbett der Gedanken sich verschieben«[1266], denn eine ›scharfe Trennung‹ kann nicht vorgenommen werden und es gibt eine ständige Wechselwirkung. Das Wechselspiel von Hintergrundgeschichten und Geschichten führt zu einer Dynamik, welche sich auf das gesamte Konstrukt auswirkt. Auch wenn jene, die Mythologie bestimmenden Geschichten, sich scheinbar nicht bewegen, wirken die Geschichten, die nur vor dem Hintergrund dieser mythologischen Geschichten als sinnvoll erscheinen können, auf das ›Weltbild‹ ein und können dies ändern.

Die Vernetzung von Fluss und Flussbett, von festen Meinungen und beweglichen Ansichten, kommt auch zum Ausdruck, wenn Wittgenstein meint sagen zu können, dass die Grundmauern »vom ganzen Haus getragen«[1267] sind. Trägt aber das Haus die Grundmauern und die Grundmauern das Haus, zeigen sich die Abhängigkeit und Verwobenheit beider. Durch das System des ›Weltbilds‹ wird überhaupt erst der Raum geschaffen, in dem eine Geschichte Sinn ergeben kann. Nur in diesem Raum und unter den durch den Raum geschaffenen Voraussetzungen kann es Wissen und Skepsis geben. Dieser Raum bleibt jedoch gerade aufgrund seines Bedingt-Seins nicht unberührt von den Geschichten, die in ihm erzählt werden. Diese Rückwirkung der beweglichen Ansicht auf die scheinbare feste Meinung führt daher zu einem Prozess der Veränderung, der das gesamte System betrifft.

Das ›Weltbild‹ wird demnach nicht abgesichert durch eine Größe außerhalb des ›Weltbildes‹. Es gibt kein allgemeingültiges Fundament, das man durch eigene rationale Anstrengungen zu erreichen versuchen könnte und von dem aus sich die gesamte Welt erschließen ließe. Gelangt man nicht durch eigene rationale Operationen zur Erkenntnis, drängt sich die Frage auf, wie es dann geschieht, dass man ein bestimmtes ›Weltbild‹ übernimmt. Sprache, so zeigt es sich in den *Philosophischen Untersuchungen,* wird durch Abrichten gelernt. Man wird getrimmt, Sprache auf eine bestimmte Art zu verwenden. Gleiches gilt für das Urteilen: »Ich habe von Kind auf so urteilen gelernt. *Das ist* Urteilen.«[1268] Sprache und Urteilen – beides erhält seine Bedeu-

[1264] Ebd.
[1265] A. a. O., 99.
[1266] A. a. O., 97.
[1267] A. a. O., 248.
[1268] A. a. O., 128 (Hervorhebung im Original).

tung und Funktion nur innerhalb eines Systems. Die Grundlagen, die Fundamental-Geschichten übernimmt man, indem man anderen glaubt. »Ich glaube, was mir Menschen in einer gewissen Weise übermitteln. [...] So *lerne* ich Wissenschaften. Ja, lernen beruht natürlich auf glauben.«[1269] Das Ich muss den ›Angel‹-Sätzen, die durch den Lehrer und damit die Anderen vermittelt werden, glauben. Aus diesen Sätzen bildet sich dann ein System[1270], ein »Nest von Sätzen«[1271], in dem »sich Folgen und Prämissen *gegenseitig* stützen«[1272]. Der Unterschied zwischen Sätzen, die man glaubt, und Sätzen, die man weiß, liegt für Wittgenstein darin, dass man in der Lage ist, für letztere eine Rechtfertigung zu geben, die auf den geglaubten Sätzen aufbaut, für welche man dann jedoch keine Rechtfertigung mehr liefern kann.[1273] Weder die Welt noch der »Geist«[1274] oder die Vernunft begründen ein ›Weltbild‹. Im Gegenteil: »Einmal muss man von der Erklärung auf die bloße Beschreibung kommen.«[1275] Für die Sprachspiele bedeutet das letztlich: Das Sprachspiel »ist nicht begründet. Nicht vernünftig oder unvernünftig. Es steht da – wie unser Leben.«[1276]

Das ›Weltbild‹ muss geglaubt werden, da es keine Rechtfertigung gibt. Es ist bedingt. Fragt man nun, wie man die Sätze erlernt, welche sich zum ›Weltbild‹ formen, so erklärt Wittgenstein: »Wir lernen mit der gleichen Unerbittlichkeit, dass dies ein Sessel ist, wie dass 2x2=4 ist.«[1277] Denn: »Es muss uns etwas als Grundlage gelehrt werden.«[1278] Im ›Abrichten‹ oder – mit Kober gesprochen – durch »*Konditionierung*«[1279] kommt es zur Annahme bestimmter Sätze und Geschichten, welche das ›Flussbett‹ des Denkens bilden.

3.2.3 Im Wechselspiel von Wahr-Sein und Wahr-Werden

Die wittgensteinschen Einsichten, die sich im Begriff ›Angel‹-Sätze bündeln, lassen sich in die von Schapp kommende Rhetorik übertragen und erlauben es, zwischen ›Angel‹-Geschichten und Geschichten zu unterscheiden. Die damit einhergehenden Konsequenzen für die Vorstellung von Wahrheit und Ich gilt es im Folgenden zu explizieren. Dabei wird eine Position entwickelt, welche als Antwort auf die eingangs gestellte Frage ›Was ist Wahrheit?‹ gewertet wird, die eine Alternative zu Härles »Korrespondenztheorie der Wahr-

---

1269 A. a. O., 170 (Hervorhebung im Original).
1270 Vgl. a. a. O., 144.
1271 A. a. O., 225.
1272 A. a. O., 142 (Hervorhebung im Original).
1273 » ›Ich weiß es‹, sage ich dem Anderen; und hier gibt es eine Rechtfertigung. Aber für meinen Glauben gibt es keine.« A. a. O., 175.
1274 »Vergiß diese transzendente Sicherheit, die mit deinem Begriff des Geistes zusammenhängt.« A. a. O., 47.
1275 A. a. O., 189.
1276 A. a. O., 559.
1277 A. a. O., 455.
1278 A. a. O., 449.
1279 KOBER, Gewissheit als Norm, 164 (Hervorhebung im Original).

heit«[1280] darstellt. Die Deutung der Wahrheit als Wahr-Werden erfordert dabei ein Denken, das sich die Rolle des Kontextes bewusst macht und damit sowohl das eigene Bedingt-Sein als auch die im Bedingt-Sein angelegte Möglichkeit der Veränderlichkeit und der Bewegung mitreflektiert. In der Entstehung der Wahrheit, so zeigte sich, sind Momente des Wahr-Seins enthalten, was es ebenso zu berücksichtigen gilt wie die Abhängigkeit dieses Wahr-Seins vom Kontext und die damit gegebene Einsicht, dass auch das Wahr-Sein als bedingt zu gelten habe.

Der Vorstellung, dass im Denken oder durch den Glauben ein allgemeines Fundament gegeben sei, von dem aus das Ich die Welt und die Wahrheit entdecke, wird die These entgegengestellt, dass sich das Ich erst in der Verstrickung mit Geschichten und Zeichen ereignet. Als Fundament kann daher nicht ein allgemeiner, letztlich unbedingter Punkt angenommen werden. Solch ein Fundament besteht allein aus Geschichten. Diese können ›Angel‹-Geschichten und Geschichten sein. ›Angel‹-Geschichten liefern die Rahmenbedingung, und die mit ihnen einhergehende Grundverstrickung kann gerade deshalb als fundamental gelten, weil sie den Kontext bildet, innerhalb dessen von wahr und falsch gesprochen wird. Anders jedoch als ein allgemeines Fundament, das von einem Denken des Unbedingten herkommt und dem im Unbedingten eine Absicherung zugedacht wird, können die ›Angel‹-Geschichten nicht bewiesen und letztgültig abgesichert werden.

Im Erzählen ereignet sich die Verstrickung, durch welche das Ich entsteht. Das Erzählen bildet dabei keine Größe und setzt kein Subjekt voraus, welches vor oder außerhalb der Verstrickung existieren würde. Der jungsche Erfahrungsbegriff besagt, dass in der Artikulation die Erfahrung stattfinden würde, was ähnlich auch für die Verstrickung zu postulieren ist. Denn im Akt des Erzählens setzt sich die Verstrickung, und in dieser Verstrickung ereignet sich das Ich, welches wie das Erzählen und die Verstrickung nur in einer Geschichte zugänglich ist. Damit ist auch gesagt, dass der Umgang, die Annahme oder Ablehnung einer Geschichte, wie das Ich selbst sich nur in einer Erzählung ereignen kann, wie die Erfahrung im Akt der Artikulation. Die Struktur der deutschen Sprache, die einer Tätigkeit immer ein Subjekt zuordnet, scheint zu implizieren, dass das Subjekt ist. Setzt sie damit ein Sein des Subjektes, das über den Akt der Tätigkeit hinausreicht, oder ereignet sich in der Tätigkeit das Subjekt-Sein? Sowohl mit Schapp als auch mit Wittgenstein lässt sich sagen, dass die Annahme eines ontologisch und dauerhaften Subjektes über den Akt der Tätigkeit hinaus zwar ein Postulat ist, jedoch als Postulat im Sinne eines ›Angel‹-Satzes zu denken sei. Demgemäß bleibt festzuhalten, dass sich im Erzählen und damit in der Verstrickung das Ich ereignet, das außerhalb dieses Ereignisses nicht ist. Der Zugang zu diesem Ich über Geschichten muss zugleich als Setzung dieses Ichs gedacht werden.

[1280] HÄRLE, Das christliche Verständnis der Wahrheit, 64.

Gibt es demnach kein Außerhalb der Geschichten, so korrespondiert diese Einsicht mit Hamanns Gedanken, dass die Zeichen unhintergehbar seien. Ein unbedingter Punkt und eine unbedingte Größe außerhalb der Zeichen können daher nicht angenommen werden. Die Geschichten sind demnach bedingt und von Kontexten abhängig zu denken. Die ›Angel‹-Geschichten setzen demnach einen Rahmen, aber die innerhalb dieses Kontextes erzählten Geschichten können auf die ›Angel‹-Geschichten rückwirken, sodass diese wie das ›Flussbett‹ durch den Fluss in Bewegung geraten können. Dieses Wechselspiel von Geschichten stellt die Frage, wie wahr und un-wahr zu verstehen sind. Unwahr erscheint eine Geschichte, wenn sie dem in der ›Angel‹-Geschichte angegebenen Rahmen und der damit gesetzten Logik widerspricht. Un-wahr kann darüber hinaus eine Geschichte charakterisieren, deren Momente des Fremden nicht in andere Verstrickungen, in denen sich das Ich setzt, eingefügt werden. Die Geschichte sagt dem Ich nichts, weil es entweder keine Anknüpfungspunkte zu anderen Geschichten gibt oder weil das Fremde in dieser Geschichte nicht zu einer das Ich konstituierenden Geschichte gemacht werden soll. Die Nicht-Verstrickung stellt eine Verstrickung dar, in der das Ich wird, aber eben in Ablehnung und nicht in Aufnahme des Fremden jener Geschichte. Auch das Adjektiv ›wahr‹ kann in dieser doppelten Weise gebraucht werden. Zum einen kann damit einer Geschichte zugesprochen werden, dass sie im Rahmen der gültigen ›Angel‹-Geschichte verläuft, zum anderen kann hier ein Wechselspiel zwischen Geschichten angedeutet sein. Denn eine Geschichte, die als wahr gilt, kann auch eine Geschichte sein, welche die Funktion einer ›Angel‹-Geschichte neu übernimmt. Sie wird wahr, weil sie derart verstrickt wird, dass die Geschichten, über welche sich das Ich konstituiert, in ihr auf- und mitgenommen werden, während andere Geschichten an Bedeutung verlieren. Das Fremde in ihr wird nicht abgelehnt, sondern aufgenommen und ermöglicht eine Neuinterpretation der bekannten Geschichten.

Hamann weist darauf hin, dass das Ich auf Anderes angewiesen ist. Das Wechselspiel von Geschichten, wie es hier beschrieben wird, baut auf dieser These auf. Ohne das Vorhanden-Sein von Geschichten und damit ohne die Abhängigkeit von Fremden und Fremdem kann es kein Ich geben. Gleichzeitig kann das Wahr-Sein nur noch als bedingt und damit als kontextgebunden in den Blick kommen. Denn die ›Angel‹-Geschichten sind Geschichten und daher bedingt. Jedoch setzen sie ein Wahr-Sein, das Gültigkeit beansprucht, obgleich dies nicht durch ein Unbedingtes bewiesen oder abgesichert werden kann. Das Wahr-Sein als Charakteristikum der ›Angel‹-Geschichten kann jedoch, bedingt durch das Geschichte-Sein, in Bewegung versetzt werden, weil die Geschichten, für welche dieses den Rahmen bildet, auf sie zurückwirken können. Das Wahr-Sein muss demnach als aus einem Wahr-Werden kommend und in ein Wahr-Werden übergehend gedacht werden. Nicht die Übereinstimmung von ›res‹ und ›intellectus‹ muss als Wahrheit gedacht werden, sondern das kontextgebundene Wechselspiel von Wahr-Werden und Wahr-Sein.

VII. GESCHICHTEN DES GLAUBENS UND SUCHENS

›Was ist Wahrheit?‹ Mit dieser Frage des johanneischen Pilatus wurde die Suche nach einer Möglichkeit begonnen, wie sich das Ich in der Welt orientieren kann. Zunächst wurden Denken, Suchen und Glauben als drei unterschiedliche Strategien erprobt, durch die Orientierung für das Ich in der Welt entweder am Unbedingten oder in Bewegung möglich wird. Die sich anschließende Lektüre von Johann Georg Hamann und die daraus gewonnen Einsichten zur Hermeneutik und Semiotik haben aufgezeigt, wie ein Denken in Bewegung das Ich von anderem und anderen her zu denken versucht. Dabei ging es vor allem darum, eine Möglichkeit zu eruieren, wie eine christliche Orientierung im Sinne eines Sich-Einlassens und Sich-Hinwendens zum Anderen gedacht werden kann. Es wurde deutlich, dass ein Denken vom Unbedingten her, eine Hinwendung zu einer der eigenen Weltkonzeption fremden Vorstellung und damit zu anders denkenden Menschen insofern erschwert wird, als durch das Unbedingte ein absolutes Kriterium vorgestellt wird, durch welches alles andere, diesem Kriterium nicht entsprechende als un-wahr angesehen werden muss. Um dieses Moment der Ausgrenzung und den darin enthaltenen Machtanspruch zu vermeiden und um eine Möglichkeit zu finden, wie das Ich auf Andere eingehen kann, ohne diesen die eigenen Vorstellungen aufzwingen zu müssen, wurde das Denken der Bewegung, das zugleich ein Denken in Bewegung ist, erprobt, zunächst in Auseinandersetzung mit den antiken Skeptikern, dann mit Johann Georg Hamann. Da die Orientierung des Ichs als Orientierung an der Wahrheit interpretiert wurde, sollte ein dieser Denkfigur entsprechender Wahrheitsbegriff entwickelt werden. Wie in Kapitel sechs aufgezeigt, muss Wahrheit somit als dynamischer Prozess verstanden werden, der in einem zirkulären Wechsel von Wahr-Werden und Wahr-Sein jenen Rahmen vorgibt, innerhalb dessen das Ich versuchen kann, sich in der Welt zu orientieren. Entscheidend für diesen Wahrheitsbegriff ist die Einsicht, dass sich Ich, Welt und Orientierung durch die ›Artikulation‹ und damit in einer Sprachhandlung ereignen. Mit Schapp kann daher gesagt werden, dass sich das Ich durch die Verstrickung in Geschichten verwirklicht und in der Verstrickung sich orientierend in der Welt bewegt.[1281] Wenn sich das Ich in Ge-

[1281] Siehe Kap. VI.

schichten ereignet und durch das Erzählen von Geschichten in der Welt orientiert, können Skepsis und Glaube gedeutet werden als Geschichten, in denen das Ich seinen Umgang mit fremden, unbekannten Geschichten erzählt. Erzählungen können dann als fremd gelten, wenn sie mit Gedanken oder Wahrheitsansprüchen auftreten, welche dem Ich unbekannt sind. Dabei sind Skepsis und Glaube Erzählstrategien – und damit Geschichten –, mit denen jeweils ein besonderer Umgang mit fremden Geschichten ermöglicht wird. Dies gilt es abschließend auszuarbeiten, womit zum einen die besondere Nähe von Glaube und Skepsis deutlich wird und zum anderen der Glaube als jene Geschichte vorgestellt wird, in welcher ein Sich-Einlassen auf Fremdes gelingt. Dies geschieht in Aufnahme und Fortschreibung von Odo Marquards Skepsis sowie der Überlegungen von Henning Luther und Martin Luther zum Glauben.

1. Skeptische Verstrickung

1.1 Gewaltfreie Skepsis: Odo Marquard

Die Grundthese von Odo Marquards skeptischer Position findet sich in dem Gedanken, »[d]er Mensch [sei] das Zeitmangel-Wesen«[1282]. Dieser Mangel, das sogenannte *»vita-brevis-Argument«*[1283], gibt den Grund an, warum der Mensch die Traditionen und Geschichten, in die er hineingeboren ist und durch die er wird, nicht beliebig ändern kann. Das Leben wäre für eine solch fundamentale Um- und Neuschreibung schlicht zu kurz: »Weil wir zu schnell sterben für totale Änderungen und totale Begründungen, brauchen wir Üblichkeiten«[1284]. Der Mensch ist damit auf Vorgegebenes angewiesen und muss daran anknüpfen. Dies führt bei Marquard zum »Abschied vom Prinzipiellen«.[1285] Die Notwendigkeit eines vorgegebenen Kontextes charakterisiert das ›Zeitmangel-Wesen‹ als ein angewiesenes Geschöpf, das aus etwas hervorgeht, das es selbst nicht ist, sodass es sich von Anderen sagen lassen muss, wer es sei. Die marquardschen ›Üblichkeiten‹ knüpfen bei den akademischen Wahrscheinlichkeiten an und machen wie diese deutlich, dass es keine letztgültige Begründung und daher auch nichts ›Prinzipielles‹ gibt.

Indem sich die Skepsis bei Marquard vom ›Prinzipiellen‹ verabschiedet, wird sie zum *»Sinn für Gewaltenteilung«*[1286] bis hin zur »Teilung auch noch

[1282] Marquard Odo, Kleine Anthropologie der Zeit, in: Ders., Individuum und Gewaltenteilung. Philosophische Studien, Stuttgart 2004, 9.
[1283] Halbmayr, Alois, Lob der Vielfalt. Zur Kritik Odo Marquards am Monotheismus, Wien 2000, 23. (Hervorhebung im Original).
[1284] Marquarad, Odo, Abschied vom Prinzipiellen. Auch eine autobiographische Einleitung, in: Ders., Abschied vom Prinzipiellen, Stuttgart 2005, 17.
[1285] Vgl. a. a. O., 4–22.
[1286] A. a. O., 19 (Hervorhebung im Original).

jener Gewalten, die die Überzeugungen sind«[1287]. Die Vorstellungen selbst werden von Marquard als Gewalten gedeutet, Gewalten, welche die Skepsis aufbricht, indem sie ihre Relativität aufzeigt. Vorstellungen und Geschichten können als Gewalten verstanden werden, weil durch sie ein Wahrheitsanspruch gesetzt wird, der zunächst andere Ansprüche negiert. Den Skeptiker charakterisiert gerade nicht, dass er sich zu keiner Meinung entschließen kann, sondern dass er zu viele Meinungen und Positionen vertritt. Marquard erklärt:

> »[Der] Skeptiker ist einer, der zweifelt, weil er mehrere – mindestens, wie das Wort Zweifel sagt, zwei – Seelen in seiner Brust, mehrere – mindestens zwei – Tendenzen in seinem Leben, mehrere – mindestens zwei – Geschichten in seiner Wirklichkeit hat, und der mehrere – mindestens zwei – Positionen vertritt, die einander durch ›isosthenes diaphonia‹ neutralisieren.«[1288]

Demnach ist es nicht eine Verstrickung, sondern es sind ›mehrere‹ Verstrickungen in Geschichten, über die sich das Ich ereignet. Von Marquard kommend rückt das Verhältnis dieser unterschiedlichen Geschichten als einander wechselseitig korrigierend in den Blick, denn die Skepsis erzählt von diesen unterschiedlichen Verstrickungen. Neben eine Verstrickung tritt damit mindestens eine zweite, sodass diese ihren Geltungsbereich in der skeptischen Erzählung wechselseitig einschränken.

Damit ist das Grundgerüst des marquardschen Skeptizismus umrissen. Dem Menschen mangelt es an Zeit, sodass er »auf Vizelösungen, auf die zweitbesten Möglichkeiten, auf das, was nicht das Absolute ist«[1289], angewiesen ist. Deshalb sind »wir Menschen [...] stets mehr unsere Zufälle als unsere Wahl.«[1290] Von dieser Einsicht kommend, wird die Skepsis zum ›Sinn für Gewaltenteilung‹, nach der sich die Geschichten in ihrem Geltungsbereich wechselseitig begrenzen. Damit steht die Frage aus, inwiefern die Skepsis auf diese Weise kompensatorisch wirkt, denn gerade durch diese Ausrichtung wird die marquardsche Skepsis für die hier behandelte Aufgabe interessant, weil sich der Mensch durch sie orientieren kann.

1.2 Freiheit durch Geschichten

Marquard erörtert in seinem Vortrag »Lob des Polytheismus«[1291] aus dem Jahre 1976 die Frage, welche Rolle der Mythos für die Gegenwart spielt. Im Folgenden wird es dadurch möglich, die von Schapp kommende Rede vom Ver-

---

[1287] Ebd.

[1288] Marquarad, Odo, Skepsis in der Moderne, 51f.

[1289] Marquard, Kleine Anthropologie der Zeit, 14.

[1290] A. a. O., 17.

[1291] Vgl. Textnachweis in: Marquard, Abschied vom Prinzipiellen, 147.

strickt-Sein in Geschichten weiter aufzugreifen.[1292] Marquard stellt zunächst fest, dass es im Blick auf den Mythos zwei Formen des Umgangs gebe. Im Anschluss an Wilhelm Nestle (1865–1959) könne man sich *Vom Mythos zum Logos* bewegen oder mit Rudolf Bultmann (1884–1976) sich der »Entmythologisierung«[1293] widmen. Beiden Positionen liegt die Annahme zugrunde, dass der Mythos überwunden wird.

> »Mythos – was immer er sonst noch sein mag – ist dann jedenfalls dies: etwas, was wir im Begriff sind, hinter uns zu haben; und dass das so ist: das ist entweder – Position 1 – gut oder – Position 2 – schlimm.«[1294]

Genau dieser Annahme widerspricht Marquard, indem er zunächst festhält, dass Mythen grundsätzlich Geschichten sind und dass Menschen »unvermeidlich«[1295] in Geschichten verstrickt sind, wobei diese Verstrickung in Geschichten die Menschen zwingt, diese und andere Geschichten zu erzählen.[1296] Der Mythos, der überwunden schien, ist hier eine fundamentalanthropologische Notwendigkeit, ohne die der Mensch gar nicht auskommen kann. Denn Mythen versteht Marquard nicht als Vorstufe des Wissens, sondern die

> »mythische Technik – das Erzählen von Geschichten – ist [...] die Kunst, die (nicht etwa fehlende, sondern) vorhandene Wahrheit in die Reichweite unserer Lebensbegabung zu bringen.«[1297]

Der Mythos trägt die Wahrheit in das konkrete Leben oder hilft, die unerträgliche Wahrheit durch Erzählen zu ertragen. Damit wird deutlich: »Eines ist die Wahrheit, ein anderes, wie sich mit der Wahrheit leben lässt: für jene ist – kognitiv – das Wissen, für dieses sind – vital – die Geschichten da.«[1298] Demnach stellt Marquard einen Unterschied zwischen Wissen und Geschichten fest. Sich Wahrheit ›kognitiv‹ zu nähern scheint demnach eine andere Geschichte zu sein als jene ›vital‹ zu erleben. Was im Kontext wissenschaftlicher Rede abstrakt und theoretisch ist, bildet eine Geschichte, die einer anderen ›Angel‹-Geschichte untersteht als jene ›vitale‹ Geschichte. Demnach bilden Wissenschaft und Mythos Geschichten, die sich gegenseitig begrenzen können, weil sich das Ich durch Verstrickungen in beiden ereignen kann. Auch

---

[1292] Die Nähe zu Schapps Philosophie betont Marquard selbst, wenn er schreibt: »Schapp [gehört] zu den fünf oder sechs Philosophen, auf die ich immer wieder zurückkomme« (Marquard, Odo, Die Philosophie der Geschichten und die Zukunft des Erzählens, in: Lembeck, Karl-Heinz (Hrsg.), Geschichte und Geschichten. Studien zur Geschichtsphänomenologie Wilhelm Schapps, Würzburg 2004, 45).

[1293] Marquard, Odo, Lob des Polytheismus. Über Monomythie und Polymythie, in: Ders., Abschied vom Prinzipiellen, 92.

[1294] Ebd.

[1295] A. a. O., 93.

[1296] Vgl. ebd.

[1297] A. a. O., 94.

[1298] A. a. O., 95.

dem Wissen ist nach Marquard nicht vergönnt, den Bereich des Geschichtlichen und Wahrscheinlichen zu verlassen.

Wie bereits deutlich gemacht wurde, begnügen sich die antiken Skeptiker nicht damit, Kritik an erkenntnistheoretischen Dogmen zu üben. Der Skeptiker sucht die Wahrheit. So wird bei Sextus Empiricus die Skepsis zu einer Bewegung. Diese Bewegung rankt sich nicht nur darum, zu jeder Meinung eine Gegenmeinung zu finden, sondern die skeptische Erkenntnis soll zur Einsicht werden und damit eine bestimmte Lebensform eröffnen. In dieser antiken Tradition steht auch Marquard, wenn es ihm darum geht, dass Wissen und Erkenntnis für das menschliche Leben begreifbar und konkret werden müssen. Die Technik, mit deren Hilfe die Wahrheit in der Lebenswelt des Menschen realisiert wird, womit sich zugleich die Lebenswelt erst ereignet, ist nach Marquard das Erzählen und damit die Verstrickung einer Geschichte in einen Kontext. Geisteswissenschaften erzählen.[1299] Die Aufgabe der Geisteswissenschaften besteht also darin, die Wahrheiten ins konkrete Leben »hereinzuerzählen«[1300] und damit ein Leben mit dieser Wahrheit zu ermöglichen. Im Erzählen ereignet sich demnach die Verstrickung in die Wahrheiten und zugleich ereignet sich in diesen Verstrickungen das Wahr-Sein dieser Geschichten. Wenn dies für die Geisteswissenschaften gilt, dann gilt es auch für die Philosophie und damit für die Skepsis, die eine Position innerhalb der Philosophie sein kann. Aber was erzählt die Skepsis?

Auch wenn deutlich wurde, dass man »die Geschichten – die Mythen – nicht loswerden«[1301] kann, heißt das nicht, dass die Mythenkritik überflüssig würde. Mythenkritik bedeutet, zwischen »bekömmlichen und schädlichen Mythensorten zu unterscheiden«[1302]. Genau an diesem Punkt wird deutlich, was die marquardsche Skepsis erzählt. Marquard erklärt: »*Bekömmlich ist Polymythie, schädlich ist Monomythie*«[1303]. Wer sein Leben nur einer Geschichte unterwirft, der ist ausschließlich von ihr abhängig und das ist ›schädlich‹ für sein Leben. »Wer polymythisch – durch Leben und Erzählen – an vielen Geschichten teilnimmt, hat durch die jeweils eine Geschichte Freiheit von der jeweils anderen«[1304], und dies ist ›bekömmlich‹, weil es Identität und Freiheit ermöglicht. Skepsis erzählt, dass sich das Ich nicht in einer Geschichte erschöpft. Die vielen Geschichten eröffnen dem Menschen einen Freiheitsraum, in dem er sich je anders verstehen und deuten kann. Das meint nicht, dass sich der Mensch je neue Geschichten erfinden kann, vielmehr gilt auch hier, dass er an Geschichten und Mythen anknüpfen muss. Warum erzählt nun

---

1299 Vgl. Marquard, Odo, Narrare necesse est, in: Ders., Philosophie des Stattdessen. Studien, Stuttgart 2001, 63.

1300 Marquard, Lob des Polytheismus, 95

1301 A. a. O., 97.

1302 A. a. O., 98.

1303 Ebd. (Hervorhebung im Orignal).

1304 Ebd.

ausgerechnet die Skepsis diese Geschichten? Weil Skepsis ›Sinn für Gewaltenteilung‹ ist und weil hier die Gewalt der einen Geschichte über das Leben des Menschen in viele Geschichten, die sich gegenseitig beschränken, geteilt wird. Die Skepsis tritt damit ein für »die Pluralität der Geschichten, die Gewaltenteilung im Absoluten«[1305], sie lobt den Polytheismus, weil gerade er, als »die Klassik der Polymythie«[1306], viele Geschichten ermöglicht.

Die Skepsis kompensiert, weil sie, wie die Geisteswissenschaften insgesamt, das abstrakte Wissen in die Lebenswelt hineinerzählt und versucht, einen Ausgleich zu schaffen zwischen reiner Rationalität und Leben. Geisteswissenschaften üben sich in der »Kunst der Wiedervertrautmachung«[1307] ein, indem sie Geschichten erzählen und versuchen, durch »die hermeneutische Kunst, die Interpretation«[1308], Fremdes in »vertrauten Kram«[1309] hinein zu holen. Das Besondere der skeptischen Geschichten liegt nun darin, dass in ihnen und durch sie viele und unterschiedliche Geschichten erzählt werden. Die Beschäftigung mit der »endlichkeitsphilosophische[n] Skepsis«[1310] Marquards hat gezeigt, dass der Mensch Geschichten braucht, um leben zu können. Diese Geschichten erfindet er nicht je und je neu, sondern er knüpft an bereits vorliegende Geschichten und Mythen an und greift sie auf. Das Besondere aus der Sicht des Skeptikers Marquard ist, dass der Mensch sich nicht einer Geschichte bedient und mit ihr alleine versucht, Fremdes vertraut zu machen, sondern dass er viele und unterschiedliche Geschichten erzählt und so versucht, sich auf unterschiedlichen Wegen mit dem Anderen vertraut zu machen.

1.3 Freiheit im Deuten

Von diesen Einsichten aus kann entfaltet werden, was Marquard zu verstehen gibt, wenn er »die Meinung entwickelt, der Kern der Hermeneutik sei Skepsis und die aktuelle Form der Skepsis sei Hermeneutik«[1311]. Zunächst wird deutlich, dass es Marquard nicht nur darum geht, dass sich der Mensch vieler Geschichten bedient, sondern dass er, um die Menge der Geschichten gleichsam noch zu erhöhen, auch noch verschiedene Deutungen für die Mythen zulässt. Wer eine solche Aussage trifft, dass »der Kern der Hermeneutik [...] Skepsis [sei] und die aktuelle Form der Skepsis [...] Hermeneutik«[1312], der stößt

[1305] A. a. O., 103.
[1306] A. a. O., 100.
[1307] Marquarad, Odo, Über die Unvermeidlichkeit der Geisteswissenschaften, in: Ders., Apologie des Zufälligen. Philosophische Studien, Stuttgart 2008, 105.
[1308] Ebd.
[1309] Ebd.
[1310] Marquard, Odo, Vorbemerkung, in: Ders., Individuum und Gewaltenteilung. Philosophische Studien, Stuttgart 2004, 7.
[1311] Marquard, Odo, Frage nach der Frage, auf die die Hermeneutik die Antwort ist, in: Ders., Abschied vom Prinzipiellen, 117.
[1312] Ebd.

auf die Frage nach den Bedingungen des Verstehens, also auf jene Frage, auf die die Hermeneutik als Antwort gilt. Und hier begegnet wiederum Marquards anthropologische Grundhypothese, denn »[d]ie Hermeneutik ist Replik auf die menschliche Endlichkeit.«[1313] Dies heißt, sie kompensiert, denn sie ist *»Replik auf den Tod«.*[1314] Genauer: Reagiert man mit der Hermeneutik auf den eigenen Tod, so ist dies »Replik auf *Herkömmlichkeit*«[1315]. Reagiert man jedoch auf den Tod der Anderen, so ist dies »Replik auf *Vergänglichkeit.*«[1316] Der Mensch tritt der Endlichkeit des Lebens mit Hilfe der Hermeneutik entgegen. Bezüglich seiner ›Herkömmlichkeit‹ muss der Mensch feststellen, dass sein Leben zu kurz ist, dass sein eigener Tod zu schnell kommt, als dass er sich von seiner Herkunft ganz lösen könnte, und dort, wo man sich von seiner Herkömmlichkeit nicht beliebig distanzieren kann, dort, wo man also nichts ändern kann, »muss man eben *etwas statt dessen tun,* nämlich *interpretieren.*«[1317] Und dies leistet die Hermeneutik. Der Tod der Anderen führt darüber hinaus zum Verlust der »*Verständlichkeit von Vergangenem*«[1318] für jene, die am Leben bleiben. Und gegen diesen Verlust und die mit ihr einhergehende Vergänglichkeit versuchen die Menschen festzuhalten und zu bewahren. Dieser Versuch muss, aufgrund der Endlichkeit des Lebens, scheitern. Bevor man alles erzählt hat, was zum Verstehen der gemeinsamen Herkunft notwendig wäre, fordert der Tod seinen Tribut. Und dort, »wo man nicht festhalten kann: dort muss man eben *etwas statt dessen tun*, nämlich *interpretieren.*«[1319] Und diese Aufgabe erfüllt die Hermeneutik.

Gleich ob die Hermeneutik ›Replik auf den eigenen Tod‹ und damit auf die ›Herkömmlichkeit‹ ist, oder ob sie ›Replik auf den Tod der Anderen‹ ist und damit auf die ›Vergänglichkeit‹, Hermeneutik scheint sich stets auf Vergangenes zu beziehen. Denn man versteht und interpretiert nur die Dinge, »die *schon da sind*«[1320], und deshalb ist die Hermeneutik *»primär ein Vergangenheitsverhältnis.«*[1321] Die Interpretation selbst muss wiederum als Text und damit eben als Geschichte gedeutet werden. Im Verstehen ereignet sich demnach ein Erzählen, indem eine fremde Geschichte in jene Geschichten verstrickt wird, über die sich das Ich bis dahin ereignete. Hermeneutik hat somit, wie die Geisteswissenschaft insgesamt, eine kompensatorische Funktion, jedoch ist damit noch nicht erklärt, inwiefern der Kern der Hermeneutik die Skepsis und inwiefern die gegenwärtige Form der Skepsis die Hermeneutik sein sollen.

[1313] A. a. O., 119.
[1314] A. a. O., 122 (Hervorhebung im Original).
[1315] Ebd. (Hervorhebung im Original).
[1316] A. a. O., 124 (Hervorhebung im Original).
[1317] A. a. O., 123 (Hervorhebung im Original).
[1318] A. a. O., 125 (Hervorhebung im Original).
[1319] A. a. O., 126 (Hervorhebung im Original).
[1320] A. a. O., 119 (Hervorhebung im Original).
[1321] Ebd. (Hervorhebung im Original).

Die These, von der Marquard ausgeht, besagt, dass die moderne Hermeneutik primär »*literarische*[...] *Hermeneutik*«[1322] sei, und diese ist »*als Replik auf den Bürgerkrieg um den absoluten Text*«[1323] zu verstehen. Marquard erklärt, dass die Erfahrung des Dreißigjährigen Krieges (1618–1648) und der damit verbundene Kampf um die richtige Interpretation der Heiligen Schrift und die Favorisierung einer »*singularisierende[n] Hermeneutik*«[1324], die den einen Geist aus der Schrift heraus zu interpretieren sucht, dazu führte, dass man der »*pluralisierenden Hermeneutik*«[1325] den Vorrang einräumte. Denn sie zeichnet sich gerade dadurch aus, dass sie »viele Sinnmöglichkeiten und verschiedenartigsten Geist aufspürt.«[1326] Indem »das rechthaberische Textverständnis in das interpretierende verwandelt [wird], *in ein Textverständnis, das – notfalls ad libitum – mit sich reden lässt*«[1327], wird die Gewalt der einen Deutung in viele Deutungen, über die verhandelt werden kann, geteilt. Der Kern der Hermeneutik ist also Sinn für Gewaltenteilung, und Sinn für Gewaltenteilung ist, nach Marquard, Skepsis. Gleichzeitig bedeutet dies auch, dass die Form, in welcher die Skepsis sich gegenwärtig ausdrückt und zur Geltung bringt, Hermeneutik ist. Der Polymythie wird also die ›pluralisierende Hermeneutik‹ zur Seite gestellt.

Das Leben ist nicht eindeutig, weil das Ich in ›mehrere‹ Geschichten verstrickt ist und diese Verstrickungen unterschiedlich erzählt werden können. Dies erzählt die Skepsis, was zugespitzt die Quintessenz der marquardschen Skepsis zu sein scheint. Denn wenn der Mensch zur Deutung seines Lebens sich nicht einer Geschichte und nicht notwendigerweise einer Deutung bedient, dann lässt sich sein Leben vieldeutig interpretieren und verstehen. Er kann unterschiedliche Geschichten erzählen. Die Herkömmlichkeit des Lebens auf der einen Seite und der Tod auf der anderen Seite führen dazu, dass der Mensch an Geschichten ›anknüpfen‹ muss und dass er sie mal mehr, mal weniger abrupt fallen lässt. Zudem befreit die ›pluralisierende Hermeneutik‹ dazu, Erzählstränge so und anders zu deuten. Dementsprechend sind die Geschichten in sich nicht geschlossen, worin sich der ›Abschied vom Prinzipiellen‹ ausdrückt. Sie sind nicht rund und durchgehend, sondern unvollständig, unfertig und unabgeschlossen. Das Leben ist demgemäß nicht eindeutig, weil die Geschichten, mit denen es interpretiert wird, nicht abgeschlossen sind. Damit ist nun nicht gesagt, dass der Mensch sich nach Gutdünken von den Geschichten und Deutungen trennen kann, gerade so wie es ihm beliebt. Skepsis bei Marquard zielt nicht auf Willkür und Beliebigkeit, sondern meint ein Zuviel an Meinungen und Geschichten. Von diesem Zuviel an Meinungen

---

[1322] A. a. O., 128 (Hervorhebung im Original).
[1323] A. a. O., 127 (Hervorhebung im Original).
[1324] A. a. O., 129 (Hervorhebung im Original).
[1325] Ebd. (Hervorhebung im Original).
[1326] Ebd.
[1327] A. a. O., 130 (Hervorhebung im Original).

und Geschichten erzählt die Skepsis, womit sie auch davon erzählt, dass die Macht einer Geschichte und einer Meinung durch eine andere begrenzt wird. Ihre Geschichten, und dies ist der Kürze des Lebens geschuldet, sind offen und müssen offen gestaltet sein, weil der Mensch eben nicht jede Geschichte und jede Meinung von Anbeginn bis zum Ende erzählen kann.

2. Deutendes Ich – Verstricktes Ich

Ein Wahrheitsbegriff, der seinen Geltungsanspruch über den Gedanken eines Unbedingten abzusichern trachtet, tendiert zur ›Monomythie‹. Denn das Unbedingte, das als die absolute ›res‹ jene Größe bildet, mit welcher der ›intellectus‹ in Übereinstimmung gebracht werden muss, erlaubt, streng betrachtet, eine Geschichte. Das von Vertretern dieser Position gemachte Zugeständnis, dass diese eine Geschichte nicht erzählt werden könne und anstelle einer Wiederholung des Mythos jede Generation Aktualisierungen vorzunehmen habe, wird mit der Unzulänglichkeit der Zeichen begründet. Die Zeichen, als bedingte Elemente des menschlichen Verfügungsraumes, stehen im Verdacht, das Unbedingte nicht in der Weise repräsentieren zu können, wie es nötig wäre. Ihrer Bedingtheit wegen sind die Zeichen mehrdeutig, während das Unbedingte eindeutig sei. Es muss daher eine Sprache gefunden werden, welche diesen Mangel meidet, oder eine Theorie vorgestellt werden, über welche die Mehrdeutigkeit durch göttliches Eingreifen aufgehoben wird. Man spricht den Geschichten Pluralität zu, wobei man diese als Resultat von Unzulänglichkeiten versteht, die es in letzter Konsequenz zu überwinden gilt. Im Hintergrund verschiedener Geschichten, steht eine Wahrheit, welche die Momente des Wahr-Seins der unterschiedlichen Erzählungen garantiert. Diesem unbedingten Wahr-Sein kann man in Geschichten nicht habhaft werden. In seiner Unverfügbarkeit erlangt es dabei jene Freiheit, die dazu führt, dass diesem Wahr-Sein die Fähigkeit zugesprochen wird, in letzter Instanz über wahr und un-wahr zu entscheiden.

Ereignet sich im Gegensatz dazu Wahr-Sein erst im Erzählen und damit in einem Wahr-Werden, so scheint dies zur ›Polymythie‹ zu tendieren. Zwar kann auch im Horizont dieser Vorstellung die Möglichkeit des Fundamentalismus ausgemacht werden, nämlich genau dann, wenn es zu einem Erstarren und Festhalten an einer Geschichte kommt und man Versuche unternimmt, das Wahr-Sein dieser Geschichte zu konservieren und vom Werden zu trennen. Doch scheint der Gedanke des Werdens und die Vorstellung des Wechselspiels zwischen ›Angel‹-Geschichten und Geschichten eher die Notwendigkeit einer ›Gewaltenteilung‹ nahezulegen. Die unterschiedlichen Geschichten und die damit einhergehenden Wahrheitsansprüche, zu denen sich das Ich stellen muss, beschränken sich, wegen ihrer Polyphonität, wechselseitig. Die damit geäußerte Grundannahme, dass sich das Ich nicht nur in einer, sondern in mehreren Geschichten verstrickt und sich in verschiedenen Erzählungen ereignet, führt zu der Annahme einer »Multipositionalität«[1328] des Ichs, die mit Henning Luther genauer betrachtet werden kann.

Die in der ›Gewaltenteilung‹ angelegte Relativierung der verschiedenen Geschichten muss dabei nicht zu einer Bagatellisierung der Wahrheitsansprüche führen oder Orientierungslosigkeit bedeuten. Die ›Angel‹-Geschichten, wie bei Wittgenstein die ›Angel‹-Sätze, lassen sich nicht beliebig variieren, denn die in ihnen enthaltenen ›Üblichkeiten‹ sind für das Ich derart fundamental, dass »stets mehr Üblichkeiten aufrechtzuerhalten als zu ersetzen«[1329] sind. Obgleich die ›Angel‹-Geschichten nicht starr sind, können sie nicht beliebig umerzählt werden. Die mit ihnen gegebenen ›Üblichkeiten‹ setzen den Rahmen, und im Wechsel eines Wahr-Seins und Wahr-Werdens ereignet sich das Ich. Die Notwendigkeit, dass das Ich anknüpfen muss, ist begründet im Zeitmangel, welchem das Ich ausgeliefert ist. Das Ich ereignet sich in Kontexten, in welche es zunächst hineingeworfen scheint. Die sich dort findenden Erzählstränge greift es, sich verstrickend, auf und ereignet sich damit in diesem Anknüpfen. Zunächst muss es diese Stränge aufgreifen, weil es kein außerhalb dieser Geschichten gibt, und wie beim Erlernen der Sprache, die zunächst in einem ›Abrichten‹ geschieht, so lässt sich auch hier ein Moment des Zwanges beobachten. Darin zeigt sich jedoch das Angewiesen-Sein des Ichs auf andere und auf Vorgegebenes. Nur im Rückgriff auf schon vorhandene Geschichten kann sich das Ich erzählen. Zugleich verlangt dieses Anknüpfen, das sich aufgrund der Kürze des Lebens nicht beliebig ändern lässt, ein Verstehen und Deuten der Geschichten, in die hinein das Ich sich ereignet.

Die Geschichten, die dem Ich in der Spannung von Bekanntem und Fremden begegnen, erfordern ein Umgehen mit ihnen und damit ein Verstricken im Sinne eines erneut oder erstmaligen Verstrickens. Im Deuten kommt es dabei zum Erzählen, indem dieses Bekannte und Fremde aufgriffen und in eine Erzählung und damit in einen Text umgewandelt wird. Im Deuten schafft sich das Ich selbst, indem es einen neuen Text hervorbringt. Dieser Text ist dabei fundamental auf den Kontext und damit auf die ihm vorgegebenen Erzählungen angewiesen. Nur indem das Ich auf diese Kontexte eingeht und von dort ausgeht, kann es sich in einer neuen Geschichte ereignen. In der Deutungs-Geschichte ereignet sich daher jene Verstrickung in Geschichten, über die das Ich wird, und gerade deshalb ist das Deutende-Ich das Verstrickte-Ich. Das Aufgreifen der Geschichten und damit der Umgang mit Bekanntem und Fremdem, welchen dieses mit sich führt, entscheidet damit über die Identität. Die Skepsis erzählt gerade jene Geschichten, in denen deutlich wird, dass sich das Ich nicht nur in einer, sondern mindesten in zwei Geschichten verstrickt. Von dieser Einsicht aus soll im Folgenden geklärt werden, was die Glaubens-Geschichten erzählen und wie sie eine Orientierung in der Welt ermöglichen.

[1328] Halbmayr, Lob der Vielheit, 42.
[1329] A. a. O., 25.

3. Glaubende Verstrickung

3.1 Freiheit im Glauben: Henning Luther

Die Geschichten, mit denen der Mensch sein Leben deutet und über die er sich ereignet, können nicht durcherzählt werden. Sofern sie also offen und unvollständig bleiben, sind sie Fragmente. Wenn aber die Geschichten, mit denen gelebt wird, fragmentarisch sind, was bedeutet das für das Ich? Eine mögliche Antwort findet sich bei dem Praktischen Theologen Henning Luther (1947–1991). Dieser versucht den Begriff des »Fragment[es]«[1330] auf die Frage nach der Identität des Menschen anzuwenden.[1331] Dabei zeigt sich in einigen Punkten eine überraschende Nähe zur Skepsis von Odo Marquard. Im Anschluss ist zu klären, welche Geschichten mit dem Glauben erzählt werden und was eine Verstrickung im Glauben bedeuten kann. Indem dabei auf Gedanken von Martin Luther zurückgegriffen wird, kann deutlich gemacht werden, wie zwischen unvollständigen Geschichten dennoch ein vertrauensvolles Sich-Einlassen gelingen kann, indem das Ich die Erfahrung macht, dass es durch Fremdes getragen wird. Das sich dabei ereignende Ich findet auf diese Weise eine Orientierung, die als christlich angesehen werden kann.

Ein Fragment kann, nach Henning Luther, ein »Fragment der Vergangenheit«[1332] oder ein »Fragment der Zukunft«[1333] sein. Der Vergangenheit gehört das Fragment insofern an, als es einmal unversehrt nun nur noch einen Überrest darstellt. Der Zukunft gehört das Fragment insofern an, als es einmal ganz werden sollte, aber nie vollendet wurde. Beiden Formen ist gemeinsam, dass sie über sich hinaus weisen, sie initiieren Bewegung und Unruhe, denn sie lassen »Ganzheit suchen«[1334]. Diese Suchbewegung nach ›Ganzheit‹, welcher der Theologe Henning Luther nachzugehen versucht, lässt die Frage ›Was ist Wahrheit?‹ in jenen Horizont stellen, der schon für Augustin bestimmend war.

›Ganzheit‹ innerhalb eines Denkens des Unbedingten würde einer Suche nach dem unbedingten Wahr-Sein entsprechen. Dabei würde ›Ganzheit‹ als absolut gedacht und als Geschichte vorgestellt sein, in welcher das Ich und die Welt in einer alles umfassenden Erzählung präsent wären. Erzähler dieser Geschichte müsste das Unbedingte selbst sein, denn allein von diesem Standpunkt aus ließe sich eine solche totalisierende Perspektive gewinnen. Eine ›Ganzheit‹ im Rahmen eines Denkens der Bewegung müsste als bedingte ›Ganzheit‹ gedeutet werden. In ihr kommen die unterschiedlichen Erzählungen und Verstrickungen für den Augenblick zur Ruhe. Die bedingte ›Ganzheit‹

[1330] Luther, Henning, Religion und Alltag. Bausteine zu einer Praktischen Theologie des Subjekts, Stuttgart 1992, 160.

[1331] Dies reflektiert Henning Luther in: ebd.

[1332] A. a. O., 167.

[1333] Ebd.

[1334] Ebd.

wäre demnach eine Geschichte, in der sich die verschiedenen und widersprechenden Erzählungen, in denen sich das Ich ereignet, temporär in einer Erzählung integrieren, ohne die unterschiedlichen Wahrheitsansprüche zu negieren oder durch Gewalt zu harmonisieren. Dies setzt voraus, dass Geschichten fragmentarisch sind und gerade nicht auf Dauer in nur einer Geschichte erzählt werden können.

Es sind der Tod, die Endlichkeit und die Unverfügbarkeit des Endes, die das »Leben *immer* zum Bruchstück werden«[1335] lassen, so Henning Luther. Die anthropologische Grundannahme des Skeptikers Marquard: »[d]er Mensch ist das Zeitmangel-Wesen«[1336], gilt auch für den Theologen Henning Luther, der daraus schließt, dass der Mensch sein Leben und damit auch seine Identität nicht vollenden kann, sondern dass es immer unfertig bleibt. »Wir sind«, schreibt Luther, »[...] Ruinen unserer Vergangenheit, Fragmente zerbrochener Hoffnungen, verronnener Lebenswünsche, verworfener Möglichkeiten, vertaner und verspielter Chancen.«[1337] Darin drückt sich »der *Schmerz* des Fragments«[1338] aus, der »aufgrund unseres Versagens und unserer Schuld ebenso wie aufgrund zugefügter Verletzungen und erlittener und widerfahrener Verluste und Niederlagen«[1339] empfunden wird. Das Ich ist aber auch ›Fragment der Zukunft‹, dessen Wesen dann »*Sehnsucht*«[1340] ist, denn »[i]n ihm herrscht Mangel, das Fehlen der ihn vollendenden Gestaltung«[1341] und damit der Wunsch nach Vollendung. Die abgeschlossene Ich-Identität ist also nicht das Ziel der Identitätsbildung, die Endlichkeit des Lebens verhindert dies. Vielmehr geht es Henning Luther um die »Identitätsentwicklung«[1342] und damit um das sich Orientieren und im Zweifel Immer-Wieder-Neu-Orientieren in der Welt. Es geht um »den ständigen Prozess der durch Abgrenzungsleistungen sich vollziehenden Identitätssuche.«[1343] Die Einsicht, dass die Endlichkeit des Menschen eine abgeschlossene Herausbildung einer Ich-Identität verhindert, führt dazu, dass Henning Luther Identität als in Bewegung zu begreifen sucht. Die Hoffnung auf Vollendung gibt er dabei nicht auf.

Der Gedanke, das menschliche Leben mit dem Begriff des ›Fragments‹ zu beschreiben, bedeutet auch, dass das Leben nicht eindeutig ist. Denn der Mensch besteht aus »Ruinen«[1344] (Plural). Das Fragmentarische seines Lebens bedeutet also gerade, dass er sein Leben nicht auf einer Baustelle verbringt, sondern dass er an verschiedenen Stellen baut. Dies meint, dass er an ver-

---

[1335] A. a. O., 168 (Hervorhebung im Original).
[1336] MARQUARD, Kleine Anthropologie der Zeit, 9.
[1337] LUTHER, Religion und Alltag, 168.
[1338] A. a. O., 169 (Hervorhebung im Original).
[1339] A. a. O., 168f.
[1340] A. a. O., 169 (Hervorhebung im Original).
[1341] Ebd.
[1342] A. a. O., 162.
[1343] Ebd.
[1344] A. a. O., 168.

schiedenen Fragmenten trauert und hofft.[1345] Die Ich-Identität ist also ein Projekt, gebunden an die Umwelt, an die Anderen, an Begonnenes und damit an das, was andere bereits angelegt haben und kein Projekt reiner Willkür. Die Vergänglichkeit und »unser[..] Versagen[...]«[1346] führen nun dazu, dass es nicht ein einziges Fragment gibt, sondern viele. Demgemäß ist eine Mehrdeutigkeit des Lebens gegeben. Henning Luthers Gedanken rücken damit in die Nähe marquardscher Skepsis. Der fertigen Ich-Identität wird bei Henning Luther der Prozess der Identitätenbildung gegenübergestellt. Das Leben kommt nur als Fragment in den Blick, und dies bedeutet, dass das Leben verstanden wird als ein Mit- und Gegeneinander von ›Fragmenten der Vergangenheit‹ und von ›Fragmenten der Zukunft‹, von ›Schmerzen‹ und ›Sehnsüchten‹. Es handelt sich um *ein* Leben, das der Mensch lebt, aber dieses *eine* Leben ist nicht in *einer* Geschichte erzählt. Die Geschichten verlaufen nicht durchgehend nach einem Plan, sondern sind offen und im Prozess. Dem bruchstückhaften Leben kann also mit einer einzigen Geschichte nicht entsprochen werden, es braucht Geschichten, die die Existenz des Menschen, die sein fragmentarisches Leben, seine Veränderungen spiegeln. Die Gewalt der vollendeten und abgeschlossenen Ich-Identität wird hier geteilt mit dem Verweis darauf, dass das menschliche Leben aus Fragmenten besteht. Und gerade damit finden sich Motive bei Henning Luther, die auch die Skepsis marquardscher Prägung charakterisieren, denn der ›Sinn für Gewaltenteilung‹, das Gespür für die Unabgeschlossenheit des Lebens, ist, nach Marquard, Skepsis. Indem Henning Luther von ›Fragmenten‹ spricht, wird deutlich, dass auch die Geschichten über die sich das Ich ereignet, nicht vollendet sind. Anfänge sind relativ und das Ende selten bestimmbar. Außerdem begrenzen sich die fragmentarischen Geschichten wechselseitig, sie teilen ihre Gewalt, weil sie mit ihren unterschiedlichen Ansprüchen auskommen müssen. Diese Einsicht gilt es auf den Glauben zu übertragen, mit der Frage, wie sich mit diesen Überlegungen eine christliche und damit eine glaubende Existenz denken lässt.

Die Welt, so Henning Luther, befindet sich in einer »verzweifelten Situation«[1347]. Es lässt sich nicht mehr behaupten, dass die Welt mit ihren Naturkatastrophen und den vom Menschen zu verantwortenden Barbareien als sinnvoll bezeichnet werden kann. Der Mensch richtet sich eine »Fassadenwelt«[1348] ein, in der es sich »mehr oder weniger gut leben lässt«[1349], indem er die eigentlich erschütternde Situation der Welt ausblendet. Denn mit Adorno kommt Henning Luther zu der Einsicht: Nur wer Auschwitz vergisst, kann sagen,

---

[1345] Vgl. a. a. O., 170f.

[1346] A. a. O., 168.

[1347] LUTHER, HENNING, Die Lügen der Tröster, PrTh 33 (1998), 164.

[1348] Ebd.

[1349] Ebd.

dass dem Dasein ein positiver Sinn zugeschrieben werden kann.[1350] Wer zur Welt kommt, der gerät immer mehr in einen Zwiespalt. Auf der einen Seite sind die Erklärungen und Deutungen, mit denen der Mensch versucht, dem Leben einen Sinn zuzuschreiben, auf der anderen Seite die, diesen Sinngebungen zuwiderlaufenden, Erfahrungen von Grausamkeiten und unsagbarem Leid. Das »Nicht-Passen«[1351], also die Erfahrung, dass die Erklärungsversuche des Menschen an der Wirklichkeit zugrunde gehen, bildet nach Henning Luther »die Ausgangserfahrung der Religion«[1352].

Glaube kann daher auch nicht Sinngewissheit sein.

> »Angesichts des anhaltenden Leidens der Anderen wäre es Zynismus, von Sinnhaftigkeit, von Lebensgewissheit und Affirmation des Daseins zu sprechen. Glaube als Trost verkommt hier zum Heilsegoismus.«[1353]

Glaube dient also gerade nicht als Garant von Sinn, sondern Glaube meint bei Henning Luther bleibende »Beunruhigung und Befremdung über unsere Welt«[1354]. Das spezifisch Christliche liege gerade darin, davor zu bewahren, die Fragmentarität der Ich-Identität zu leugnen und Sinnhaftigkeit der Welt angesichts des ›Schmerzes‹ zu behaupten. Glaube ermöglicht also gerade »als Fragment zu leben und leben zu können«[1355] und die ›Fassadenwelt‹ zu durchbrechen. Im Glauben, der zumindest für die christliche Religion fundamental ist, findet sich nicht nur Kritik, sondern auch Hoffnung, wie Henning Luther betont. Religion und Glaube sind auf der einen Seite bestimmt durch »die Erfahrung von Widersprüchlichkeit, Brüchigkeit der Welt«[1356] und auf der anderen Seite durch »das Ernstnehmen eines Versprechens«[1357]. Dies bedeutet, dass Religion »wahr und illusionär zugleich«[1358] sei. Religion ist ›wahr‹ in »ihrer Aussicht auf eine andere Welt«[1359], ohne Leid und Barbarei. ›Illusionär‹ ist sie dagegen »wo sie irgend dieses Wahre als wirklich behauptet und wo sie leugnet, dass dies die Wahrheit eines Versprechens ist«.[1360]

Das Versprechen, dem der Glaube vertraut, besteht in der »Aussicht auf eine andere Welt«[1361], eine Welt, in der »der Tod nicht mehr sein wird noch Leid noch Geschrei noch Schmerz«, in der »alle Tränen von ihren Augen« ab-

---

1350 Vgl. Adorno, Theodor, Ästhetische Theorie. Gesammelte Schriften Band 7, Hrsg. von Gretel Adorno und Rolf Tiedemann. Frankfurt/M. 1973, 229.

1351 Luther, Religion und Alltag, 26.

1352 Ebd.

1353 A. a. O., 170.

1354 Ebd.

1355 A. a. O., 172.

1356 A. a. O., 27.

1357 Ebd.

1358 A. a. O., 25.

1359 Ebd.

1360 Ebd.

1361 Ebd.

gewischt sein werden (Offb 21,4). Dies ist das Versprechen von Frieden und Ruhe. Charakteristisch für die Glaubenden ist daher, dass sie ort- und heimatlos sind.[1362] Denn dasjenige, auf das sie hoffen, liegt in der Zukunft. Der Glaubende lebt also in der Kritik und in der Hoffnung zugleich. »Gegen die falsche Ruhe steht die aufmunternde Verheißung, die in Bewegung setzt.«[1363] Im Anschluss an den Hebräerbrief erklärt Henning Luther, dass die Glaubenden »unterwegs«[1364] seien, dass sie »noch nicht zur Ruhe gekommen«[1365] seien. Dieses ›Unterwegs‹-Sein verdeutlicht, dass sie sich nicht vom Unbedingten her und damit von einem festen Punkt aus in der Welt orientieren.

Die Geschichten, in denen sich ein glaubendes Ich ereignet, sind demnach dadurch charakterisiert, dass sie Verunsicherung über das Leid in der Welt thematisieren. Damit erzählen sie gegen eine Gleichgültigkeit an, die sich dem Einlassen auf andere verweigert, und schildern immer wieder neu, dass der Schmerz, auch wenn er ertragen werden muss, skandalös bleibt. Indem hier gegen die Gleichgültigkeit anerzählt wird, Gleichgültigkeit sowohl gegenüber dem Leid der anderen, als auch dem eigenen Leid, deuten die Geschichten auf die Fremden hin, die nicht Ich sind. Denn sie fordern, die Gültigkeit sowohl des fremden als auch des eigenen Leides anzuerkennen und implizieren gerade damit eine Bewegung zum Anderen hin. Gleichzeitig erzählt eine das glaubende Ich schaffende Geschichte von Hoffnung und der künftigen Möglichkeit, dass die vielen Geschichten, ohne Gewalt und ohne Ausblendungen und Verkürzungen zu einer werden. Sie erzählt von dieser Hoffnung und zugleich von der Unmöglichkeit ihrer Verwirklichung durch das sich in ihr ereignende Ich. Damit weist sie über das sich erzählende Ich hin zu anderen Geschichten, von denen her die Hoffnung ihrer Erzählung begründet scheint. Die Momente des ›Schmerzes‹ wie die Momente der ›Hoffnung‹ in diesen Geschichten weisen dabei immer auf anderes. Sie deuten an, dass das Fremde und die fremden Geschichten nicht das Un-Wahre sein müssen, sondern dass sich in der Bewegung zu diesem Fremden hin Leben ereignen kann. Diese Geschichten des Sich-Einlassens gilt es genauer zu beschreiben, um deutlich zu machen, wie eine christliche Orientierung durch ein Denken der Bewegung für das Ich in der Welt möglich ist.

3.2 Glauben: Vertrauende Verstrickung

Die Geschichten und das Verstrickt-Sein, so kann im Anschluss an Henning Luther formuliert werden, sind ›fragmentarisch‹. Die Geschichten sind ›fragmentarisch‹, weil sie immer nur an-erzählt werden, nie jedoch von Anfang bis Ende durcherzählt werden können. Denn die Erzählstränge werden vom Ich vorgefunden und dort aufgegriffen, wo das Ich diese und damit auch sich

[1362] Vgl. LUTHER, Die Lügen der Tröster, 174.
[1363] A. a. O., 173.
[1364] Ebd.
[1365] Ebd.

selbst findet. Neben diesen relativen Anfang tritt nun auch ein relativer Schluss. Auch das Ende der Geschichte lässt sich nicht bestimmen, da das vermeintliche Ende neu aufgriffen werden kann und weil Menschen selten ihre Geschichte zu Ende erzählen können. Die Kürze der Erzählzeit trägt darüber hinaus dazu bei, dass die Geschichten nur im Anknüpfen und Abbrechen an-erzählt werden können, da die Zeit und die Möglichkeit, eine Geschichte von Anfang bis Ende zu erzählen, dem Ich nicht gegeben ist.

›Fragmentarisch‹ ist das Verstrickt-Sein, weil das Ich sich nicht in eine Geschichte allein verstrickt. Gerade weil das Ich sich über ›polymythische‹ Verstrickungen ereignet und sich die Geltungsansprüche dieser Verstrickung wechselseitig begrenzen, kommt es zu ›fragmentarischen‹ Verstrickungen. Weil zu der Verstrickung in die eine Geschichte die Verstrickung in eine weitere tritt, bleiben beide Verstrickungen unvollständig und offen. Diese Offenheit kann schmerzvoll sein, weil die Fragmentarität erzwungen ist. Hamann hatte im Anschluss an das Erdbeben von Lissabon deutlich gemacht, dass es Größen gibt, die nicht das Ich sind und dennoch Macht über das Ich ausüben können. Diese Abhängigkeit kann den Abbruch oder die Veränderung einer Geschichte erzwingen. Die Geschichte kann, wegen dieser äußeren Macht, aber auch wegen der Art und Weise des eigenen Erzählens, sinnlos erscheinen und in Ihrer Sinnlosigkeit unerträglich werden, was dann als ›*Schmerz* des Fragments‹ gelten kann. Die Offenheit kann jedoch auch als ›*Sehnsucht*‹ in den Blick kommen, insofern die Hoffnung besteht, dass die unterschiedlichen Geschichten in all ihrer Offenheit und zum Teil mit ihrer drohenden Sinnlosigkeit in eine sinnhafte Erzählung umschlagen können.

Skepsis erwies sich dabei als jene Erzählstrategie, in der die Gültigkeit mehrerer, mindestens jedoch zweier Geschichten vorgebracht wird. Indem die Skepsis auf eine alles umschließende Geschichte verzichtet, erweist sie sich als Variation eines Denkens vom Bedingten her. Gleichermaßen können Henning Luthers Gedanken als Ausdruck eines Denkens der Bewegung gelten, weil das Ich sich in der Welt nur über verschiedene und fragmentarische Geschichten orientiert. Glaube ereignet sich demnach in all jenen Geschichten, in denen die ›Beunruhigung‹ über erzwungene Sinnhaftigkeit aufkommt und in jenen, die, gegen den Zwang des Schön-Redens, das Scheitern und den Schmerz des nur fragmentarisch Verstrickt-Seins erzählen, worin sich eine Bewegung zum Anderen hin andeutet. Zugleich wäre der Glaube aber auch als jene Geschichten zu deuten, in denen sich die Hoffnung ausdrückt, dass all die unterschiedlichen Geschichten mit all ihren unterschiedlichen Geltungsansprüchen am Ende in einer Geschichte, die ihre Unterschiedenheit nicht aufheben, sondern gerade ermöglichen würde, aufgehoben sind. Damit weist sie auf Andere hin, weil die erhoffte Geschichte eine fremde Geschichte ist, die sich das Ich nicht erzählen kann. Glaubens-Geschichten erzählen demnach eine besondere Form der Verstrickung.

Geschichten tragen an den Rezipienten nicht nur Bekanntes, sondern auch Fremdes heran. Während das Bekannte nur dazu aufruft, eine schon erzählte Geschichte zu wiederholen und damit das Ich in bekannter Weise neu zu erzählen, bildet das Fremde eine Herausforderung, weil in der Verstrickung mit ihm das Ich sich anders als zuvor ereignet. Der ›Widerstreit‹ der Geschichten, in den Geschichte und Fremd-Geschichte durch ihre unterschiedlichen Wahrheitsansprüche geraten, kann auf unterschiedliche Weisen erzählt werden.

Der Umgang mit Fremdem kann eine ablehnende Erzählung sein, in der das Fremde als Kontrastfolie zum eigenen Ich erzählt wird. Das Andere wird dabei als Widerpart gedeutet, gegen das Ich anerzählt, um den eigenen Wahrheitsanspruch aufrechtzuerhalten und den ›Widerstreit‹ durch Negation der Fremd-Geschichte zu lösen. Das Ich kann sich aber auch im Eingehen und Aufnehmen dieses Fremden ereignen. Der in der eigenen Geschichte erzählte Wahrheitsanspruch wird dabei der Veränderung preisgegeben. Damit kommt es nicht nur zu einer Transformation der eigenen, sondern auch der Fremd-Geschichte, weil sie im Kontext des Ichs, der für sie fremd ist, neu erzählt wird. Der ›Widerstreit‹ wird hier im Sich-Einlassen auf die Geschichte und die Fremd-Geschichte gewandelt, insofern der Geltungsanspruch beider zurückgestellt und eine neue Erzählung entworfen wird. Schließlich können Geschichte und Fremd-Geschichte und damit der ›Widerstreit‹ als solcher schlicht erzählt werden und die sich ausschließenden Ansprüche als trennende Kluft ausgehalten werden.

Werden diese Strategien mit ›Schmerz‹ und ›Hoffnung‹ verstrickt, können sie als Glaubensgeschichten interpretiert werden. Dann erzählt die Ablehnung als Anerkennung und Festschreibung des unüberwindbaren Getrennt-Seins vom ›Schmerz‹. Das Getrennt-Sein von Geschichte und Fremd-Geschichte, die Kluft des ›Widerstreits‹ und die Unmöglichkeit, diese überwinden zu können, wird dann als Bruch und damit als Geschichten des ›Schmerzes‹ und des Getrennt-Seins erzählt. Im Sich-Einlassen, aber auch im Nebeneinander der Geschichten, können Momente der Hoffnung enthalten sein, weil die Geschichte die Verknüpfung und damit die Aufhebung des Getrennt-Seins wünscht, ohne dies erzwingen zu können. Eine Erzählung, in welcher sich das Ich als Glaubender erzählt, wäre dann eine Geschichte, in der sowohl der ›Schmerz‹ des Getrennt-Seins, als auch die ›Hoffnung‹ des Verstrickt-Werdens erzählt wird. Die Glaubens-Geschichte würde dann erzählen, dass das Ich, statt sich vor dem Wahrheitsanspruch der Fremd-Geschichte zu verschließen, sich ihr öffnet. Entweder dadurch, dass sie sich auf die Fremd-Geschichte einließe und sich selbst mit ihr neu erzählen würde, oder weil sie sich selbst und die Fremd-Geschichte als im ›Widerstreit‹ neu erzählt und die Kluft anzuerkennen sucht. Dabei nimmt das Ich das Wahr-Sein dieses Fremden an und geht selbst in ein Wahr-Werden über, das sich in Verstrickung mit dem Fremden einem neuen Ich-Werden überlässt. Gerade die damit zugelassene ›polymythische‹ Verstrickung und die Aufnahme oder Hinnahme des Fremden und damit die Anerkennung des eigenen Bedingt-Seins führen zu einem Wahr-Werden, indem das Wahr-Sein als durch das Fremde gegeben zu denken sei.

Das Ich ereignet sich in einem Wechselspiel von Ablehnung, Aufnahme und Geltenlassen des im Text an es herangetragenen Fremden. Denn im Horizont der ›Angel‹-Geschichten sind nur manche Geschichten sinnvoll und manchmal sind auch scheinbar sinnlose Geschichten sinnvoll, sodass sich in einem Zugleich von Aufnahme und Ablehnung das Ich ereignet.

Die Ausführungen zu Henning Luther machen deutlich, dass Glaubens-Geschichten Geschichten sind, die für fremde Geschichten und damit für andere Ichs offen sind. Sie wenden sich diesen zu, weil das Leid der Anderen nicht unbeachtet bleiben soll, aber auch, weil das eigene Leid durch die Anderen nicht unbemerkt bleiben muss und weil in der Hoffnung auf eine andere Geschichte ein ›Versprechen‹ aufrecht erhalten wird, nachdem ohne Gewalt die vielen Geschichten Sinn ergeben. Diese Öffnung zum Anderen, dem eigenen Erzählungen zunächst fremd Seienden, kann genauer beschrieben werden durch Martin Luthers Charakterisierung des Glaubens. Dieser hat im *Kleinen Katechismus* den fiduzialen Charakter des Glaubens betont. Dort erklärt Luther:

> »Ich glaub das mich got geschaffen hatt sampt allen creaturn, mit leyb und seel, augen Oren und alle gelider, vernunfft und alle synn gegeben hat und noch erhelt, darzu kleyder und schuch essen und trinke, vihe und alle güter mit aller noturfft und narug desz leybs und lebens reyclich und teglich versorget, wider aller farlicheyt beschirmet und vor allem übel behüt und bewaret und das alles aufs lauter veterlicher göttlicher gütte und bearmherzigkeyt on alles ich im zu danke und zu loben und dar für zu diene und gehorsam zu sein schuldig bin.«[1366]

Martin Luther erwartet demnach, dass sein Leben getragen ist durch das, was nicht er selbst ist. Im Glauben geht er auf Fremdes ein und vertraut darauf. Luther versteht die Welt daher »als *mir* zugesagte[r] Lebensraum«[1367], in dem das Ich »anerkannt und angenommen«[1368] ist, ohne sein Zutun. Diese Bewegung zum Anderen pointiert Martin Luther, indem er erklärt, dass er dem ganz Fremden, nämlich Gott, glaubt. Deshalb kann Bayer auch erklären, dass »[d]as Wahrnehmen des Gewährten im Nehmen, Essen und Leben«[1369], Glaube sei. Denn der Glaube erzählt davon, dass das Ich durch das, was außerhalb und was nicht das Ich ist, lebt, wodurch die christlichen Geschichten als Geschichten eines Ichs gedacht werden können, das von anderem her sich ereignet. Im Sich-Einlassen auf das Fremde entsteht die Erfahrung, dass das Ich

---

[1366] Luther, WA 30, 247f.

[1367] Roth, Michael, Zum Glück. Glaube und gelingendes Leben, Gütersloh 2011, 206 (Hervorhebung im Original).

[1368] A. a. O., 206.

[1369] Bayer, Oswald, Ethik der Gabe, in: Knuth, Hans Christian (Hrsg.), Angeklagt und anerkannt. Luthers Rechtfertigungstheologie in gegenwärtiger Verantwortung, Erlangen 2009, 150.

durch dieses Fremde getragen ist.[1370] In der Geschichte vollzieht sich, was mit ihr erzählt wird und das Ich ereignet sich im Erzählen, sodass in der Erzählung vom Getragen-Sein das Ich sich als Getragenes ereignet. Mit dem ersten Artikel des apostolischen Glaubensbekenntnisses gesprochen meint dies, dass im Glauben und Vertrauen auf Gott das Ich erlebt, dass es durch Gott, als den »Vater, den Allmächtigen, den Schöpfer des Himmels und der Erde«, getragen ist. Damit ist klar, dass die »Herkunft und die Gewährung der Gegenwart [...] ungeschuldet, freie[...] Geschenk[e]«[1371] sind, durch die das Ich leben kann.

Mit Hamann kann ›Gott‹ als Zeichen für das ganze Andere gelesen werden, sodass sich das Vertrauen Luthers als »Vertrauensbewegung«[1372] auf Fremdes und Anderes deuten lässt. Als Zeichen meint ›Gott‹ all das, was das Ich nicht ist, von dem es abhängt und auf das es angewiesen ist, jedoch nicht als starre und absolute Größe. Indem Hamann ›Gott‹ als Zeichen versteht, verzichtet er darauf, Gott von der ›Idee des Unbedingten‹ aus zu denken. Denn als Zeichen hängt seine Bedeutung von den Kontexten ab, innerhalb derer von ihm erzählt wird, womit Hamann das Bedingt-Sein des Zeichens ›Gott‹ betont. Die Verbundenheit des Zeichens mit dem Text macht darüber hinaus deutlich, dass variierende Kontexte auch das Fremdartige, für das das Zeichen ›Gott‹ steht, variieren, sodass ›Gott‹ als Zeichen für das Andere immer Zeichen für anderes ist und mit dieser Flexibilität gerade nicht der ›Idee des Unbedingten‹ entspricht. Luther hat bekannt, dass er sich auf dieses Fremde vertrauend einlässt und gerade in dieser Bewegung zum Anderen hin zum Leben kommt. Glaubens-Geschichten erzählen damit, dass das Ich »von sich selber wegschauen[d]«[1373], durch die Bewegung zum Fremden hin und im Einlassen auf das andere wird. Im Verzicht auf die ›Idee des Unbedingten‹ und damit im Verlust eines absoluten Kriteriums eröffnet sich der Möglichkeitsraum christlicher Existenz, weil durch ein Denken der Bewegung andere Geltungsansprüche nicht negiert, sondern an- und aufgenommen werden können. Der Andere wird erreichbar, weil das Wahr-Sein nicht als vorgegebene Bedingung der Begegnung feststeht, sondern weil im Kontakt mit dem Anderen die Orientierung des Ichs überhaupt erst zustande kommt.

[1370] Diese Erfahrung, dass das Ich durch anderes getragen zu sich selbst kommt, findet Ringleben bei Hamanns Londoner Bekehrung: »Hamann las die Heilige Schrift. Indem er las entdeckte er sich selber in den Texten, in diesem Text wieder. [...] Der Lesende erfährt, sich als Gelesen bzw. der Hörende weiß, daß er gesehen wird.« (Ringleben, Joachim, »Rede, daß ich dich sehe«. Betrachtungen zu Hamanns theologischem Sprachdenken, 1988, 214). Deshalb vollziehe sich die »Gotteserkenntnis [...] als Selbsterkenntnis« (214), was mit der hier vorgeschlagenen Interpretation Hamanns gedeutet werden kann als Einsicht dafür, dass in der Erkenntnis dessen, was das Ich nicht ist, das Ich sich erkennt, weil es begreift, dass es von diesem Fremden aus ist.

[1371] Roth, Zum Glück, 205.

[1372] A. a. O., 191.

[1373] Sauter, Gerhard, Anthropologische Denkerfahrung der Theologie, Evangelische Theologie 43 (1983), 457.

Ein Denken, das vom Unbedingten absieht und sich der Bewegung verschreibt, ermöglicht demnach eine Orientierung am Anderen und damit ein Sich-Einlassen auf Fremdes, was als Verwirklichung einer christlichen Existenz gedeutet werden kann. Glaubensgeschichten sind dann Geschichten, die davon erzählen, dass sich das Ich auf Andere einlässt und sich in dieser Bewegung zum Fremden hin ereignet. In den Glaubens-Geschichten geht es dann nicht darum, zu klären, wie die Welt ist, sondern als »Lebensvollzug[s]«[1374]-Geschichten erzählen sie, wie sich das Ich in der Welt verortet und wie es in dieser Verortung mit dem Anderen umgeht. Wesentlich erzählen sie vom »radikalen Sein-Lassen«[1375], denn sowohl der Andere als auch dessen Anspruch lassen das Ich gelten und indem durch die Geschichte das Ich entworfen wird als eines, das ganz durch das Andere getragen ist, verzichtet es auf eine Selbstbestimmung und lässt sich, dem Fremden vertrauend, von dort sagen, wer es ist.

Geschichten tragen an den Rezipienten nicht nur Bekanntes, sondern auch Fremdes heran. Während das Bekannte dazu aufruft, eine schon erzählte Geschichte zu wiederholen und damit das Ich in bekannter Weise wieder zu erzählen, stellt das Fremde eine Herausforderung dar, weil in der Verstrickung mit ihm das Ich sich anders als zuvor ereignet. Der Umgang mit diesem Fremden kann eine ablehnende Erzählung sein, in der das Fremde als Kontrastfolie zum eigenen Ich erzählt wird. Das Ich kann sich auch im Eingehen und Aufnehmen dieses Fremden ereignen. Eine Erzählung, in welcher sich das Ich als Glaubender erzählt, wäre dann eine Geschichte des Sich-Einlassens. Anstatt, dass sich das Ich vor dem Wahrheitsanspruch dieses Fremden verschließt, öffnet es sich ihm, es nimmt das Wahr-Sein dieses Fremden an und geht selbst in ein Wahr-Werden über, das sich in Verstrickung mit dem Fremden einem neuen Ich-Werden überlässt. Gerade die damit zugelassene ›polymythische‹ Verstrickung und die Aufnahme des Fremden und damit die Anerkennung des eigenen Bedingt-Seins führen zu einem Wahr-Werden, indem das Wahr-Sein als durch das Fremde gegeben zu denken ist.

Das Ich erzählt sich in den Glaubensgeschichten als vom Anderen getragen. Jedoch sind die Geschichten nicht eindeutig, und es gibt verschiedene Erzählmöglichkeiten für die Verstrickung des Ichs. Das Ich ereignet sich demnach in einem Wechselspiel von Ablehnung und Aufnahme des in Texten an es Herangetragenen. Darin spiegelt sich Martin Luthers Gedanke wider, der Christ sei ›simul iustus et peccator‹[1376], denn die Geschichten, in denen sich das Ich ereignet und orientiert, sind als mehrdeutige Geschichten und

---

[1374] SLENCZKA, Der Tod und das Leben des Menschen, 9 und öfter.

[1375] ROTH, Zum Glück, 189. Vgl. auch: STOCK, KONRAD, Glück und Gnade, in: Ders., Die Gegenwart des Guten. Schriften zur Theologie, MThSt 96, Marburg 2006, 267.

[1376] Schon in der Römerbrief-Vorlesung von 1515/16 erklärt Luther: »simul sunt Iniusti et Justi« (LUTHER, WA 56, 268).

vielschichtige Verstrickungen stets sowohl Geschichten des Sich-Einlassens als auch des Ablehnens. Denn zu der Geschichte über die vertrauensvolle Bewegung zum Anderen hin treten auch Geschichten der Ablehnung, die damit Geschichten des Scheiterns sind, weil es nicht zur Sinnstiftung kommt, sodass die Sinnlosigkeit der Begegnung und das Ruinöse als ›Schmerz des Fragments‹ zu erzählen sind. Das bedingte Wahr-Sein, das den Rahmen des Lebens bildet, lässt sich nicht beliebig in Bewegung versetzen. Der Übergang von einem Wahr-Sein zu einem Wahr-Werden lässt sich nicht erzwingen und so kommt es, dass das Ich sich immer zwischen Gewaltverzicht und Gewalt, zwischen Sich-Einlassen und Sich-Abgrenzen ereignet und damit immer zugleich als ›iustus et peccator‹ erzählt wird.

Während sich die Abgrenzung des Ichs ereignet, indem das Wahr-Sein der ›Angel‹-Geschichten als unbedingt und daher als starr erzählt wird, entsteht das glaubende Ich über die Bewegung des Sich-Einlassens, wenn das bedingte Wahr-Sein wieder in Bewegung versetzt werden kann. Durch diese Differenzierung wird deutlich, dass ein christliches Denken, das sich der Bewegung zuwendet, immer auch ein Denken vom Unbedingten her mitzureflektieren hat. Denn das Erzählen selbst ist in Bewegung, weil es sich unterschiedlicher Strategien bedient. Zuweilen greift es auf die ›Idee des Unbedingten‹ zurück oder löst sich von diesem und lässt in der Hinwendung zu Fremden das Ich entstehen. Damit wird einer wichtigen Einsicht eines Denkens der Bewegung Rechnung getragen, denn Positionen und Gedanken können hier nur plausibilisiert und, weil es kein immer gültiges Kriterium gibt, nicht mit letzter Sicherheit bewiesen werden. Die Annahme, dass es unterschiedliche Möglichkeiten des Erzählens und der Ich-Verstrickung gibt, führt zu der Einsicht, dass auch die Verstrickung über eine Erzählung vom Unbedingten her möglich ist. Dies reflektiert die christliche Tradition, wenn sie davon spricht, dass der Mensch Gerechter und Sünder zugleich sei. Denn sowohl die Bewegung des Sich-Einlassens als auch jene des Sich-Abgrenzens, sind Möglichkeiten, die durch die Glaubensgeschichten erzählt werden, auch wenn christliche Geschichten von der Hoffnung erzählen, dass einmal das Abgrenzen ein Ende finden wird.

Literaturverzeichnis

Abraham, Ulf, P/poetisches V/verstehen. Zur Eingemeindung einer anthropologischen Erfahrung in den kompetenzorientierten Deutschunterricht, in: Winkler, Iris u.a. (Hrsg.), Poetisches Verstehen. Literaturdidaktische Positionen – empirische Forschung – Projekte aus dem Deutschunterricht, Baltmannsweiler 2010, S. 9–22.

Achermann, Eric, Hamanns Insistieren auf der sinnlichen Wirkkraft der Zeichen, in: Gajek, Bernhard (Hrsg.), Die Gegenwärtigkeit Johann Georg Hamanns. Acta des achten Internationalen Hamann-Kolloquiums an der Martin-Luther-Universität Halle-Wittenberg 2002, Frankfurt am Main u.a. 2005, 37–56.

Adorno, Theodor, Ästhetische Theorie. Gesammelte Schriften Bd. 7, Hrsg. von Gretel Adorno und Rolf Tiedemann, Frankfurt am Main 1973.

Albrecht, Michael, Art. Skepsis; Skeptizismus, in: HWP, Bd. 9, Sp. 938–974.

Aristophanes, Die Wolken. Komödie. Übersetzung, Nachwort und Anmerkung von Otto Seel, Stuttgart 2008.

Aristoteles, Die Nikomachische Ethik. Griechisch-deutsch. Übersetzt von Olof Gigon, neu herausgegeben von Reiner Nickel, Düsseldorf 2001.

Aristoteles, Metaphysik. Übersetzt von Hermann Bonitz, Hamburg [4]2005.

Aristoteles, Nikomachische Ethik. Übersetzt und herausgegeben von Ursula Wolf, Hamburg 2006.

Aristoteles, Poetik. Griechisch/Deutsch. Übersetzt und herausgegeben von Manfred Fuhrmann, Stuttgart 2010.

Aristoteles, Zoologische Schriften I: Historia animalium. Bücher 1 und 2, kommentiert und übersetzt von Stephan Zierlein, Berlin 2013.

Arndt, Hans Werner, Christian Wolff – Philosophie der Weltweisheit, in: Stolzenberg, Jürgen/Rudolph, Oliver-Pierre (Hrsg.), Wolffiana II.1. Christian Wolff und die europäische Aufklärung. Akten des 1. Internationalen Christian-Wolff-Kongresses, Halle (Saale), 4.–8. April 2004, Hildesheim u.a. 2007, S. 41–54.

Arndt, Hans Werner, Rationalismus und Empirismus in der Erkenntnislehre von Christian Wolff, in: Schneiders, Werner (Hrsg.): Christian Wolff 1679–1754. Interpretationen zu seiner Philosophie und deren Wirkung. Mit einer Bibliographie der Wolff-Literatur, Hamburg 1983, S. 31–47.

Augustinus, Aurelius, Bekenntnisse. Aus dem Lateinischen übertragen und mit einer Einführung von Wilhelm Thimme, München [10]2003.

Augustinus, Aurelius, Confessiones. Bekenntnisse. Lateinisch/Deutsch. Übersetzt, herausgegeben und kommentiert von Kurt Flasch und Burkhard Mojsisch. Mit einer Einleitung von Kurt Flasch, Stuttgart 2009.

Augustinus, Aurelius, De civitate dei/Der Gottesstaat. Lateinisch und deutsch, 2 Bde., Aurelius Augustinus Werke Bd. 1, übersetzt und hg. von Carl Johann Perl, Paderborn 1979.

Augustinus, Aurelius, De vera religione. Über die wahre Religion. Lateinisch/Deutsch. Übersetzung und Anmerkungen von Wilhelm Thimme. Nachwort von Kurt Flasch, Stuttgart 2006.

Augustinus, Aurelius, Gegen die Akademiker. (Contra Academicos). Eingeleitet, übersetzt und erläutert von Bernd Reiner Voss, in: Augustinus, Aurelius, Philosophische Frühdialoge. Gegen die Akademiker, Über das Glück, Über die Ordnung. Eingeleitet, übersetzt und erläutert von Bernd Voss, Ingeborg Schwarz-Kirchenbauer, Willy Schwarz, Ekkehard Mühlenberg. Herausgegeben von Carl Andresen, Zürich, 1972, S. 25–143.

Augustinus, Aurelius, Soliloquia. De immortalitate animae/Selbstgespräche über Gott und die Unsterblichkeit der Seele. Lateinisch und deutsch, übersetzt von und erläutert von Hanspeter Müller, Zürich 1954.

Bacon, Francis, Neues Organon. Teilband 1/2. Lateinisch-Deutsch. Herausgegeben und mit einer Einleitung von Wolfgang Krohn, Hamburg ²1999.

Bader, Günther, Assertio. Drei fortlaufende Lektüren zu Skepsis, Narrheit und Sünde bei Erasmus und Luther, Tübingen 1985.

Baeumer, Max L., Hamanns Verwendungstechnik von Centonen und Conzetti aus der antiken, jüdischen und christlichen Literatur, in: Gajek, Bernhard (Hrsg.), Johann Georg Hamann. Acta des Internationalen Hamann-Colloquiums in Lüneburg 1976, Frankfurt am Main 1979, S. 117–132.

Bailey, Alan/O'Brien, Dan, Hume's Enquiry Concerning Human Understanding. Reader's Guide, London/New York 2006.

Barth, Hans-Martin, Dogmatik. Evangelischer Glaube im Kontext der Weltreligionen. Ein Lehrbuch, Gütersloh 2001.

Barth, Karl, Die Kirchliche Dogmatik. Dritter Band, Die Lehre von der Schöpfung, Erster Teil Zürich ⁵1988.

Barth, Karl, Die Kirchliche Dogmatik. Erster Band, Die Lehre vom Wort Gottes. Prolegomena zur Kirchlichen Dogmatik, Erster Teil, Zürich ¹²1989.

Barth, Ulrich, Gott als Projekt der Vernunft, Tübingen 2005.

Barth, Ulrich, Was ist Religion?, in: ZThK 93 (1996), S. 538–560.

Baudler, Georg, ›Im Worte sehen‹. Das Sprachdenken Johann Georg Hamanns, Bonn 1970.

Baumann, Peter, Erkenntnistheorie. Lehrbuch Philosophie, Stuttgart ²2006.

Bayer, Oswald, Autorität und Kritik. Zu Hermeneutik und Wissenschaftstheorie, Tübingen 1994.

Bayer, Oswald, Ethik der Gabe, in: Knuth, Hans Christian (Hrsg.), Angeklagt und anerkannt. Luthers Rechtfertigungstheologie in gegenwärtiger Verantwortung, Erlangen 2009, S. 133–154.

Bayer, Oswald, Gott als Autor. Zu einer poietologischen Theologie, Tübingen 1999.

Bayer, Oswald, Martin Luthers Theologie. Eine Vergegenwärtigung, Tübingen 2003.

Bayer, Oswald, Promissio. Geschichte der reformatorischen Wende in Luthers Theologie, Göttingen 1971.

Bayer, Oswald, Schöpfung als Anrede. Zu einer Hermeneutik der Schöpfung, Tübingen 1986.

Bayer, Oswald, Vernunft ist Sprache. Hamanns Metakritik Kants, Stuttgart/Bad Cannstadt 2002.

Bayer, Oswald/Knudsen, Christian, Kreuz und Kritik. Johann Georg Hamanns Letztes Blatt. Text und Interpretation, BhTh 66, Tübingen 1983.

Behler, Ernst, Ironie und literarische Moderne, Paderborn 1997.

Berlin, Isaiah, Der Magus in Norden. J. G. Hamann und der Ursprung des modernen Irrationalismus, Hamburg 1995.

Beutel, Albrecht, Kirchengeschichte im Zeitalter der Aufklärung. Ein Kompendium, Göttingen 2009.

Blanke, Fritz, Einführung in J.G. Hamanns Hauptschriften erklärt, in: Ders./Schreiner, Lothar (Hrsg.), Johann Georg Hamanns Hauptschriften erklärt. Die Hamann-Forschung, Bd. 1, Gütersloh 1956, S. 5-6.

Blanke, Fritz, Hamann als Theologe, in: Ders., Hamann-Studien, Zürich 1956, S. 11-42.

Blanke, Fritz, J.G. Hamann und Sokrates. Ein Beitrag zur Geschichte der Sokrates-Deutung, in: Festschrift zur Feier des 350jährigen Bestehens des Heinrich-Suso Gymnasiums Konstanz, Konstanz 1954, S. 312-315.

Böhm, Benno, Sokrates im 18. Jahrhundert, Neumünster 1966.

Brandt, Reinhard, Über die vielfältige Bedeutung der Baconschen Idole, in: PhJ 83 (1976), S. 42-70.

Brockes, Barthold Heinrich, Irdisches Vergnügen in Gott, bestehend in Physicalisch- und Moralischen Gedichten. Erster Theil, nebst einem Anhang etlicher übersetzter Fabeln des Herrn de la Motte. Mit einer doppelten Vorrede von Herrn Hof-Rath Weichmann, Hamburg ^{5}1732.

Bronisch, Johannes, Der Mäzen der Aufklärung. Ernst Christoph von Manteuffel und das Netzwerk des Wolffianismus, Berlin/New York 2010.

Brose, Thomas, Johann Georg Hamann und David Hume. Metaphysikkritik und Glaube im Spannungsfeld der Aufklärung, Bd. 1 & 2, Frankfurt am Main u.a. 2006.

Büchsel, Elfriede, Biblisches Zeugnis und Sprachgestalt bei J. G. Hamann. Untersuchungen zur Struktur von Hamanns Schriften auf dem Hintergrund der Bibel, Gießen/Basel 1988.

Büchsel, Elfriede, Paulinische Denkfiguren in Hamanns Aufklärungskritik. Hermeneutische Beobachtungen zu exemplarischen Texten und Problemstellungen, in: NZSTh 30 (1988), S. 269-283.

Bultmann, Rudolf, Das Problem der Hermeneutik, in: Ders., Glauben und Verstehen. Gesammelte Aufsätze, Bd. 2, Tübingen 1961, S. 211-235.

Burnyeat, Myles, Idealism and Greek Philosophy. What Descartes Saw and Berkeley Missed, in: PhRev 91 (1982), S.3-40.

Busche, Jürgen, Art. Hellenismus in: HWP 3, Sp1050-1053.

Cassirer, Ernst, Die Philosophie der Aufklärung, Tübingen 1932.

Cassirer, Ernst, Philosophie der symbolischen Formen. Erster Teil. Die Sprache [1921], Hamburg 2001

CHLADENIUS, Johann Martin, Einleitung zur richtigen Auslegung vernünftiger Reden und Schriften. Mit einer Einleitung von Lutz Geldsetzer, Düsseldorf 1969.

CICERO, Marcus Tullius, Akademische Abhandlungen. Lucullus. Lateinisch - Deutsch. Text und Übersetzung von Christoph Schäublin, mit einer Einleitung von Andreas Graeser und Christoph Schäublin und Anmerkungen von Andreas Bächli und Andreas Graeser, Hamburg 1995.

CLAUDY, Tobias/ROTH Michael, Hermeneutik der Gegenwart und Kontextualität der Theologie, in: Ders./ders. (Hrsg.), Freizeit als Thema theologischer Gegenwartsdeutung, Theologie - Kultur - Hermeneutik, Bd. 1, Leipzig 2005, S. 53-76.

COENEN, Hans Georg, Analogie und Metapher. Grundlegung einer Theorie der bildlichen Rede, Berlin/New York 2002.

COPERNICUS, Nicolaus, De Revolutionibus Orbium Coelestium, Petrium 1543.

COPERNICUS, Nikolaus, Über die Kreisbewegung der Weltkörper. Übersetzt und mit Anmerkungen von Dr. Karl Ludolf Menzzer. Durchgesehen und mit einem Vorwort von Dr. Moritz Cantor, Thorn 1879.

DEICHGRÄBER, Karl, Parmenides' Auffahrt zur Göttin des Rechts, Abhandlung der Akademie der Wissenschaften und Literatur in Mainz. Geistes. und sozialwissen. Kl., Jg. 1958, Wiesbaden 1959, S. 629-724.

DELEUZE, Gilles, Hume, in: Châtelet, François (Hrsg.), Geschichte der Philosophie Bd. IV. Die Aufklärung, Frankfurt am Main u.a. 1974, S. 61-72.

DESCARTES, René, Die Prinzipien der Philosophie. Lateinisch - Deutsch. Übersetzt und herausgegeben von Christian Wohlers, Hamburg 2005.

DESCARTES, René, Meditationen über die Grundlagen der Philosophie. Auf Grund der Ausgaben von Artur Buchenau neu herausgeben von Lüdger Gäbe. Durchgesehen von Hans Günter Zekl. Mit neuem Register und Auswahlbibliographie versehen von George Heffernan. Lateinisch - deutsch, Hamburg 1992.

DESCARTES, René, Von der Methode des richtigen Vernunftgebrauchs und der wissenschaftlichen Forschung. Übersetzt und herausgegeben von Lüder Gäbe. Durchgesehen und mit neuem Register sowie einer Bibliographie von George Heffernan. Französisch-Deutsch, Hamburg [2]1997.

DIELS, Hermann, Die Fragmente der Vorsokratiker, Griechisch und Deutsch, 3. Bd., mit Nachträgen hrsg. v. Walther Kranz, Berlin [10]1961.

DIETZ, Walter, Wahrheit - Gewißheit - Zweifel. Theologie und Skepsis, Studien zur theologischen Auseinandersetzung mit der philosophischen Skepsis, Frankfurt am Main 2013.

DIOGENES Laertios, Leben und Meinungen berühmter Philosophen. Übersetzt von Otto Apelt, neu herausgegeben von Klaus Reich, Hamburg [3]1990 (PhB 53/54).

DISSELHOFF, Julius, Wegweiser zu Johann Georg Hamann. Dem Magus im Norden, Kaiserswerth 1871.

DROYSEN, JOANN GUSTAV, Geschichte des Hellenismus, Darmstadt 2008.

ECK, Johannes, An Kurfürst Friedrich den Weisen (22. Juli 1519), in: WA.B, Bd. 1, , Nr. 192, S. 458-462.

ECK, Johannes, an Kurfürst Friedrich den Weisen (8. November 1519), in: WA.B, Bd. 1, Nr. 192, S. 479-501.

ECO, Umberto, Das offene Kunstwerk. Übersetzt von Günter Memmert, Frankfurt am Main 1977.

ECO, Umberto, Zeichen. Einführung in einen Begriff und seine Geschichte, Frankfurt am Main ²1981.

ENGFER, Hans-Jürgen, Empirismus versus Rationalismus?. Kritik eines philosophiegeschichtlichen Schemas, Paderborn u.a. 1996.

ERASMUS, Desiderius, De libero arbitrio διατριβή sive collatio. Gespräch oder Unterredung über den freien Willen, übersetzt, eingeleitet und mit Anmerkungen versehen von Winfried Lesowsky, in: Ders., Ausgewählte Schriften. Acht Bände, lateinisch und deutsch, herausgegeben von Werner Welzig, Bd. 4, Darmstadt 1995, S. 1-196.

ERLER, Michael, Hellenistische Philosophie als ›praeparatio platonica‹ in der Spätantike (am Beispiel von Boethius' consoltatio philosophiae), in: Fuhrer, Therese/Ders. (Hrsg.), Zur Rezeption der hellenistischen Philosophie in der Spätantike. Akten der 1. Tagung der Karl-und-Gertrud-Abel-Stiftung vom 22.-25. September 1997 in Trier, Philosophie der Antike 9, Stuttgart 1999, S.105-122.

FAY, Siegfried C.A., Zweifel und Gewissheit beim späten Wittgenstein. Eine Einführung, Frankfurt am Main u.a. 1992.

FEYERABEND, Paul, Wider den Methodenzwang, Frankfurt am Main ¹¹1986.

FIEDLER, Wilfried, Analogiemodelle bei Aristoteles. Untersuchungen zu den Vergleichen zwischen den einzelnen Wissenschaften und Künsten, Amsterdam 1978 (Studien zur Antiken Philosophie Bd. 9).

FLASCH, Kurt, Augustin. Einführung in sein Denken, Stuttgart 3. bibliographisch ergänzte Auflage 2003.

FLECK, Christina Juliane, Genie und Wahrheit. Der Geniegedanke im Sturm und Drang, Marburg 2006.

FLEISCHER, Margot, Anfänge europäischen Philosophierens. Heraklit - Parmenides - Platons *Timaios*, Würzburg 2001.

FRANCKE, August Hermann, Herrn M. August Hermann Franckes vormahls Diaconi zu Erfurt [...] Lebenslauff, in: Markus, Matthias (Hrsg.), Lebensläufe August Hermann Franckes, Leipzig 1999 (Kleine Textes des Pietismus, Bd. 2), S. 5-32.

FREY, Christiane, Geist und Buchstabe. Ideologeme der Darstellbarkeit bei Hamann, Mendelssohn und Kleist, in: Albes, Claudia/Dies. (Hrsg.), Darstellbarkeit. Zu einem ästhetisch-philosophischen Problem um 1800, Würzburg 2003, S. 137-156.

FRIEDERICH, Christoph, Sprache und Geschichte. Untersuchungen zur Hermeneutik von Johann Martin Chladenius, Meisenheim am Glan 1978.

FRITSCH, Friedemann, Communicatio idiomatum. Zur Bedeutung einer christologischen Bestimmung für das Denken Johann Georg Hamanns, Berlin/New York 1999.

FUCHS, Marko J., Sum und cogito. Grundfiguren endlichen Selbstseins bei Augustin und Descartes, Paderborn u.a. 2010.

FUHRER, Therese, Augustin. Contra Academicos. (Vel de Academicis). Bücher 2 und 3. Einleitung und Kommentar, Berlin/New York 1997.

FUHRER, Therese, Augustins Frühdialoge als Inszenierung der Einheit von religiöser Praxis und philosophischem Dialog, in: Kobusch, Theo/Erler, Michael (Hrsg.), Metaphysik und

Religion. Zur Signatur des spätantiken Denkens. Akten des internationalen Kongresses vom 13.-17. März 2001 in Würzburg, München 2002, S. 309-322.

FUHRER, Therese, Die akademische Skepsis, in: Drecoll, Volker Henning (Hrsg.), Augustin Handbuch, Tübingen 2007, S.60-66.

FUHRER, Therese, Skeptizismus und Subjektivität. Augustins antiskeptische Argumentation und das Konzept der Verinnerlichung, in: Fetz, Luzius u.a. (Hrsg.), Geschichte und Vorgeschichte der modernen Subjektivität, Bd. 1, Berlin/New York 1998, S. 319-339.

FUHRER, Therese, Zum erkenntnistheoretischen Hintergrund von Augustins Glaubensbegriff, in: Dies./Erler, Michael (Hrsg.), Zur Rezeption der hellenistischen Philosophie in der Spätantike. Akten der 1. Tagung der Karl-und-Gertrud-Abel-Stiftung vom 22.-25. September 1997 in Trier, Philosophie der Antike 9, Stuttgart 1999, S.191-211.

GABRIEL, Markus, Antike und moderne Skepsis zur Einführung, Hamburg 2008.

GABRIEL, Markus, Skeptizismus und Idealismus in der Antike, Frankfurt am Main 2009.

GABRIEL, Markus, Zum Außenweltproblem in der Antike. Sextus' Destruktion des Repräsentationalismus und die skeptische Begründung des Idealismus bei Plotin, in: Bochumer Philosophisches Jahrbuch für Antike und Mittelalter 12 (2007), S.15-43.

GAJEK, Bernhard, Johann Georg Hamanns »Sokratische Denkwürdigkeiten«. Zu Hamanns 200. Todesjahr, in: Bungert, Hans (Hrsg.), Hauptwerke der Literatur. Vortragsreihe der Universität Regensburg, Regensburg 1990.

GEBAUER, Gunter, Wittgensteins Anthropologisches Denken, München 2009.

GELDSETZER, Lutz, Vorwort zum Neudruck, in: Chladenius, Johann Martin, Einleitung zur richtigen Auslegung vernünftiger Reden und Schriften. Mit einer Einleitung von Lutz Geldsetzer, Düsseldorf 1969, S. I-IX.

GELLERT, Christian Fürchtegott, Fabeln und Erzählungen, in: Gellert, Christian Fürchtegott, Gesammelte Schriften. Kritische, kommentierte Ausgabe Bd. 1, hrsg. v. Ulrike Bardt und Bernd Witte, Berlin/New York 2000.

GIGON, Olof, Der Ursprung der griechischen Philosophie. Von Hesiod bis Parmenides, Basel/Stuttgart ^{2}1968.

GISLER, Monika, Optimismus und Theodizee. Voltaires Poème sur le désastre de Lisbonne und seine frühe Rezeption, in: Lauer, Gerhard/Unger, Thorsten (Hrsg.), Das Erdbeben von Lissabon und der Katastrophendiskurs im 18. Jahrhundert, Göttingen 2008, S. 230-243.

GOETHE, Johann Wolfgang von, Aus meinem Leben. Dichtung und Wahrheit, in: Ders., Goethes Werke. Hamburger Ausgabe in 14 Bänden, Bd. 9, Hamburg ^{12}2000.

GOETHE, Johann Wolfgang von, Prometheus, in: Ders., Werke. Hamburger Ausgabe in 14 Bänden, Bd. 1, Gedichte und Epen I, Textkritisch durchgesehen und kommentiert von Erich Trunz, München 1981, S. 44-46.

GÖRLER, Woldemar, Älterer Pyrrhonismus. Jüngere Akademie. Antiochos aus Askalon, in: Flashar, Hellmut (Hrsg.), Die Philosophie der Antike, Bd. 4,2: Die Hellenistische Philosophie, Basel/Stuttgart 1994 (Grundriß der Geschichte der Philosophie, begründet von Friedrich Überweg, völlig neu bearbeitete Ausgabe), S. 717-989.

GOSEWINKEL, Dieter/MASING, Johannes (Hrsg.), Die Verfassungen in Europa 1789-1949, München 2006.

GOTTSCHED, Johann Christoph, Anmerkungen über das 592. Stück des Zuchtmeisters, in: Ders., Beyträge zur Kritischen Historie der Deutschen Sprache, Poesie und Beredsamkeit. Herausgegeben von einem Liebhaber der deutschen Literatur, Bd. 8, Leipzig 1742, S. 143-172.

GOTTSCHED, Johann Christoph, Sterbender Cato, Stuttgart 1964.

GOTTSCHED, Johann Christoph, Versuch einer critischen Dichtkunst, Darmstadt ^{5}1962, (Unveränderter photographischer Nachdruck der 4. vermehrten Auflage Leipzig 1751).

GOUBET, Jean-François, Das Verhältnis zwischen mathematischer Methode und Logik, in: Stolzenberg, Jürgen/Rudolph, Oliver-Pierre (Hrsg.), Christian Wolff und die Europäische Aufklärung. Akten des 1. Internationalen Christian-Wolff-Kongresses, Halle/Saale, 4.-8. April 2004, Bd. 2, Hildesheim 2007, S. 141-152.

GOUGES, Olympe de, Für die Gleichberechtigung der Frau, in: Kruse, Wolfgang (Hrsg.), Die Französische Revolution. Programmatische Texte von Robespierre bis de Sade, Wien 2012, S. 84-91.

GRABMANN, Martin, Mittelalterliches Geistesleben. Abhandlungen zur Geschichte der Scholastik und Mystik, Bd. 2, München 1936.

GRAESER, Andreas, Zenon von Kition. Positionen und Probleme, Berlin/New York 1975.

GRAUBNER, Hans, Erkenntnisbilder oder Bildersprache. Hamann und Hume, in: Bayer, Oswald (Hrsg.), Johann Georg Hamann. »Der hellste Kopf seiner Zeit«, Tübingen 1998, S. 135-155.

GRAUBNER, Hans, Hamanns Auseinandersetzung mit der Theodizee und sein Urteil über Voltaires Erschütterung, in: Lauer, Gerhard/Unger, Thorsten (Hrsg.), Das Erdbeben von Lissabon und der Katastrophendiskurs im 18. Jahrhundert, Göttingen 2008, S. 275-284.

GRAUBNER, Hans, Theological Empiricism. Aspects of Johann Georg Hamann's Reception of Hume, in: Hume Studies XV (1989), S. 377-385.

GRIMM, Jakob und Wilhelm, Deutsches Wörterbuch, 33 Bde., Leipzig 1854-1961 [Nachdruck].

GROSSE, Sven, Geist und Buchstabe. Varianten eines biblischen Themas in der Theologiegeschichte, in: JBTh, Bd. 24 (2009), S. 157-178.

GRÜNDER, Karlfried, Geschichte der Deutung, in: Blanke, Fritz/Schreiner, Lothar, Johann Georg Hamanns Hauptschriften erklärt, Bd. 1, Die Hamann-Forschung, Gütersloh 1956, S. 9-140.

HADOT, Pierre, Philosophie als Lebensform. Geistige Übungen in der Antike. Aus dem Französischen von Ilsetraut Hadot und Christiane Marsch, Berlin 1991.

HAENCHEN, Ernst, Das Johannesevangelium. Ein Kommentar, Tübingen 1980.

HAILER, Martin, Metapher und Symbol. oder: Ist Skepsis in der Theologie unausweichlich?, in: Bernhardt, Reinhold/Link-Wieczorek, Ulrike (Hrsg.), Metapher und Wirklichkeit. Die Logik der Bildhaftigkeit im Reden von Gott, Mensch und Natur. Dietrich Ritschl zum 70. Geburtstag, Göttingen 1999, S. 42-53.

HALBMAYR, Alois, Lob der Vielfalt. Zur Kritik Odo Marquards am Monotheismus, Wien 2000.

HAMANN, Johann Georg, Briefwechsel. Bände 1 bis 3 herausgegeben von Walther Ziesemer und Arthur Henkel, Bände 4 bis 7 herausgegeben von Arthur Henkel, Frankfurt am Main 1955-1979.

HAMANN, Johann Georg, Sämtliche Werke. Herausgegeben von Josef Nadler, Wien 1949-1957.

HAMANN, Johann Georg, Sokratische Denkwürdigkeiten. Aesthetica in nuce, mit einem Kommentar herausgegeben von Sven-Aage Jørgensen, Stuttgart 1968.

HAMANN, Johann Georg, Sokratische Denkwürdigkeiten. Erklärt von Fritz Blanke, in: Blanke, Fritz/Gründer Karlfried, Johann Georg Hamanns Hauptschriften erklärt, Bd. 2, Gütersloh 1959.

HAMPE, Michael, Unser Glaube an die Existenz abwesender Tatsachen, in: Kulenkampff, Jens (Hrsg.), David Hume. Eine Untersuchung über den menschlichen Verstand, Berlin 1997, S. 73–94.

HÄRLE, Wilfried, Christlicher Glaube zwischen Gewissheit und Skepsis, in: Marquardt, Manfred (Hrsg.), Theologie in skeptischer Zeit, Stuttgart 1997, S. 67–80.

HÄRLE, Wilfried, Das christliche Verständnis der Wahrheit, in: MJTh 21. Wahrheit, MThSt 107, Leipzig 2009, S. 61–89.

HÄRLE, Wilfried, Dogmatik, Berlin/New York [3]2007.

HEGEL, Georg Wilhelm Friedrich, Hamanns Schriften, in: Ders., Sämtliche Werke Bd. XI. Berliner Schriften. Hamburg 1956, S. 221–294.

HEITSCH, Ernst, Gegenwart und Evidenz bei Parmenides, Abhandlungen der Akademie der Wissenschaften und der Literatur in Mainz, Jg. 1970, Wiesbaden 1970, S. 311–376.

HELD, Klaus, Heraklit, Parmenides und der Anfang von Philosophie und Wissenschaft. Eine phänomenologische Besinnung, Berlin/New York 1980.

HELLWIG, Marion, »Alles ist gut«. Zur Bedeutung einer Theodizee-Formel bei Pope, Voltaire und Hölderlin, in: Lauer, Gerhard/Unger, Thorsten (Hrsg.), Das Erdbeben von Lissabon und der Katastrophendiskurs im 18. Jahrhundert, Göttingen 2008, S. 216–229.

HEMPELMANN, Heinzpeter, »... keine ewigen Wahrheiten, als unaufhörlich Zeitliche ...«. Hamanns Kontroverse mit Kant über Sprache und Vernunft, Theologische Beiträge 18 (1987), S. 5–33.

HEMPELMANN, Heinzpeter, Exklusivismus – seltsamerweise die toleranteste Form von Religionstheologie. Vier Kriterien für eine angemessene evangelische Verhältnisbestimmung der Religionen und der metakritische Inklusivismus von Ulrich Körtner, in: ThBeitr 43 (2012), S. 193–196.

HENNIGFELD, Jochen, Menschliches und göttliche Wort. Zeichenbegriff versus Logosspekulation, in: Linde, Gesche u.a (Hrsg.), Theologie zwischen Pragmatismus und Existenzdenken. Festschrift für Hermann Deuser zum 60. Geburtstag, MThSt 90, Marburg 2006, S. 69–77.

HINSKE, Norbert, Wolffs Stellung in der deutschen Aufklärung, in: Schneiders, Werner (Hrsg.), Christian Wolff 1679–1754. Interpretationen zu seiner Philosophie und deren Wirkung. Mit einer Bibliographie der Wolff-Literatur, Hamburg 1983, S. 306–319.

HOFFMANN, Manfred, Erasmus im Streit mit Luther, in: Pesch, Hermann Otto (Hrsg.), Humanismus und Reformation – Martin Luther und Erasmus von Rotterdam in den Konflikten ihrer Zeit, München/Zürich 1985, S. 91–118.

HOFFMANN, Volker, Johann Georg Hamanns Philologie. Hamanns Philologie zwischen enzyklopädischer Mikrologie und Hermeneutik, Stuttgart 1972.

HOFMANN, Michael, Aufklärung. Tendenzen – Autoren – Texte, Stuttgart 1999.

HORKHEIMER, Max/ADORNO, Theodor W., Dialektik der Aufklärung. Philosophische Fragmente, Frankfurt am Main [20]2011.

HORN, Christoph, Welche Bedeutung hat das Augustinische Cogito? (Buch XI 26), in: Ders. (Hrsg.), Augustinus. De civitate dei, Berlin 1997.

HOSSENFELDER, Malte, Die Philosophie der Antike 3. Stoa, Epikureismus und Skepsis, GPh, Bd. 3, München ²1995.

HOSSENFELDER, Malte, Einleitung, in: Sextus Empiricus, Grundriß der pyrrhonischen Skepsis. Eingeleitet und übersetzt von Malte Hossenfelder, Frankfurt am Main 1985, S. 9-89.

HÜHN, Helmut, Art. Vorsokratisch; Vorsokratiker, in: HWP, Bd. 2, Sp. 1222-1226.

HUIZING, Klaas, Ästhetische Theologie. Bd. 1. Der erlesene Mensch. Eine literarische Anthropologie, Stuttgart 2000.

HUIZING, Klaas, Homo legens. Vom Ursprung der Theologie im Lesen, Berlin 1996.

HUME, David, Eine Untersuchung über den menschlichen Verstand. Übersetzt von Roul Richter. Mit einer Einleitung herausgegeben von Jens Kulenkampff und den Beilagen David Hume: Mein Leben. Brief von Adam Smith an William Strahan übersetzt von Jens Kulenkampff, Hamburg ¹²1993.

HUME, David, Enquiries concerning Human Understanding and concerning the Principles of Morals, edited by L.A. Selby-Bigge, with text revised and notes by P.H. Nidditch, Oxford ³1975.

HUNSINGER, George, Karl Barth lesen. Eine Einführung in sein theologisches Denken, aus dem Amerikanischen übersetzt von Marianne Mühlenberg, Neukirchen 2009.

JOHANNES PAUL II., Enzyklika Fides et Ratio. Von Papst Johannes Paul II. an die Bischöfe der Katholischen Kirche über das Verhältnis von Glaube und Vernunft, 14. September 1998.

JØRGENSEN, Sven-Aage, Hamanns hermeneutische Grundsätze, in: Toellner, Richard (Hrsg.), Aufklärung und Humanismus, Heidelberg 1980, S. 219-231.

JØRGENSEN, Sven-Aage, Johann Georg Hamann, Stuttgart 1976.

JUNG, Matthias, Erfahrung und Religion. Grundzüge einer hermeneutisch-pragmatischen Religionsphilosophie, Freiburg/Breisgau 1999.

JÜNGEL, Eberhard, Gott als Geheimnis der Welt. Zur Begründung der Theologie des Gekreuzigten im Streit zwischen Theismus und Atheismus. 7. Auflage um ein Vorwort ergänzt, Tübingen 2001.

KAHNERT, Klaus, Augustin und die Skepsis. Wahrheit und Falschheit in den Soliloquia, in: Bochumer Philosophisches Jahrbuch für Antike und Mittelalter 12 (2007) S. 45-75.

KANN, Christoph, Grenzen des Zweifels. Skeptizismuskritik bei Augustinus, Heinrich von Gent und Descartes, in: PhJ 110 (2003), S. 226-240.

KANT, Immanuel, Beantwortung der Frage: Was ist Aufklärung? in: Bahr, Erhard (Hrsg.), Was ist Aufklärung?, Stuttgart 1974, S. 9-17.

KAUFMANN, Thomas, Martin Luther, München 2006.

KAULEN, Franz Philip, Die Sprachverwirrung zu Babel. Linguistisch-theologische Untersuchungen über Gen X 1-9, Mainz 1861.

KELLER, Sarah, Experiment versus Dogma. Fancis Bacon Erkenntnis- und Lernprogramm, Bern 2005.

KIM, Hwa-Kyung, Gewissheit und Skeptizismus, Neue Untersuchungen und Einsichten zu alten Zweifeln, Hamburg 2006.

KLEFFMANN, Tom, Luther und Hamann als Theologen des Kreuzes, in: Beetz, Manfred/ Rudolph Andre (Hrsg.), Johann Georg Hamann. Religion und Gesellschaft, Berlin/Boston 2012, S. 208–227.

KLEMME, Heiner F., Die praktische Bedeutung metaphysischer Untersuchungen, in: Kulenkampff, Jens (Hrsg.), David Hume. Eine Untersuchung über den menschlichen Verstand, Berlin 1997, S. 19–35.

KLUXEN, Wolfgang, Analogie, in: Ritter, Joachim/Gründer, Karlfried (Hrsg.), Historisches Wörterbuch der Philosophie, Bd. 1, Darmstadt 1971, Sp. 214–227.

KNOLL, Renate, »Brücken und Fähren der Methode«. Zu Hamanns frühen Bildern als Grundlegung sprachlicher Autorschaft, in: Ischreyt, Heinz (Hrsg.), Zentren der Aufklärung. Königsberg und Riga, Tübingen 1995, S. 191–210.

KOBER, Michael, Gewissheit als Norm. Wittgensteins erkenntnistheoretische Untersuchungen in Über Gewissheit, Berlin 1993.

KOBUSCH, Theo, Christliche Philosophie: Das Christentum als Vollendung der antiken Philosophie, in: Ders./Erler, Michael (Hrsg.), Metaphysik und Religion. Zur Signatur des spätantiken Denkens. Akten des internationalen Kongresses vom 13.–17. März 2001 in Würzburg, München 2002, S.239–259.

KOCZISZKY, Èva, Hamanns Kritik der Moderne, Freiburg/München 2003.

KOCZISZKY, Èva, Hamanns Sokratisches Philosophieren, in: Poetica. Zeitschrift für Sprach- und Literaturwissenschaft, Bd. 33 (2001), S. 99–124.

KOEPP, Wilhelm, Der Magier unter Masken. Versuch eines neuen Hamannbildes, Göttingen 1965 (KO Bd. 5).

KÖRTNER, Ulrich H. J., Der inspirierte Leser. Zentrale Aspekte biblischer Hermeneutik, Göttingen 1994.

KÖRTNER, Ulrich H. J., Hermeneutische Theologie. Zugänge zur Interpretation des christlichen Glaubens und seiner Lebenspraxis, Neukirchen-Vluyn 2008.

KÖRTNER, Ulrich H. J., Rezeption und Inspiration. Über die Schriftwerdung des Wortes und die Wortwerdung der Schrift im Akt des Lesens, in: NZSTh 51 (2009), S. 27–49.

KÖRTNER, Ulrich H.J., Christus allein? Christentum und nichtchristliche Religionen aus evangelischer Sicht, in: ThBeitr 43 (2012), S. 100–116.

KÖRTNER, Ulrich H.J., Christus allein? Christusbekenntnis und religiöser Pluralismus aus evangelischer Sicht, in: ThLZ 123 (1998), Sp. 3–20.

KÖRTNER, Ulrich H.J., Geist und Buchstabe. Über Legitimität und Grenzen allegorischer Textinterpretation, in: Zeitenwende 63 (1992), S. 207–220.

KOWALSKI, Beate, »Was ist Wahrheit?« (Joh 18,38a). Zur literarischen und theologischen Funktion der Pilatusfrage in der Johannespassion, in: Huber, Konrad/Repschinski, Boris SJ (Hrsg.), Im Geist und in der Wahrheit. Studien zum Johannesevangelium und zur Offenbarung des Johannes sowie andere Beiträge. Festschrift für Martin Hasitschka SJ zum 65. Geburtstag, Münster 2008, S. 201–227.

KREBS, Andreas, Worauf man sich verlässt. Sprach- und Erkenntnisphilosophie in Ludwig Wittgensteins ›Über Gewissheit‹, Würzburg 2007.

KREIMENDAHL, Lothar, Empirische Elemente im Denken Christian Wolffs, in: Stolzenberg, Jürgen/Rudolph, Oliver-Pierre (Hrsg.): Wolffiana II.1. Christian Wolff und die europäische Aufklärung. Akten des 1. Internationalen Christian-Wolff-Kongresses, Halle (Saale), 4.-8. April 2004, Hildesheim u.a. 2007, S. 95-112.

KREUZER, Johann, Irreduzible Zeichen. Über die Vorgeschichte von Hamanns Metakritik der reinen Vernunft in der mittelalterlichen Philosophie, in: NZSTh 46 (2004), S. 56-71.

KROHN, Wolfgang, Das Labyrinth der Natur. Bacons Philosophie der Forschung betrachtet in ihren Metaphern, in: Sandkühler, Hans Jörg (Hrsg.), Interaktion zwischen Philosophie und empirischer Wissenschaft. Philosophie- und Wissenschaftsgeschichte zwischen Francis Bacon und Ernst Cassirer, Frankfurt am Main 1995, S. 33-54.

KROHN, Wolfgang, Francis Bacon, München ^{2}2006.

KUITERT, Harry M., Ich habe meine Zweifel. Eine kritische Auslegung des christlichen Glaubens, Gütersloh 1993.

KULENKAMPFF, Jens, Einleitung, in: Hume, David: Eine Untersuchung über den menschlichen Verstand. Übersetzt von Roul Richter. Mit einer Einleitung herausgegeben von Jens Kulenkampff und den Beilagen David Hume: Mein Leben. Brief von Adam Smith an William Strahan übersetzt von Jens Kulenkampff, Hamburg ^{12}1993, S. VII-XXXII.

LAVATER, Johann Casper, Physiognomische Fragmente, in: Staehelin, Ernst (Hrsg.), Joahann Caspar Lavaters ausgewählte Werke, Bd. 2, Gott schuf den Menschen sich zum Bilde, 1772-1779, Zürich 1943, S. 110-213.

LEIBNIZ, Gottfried Wilhelm, Die Theodizee. Philosophische Schriften Bd. 2.1 und 2.2, Französisch und deutsch, herausgegeben und übersetzt von Herbert Herring, Frankfurt am Main 1996.

LEINER, Martin/GRÜNSCHLOß, Andreas, Kontextuell »verbindliche« Theologie?. Überlegungen zu Notwendigkeit und Grenze des Kontextprinzip in Theologie und Kirche, NZSTh 39 (1997), S. 65-86.

LEISS, Elisabeth, »Die Vernunft ist ein Wetterhahn«. Johann Georg Hamanns Sprachtheorie und die Dialektik der Aufklärung, in: Zeitschrift für germanistische Linguistik. Deutsche Sprache in Gegenwart und Geschichte 19 (1991), S. 259-273.

LEONHARDT, Rochus, Skeptizismus und Protestantismus. Der philosophische Ansatz Odo Marquards als Herausforderung an die evangelische Theologie, Tübingen 2003.

LESSING, Gotthold Ephraim, Miss Sara Sampson. Ein bürgerliches Trauerspiel in fünf Aufzügen, in: Ders., Gesammelte Werke in zehn Bänden, Bd. 2, Berlin 1954, S. 7-104.

LIEBSCH, Burkhard, Die Idee der Phänomenologie im Lichte ihrer narrativistischen Verabschiedung im Werk Wilhelm Schapps, in: Joisten, Karen (Hrsg.), unter Mitarbeit von Nicole Thiemer, Das Denken Wilhelm Schapps. Perspektiven für unsere Zeit, Freiburg/München 2010, S. 22-48.

LÖHRER, Magnus (OSB), Der Glaubensbegriff des Hl. Augustinus in seinen ersten Schriften bis zu den Confessiones, Einsiedeln u.a. 1955.

LOHSE, Bernhard, Luthers Theologie in ihrer historischen Entwicklung und in ihrem Systematischen Zusammenhang, Göttingen 1995.

LÜTHE, Rudolf, David Hume. Historiker und Philosoph, Freiburg/München 1991.

LUTHER, Henning, Die Lügen der Tröster, PrTh 33 (1998), S. 163-176.

LUTHER, Henning, Religion und Alltag. Bausteine zu einer Praktischen Theologie des Subjekts, Stuttgart 1992.

LUTHER, Martin, Assertio omnium articulorum Martini Lutheri per Bullam Leonis X. novissimam damnatorum (1520), in: WA, Bd. 7, S. 94-151.

LUTHER, Martin, De servo arbitrio. 1525, in: WA, Bd. 18, S. 600-787.

LUTHER, Martin, De servo arbitrio/Vom unfreien Willensvermögen (1525). Übersetzung: Athina Lexutt, in: Härle, Wilfried, u.a. (Hrsg.), Martin Luther. Lateinisch-Deutsche Studienausgabe, Bd. 1. Der Mensch vor Gott, Leipzig 2006, S. 219-661.

LUTHER, Martin, Der kleine Catechismus fur die gemeine Pfarherr und Prediger (1529), in: WA Bd. 30, S. 264-281.

LUTHER, Martin, Disputatio Heidelbergae habita (1518), in: WA Bd. 1, S. 353-374.

LUTHER, Martin, Diui Pauli apostoli ad Romanos epistola (Die Vorlesung über den Römerbrief 1515/16), in: WA, Bd. 56, S. 157-528 (Scholien).

LUTHER, Wilhelm, Wahrheit, Licht und Erkenntnis in der griechischen Philosophie bis Demokrit, in: Archiv für Begriffsgeschichte 10 (1966), S. 1-240.

LYOTARD, Jean-François, Der Widerstreit, München 1987.

MAJETSCHAK, Stefan, Der Stil als Grenze der Methode. Über Hamanns Descartes-Lektüre, in: Johann Georg Hamann und die Krise der Aufklärung. Acta des fünften Internationalen Hamann Kolloquiums in Münster i.W., hrsg. v. Bernhard Gajek und Albert Meier, Frankfurt am Main u.a. 1990.

MANSFELD, Jaap (Hrsg.), Die Vorsokratiker I & II. Griechisch-deutsch, Auswahl der Fragmente, Übersetzung und Erläuterung von Jaap Mansfeld, Stuttgart 1999.

MANSFELD, Jaap, Die Offenbarung des Parmenides und die menschliche Welt, Assen 1964.

MARIENBERG, Sabine, Zeichenhandeln. Sprachdenken bei Giambattista Vico und Johann Georg Hamann, Tübingen 2006.

MARKSCHIES, Christoph, Hellenisierung des Christentums. Sinn und Unsinn einer historischen Deutungskategorie, (Forum Theologische Literaturzeitung) Leipzig 2012.

MARQUARD, Odo, Vorbemerkung, in: Ders., Individuum und Gewaltenteilung. Philosophische Studien, Stuttgart 2004, S. 7-8.

MARQUARD, Odo, Abschied vom Prinzipellen. Auch eine autobiographische Einleitung, in: Ders., Abschied vom Prinzipiellen, Stuttgart 2005, S.4-22.

MARQUARD, Odo, Die Philosophie der Geschichten und die Zukunft des Erzählens, in: Lembeck, Karl-Heinz (Hrsg.), Geschichte und Geschichten. Studien zur Geschichtsphänomenologie Wilhelm Schapps, Würzburg 2004, S. 45-56.

MARQUARD, Odo, Frage nach der Frage, auf die die Hermeneutik die Antwort ist, in: Ders., Abschied vom Prinzipiellen. Philosophische Studien, Stuttgart 2005, S. 117-146.

MARQUARD, Odo, Kleine Anthropologie der Zeit, in: Ders., Individuum und Gewaltenteilung. Philosophische Studien, Stuttgart 2004, S. 9-22.

MARQUARD, Odo, Lob des Polytheismus. Über Monomythie und Polymythie, in: Ders., Abschied vom Prinzipiellen. Philosophische Studien, Stuttgart 2005, S.91-116

MARQUARD, Odo, Narrare necesse est, in: Ders., Philosophie des Stattdessen. Studien, Stuttgart 2001, S. 60-65.

MARQUARD, Odo, Skepsis in der Moderne. Überlegungen im Blick auf Heinrich Heine, in: Ders., Skepsis in der Moderne. Philosophische Studien, Stuttgart 2007, S.40-54.

MARQUARD, Odo, Über die Unvermeidlichkeit der Geisteswissenschaften, in: Ders., Apologie des Zufälligen. Philosophische Studien, Stuttgart 2008 S. 98–116.

MEYER, Annette, Von der Wahrheit zur Wahrscheinlichkeit. Die Wissenschaft vom Menschen in der schottischen und deutschen Aufklärung, Tübingen 2008.

MLAKUZHYIL, George, The Christocentric Literary Structure of the Fourth Gospel, Rome 1987.

MÖLLER, Horst, Vernunft und Kritik. Deutsche Aufklärung im 17. und 18. Jahrhundert, Frankfurt am Main 1986.

MÜLDER-BACH, Inka, Im Zeichen Pygmalions. Das Modell der Statue und die Entdeckung der »Darstellung« im 18. Jahrhundert, München 1998.

MÜLLER, Hans, Johann Martin Chladenius (1710–1759). Ein Beitrag zur Geschichte der Geisteswissenschaften, besonders der historischen Methodik, Berlin 1917.

MÜLLER, Marika, Die Ironie. Kulturgeschichte und Textgestalt, Würzburg 1995.

NADLER Josef, Johann Georg Hamann. Der Zeuge des Corpus myticum, Salzburg 1949.

NADLER, Josef, Schlußwort, in: N I, S. 320–349.

NESTLE, Wilhelm, Vom Mythos zum Logos, Aalen ²1969.

NEUER, Peter/SCHRÖGER, Friedrich, Luthers These von der Klarheit der Schrift, in: ThGl 74 (1984), S.39–58.

NORMAN, Robert, The newe Attractive. Contayning a short discourse of the Magnes or Lodestone, London 1581. Facsimile Reprint, Amsterdam 1974.

ORTMANN, Volkmar, Die Schrift als erkenntnisleitendes Prinzip. Die Vaterunserauslegung als hermeneutisches Paradigma, in: Lexutt, Athina/Matz, Wolfgang (Hrsg.), Relationen. Studien zum Übergang vom Spätmittelalter zur Reformation. Festschrift zu Ehren von Prof. Dr. Karl-Heinz zur Mühlen, Münster u.a. 2000, S. 139–153.

OTTO, Walter, Antike Kulturgeschichte. Betrachtungen zu Ernst Howalds Kultur der Antike, in: SB der Bayer. AdW Jg 1940.

OVID, Metamorphosen. Lateinisch/Deutsch. Herausgegeben und übersetzt von Albrecht Michael, Stuttgart 1994.

PANNENBERG, Wolfhart, Analogie und Offenbarung. Eine kritische Untersuchung zur Geschichte des Analogiebegriffs in der Lehre von der Gotteserkenntnis, Göttingen 2007.

PAPPENHEIM, Eugen, Erläuterungen zu des Sextus Empiricus Pyrrhonischen Grundzügen, Leipzig 1881.

PERLER, Dominik, Repräsentation bei Descartes, Frankfurt am Main 1996.

PIEPMEIER, Rainer, Eschatologische Semiotik. Johann Georg Hamann Aisthetik und Poietik, in: Paetzold, Heinz, Modelle für eine semiotische Rekonstruktion der Geschichte der Ästhetik, Aachen 1986, S. 67–86.

PLATON, Werke in acht Bänden. Griechisch und deutsch, Hrsg. und überarb. von Gunther Eigler unter Mitarb. von Heinz Hofmann, Dietrich Kurz, Klaus Schöpsdau, Peter Staudacher und Klaus Widdra, Darmstadt ⁶2011.

POHLMEYER, Markus, Die Allgeschichte des Christentums – monistische Deutung und ethische Herausforderung, in: Joisten, Karen (Hrsg.), unter Mitarbeit von Nicole Thiemer, Das Denken Wilhelm Schapps. Perspektiven für unsere Zeit, Freiburg/München 2010, S. 126–141.

POHLMEYER, Markus, Geschichten-Hermeneutik. Philosophische, literarische und theologische Provokationen im Denken von Wilhelm Schapp, Münster 2004.

POPE, Alexander, Vom Menschen. Übersetzt von Eberhard Breidert. Mit einer Einleitung herausgegeben von Wolfgang Breidert. Englisch - deutsch, Hamburg, 1993.

POPKIN, Richard H., David Hume. Sein Pyrrhonismus und seine Kritik des Pyrrhonismus, in: Kulenkampff, Jens (Hrsg.), David Hume. Eine Untersuchung über den menschlichen Verstand, Berlin 1997, S. 215-251.

POPPER, Karl R., Vermutungen und Widerlegungen. Das Wachstum der wissenschaftlichen Erkenntnis, Teilband 1, Vermutungen, Tübingen 1994.

QUAST, Otto, Der Begriff des Belief bei David Hume, Hildesheim/New York 1980.

QUINTILIANUS, Marcus Fabius, Ausbildung des Redners. 12 Bücher, Bd. 1 und 2, herausgegeben und übersetzt von Helmut Rahn, Darmstadt ^{3}2006.

RAPP, Christof, Vorsokratiker, München 1997.

REID, Thomas, Inquiry Into the Human Mind (1764), in: Philosophical Works I/II, hg. von Sir. William Hamilton, 2. Nachdruckauflage der 8. Auflage Edinburgh 1895.

REINHARDT, Karl, Parmenides und die Geschichte der griechischen Philosophie, Frankfurt am Main ^{4}1985.

REINHUBER, Thomas, Kämpfender Glaube. Studien zu Luthers Bekenntnis am Ende von De servo arbitrio, Berlin/New York 2000.

REUTER, Christine, Autorschaft als Kondeszendenz. Johann Georg Hamanns erlesene Dialogizität, Berlin 2005.

RICKEN, Friedo, Antike Skeptiker, München 1994.

RICKEN, Ulrich, Leibniz, Wolff und einige sprachtheoretische Entwicklungen in der deutschen Aufklärung, Sitzungsbericht der sächsischen Akademie der Wissenschaften zu Leipzig, Philologisch-historische Klasse 129.3, Berlin 1989.

RICKEN, Ulrich, Sprachtheorie als Aufklärung und Gegenaufklärung, in: Schmidt, Jochen (Hrsg.), Aufklärung und Gegenaufklärung in der europäischen Literatur, Philosophie und Politik von der Antike bis zur Gegenwart, Darmstadt 1989, S. 316-340.

RICŒUR, Paul, Philosophische und theologische Hermeneutik, in: Ders./Jüngel, Eberhard (Hrsg.), Metapher. Zur Hermeneutik religiöser Sprache, Sonderheft Evangelische Theologie, München 1974, S. 24-45.

RINGLEBEN, Joachim, »Rede, daß ich dich sehe«. Betrachtungen zu Hamanns theologischem Sprachdenken, in: NZSTh 30 (1988), S. 209-224.

RINGLEBEN, Joachim, Gott als Schriftsteller. Zur Geschichte eines Topos, in: Gajek, Bernhard (Hrsg.), Johann Georg Hamann. Autor und Autorschaft. Acta des sechsten Internationalen Hamann-Kolloquiums im Herder-Institut zu Marburg/Lahn 1992, Frankfurt am Main u.a. 1996, S. 215-275.

ROSENAU, Hartmut, Ich glaube - hilf meinem Unglauben. Zur theologischen Auseinandersetzung mit der Skepsis, Münster 2005.

ROSENKRANZ, Karl, Kant und Hamann. Eine Parallele, in: Ders., Neue Studien. Bd. 2. Studien zur Literaturgeschichte, Leipzig 1875, S. 72-101.

ROTH, Michael, Zum Glück. Glaube und gelingendes Leben, Gütersloh 2011.

RUDOLPH, Oliver-Pierre, Das Fundament des Wolffschen Systems der Philosophie, in: Stolzenberg, Jürgen/Rudolph, Oliver-Pierre (Hrsg.), Christian Wolff und die Europäische Aufklärung. Akten des 1. Internationalen Christian-Wolff-Kongresses, Halle/Saale, 4.-8. April 2004. Bd. 2. Hildesheim 2007, S. 15-24.

SALAMUN, Kurt, Bacons Idolenlehre aus der Sicht der neueren Ideologiekritik, in: ARSP 61 (1975), S. 529-556.

SAUDER, Gerhard, Empfindsamkeit. Bd. 1. Voraussetzungen und Elemente, Stuttgart 1974.

SAUTER, Gerhard, »Sinn« und »Wahrheit«. Die »Sinnfrage in religionstheoretischer und theologischer Sicht, in: EvTh 40 (1980), S. 93-126.

SAUTER, Gerhard, Antropologische Denkerfahrung der Theologie, in: EvTh43 (1983), S. 445-465.

SAUTER, Gerhard, Die Wahrheit ertragen. Von den Wurzeln der Toleranz im Glauben, in: EK 15 (1982), S. 12-16.

SAUTER, Gerhard, Die Wahrheit im Kontext des Redens von Gott. Zum Stellenwert von »Kontexten« in der systematischen Theologie, in: ThGl 86 (1996), S. 157-166.

SAVIGNY, Eike von, Wittgensteins ›Philosophische Untersuchungen‹. Ein Kommentar für Leser, 1. Bd. Frankfurt am Main ²1994.

SCHAPP, Wilhelm, In Geschichten verstrickt. Zum Sein von Mensch und Ding, Frankfurt am Main ⁴2004.

SCHAPP, Wilhelm, Philosophie der Geschichten, Frankfurt am Main ²1981.

SCHMIDT, Heinrich, Philosophisches Wörterbuch. Neu bearbeitet von Georgi Schischkoff, Stuttgart ¹⁹1974.

SCHMIDT, Jochen, Die Geschichte des Genie-Gedankens in der deutschen Literatur, Philosophie und Politik 1750-1945. Bd. 1. Von der Aufklärung bis zum Idealismus, Darmstadt 1985.

SCHNEIDER-FLUME, Gunda, Die vielen Geschichten der biblischen Tradition und die eine Geschichte Gottes. Zur Frage nach Einheit und Mitte der Schrift, in: Dies. / Hiller, Doris, Dogmatik erzählen? Die Bedeutung des Erzählens für eine biblisch orientierte Dogmatik, Neukirchen 2005, S. 31-50.

SCHNEIDER-FLUME, Gunda, Gewissheit und Skepsis. Überlegungen an den exemplarischen Streit zwischen Luther und Erasmus, in: ThBeitr 24 (1993), S. 293-304.

SCHNEIDER-FLUME, Gunda, Grundkurs Dogmatik. Nachdenken über Gottes Geschichte, Göttingen ²2008.

SCHNELLE, Udo, Das Evangelium nach Johannes, ThHK, Bd. 4, Leipzig ⁴2009.

SCHNURR, Günther, Skeptizismus als theologisches Problem, Göttingen 1964.

SCHNURR, Harald, Schleiermachers Hermeneutik und ihre Vorgeschichte im 18. Jahrhundert. Studien zur Bibelauslegung zu Hamann, Herder und F. Schlegel, Stuttgart/Weimar 1994.

SCHÖNBERGER, Otto, Nachwort, in: Hesiod, Theogonie. Griechisch/Deutsch. Übersetzt und herausgegeben von Otto Schönberger, Stuttgart 1999, S. 141-163.

SCHÖPF, Alfred, Wahrheit und Wissen. Die Begründung der Erkenntnis bei Augustin, München 1965.

SCHRAGE, Wolfgang, Der erste Brief an die Korinther. 2. Teilband: 1 Kor 6,12–11,16, EKK Bd. VII/2, Neukirchen 1995.

SCHRÖDER, Winfried, Art. Pyrrhonismus II, in: HWP, Bd. 7, Sp. 1721–1724.

SCHUMACHER, Eckhard, Die Ironie der Unverständlichkeit. Johann Georg Hamann, Friedrich Schlegel, Jacques Derrida, Paul de Man, Frankfurt am Main 2000.

SCHUTT, Hans-Peter, Die Adoption des ›Vaters der modernen Philosophie‹. Studien zu einem Gemeinplatz der Ideengeschichte, Frankfurt am Main 1998.

SCHWABL, Hans, Hesiod und Parmenides, in: RMP 106 (1963), S. 134–142.

SCUTO, Giuseppe, Parmenides' Weg. Vom Wahr-Scheinenden zum Wahr-Seienden. Mit einer Untersuchung zur Beziehung des parmenideischen zum indischen Denken, Sankt Augustin 2005.

SEXTUS Empiricus, Grundriß der pyrrhonischen Skepsis. Eingeleitet und übersetzt von Malte Hossenfelder, Frankfurt am Main 1985.

SEXTUS Empiricus, Opera, ed. Hermann Mutschmann, Jürgen Mau, Karel Janaczek, 4 Bde., Leipzig 1914–1962.

SIBALIS, Michael, Die männliche Homosexualität im Zeitalter der Aufklärung und der Französischen Revolution. 1680–1850, in: Aldrich, Robert (Hrsg.), Gleich und anders. Eine globale Geschichte der Homosexualität, Hamburg 2007, 103–123.

SIMON, Josef, Zeichen und Sprache bei Kant, Hamann und heute, in: Gajek, Bernhard (Hrsg.), Die Gegenwärtigkeit Johann Georg Hamanns. Acta des achten Internationalen Hamann-Kolloquiums an der Martin-Luther-Universität Halle-Wittenberg 2002, Frankfurt am Main u.a. 2005, S. 21–36.

SLENCZKA, Notger, Der Tod Gottes und das Leben des Menschen, Göttingen 2003.

SLENCZKA, Notger, Kontext und Theologie. Ein kritischer Versuch zum Programm einer »kontextuellen Theologie«, NTSTh 35 (1993), S. 303–331.

SLENCZKA, Notger, Schwierigkeiten mit »kontextueller« Theologie. Antwort an Martin Leiner und Andreas Grünschloß, NZSTh 40 (1998), S. 214–230.

SNELL, Bruno, Die Entdeckung des Geistes. Studien zur Entstehung des europäischen Denkens bei den Griechen, Hamburg 1948.

SPARN, Walter, Art. Physikotheologie, EKL (^{3}1992), Sp. 1211–1215.

STEINER, George, Von realer Gegenwart. Hat unser Sprechen Inhalt?, München 1990.

STOCK, Konrad, Glück und Gnade, in: Ders., Die Gegenwart des Guten. Schriften zur Theologie, MThSt 96, Marburg 2006, S. 263–269.

STOLZENBERG, Jürgen, ›Wie wir erkennen, dass wir sind‹. Überlegungen zu Wolffs Beweis des Satzes ›Ich bin‹ im ersten Kapitel der Deutschen Metaphysik, in: Madonna, Luigi Cataldi (Hrsg.), Macht und Bescheidenheit der Vernunft. Beiträge zur Philosophie Christian Wolffs, Gedenkband für Hans Werner Arndt, Hildesheim u.a. 2005, S. 123–131.

STOLZENBERG, Jürgen, Einleitung. Christian Wolff und die Europäische Aufklärung, in: Stolzenberg, Jürgen/Rudolph, Oliver-Pierre (Hrsg.), Wolffiana II.1. Christian Wolff und die europäische Aufklärung. Akten des 1. Internationalen Christian-Wolff-Kongresses, Halle (Saale), 4.–8. April 2004, Hildesheim u.a. 2007, S. 15–19.

STREMINGER, Gerhard, David Hume. Eine Untersuchung über den menschlichen Verstand. Ein einführender Kommentar, Paderborn u.a. 1994.

STRIKER, Gisela, Über den Unterschied zwischen den Pyrrhoneern und den Akademikern, in: Phronesis 26 (1981), S.156-171.

STUMM, Friedrich, Zu den Anfängen der französischen Aufklärung - Pierre Bayles Kometenschrift von 1683, Marburg 2010.

SZCZEKALLA, Michael, Francis Bacon und der Bakonismus. Aufklärung, Romantik, 19. Jahrhundert, Frankfurt am Main 1990.

TAYLOR, Charles, Negative Freiheit?. Zur Kritik des neuzeitlichen Individualismus. Übersetzt von Hermann Kocyba. Mit einem Nachwort von Axel Honneth, Frankfurt am Main 2006.

THERN, Tanja, Descartes im Licht der französischen Aufklärung. Studien zum Descartes-Bild Frankreichs im 18. Jahrhundert, Heidelberg 2003.

THOMAS VON AQUIN, Summa theologiae, in: Ders., Opera Omina (Editio Leonina), Bde. 4-12, Rom 1888-1906.

TOKIWA, Kenji, David Hume und Johann Georg Hamann in Hinblick auf die skeptische Tradition, in: Gajek, Bernhard (Hrsg.), Johann Georg Hamann und England. Hamann und die englischsprachige Aufklärung. Acta des siebten Internationalen Hamann-Kolloquiums zu Marburg/Lahn 1996, Berlin/New York 1999, S. 305-318.

TUTOR, Juan Ignacio Gomez, Die wissenschaftliche Methode bei Christian Wolff, in: Stolzenberg, Jürgen/Rudolph, Oliver-Pierre (Hrsg.), Christian Wolff und die europäische Aufklärung. Wolffiana II.2, Hildesheim u.a. 2007, S. 113ff.

UNGER, Rudolf, Hamann und die Aufklärung. Studien zur Vorgeschichte des romantischen Geistes im 18. Jahrhundert. Erster Band/Text. Zweite, unveränderte Auflage. Mit einem Nachwort des Verfassers, Halle/Saale 1925.

UNGER, Rudolf, Hamanns Sprachtheorie im Zusammenhange seines Denkens, München 1905.

VERDENIUS, Willem Jacob, Der Logosbegriff bei Heraklit und Parmenides, in: Phronesis II (1966), S. 81-98, (1967) S. 99-117.

VIELHABER, Carsten, Die Präfixe der Postmoderne oder: Wie man mit dem Mikroskop philosophiert, Münster 2001.

VOLTAIRE, Gedicht über die Katastrophe von Lissabon, in: Breidert, Wolfgang, (Hrsg.), Die Erschütterung der vollkommenen Welt. Die Wirkung des Erdbebens von Lissabon im Spiegel europäischer Zeitgenossen, Darmstadt 1994, S. 58-73.

VOSS, Bernd, Einleitung, in: Augustinus, Aurelius, Philosophische Frühdialoge. Gegen die Akademiker, über das Glück, Über die Ordnung. Eingeleitet, übersetzt und erläutert von Bernd Voss, Ingeborg Schwarz-Kirchenbauer, Willy Schwarz, Ekkehard Mühlenberg. Herausgegeben von Carl Andresen, Zürich, 1972, S. 27-41.

WEIGAND, Friedrich Ludwig Karl, Wörterbuch der Deutschen Synonymen. Bd. 2., H-R, Mainz/Kupferberg 1842.

WEISS, Helmut, Johann Georg Hamanns Ansichten zur Sprache. Versuch einer Rekonstruktion aus dem Frühwerk, Münster 1990.

WELLBERY, David E., Aufklärung als sprachpolitisches Programm, Kodikas/odes. Ars Semiotic Volume 13 (1990), S. 177-189.

WICKERT, Ulrich, Glauben und Denken bei Tertullian und Origenes, in: ZThK 62/2 (1965) S.153-177.

WIESING, Lambert, Über den Umgang des Skeptikers mit dem Problem der Selbstwidersprüchlichkeit. Am Beispiel des Pyrrhonismus und Dadaismus, in: Hüppauf, Bernd/Vieweg, Klaus (Hrsg.), Skepsis und literarische Imagination, München 2003, S. 95-107.

WITTGENSTEIN, Ludwig, Philosophische Grammatik. Werkausgabe, Bd. 4, Frankfurt am Main 1984.

WITTGENSTEIN, Ludwig, Philosophische Untersuchungen, in: Ders., Tractatus logico-philosophicus. Werkausgabe Bd. 1, Frankfurt am Main 1984, S. 225-580.

WITTGENSTEIN, Ludwig, Tractatus logico-philosophicus, in: Ders., Tractatus logico-philosophicus. Werkausgabe Bd. 1, Frankfurt am Main 1984, S. 7-85.

WITTGENSTEIN, Ludwig, Über Gewißheit, in: Ders., Über Gewißheit. Werkausgabe Bd. 8, Frankfurt am Main 1984, S. 113-257.

WOLFF, Christian, Ausführliche Nachricht von seinen eigenen Schriften die er in deutscher Sprache von den verschiedenen Theilen der Welt-Weißheit herausgegeben, auf Verlangen ans Licht gestellet. 2. Aufl. Frankfurt/Main 1733. 2. Reprint, Herausgegeben und mit einer Einleitung versehen von H.W. Arndt, Hildesheim 1996.

WOLFF, Christian, Kurzer Unterricht von der Mathematischen Lehrart, in: Ders., Anfangs-Gründe aller Mathematischen Wissenschaften I. Frankfurt und Leipzig 1750. 2. Reprint, Herausgegeben und bearbeitet von J. E. Hofmann, Hildesheim 1999, S. 5-12.

WOLFF, Christian, Vernünftige Gedanken von der Kräften des menschlichen Verstandes und ihrem richtigen Gebrauche in Erkenntnis der Wahrheit. Herausgegeben und bearbeitet von Hans Werner Arndt, Hildesheim u.a. 1965.

WOLFF, Christian, Vernünftige Gedanken von Gott, der Welt und der Seele des Menschen, auch allen Dingen überhaupt. Mit einer Einleitung und einem kritischen Apparat von Charles A. Corr, Hildesheim u.a. 1983.